의료사회복지의
이해와 실제

의료사회복지의 이해와 실제

초판 1쇄 발행 2017년 3월 15일
초판 4쇄 발행 2021년 11월 30일

지은이 김연수 · 김경희 · 박지영 · 최명민
펴낸이 박정희

책임편집 양송희 **편집** 이주연, 이성목 **디자인** 하주연, 이지선
관리 유승호, 양소연 **마케팅** 김범수, 이광택 **웹서비스** 백윤경, 김설희

펴낸곳 도서출판 나눔의집
등록번호 제25100-1998-000031호
등록일자 1998년 7월 30일

주소 서울시 금천구 디지털로9길 68, 1105호(가산동, 대륭포스트타워 5차)
대표전화 1688-4604 **팩스** 02-2624-4240
홈페이지 www.ncbook.co.kr / www.issuensight.com
ISBN 978-89-5810-360-8(93330)

이 도서의 국립중앙도서관 출판예정도서목록(CIP)은 서지정보유통지원시스템 홈페이지
(http://seoji.nl.go.kr)와 국가자료공동목록시스템(http://www.nl.go.kr/kolisnet)에서
이용하실 수 있습니다. (CIP제어번호: CIP2017004609)

• 책값은 뒤표지에 있습니다.
• 잘못된 도서는 구입하신 서점에서 교환해 드립니다.

의료
사회복지의

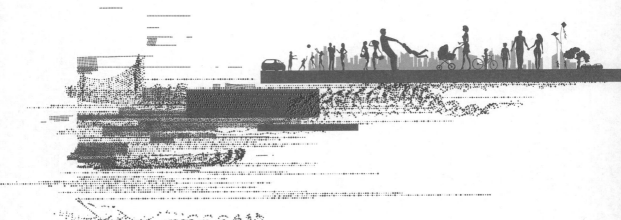

이해와
실제

김연수 · 김경희 · 박지영 · 최명민 지음

사회복지
전문출판 나눔의집

1990년대에 저자들이 처음 병원에서 사회복지사로 일하기 시작했을 때만 해도 일반 사람들 중에 의료사회복지에 대한 이해를 갖고 있는 경우를 찾아보기는 쉽지 않았다. 담당 의료진의 의뢰에 따라 만나게 된 환자와 가족, 또는 누군가의 소개로 의료사회사업실 문을 두드리는 분들은 하나 같이 의료사회복지사라는 존재에 낯설어 하곤 했다. 심지어 의료기관 내 구성원들조차도 의료사회복지사가 무슨 일을 하는지 궁금해 하는 경우가 종종 있었다. 따라서 의료사회복지사로 일하기 위해서는 본론에 들어가기 전에 '내가 무슨 일을 하는 사람인지'에 대해 꽤 장황한 소개와 문답의 시간을 할애해야만 했던 기억이 있다.

그때로부터 20여 년이 흐른 지금, 대학에 입학하면서부터 의료사회복지사가 되겠다는 야무진 포부를 밝히는 학생들을 꽤 많이 만나게 된다. 그만큼 사회적으로도 의료사회복지에 대한 인식이 높아졌고 의료와 보건 영역에서 사회복지 정책과 실천이 갖는 의미가 확고해졌다. 또한 사회복지 측면에서도 의료 및 보건은 필수적으로 다뤄야 하는 영역이 되었다. 이제 건강과 질병은 소득이나 계층 등 사회적 상황과 불가분의 관계로 이해되고 있으며 통합적인 사회복지서비스를 제공하는 데 있어서도 건강문제는 빼놓을 수 없는 핵심요소이다.

이러한 흐름에 따라 사회복지교육에 있어서 의료사회복지가 갖는 의미도 더욱 중요해지고 있다. 그러나 한편으로 의료사회복지는 상당히 전문적인 내용들을 다루고 있기 때문에 그만큼 해당 지식들과 그 실제를 정확하고도 이해하기 쉽게 전달하기가 용이하지 않은 과목 중 하나이다. 그런 측면에서 지금까지 소개되어 온 의료사회복지 교재들이 선구자적 역할을 해 오기는 했으나 본 저자들은 기존 교재들을 사용하는 과정에서 다음과 같은 측면을 개선하고 보완해야 할 필요성에 공감하게 되었다. 즉, 이 책에서 기존 교재들과 차별화하고 싶었던 부분은 의료사회복지 현장에 투입되었을 때 실제로 활용할 수 있는 보다 실질적인 지식과 풍부한 사례들(그런 측면에서 이 책의 제목을 『의료사회복지의 이해와 실제』로 정하게 되었다), 의료사회복지가 의료 영역에서 당면하게 되는 여러 윤리적 이슈들과 접근법, 점차 다양해지고 있는 의료사회복지 세팅과 새로운 클라이언트들에 대한 이해, 각 임상과별로 수행하는 의료사회복지사의 구체적인 역할들, 그리고 의료사회복지사의 길을 준비하고 경력을 쌓아가는 과정에서 참고할 수 있는 정보 등이었다. 이제 이 책의 집필을 마무리하는 시점에서 이러한 처음 의도가 잘 반영되었는지 돌아보면 일정 부분 아쉬움을 갖게 되는 것이 사실이다. 그러나 오랜 기간 동안 진행되어 온 이 집필과정을 또다시 연장하기보다는 이 정도에서 교재로 활용하면서 지속적으로 수정보완하는 기회를 갖고자 한다. 부디 교재를 사용하시는 분들의 고언高言과 조언을 기대한다.

이 책의 저자 네 명은 모두 이화여자대학교에서 학사, 석사, 박사과정을 거친 동문들이며, 각기 연세대세브란스병원, 적십자병원, 서울대병원, 삼성서울병원 등 우리나라를 대표하는 종합병원에서 의료사회복지사로 활동한 경험들을 갖고 있다. 부디 저자들의 다양한 임상경험이 의료사회복지의 내용을 보다 정확하고 풍부하게 전달할 수 있도록 반영되었기를 바란다.

마지막으로 이 책이 나오기까지 도움을 주신 분들에게 고마운 마음을 전하고 싶다. 실로 오랜 기간 이 책이 나올 것을 믿고 기다려준 도서출판 나눔의집과 어려운 상황 속에서도 편집을 맡아 수고해준 양송희 선생님, 그리고 소중한 사례와 양식들을 기꺼이 공유해주신 국립암센터 사회사업실과 서울대병원 의료사회사업팀에게 감사드린다. 또한 무엇보다도 그동안 도전적인 환경 속에서도 의료사회복지의 발전을 위해 꾸준히 헌신해오신 선배들과 동료들에게 깊은 존경과 감사를 보낸다. 이 책을 의료사회복지계의 선배들과 동료들 그리고 미래의 한국 의료사회복지를 이끌어갈 후배들에게 바친다.

2017년 3월
저자 일동

차례

의료사회복지실천의 구조

CHAPTER 04 의료사회복지의 실천모델

CHAPTER 05 의료사회복지실천 가치와 윤리

CHAPTER 06 의료사회복지 제도와 체계

PART 3 의료사회복지사의 역할

CHAPTER 07 의료현장에서 사회복지행정업무

PART 4 분야별 의료사회복지실천과 전문성

CHAPTER 10 분야별 의료사회복지실천 I

CHAPTER 11 분야별 의료사회복지실천 II

CHAPTER 12 의료사회복지사의 역량강화

PART **1**

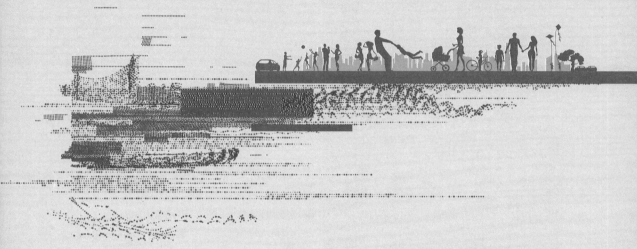

의료사회복지의
이해

01
CHAPTER

의료사회복지의 개요

1. 의료사회복지의 배경

건강한 삶을 영위하는 것은 동서고금을 막론하고 모든 인간에게 매우 중요하다. 그러나 인간의 삶은 생로병사生老病死의 과정 속에서 예기치 않은 질병에 직면하기도 하며, 노화의 과정을 거치면서 건강을 유지하려고 노력하는 것이 매우 중요한 삶의 과제가 되고 있다. 질병과 건강의 문제를 다루는 의료영역은 초기에는 의사나 의료인이 활동하는 전문영역으로서 발달해왔으나 이에 영향을 미치는 심리적 및 환경적 요인에 대한 사회적 관심이 커지면서 의료영역에 점차 사회복지적 개입의 필요성이 대두되기 시작하였다.

의료영역에 사회복지적 개입이 이루어지게 된 중요한 학문적 및 사회적 변화로는 다음의 세 가지 배경요인을 대표적으로 제시할 수 있다. 첫째, 서양의학의 기본을 이루는 생의학적 모델이 환자의 신체적 측면만을 강조한다는 비판이 제기되면서 환자의 심리적 측면과 사회적 측면을 함께 고려하는 생심리사회적 모델로 변화하게 된 것이다. 둘째, 병원 위주의 질병 치료를 강조하던 의료의 패러다임이 지역사회를 중심으로 질병의 예방 및 관리에 이르기까지 보다 폭넓은 새로운 패러다임으로 등장하게 되었다. 셋째, 건강에 대한 개념이 단순히 질병이 없는 상태에서 신체적, 정신적, 사회적 측면을 고려하는 것으로까지 확대되면서 개인적 요인뿐만 아니라 사회환경적 요인에 이르기까지 건강에 영향을 미치는 다양한 요인들에 대한 사회적 관심이 증가하게 되었다. 이상의 세 요인에 관해 구체적으로 살펴보면 다음과 같다.

1) 생의학모델에서 생심리사회모델로의 변화

일반적으로 의학이란 신체적 및 정신적 질병을 진단하고, 원인을 찾아 치료를 제공함으로써 환자를 질병 발생 이전의 상태로 회복시키는 것을 목적으로 하는 과학체계이다. 현대 의학의 기본이 되는 서양의학의 기저는 생의학모델biomedical model에 근거를 두고 있다.

생의학모델이란 다음과 같은 다섯 가지 가정에 기반을 둔다. 첫째, 마음과 몸은 별도로 취급될 수 있다. 이는 의학의 심신이원론mind-body dualism이라 한다. 둘째, 몸도 기계처럼 수리 가능한 것으로 간주한다. 따라서 의학은 기술자가 고장수리를 하듯 의사가 치료를 행한다는 식의 기계적 비유법mechanical metaphor을 택한다. 셋째, 기술적 개입의 장점이 과대평가되기 쉬우며 의학이 기술만능주의에 빠지는 결과를 낳는다. 넷째, 생의학은 질환을 설명할 때 사회적, 심리적 요인을 상대적으로 무시하고 생물학적 변화에만 초점을 맞춤으로써 환원주의reductionism가 된다. 마지막으로, 이러한 환원주의는 19세기의 질환해석인 '병원균 이론germ theory'의 발전으로 더욱 심화되었는데, 이 이론에 따르면 모든 질환은 검출 가능한 특정 '질환체disease entity', 즉 기생충, 바이러스 또는 박테리아로 인해 발생하기 때문에 특정 병인론의 원칙doctrine of specific aetiology이라 불릴 수 있다(조효제, 1997: 27).

즉, 생의학모델은 질환을 신체적 증상을 통해 나타나는 분명한 실체가 있으며, 신체적으로 이상이 발생한 상태로서 이해한다. 그러나 이와 같은 생의학모델은 질병 발생에 영향을 미치는 심리적·사회적 및 환경적 요인을 간과한 것으로 질병을 단순히 몸속의 신체적 상태 변화로만 이해하며 치료에 있어서도 신체적 측면만을 다루는 것으로 한정된 개입을 하는 오류를 범하였다. 특히 현대사회의 질병의 양태가 만성적 질환으로 변화함에 따라 특정 병원균의 침입 이외에 질병에 영향을 미치는 행동적인 요인들의 상대적 중요성이 더욱 강조되면서 건강과 질병에 대한 올바른 이해를 위해서는 위계적으로 연계되어 있는 신체의 생물학적이고 병리적인 과정, 이에 대한 개인의 심리적인 반응과 대응, 그리고 사회적 차원의 다양한 변수들이 어떻게 상호 영향을 미치는가를 폭 넓게 고려해야 한다는 주장이 점차 설득력을 얻고 있다(김정선, 2002: 6). 에트킨슨^{Atkinson}은 생의학모델은 사회, 문화 및 인생과정에 관한 설명을 배제하고 생물학적 구조와 과정에 발생하는 장해만을 강조하고 있다고 비판하였다(Atkinson, 1988: 180; 조효제, 1997: 28 재인용).

이러한 생의학모델에 대응하여 조지 엥겔^{George Engel}은 신체적 차원뿐만 아니라 인간을 구성하는 다른 모든 차원들을 포함할 수 있는 생심리사회모델^{Biopsychosocial Model}을 발전시켰다(George Engel, 1977). 이 모델이 나오게 된 실제적인 계기는 생의학 자체의 비판에서 나왔으며, 이는 효과적인 의학적 치료를 제공하기 위해서는 심리사회적인 요인들이 반드시 고려되어야 한다는 인식에서 출발한 것이다(김정선, 2002: 229). 엥겔의 모델은 원래 모든 생의학적 교육에 '심리적'인 시각을 통합하고자 하는 궁극적인 목적이 있었으며, 체계이론에 입각하여 생심리사회모델을 구성하였다. 이는 생의학모델에서 서로 분리된 것으로 간주되었던 생물학적, 심리적, 사회적 차원의 건강에 대해 이들의 관계를 찾아내 통합적이고 위계적인 틀을 제공하고자 한 것이다. 엥겔은 사회적 요인들이 질병의 존재와 인식에 영향을 미칠 수 있음을 인식하였으며, 질병의 심리사회적 영역을 '아주 과학적인 원칙에 기초하여' 고려할 것을 강조하였다(김정선, 2002: 230).

이와 같은 생심리사회모델의 등장은 질병에 영향을 미치는 요인으로서 신체적, 심리적 및 사회적 요인들의 관련성을 인식하며, 치료에 있어서도 신체적 요인뿐만 아니라 환자의 심리상태, 가족적 및 사회적 환경 등에 함께 개입해야 한다는 사실에 힘을 부여해주는 것으로서 질병의 문제를 가진 환자와 가족에 대한 사회복지적 개입과 실천의 필요성을 사회적으로 인식시키는 기제로서 의의를 갖는다.

2) 지역사회 중심 보건의료 패러다임

현대사회의 의료정책은 환자의 질병을 치료하는 것에 초점을 둔 병원 중심의 의료에서 지역사회를 중심으로 한 질병의 예방과 건강증진, 지역사회 내 보호로 특징 지워질 수 있는 보건의료의 새로운 패러다임을 구축하는 것으로 이동하였다. 이는 20세기 후반에 이르러 현대 의학의 중요한 변화 중 하나인 만성질환이 증가하였다는 사실과 밀접한 관련성이 있는데, 주로 급성 · 전염성 질환이 주요 의학적 관심이 되었던 데서 이제는 암이나 순환계 질환, 심장문제, 당뇨병과 같은 만성질환이 더욱 증가하게 되었다는 것이다.

일반적으로 급성질환은 시작과 끝이 되는 지점이 있으며 치료가 가능하기도 하다. 그러나 만성질환은 종종 시작이 잠행성이며, 거의 치료가 되지 않고, 수년 동안 또는 전 생애에 걸쳐 지속되는 특성을 갖는다(Taylor et al., 2003: 147). 만성질환에 대한 의학의 기능은 단지 증상을 완화시키는 것에 한정되는 경우가 많다. 따라서 급성질환의 관리는 질환의 원인을 찾고 치료를 제공하는 것에 초점을 두지만, 만성질환은 치료보다는 질환의 진전을 늦추거나 현재 상태를 유지할 수 있도록 관리하며, 질환에 따른 손상과 장애를 최소화하고, 환자의 잠재적인 삶의 질을 극대화하는 것에 초점을 두게 된다(Taylor et al., 2003: 46).

이러한 만성질환에 대한 관리는 지역사회 내 보호를 원칙으로 하며, 특별히 집중적 치료가 요구되는 시기에는 병원에 입원하여 치료를 받지만 대개 환자는 지역사회 내에서 생활하고, 정기적인 외래치료를 받으며, 질병으로 인하여 발생한 기능상의 장애나 일상생활기능 저하 문제를 극복하기 위해 필요한 재가보호서비스를 받기도 한다. 또한 의학기술의 발달과 함께 일반인들의 평균수명이 증가하면서 만성질환이 고령인구에 더욱 많이 발생하고 있어, 치료보다는 질병에 대한 관리가, 병원을 중심으로 한 집중적 치료보다는 지역사회를 중심으로 한 보호의 필요성이 더욱 높아지고 있다. 보건과 의료 영역에서 이상과 같은 주요한 변화는 다음의 〈그림 1-1〉과 같이 간단히 요약할 수 있으며, 학자에 따라서는 이런 변화가 전체적으로 생의학 모형을 대체할 보건의료의 새로운 패러다임을 나타낸다고 보기도 한다.

그림 1–1 | 보건과 의료의 현대적 변천

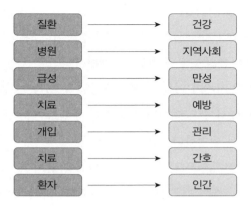

질환 →	건강
병원 →	지역사회
급성 →	만성
치료 →	예방
개입 →	관리
치료 →	간호
환자 →	인간

※ 출처: 조효제(1997), 『건강과 질병의 사회학』, 38쪽.

3) 건강의 개념과 관련 요인

(1) 건강의 개념

일반적으로 건강의 의미는 살아 있는 유기체의 대사기능 혹은 기능수준을 뜻하는 것으로 건강이라는 개념이 인간에게 적용될 때는 일반적으로 한 개인이 정신적, 신체적으로 질병, 부상, 고통으로부터 자유로운 상태를 의미한다(Mirriam-Webster Dic, 2011). 현대사회에서 건강이란 단순히 신체적으로 질병이 없는 상태만을 의미하는 것이 아니라 심리적 · 정신적 · 사회적으로도 안녕한 상태를 포괄하는 개념으로 정상적인 사회적 역할을 수행할 수 있는 능력을 포함하는 것으로 확대되었다. 건강에 대한 가장 대표적인 정의는 세계보건기구WHO: World Health Organization의 정의를 들 수 있다. WHO(1948)는 건강의 개념을 '질병이나 질환이 없는 신체, 사회, 정신적으로 안녕한 상태'로 정의하였다. 건강증진 측면에서 건강이란 인간이 개인적, 사회적, 그리고 경제적으로 생산적인 활동을 가능하게 하는 기능적인 용어로 사용되었으며, 신체적인 능력으로서뿐 아니라 개인적이고 사회적인 자원으로 강조되는 매우 긍정적인 개념이라 할 수 있다(WHO,

1986).

생심리사회적 관점에 기반을 두고 건강의 개념을 정의해보면, 건강이란 생리학적 관점에서는 신체의 구조나 기능에 어떤 이상이나 증상이 나타나지 않은 상태로서 질병이 없는 상태를 말하며, 심리학적 관점에서는 생활상의 스트레스가 없고 불안, 두려움, 걱정, 우울 등 부정적인 정서가 없는 상태로 규정할 수 있다. 또한 사회학적 관점에서 건강이란 개인이 사회에서 맡은 역할과 과업을 잘 수행하며, 이를 위한 사회적 기능수행에 문제가 없는 상태를 의미한다.

콜리어와 동료들Collier et al.은 건강의 정의를 다음과 같이 세 가지로 제시하였다. 첫째, 건강은 질병이 없는 상태이다. 둘째, 건강은 신체적, 정신적, 사회적으로 안녕한 상태이다. 셋째, 건강은 변화하는 환경, 성장과 노화, 상처와 회복, 그리고 죽음에 대한 준비 등에 적응하는 과정을 지칭하는 것으로서, 고통과 그에 대응하는 내적 자원을 포함한다고 하였다(Collier et al., 1991; Taylor et al., 2003: 37). 건강에 대한 이러한 개념정의에 따르면 건강이란 신체적으로 질병이 없는 상태에서, 정신적, 사회적으로 안녕한 상태, 그리고 인생의 전 과정에서 환경에 적응하고 고통과 상처로부터 회복하며, 궁극적으로는 노화와 죽음에 이르기까지 건강한 대처를 할 수 있는 내적 및 외적 자질을 포함하는 것으로 개념이 확대되었음을 볼 수 있다. 이는 개인의 건강증진과 유지에 신체적 측면뿐만 아니라 심리사회적 측면이 반드시 고려되어야 함을 강조하는 사회적 추세를 반영하는 것으로 의료영역에서 인간의 환경과 심리사회적 측면에 개입하는 의료사회복지실천의 필요성을 더욱 확고히 하는 기제가 된다.

한편, 근본적인 인간의 권리라는 측면에서 건강 개념에 반드시 포함되어야 할 요소들은 다음과 같다. 평화, 충분한 경제적 자원들, 음식, 안식처, 그리고 안정된 생태체계와 지속적으로 사용 가능한 필요 자원들이 그것이다. 이러한 요소들은 사회와 경제적 상태, 물리적 환경, 개인의 라이프스타일, 그리고 건강과 매우 중요하게 서로 연결되어 있으며, 이러한 상호 관련성을 이해하는 것이 결과적으로 건강 증진이라는 개념에서 강조하는 건강의 개념을 전체적으로holistic 이해할 수 있도록 한다.

또한 건강개념을 논할 때 오늘날 새롭게 인식되고 있는 영역이 '영적인 영역spiritual dimension'이다. WHO는 건강을 인간의 기본권으로 정의하고, 모든 인간은 건강을 위한 기본적인 자원에 접근할 수 있어야 한다고 선언한 바 있다. 이는 건강을 포괄적으로 이해할 때, 사회경제적 시스템이나 구조, 그리고 안전, 위생 등을 보장하는 물리적인 환경 등이 개인의 건강과 복지에 영향을 미치는 중요한 요소로 작용하게 되며, 국가나 지역사회는 이러한 개인의 건강에 영향을 미치는 요소에 책임을 지니고 있음을 강조하는 것이다.

반면, 질병disease은 이러한 건강을 보장하는 요소들이 상실되거나 침해되어 결과적으로 한 개인의 최적의 신체 및 심리 상태를 저해하고, 기능상의 문제를 초래하는 전반적인 상태를 의미한다. 그러나 의료사회복지에서 질병과 관련하여 다루는 개념과 영역은 좀 더 포괄적이다. 단순히 생의학적biomedical으로 진단되어진 신체적 손상은 물론 이로 인해 파생될 수 있는 신체적, 정신적 장애나 트라우마, 경제적인 어려움, 가족 및 사회관계의 변화, 클라이언트가 의미 있게 수행해 온 역할 상실 등이 의료사회복지에서는 중요한 개입의 대상이 된다. 이는 의료사회복지가 단순히 신체적 건강만을 지향하는 것이 아니라 WHO의 정의와 같이 질병, 고통 등으로부터 신체, 정신, 사회, 영적인 모든 면에서의 안녕을 추구하기 때문이다. 이와 같이 현대사회에서 건강의 개념은 신체, 심리, 사회, 영적인 다양한 측면을 포함하는 것으로 폭넓게 정의되어 이해되고 있다.

(2) 건강 관련 요인들

건강에 영향을 미치는 다양한 요인에는 개인의 심리적 요인과 사회적 성gender, 사회경제적 상태, 인종, 생활양식을 포함하는 사회적 요인, 경제적 및 정치적 요인, 그리고 생물학적, 물리적, 화학적 요인들을 포함하는 환경적 요인 등 다차원적인 요인들이 모두 포함된다(Taylor et al., 2003: 57). 뿐만 아니라 개인의 연령이나 가족관계 및 사회적 관계 등도 개인의 건강상태에 영향을 미치는 중요한 요인이 될 수 있다. 일반적으로는 영유아기, 아동기, 청소년기, 성인기 및 노년기 등 연령으로 구분될 수 있는 생애주기에 따라 발생할 수 있는 질병의 가능성과 위험도가 달라지며, 빈곤한 사람, 비위생적인 환경이나 열악한 조건에서 생활하는 사람일수록 질병의 문제가 발생할 가능성이 더 높은 것으로 알려져 있다. 우리나라에서 서울시 인구를 대상으로 한 만성질환 유병에 대한 조사연구에서 교육수준과 소득수준이 낮아질수록 만성질환 유병에 대한 위험성이 높아지는 것으로 나타난 연구결과는 이러한 사실을 뒷받침해주는 근거가 된다(김혜련·김윤신, 2003).

특히 현대사회에서는 심리사회적 요인에 기인하여 발생하는 질병이 더욱 많아지고 있는 추세이며, 질병의 특성에 따라 때로 개인에게 만성적인 영향을 주거나 장애를 유발하여 개인과 가족에게 심리적 충격이나 부적응, 사회적 기능 저하 등의 문제를 초래하는 일들이 더욱 빈번해지고 있다. 이러한 요인들은 건강의 영향요인으로 이미 사회적인 주목을 받고 있으며, 넓게는 한국 사회의 의료와 관련된 정책, 그리고 질병을 해석하고 의미를 부여하는 사회문화적 태도 등도 건강에 영향을 미치는 요인으로 작용하게 된다.

즉, 건강과 질병에 영향을 미치는 다양한 요인에는 신체이상을 초래하는 원인균이나 다른 이상 병원균과 같은 생물학적 요인뿐 아니라 심리적 요인, 그리고 사회, 경제, 문화 등 다체계적인 환경요인들이 모두 포함된다고 할 수 있다. 또한 건강에 영향을 미치는 다양한 요인들을 이해하는 데에는 이를 단순한 인과관계로 이해하기보다는 생심리사회적 요인들이 개인과 가족, 지역사회, 그리고 이를 포괄하는 더 큰 사회체계와 생태체계적으로 어떻게 상호작용하는지를 이해하는 관점이 필요하다. 이에 따라 개인체계와 관련된 건강관련 요인들을 생^{bio}–심리^{psycho}–사회적^{social} 영역으로 구분하여 살펴보고, 이 가운데 사회적 영역을 생태체계적으로 범주를 나누어 '가족–지역사회–사회'로 체계화하여 건강에 영향을 미치는 각각의 관련 요인들을 살펴보고자 한다. 이에 대한 내용은 〈그림 1-2〉에 정리되어 있다.

① 생리적 요인

건강에 영향을 미치는 생리적 요인에는 개인의 체질, 노화, 면역체계, 그리고 위생이나 영양 상태의 변화 등이 포함된다. 이러한 생리적 요인으로 인한 신체적 변화는 인간의 발달단계, 혹은 성별 등 생물학적 특성에 따라 각각 다른 건강 문제를 초래할 수 있다. 예를 들어, 아동, 청소년기를 지나 성인기, 중년기, 노년기를 경험하는 과정에서 우리 몸은 세포노화와 함께 면역기능이 쇠퇴하게 되고, 면역기능의 저하는 질병이나 외부

스트레스에 대한 저항력을 감소시켜 만성 성인병 질환의 발생 가능성을 증가시킨다 (Bosworth et. al., 2001; 장혜경, 2012). 또한 건강과 관련하여 성별 차이를 고려해야 하는 이유는 여성의 경우 임신, 출산과 관련하여 여러 생리적 변화를 경험하게 되고, 이러한 과정에서 남성의 건강문제와는 차별화된 건강상 문제나 질병을 경험하게 될 수 있기 때문이다.

② 심리적 요인

현대인들은 일상생활과 업무 등에서 만성 피로감과 지속적인 스트레스를 흔하게 경험하며, 삶에 대한 불만족과 직면한 문제, 미래에 대한 불안감 등으로 인해 우울감, 불안감, 두려움, 무기력감 등과 같은 부정적인 정서를 경험하게 될 가능성이 매우 높다. 개인이 경험하는 이러한 부정적 정서는 일상생활에 대한 흥미와 동기를 상실케 하고, 불규칙한 수면이나 식사, 과도한 음주, 흡연 등 일상생활에 부정적인 습관을 갖게 함으로써, 결과적으로 소화기관, 호흡기관, 신경장애 등 다양한 질병을 초래하는 등 건강과 관련된 삶의 많은 영역에 부정적 영향을 미치게 된다. 이와 같이 개인이 경험하는 여러 신체적 증상은 우울과 불안 등과 같은 정신·심리적 요인에 의해 많은 영향을 받을 수 있다.

③ 사회적 요인

ㄱ. 가족체계

가족은 건강 및 질병과 관련하여 의료적 접근을 할 때 매우 중요한 환경체계가 된다. 이는 가족체계 내의 심리사회적 및 경제적 상태가 가족구성원 개개인과 가족 전체 건강을 좌우하기 때문이다. 가족체계가 가족구성원의 건강에 영향을 미치는 요인에는 빈곤, 식습관, 생활습관과 같이 생물학적 건강에 영향을 미치는 요인과 적절한 보호와 양육기능, 학대, 방임, 폭력 등과 같이 신체적 건강뿐 아니라 심리사회적 건강에 영향을 미치는 요인, 그리고 건강에 대한 부적절한 인식이나 관리방법과 같이 건강행위 관련 요인 등이 모두 포함된다.

또한 가족은 환자의 질병 회복을 돕고 필요한 보호와 간호를 제공하는 중요한 일차적 사회체계로서의 기능을 수행한다. 가족 내 질병의 문제가 발생하면 문제는 환자 개인의 문제가 아니라 그가 속한 가족 전체의 문제가 되어 가족구성원 모두에게 영향을 미치게 된다. 따라서 건강과 질병의 문제에 개입할 때는 환자에게 필요한 치료를 제공하는 것뿐만 아니라 가족이 환자의 회복을 돕고 보호를 제공하는 지지적인 체계로 기능할 수 있도록 도움을 주는 개입이 언제나 필요한 것이다. 대개 생의학에서는 가족과 환자 사이의 관계가 최소화되고, 치료는 개인의 신체에 국한되는 것으로 여기지만 일부 생의학 전문가들도 이제는 가족 내에서 어떤 일이 일어나고 있는지가 개인의 질환에 영향을 주고받는다는 사실을 인정하고 있다(김정선, 2002: 48).

ㄴ. 지역사회체계

지역사회는 개인 및 가족체계와 일상생활에서 밀접하게 상호작용하는 체계이다. 개인과 가족체계가 비록 건강한 상태를 유지하고 있다 하더라도 한 지역사회의 주요 산업이 변하거나 폭우, 냉해, 지진 등 자연재해가 발생할 경우 해당 지역에 거주하는 개인이나 가족은 이러한 환경변화와 관련된 영향을 받을 수밖에 없으며, 건강과 질병의 문제는 이와 매우 직접적으로 관련되어 나타나게 된다.

지역사회체계가 갖는 건강에 영향을 미치는 요인에는 지역사회의 주요 산업, 자연환경, 건강을 지원할 수 있는 의료 및 보건자원체계, 오염, 공해, 자연재해 발생 여부, 그리고 지역주민들이 건강관리를 할 수 있는 운동장, 공원 등과 같은 건강증진 관련 물리적 여건 조성 여부 등이 포함된다. 또한 지역사회가 지니고 있는 어떤 특정 질병에 대한 편견이나 낙인 등도 건강에 영향을 미치는 요인으로 작용하게 되는데 특정질환에 대한 편견과 낙인 등은 이러한 질환을 앓고 있는 개인과 가족이 적극적인 치료를 받기보다 오히려 질병을 은폐하거나 치료를 거부하는 결과를 초래하여 개인과 가족의 건강을 악화시키는 요인이 될 수 있다.

또한 지역사회 내 만성질환자가 발생한 경우 이들을 돌보는 데는 가족뿐만 아니라 지역사회 내의 이웃, 친구, 친척, 그리고 사회적 서비스 기관 등이 모두 함께 관여되는데, 이는 건강과 질병관리의 문제가 지역사회차원과도 밀접한 관련성을 갖는다는 것을 보여주는 것이다. 일반적으로 만성질환자가 지역사회에서 생활하며 다양한 서비스를

그림 1-2 | 건강 관련 요인 체계도

성별, 면역결핍이나 체질 등 유전적 요인, 영양상태, 만성질환이나 장애, 과거 질병력 등	**사회체계** • 불충분한 건강관련 의료, 보건 정책 • 사회, 경제적 구조의 취약성		• 환경 오염, 위생 등 환경정책 부 재 • 재난, 국가사고 에 대한 대처능 력 미흡
	지역사회체계 • 의료 및 보건자원 미흡 • 특정 질병이나 건강 이슈에 대한 편견, 낙인		
	가족체계 가족빈곤, 식습관, 생활습관, 가족내 적 절한 보호와 양육, 학대/방 임/폭력, 건강에 대한 부적절 한 인식 및 관리방법	• 오염, 공해 등 지 역환경여건 • 건강관리를 지원 하는 지역 여건 (공원, 운동장 확 보 등)	
생리 (bio)	사회 (social)		
개인 체계	심리 (psycho)	• 우울, 불안, 수면장애 등 정신건강상태 • 과도한 음주, 흡연, 자기건강관리에 대한 인식 수준 등 • 질병에 대한 개인적인 편견이나 잘못된 정보 등	

받을 수 있도록 잘 조직화된 지역사회는 환자가 건강을 유지하는 데 필요한 일상생활 지원 서비스, 교통편의 제공 등과 같은 일에 적극적인 도움을 제공한다. 그러나 상대적으로 이러한 활동에 지지적이지 못한 지역사회는 만성질환이 있는 개인을 고립시키고 건강과 안녕을 악화시키기도 하므로(Taylor et al., 2003: 152) 건강과 질병 문제와 관련하여 지역사회가 미치는 영향력이 크다는 것을 알 수 있다.

ㄷ. 사회체계

건강과 질병에 영향을 미치는 사회적 요인에는 우선적으로 국가와 사회가 제공하고 있는 의료 및 보건정책이 포함될 수 있다. 의료와 보건정책에는 국민이 필요로 하는 의료와 보건서비스를 이용할 수 있도록 하는 전달체계의 구축 여부, 건강과 질병으로 인한 위기 시 지원받을 수 있는 의료서비스나 자원의 확보 수준, 건강보험 및 의료비 지원 정책 수준 등이 포함될 수 있다. 건강지원은 사회적 차원에서 그 사회가 유지되고 발전하기 위해 구성원을 보호하는 가장 기본적인 책임 중 하나라 할 수 있으므로 국가는 사회적 수준에서 건강관련 정책과 전달체계를 마련하고 활성화하며, 이를 제공할 수 있는 자원을 확보하고 지원할 수 있어야 한다.

또한 사회적 차원에서 국민의 건강을 보호할 수 있는 정책에는 환경정책과 환경보호 전략이 포함될 수 있다. 예를 들면, 최근 우리나라에서는 환절기에 황사와 미세먼지가 국민들의 호흡기 질환에 유해한 영향을 미칠 수 있는 요인이 되고 있다. 이러한 문제는 의료적인 문제인 동시에 사회적인 차원에서 대책마련을 필요로 하는 과제가 된다. 즉, 국민의 건강보호를 위해 깨끗한 공기와 수질을 유지할 수 있는 정책, 빈민가나 경제구조가 취약한 지역에 대한 공중보건 방안, 재난이나 국가적 차원의 사고 등에 대한 신속하고 정확한 대응과 이를 위한 정책 마련 등이 사회적 차원에서 요구되는 건강관련 요인이라 할 수 있다.

2. 의료사회복지의 개념

1) 의료사회복지 정의

의료사회복지는 전문적 사회복지실천의 한 분야로서 질병과 건강의 문제를 다루는 병원이나 의료기관 등을 비롯하여 지역사회 내의 보건과 건강 관련 서비스를 제공하는 다양한 현장에서 수행되는 사회복지 활동으로 정의할 수 있다.

의료사회복지는 질병에 관한 다각적 접근을 바탕으로 질병을 가진 개인과 환경과의 상호관계에 초점을 두고 의료팀의 일원으로 환자 및 가족의 사회기능 향상을 위해 전문적 실천방법을 활용하여 질병의 예방, 치료 및 재활에 이르는 다양한 활동을 수행하는 사회복지의 한 전문분야이다(한인영 외, 2006). 대한의료사회복지사협회에서는 의료사회복지사의 정의를 질병을 가진 환자와 그 가족, 지역사회를 대상으로 의료진과 함께 협의하여 클라이언트의 심리, 사회적, 정서적, 환경적 문제를 해결하도록 돕고, 입원 시뿐만 아니라 입원 전과 퇴원 후에도 사회적 기능을 원활히 수행할 수 있도록 질병의 예방과 회복, 사후관리에 이르는 연속적 과정에서 개인에 대한 접근뿐 아니라 의료제도와 정책 차원의 접근을 통하여 의료사회복지실천의 목적을 달성하도록 돕는 보건의료 영역의 전문사회복지사로 규정하고 있다.

미국 병원에서 사회복지사를 채용하여 의료사회복지실천의 기반이 다져질 수 있도록 공헌한 캐봇 박사Dr. Cabot가 기대한 사회복지사의 역할은 다음과 같다. 그는 첫째, 환자의 가정상태와 사회생활에 관한 정보를 의사와 간호사들에게 제공하고, 둘째, 환자의 퇴원과 퇴원 후의 적응을 돕고, 셋째, 환자와 가족들을 지역사회의 자원과 연결시키는 것을 사회복지사의 주요 역할로 규정하였다(Cowles, 2000: 7~8). 또한 캐봇은 사회복지사를 환자와 가족에게 의료적인 정보를 이해시키는 통역자로 생각하였는데, 그는 환자에게 질병과 관련하여 진행되고 있는 상황과 앞으로의 상황에 대해 이해시키고, 설명을 제공하는 것이 병원에서 사회복지사가 담당해야 하는 일차적인 중요한 역할이라 하였으며, 동시에 환자와 그 가족에 관한 정보를 의사에게 제공하는 전달자로서 사회복지사의 역할을 규정하였다(Cabot, 1912: 50; Gehlert, 2006: 10).

이와 같은 역할규정에 따르면, 의료사회복지란 환자의 심리적, 사회적, 경제적 문제에 대한 정보를 수집하고 이를 의료진에게 전달하며, 해결하도록 도와주고, 질병으로 인해 손상된 사회적 기능을 증진하여 사회에 복귀할 수 있도록 도움을 제공하는 전문적 활동으로 정의될 수 있다. 또한 의료사회복지사는 질병의 문제를 가진 환자와 그 가족을 대상으로 질병으로 말미암아 발생한 심리적 적응의 문제, 치료에 대한 동기화 및 선택의 문제, 가족문제, 간병문제, 치료비와 관련한 경제적 문제, 퇴원 후 사회복귀 문제 등을 사정하고, 환자와 가족의 내적 및 외적 자원과 지역사회의 자원을 동원하여 환자와 가족이 이러한 문제들을 해결하고 대처해나갈 수 있도록 전문적인 도움을 주는 실천 활동을 수행한다.

한편, 의료사회복지는 지역사회를 대상으로 건강 증진과 질병 예방사업, 그리고 이를 위한 사회정책 및 프로그램을 입안하고 실행하는 활동에 참여하는 측면까지 포함하는 보다 거시적인 차원의 개념을 포괄하는 것으로도 정의할 수 있다. 이러한 정의는 '질병'보다는 '건강'에, '병원'보다는 '지역사회'에 초점을 맞춘 것으로 보건의 개념으로까지 확장된 '보건사회복지public health social work'의 개념으로 의료사회복지를 이해할 수 있게 한다.

일반적으로 보건public health이란 환경위생, 지역사회 내 감염 통제, 개인교육을 위해 지역사회의 조직화된 노력을 통해 질병을 예방하고, 삶을 연장시키며, 신체적 건강과 효율성을 증진시키는 과학으로서 조기 진단과 개인위생, 의료와 간호서비스의 조직화, 질병의 예방적 치료, 그리고 지역사회 내의 모든 개인들이 건강 유지를 위한 적절한 생활의 기준을 지킬 수 있도록 하는 사회적 기제를 개발하는 것을 원칙으로 한다(Institute of Medicine, 1988: 39; Schild & Sable, 2006: 70 재인용). 이러한 보건의 순기능에 부합하여 보건사회복지는 공적 또는 사적 기관에서 보건의 기능을 일차적으로 수행하는 전문성을 갖춘 사회복지사에 의해 수행되는 활동으로서, 보건사회복지사의 실천업무는 개인, 가족, 지역사회를 대상으로 건강과 안녕, 그리고 기능을 증진하고 장애와 시설화를 최소화하기 위해 이들을 강화시키는 개입에 초점을 두는 것으로 정의된다(Schild & Sable, 2006: 75).

보건사회복지실천은 임상사회복지실천과 크게 두 가지 점에서 차이가 있는데, 첫째, 보건사회복지실천은 건강 증진과 환경적 위험으로부터의 보호, 그리고 질병예방을 강조한다는 것이며, 둘째, 보건 실천은 개인이나 집단보다는 특정 인구집단을 주요 목표로 삼는다는 것이다(Watkins, 1985; Schild & Sable, 2006: 75). 다시 말해, 보건사회복지는 지역사회의 모든 인구를 대상으로 하지만 일차적으로는 취약한 계층이나 위기에 직면한 인구집단을 대상으로 건강증진 및 질병예방을 위한 전문적이고 체계적인 활동을 전개한다는 것이다(Wilkinson, Rounds & Copeland, 2002; Schild & Sable, 2006: 71). 대개 한 사회에는 인종 또는 민족, 성별, 사회계층, 교육, 그리고 고용이나 보험 상태 등에 의해서 규정되는 건강의 불평등이 인구집단 간에 존재하는데, 일반적으로 소수집단, 빈곤자, 교육 수준이 낮은 자, 시골거주자, 실업자, 보험이 없는 자들은 상대적으로 건강 상태가 더욱 취약한 집단에 속하는 자들이 될 수 있다(Berkman & Kawachi, 2000; Schild & Sable, 2006: 77).

미국에서 보건사회복지사는 연방, 지역, 주, 그리고 지방 차원에서 사례관리자, 건강교육사, 프로그램 기획 및 평가자, 기금마련을 위한 제안서 작성자grant writer, 행정가, 그리고 프로그램 관리자 등 매우 다양한 역할을 수행하고, 비영리기관의 행정 감독관으로 일하기도 하는 등 다양한 활동을 전개하며 사회적 입지를 굳히고 있다(Schild & Sable, 2006: 74). 그러나 아직 한국에서는 지역사회 수준에서 취약 계층이나 주민들의 건강증진과 안녕 및 기능 향상을 위해 일하는 보건사회복지사의 입지가 확보된 상태는 아니다. 이보다는 전통적으로 병원이나 의료세팅을 중심으로 질병의 문제가 있는 클라이언트와 그 가족을 대상으로 직접적 서비스를 제공하는 활동을 의료사회복지사의 대표적 활동으로 정의하는 경향이 지배적이다.

보건사회복지로 정의되는 이와 같은 의료사회복지의 확장된 개념은 새롭게 등장한 신개념이라기보다는 기존의 의료사회복지에 대한 정의의 틀 속에서 주로 거시적 차원 또는 정책적 차원의 개념으로 함께 다루어져 온 부분이라 할 수 있다. 의료사회복지의 개념정의에서 강흥구(2007: 46)는 거시적 차원에서의 의료사회복지란 건강 차원의 접근으로 단지 질병으로부터의 치유와 회복뿐 아니라, 예방과 추후관리를 포함한 일련의 과정을 의미하며, 접근 단위도 병원 내의 활동에 국한하는 것이 아니라 지역사회를 망라하는 접근으로 제도와 정책적 차원을 포함하는 개념이라 하였다. 또한 김규수(1999: 29)는 이러한 측면의 의료사회복지를 정책적 차원에서 질병의 예방과 건강증진 및 향상을 목적으로 사회복지조사, 사회복지정책, 행정 등의 방법을 통하여 보건의료에 대한 욕구를 측정하고, 의료서비스 전달체계를 평가하며, 의료의 질 향상과 의료보호의 확대 및 질적 향상을 도모하는 데 참여하는 사회복지실천의 한 과정으로 정의하였다. 최근 의료사회복지사의 활동 영역은 병원이나 의료세팅 등 전통적인 활동 영역을 넘어 지역사회를 대상으로 한 보건증진 활동으로까지 그 범위가 더욱 확대되고 있는 추세이며, 지역사회 내의 건강관련 업무를 추진하는 다양한 기관에서 의료사회복지사의 활동이 더욱 활발히 요청되고 있다.

이상과 같은 의료사회복지의 개념을 병원이나 의료세팅을 중심으로 환자의 치유와 회복을 위해 서비스를 제공하는 전통적 의료사회복지medical social work와 최근 그 중요성이 점차 확대되고 있는 지역사회 중심의 건강증진과 질병예방을 목적으로 활동하는 보건사회복지의 개념으로 나누어 살펴보면 〈표 1-1〉과 같이 정리될 수 있다.

이상에서 살펴본 의료사회복지의 개념을 종합해보면, 의료사회복지란 사회복지의 전문적 실천방법을 활용하여 질병을 가진 개인과 환경과의 상호관계에 초점을 두고 환

표 1-1 | 전통적 의료사회복지와 보건사회복지의 개념 비교

구 분	전통적 의료사회복지	보건사회복지
목표	질병치료 및 사회적 기능 회복	지역사회의 건강증진과 질병 예방
용어	medical social work	public health social work
서비스 대상	환자, 가족, 의료진	지역사회 주민, 지역사회 내 건강 취약집단, 의료환경(의료제도 및 정책)
사회복지사의 소속 기관	병원이나 진료소, 요양병원 등 의료세팅	지역사회 내의 건강관리 업무를 수행하는 기관이나 단체, 중앙 및 지방 행정부서
주요 활동 내용	• 환자의 심리사회적 특성 사정 및 의료진과 정보공유 • 환자와 가족을 대상으로 질병으로 인한 심리·사회적 및 경제적 문제의 사정과 해결지원 • 환자의 사회적 기능회복 및 재활 지원 • 지역사회자원 연결	• 질병예방과 건강증진을 위한 활동 • 환경개선 • 지역주민 대상 보건교육 • 지역사회 내 건강 불평등 및 취약집단 발견과 건강지원서비스 제공 • 보건정책과 프로그램 개발, 수행 및 평가
주로 사용하는 실천방법	개별상담, 집단상담, 가족상담 및 교육, 퇴원계획, 사례관리 등	지역사회사정community assessment, 사회조사, 프로그램 개발 및 행정

자 및 가족의 사회기능 향상을 위해 질병의 치료 및 재활은 물론 지역사회 주민과 취약집단의 건강증진과 질병예방에 기여하는 다양한 활동을 수행하는 사회복지의 한 전문분야로 정의할 수 있다.

2) 의료사회복지의 기능

의료사회복지의 기능은 환자와 가족, 그리고 지역사회를 대상으로 질병에 대한 예방과 치료 및 재활기능을 수행하는 것이다. 의료사회복지는 전통적으로 병원이나 의료기관에서 치료팀의 일원으로 환자에 대한 치료와 사회복귀 및 재활을 돕는 중요한 기능을 담당해왔다. 그러나 최근 의료사회복지의 개념이 점차 병원이나 의료 기관에서의 활동에 국한되는 것에서 벗어나 지역사회를 대상으로 한 다양한 건강증진 활동에 참여하는 것을 포함하는 보건사회복지의 개념으로 확대되면서 예방과 관련된 기능이 의료사회복지의 중요한 기능으로 새롭게 부각되고 있다.

의료사회복지가 예방, 치료 및 재활의 기능을 담당하기 위해 수행하는 구체적인 기

능들을 살펴보면, 일차적으로 환자와 가족을 대상으로 심리사회적 사정을 실시하고, 질병의 치료와 재활 및 사회복귀를 위한 심리사회적 개입, 상담 및 교육, 자원연결 등의 기능을 수행한다. 또한 의료사회복지사가 소속된 병원이나 의료기관에 대해서 병원서비스 이용 만족도 조사를 실시하여 병원서비스의 질을 향상시키는 데 기여하기도 하며, 인근 지역주민이나 병원이용 고객을 대상으로 실시하는 병원 프로그램을 기획하는 활동에 참여하는 기능을 수행하기도 한다.

지역사회와 관련해서는 지역주민 및 취약인구집단을 대상으로 질병예방과 건강증진 프로그램에 참여하거나 지역 내 자원을 동원하고 개발하는 등의 기능을 수행한다. 일반적으로 질병 예방은 세단계로 나눌 수 있는데(Schneider, 2000), 1차적 예방은 질병과 상해로부터 보호하는 것이며, 2차적 예방은 질병에 대한 조기 진단과 치료로서 질병의 진행과정을 지체시키는 것을 추구한다. 그리고 3차적 예방은 질병의 결과를 최소화하고 추가적인 장애를 방지하기 위한 행동들을 포함한다. 지역사회를 대상으로 질병 예방 활동에 참여하는 사회복지사는 1차, 2차 및 3차적 수준에서의 예방을 모두 관리할 수 있어야 한다.

즉, 의료사회복지사는 환자와 가족을 대상으로 임상적 개입을 실시할 뿐만 아니라 병원과 지역사회를 대상으로 프로그램을 기획하고 자원을 동원하며, 건강증진과 질병 예방을 위한 사업을 실시하는 등 다양한 기능을 수행하여 궁극적으로 지역사회 내의 질병 예방, 치료 및 재활의 목적을 달성하는 데 중요한 기여를 하고 있다.

3) 의료사회복지사 직무와 주요 활동

환자와 가족, 소속된 병원이나 의료 기관, 그리고 지역사회를 대상으로 예방, 치료 및 재활의 기능 수행을 위해 실제로 의료사회복지사는 첫째, 임상영역, 둘째, 행정영역, 셋째, 교육 및 조사영역 등에서 다양한 직무들을 수행하고 있다. 의료사회복지사가 수행하는 직무들을 구체적으로 살펴보면, 첫째, 임상과 관련된 직무로서 사회복지의 전문적인 지식과 기술을 활용하여 환자와 그 가족들을 대상으로 직접적인 서비스를 제공하는 업무들이 대표적이다. 임상관련 직무에 속하는 하위차원의 직무에는 환자와 그 가족을 대상으로 심리사회적 사정을 하거나 개별치료 및 상담, 가족치료 및 상담, 집단치료 및 집단활동지도, 교육제공 등의 활동을 수행하는 심리·사회·정신적 문제해결 직무, 환자에 대한 진료비 지원과 이를 위한 자원을 동원하는 경제적 문제해결 직무, 지역사회 내의 다양한 자원체계에 환자와 가족을 연결하는 지역사회 자원연결 직무, 재활과 사회복귀를 돕기 위한 직무, 그리고 이러한 활동수행을 위해 의료팀의 일원이 되어 함께 회진이나 회의 등에 참여하는 팀접근 직무가 포함된다. 이러한 임상관련 직무는 매우 핵심적인 직무들로서 의료사회복지사의 활동에 가장 중요한 부분을 차지한다.

둘째, 의료사회복지사는 행정적 차원의 직무를 수행하는데 보고서나 업무일지를 기록하고, 부서의 회의나 병원의 회의 등에 참여하는 일들을 한다. 셋째, 의료사회복지사가 수행하는 교육 및 연구조사 차원에 속하는 직무들에는 학부 및 대학원의 사회복지 전공생들에 대한 실습지도, 직원 교육, 그리고 의료사회복지와 관련된 조사 및 연구 활동 등이 포함된다.

이상과 같은 직무내용은 '의료사회복지사 직무 표준화 작업' 결과를 통해 선정된 것으로 3개 영역, 7개 직무 하위차원, 그리고 총 33개의 세부항목들로 구성되어 있다(김기환 외, 1997: 9). 이에 대한 구체적 내용은 〈표 1-2〉와 같다.

이 연구에서 의료사회복지사들이 수행하는 직무로 가장 빈번하게 나타난 직무들은 ① 심리·사회·정신적 문제해결 직무, ② 사회사업부서의 순수행정 직무, ③ 사회복귀 및 재활 문제해결 직무, ④ 팀접근 직무, ⑤ 지역사회자원과 연결직무, ⑥ 경제적 문제해결 직무, ⑦ 교육 및 연구조사 직무였으며, 이는 핵심직무로 선정되었다. 핵심직무는 다시 11개의 세부항목으로 구체화되었는데, 이는 대학부속병원이나 종합병원·의원 등에서 공통적으로 수행하는 직무로 정의되었다. 여기에는 심리·사회적 문제의 원인 조사 및 사정, 치료계획에 의한 환자의 개별치료, 환자와 환자가족의 교육, 환자와 환자가족에게 질병에 대한 정보제공, 후원자(단체) 연결 등을 통한 병원 외적 자원과 연결, 지역사회자원과 연결, 퇴원계획 상담, 사례분석 평가, 보고서 및 업무일지의 기록, 사회복지부서의 운영에 관한 회의, 전문성 제고를 위한 교육 참여가 포함되었다(김기환 외, 1997).

표 1-2 | 의료사회복지사 직무차원

직무차원	직무하위차원		직무내용
사회사업 임상	심리·사회· 정신적 문제해결 직무차원	1	심리·사회적 문제의 원인조사 및 사정
		2	치료계획에 의한 환자의 개별치료
		3	내원객의 욕구에 의한 환자의 개별상담
		4	치료계획에 의한 환자의 가족치료
		5	내원객의 요구에 의한 환자의 가족상담
		6	집단치료
		7	집단활동지도
		8	환자와 환자가족의 교육
		9	환자와 환자가족에게 질병에 관한 정보제공
	경제적 문제해결 직무차원	10	사회보장 및 법적 제도에 대한 정보제공과 지원
		11	병원의 자원을 이용한 진료비 지원
		12	후원자, 후원단체 연결을 통한 병원 외적자원과의 연결
	지역사회자원 연결 직무차원	13	지역사회의 새로운 자원 개발 및 정보망 조성
		14	수집된 기존 지역사회의 자원체계에 대한 정보제공
		15	지역사회자원과 연결
	사회복귀 및 재활 문제해결 직무차원	16	퇴원계획 상담
		17	추가치료 및 자가치료 지원(가정방문, 외래상담 등)
		18	직업재활 상담지도
		19	회복상태 및 사회적응도 평가
		20	사회생활 훈련지도
	팀 접근 직무차원	21	회진 참여
		22	타 부서와의 사례회의
		23	병원경영에 어려움을 줄 수 있는 고위험 환자의 조기 발견
		24	질병에 의한 고위험 환자의 조기 발견
		25	사례분석 평가
행정	사회사업 부서의 순수행정 직무차원	26	보고서 및 업무일지의 기록
		27	사회사업 부서의 운영에 관한 회의
		28	부서 직원의 지휘 및 감독
		29	병원(기관)의 행정 및 경영에 관계된 회의
교육 및 연구조사	교육 및 연구 조사 직무차원	30	실습생 지도
		31	신규직원 교육
		32	전문성 제고를 위한 교육참여(임상연구 회의, 저널클럽)
		33	의료사회사업 연구 및 조사활동

※ 출처: 김기환 외(1997), 9쪽.

3. 의료사회복지 실천현장

1) 의료사회복지 실천현장의 다양화

의료사회복지사들은 거의 1세기가 넘는 동안 의료현장에 소속되어 활동해왔고, 의료 및 건강서비스에서 생심리사회모델을 적용한 서비스를 제공하는 데 중추적 역할을 해왔다.

의료사회복지사가 활동하는 실천현장은 병원이나 지역사회를 기반으로 의료와 건강관련 서비스를 제공하는 다양한 기관이나 단체가 될 수 있다. 특히 인간의 건강문제는 출생 순간부터 죽음에 이르기까지 삶의 전 과정에서 중요한 부분이 되므로 이러한 건강문제를 다루는 기관이나 단체는 지역사회 내의 병·의원, 종합병원, 대학병원 등에서부터 보건소나 요양원, 주간보호소, 재활센터 및 호스피스기관 등에 이르기까지 그 범위가 매우 넓다.

일반적으로 의료 및 보건서비스전달체계는 건강상태에 따른 개입의 수준과 그 내용에 따라 1차 관리기관Primary care, 2차 관리기관Secondary care, 그리고 3차 관리기관Tertiary care으로 나눌 수 있다(Cowles, 2000: 14). 1차 관리란 질병에 대한 예방과 건강 유지에 초점을 두는 것으로 예방과 조기 개입이 중요한 기능이 된다. 이러한 기능을 수행하는 기관으로는 지역사회 내의 1차 의료기관, 보건소, 건강증진센터 등이 포함될 수 있다. 2차 관리란 이미 발생된 질병이 더 악화되지 않도록 치료, 관리하는 것으로 주로 병원의 외래나 입원병동, 치료센터 등에서 이루어진다(한인영 외, 2006: 58). 3차 관리는 의료서비스의 마지막 단계로 치료될 수 없는 질환이나 만성질환을 가진 클라이언트가 편안함을 느끼고 남아 있는 기능이 최대화될 수 있도록 지원하는 것을 목적으로 한다. 이러한 역할을 하는 기관으로는 지역사회 내의 재활센터, 요양원, 호스피스 기관, 재가보호시설 등이 포함될 수 있다.

이와 같이 지역사회 내에서 의료서비스를 제공하는 세팅이 점차 다양해지고 있는 것은 의료사회복지의 실천현장이 다양해지고 있다는 것을 의미한다. 애드킨스(Adkins,

1994)는 의료사회복지의 다양한 실천현장을 다음과 같이 제시하기도 하였다(강흥구, 2004: 33-34 재인용).

① 일반 병원 및 응급병원general and specialized acute-care hospital과 종합병원medical center
② 정신병원psychiatric hospital
③ 재활센터rehabilitation center
④ 요양원skilled-nursing facilities, 호스피스, 성인주간보호 프로그램 등과 같은 장기보호시설long-term care facilities
⑤ 건강유지기관, 응급보호센터, 개원의physicians' office 같은 일차 보호 분야
⑥ 재가건강보호 프로그램home health care program

또한 두퍼(Dhooper, 1997)는 건강보호와 관련된 현장을 다음과 같은 네 가지 세팅으로 구분하기도 하였는데, 이러한 현장들은 의료사회복지사의 활동이 이루어지는 실천현장이 된다.

① 급성환자치료 세팅acute care settings
② 이동진료세팅ambulatory care settings
③ 질병예방과 건강증진기관illness prevention and health promotion agencies
④ 장기보호세팅long-term care settings: 요양원nursing homes, 지역사회 내 거주보호시설community residential care settings, 재가보호시설home-based/near home-based care srttings

2) 다양한 현장의 의료사회복지실천

코울스(Cowles, 2000)는 의료사회복지실천현장을 서비스가 제공되는 장소의 특성에 따라 1차 건강보호기관, 병원, 재가보호기관 및 요양원, 그리고 호스피스기관으로 구분하여 각 현장에서 이루어지는 사회복지실천의 특성을 기술하였다. 이는 보호관점에

따른 것으로, 예방을 포함한 1차 의료, 병원에서의 치료, 치료 종결 후 재가서비스 혹은 요양원에서의 연속적 보호, 임종으로 이어지는 질병의 진행 경로를 반영한 개념이다(강홍구, 2004: 225).

(1) 1차 건강보호기관

1차 건강보호기관이란 예방 및 조기치료를 목적으로 하는 건강보호 현장으로서 병원의 외래, 응급실, 건강증진센터, 가정의학과, 내과, 소아과 등 1차 의료기관, 보건소 및 예방서비스 제공 기관 등이 포함될 수 있다. 의료현장을 1차 관리-예방, 2차관리-치료, 그리고 3차 관리-재활 및 요양기관으로 나눌 때 질병에 대한 예방과 조기 개입을 담당하는 1차 관리기관이 여기에 해당하는 실천현장으로 볼 수 있다.

1차 건강보호는 건강보호체계에 환자가 처음 진입하는 것으로, 1차 건강보호체계는 지역사회에서 수용 가능하고, 비용이 적당하며, 실제 활용 가능해야 한다. 또한 건강보호체계를 유지시킬 수 있는 관문역할을 수행해야 한다. WHO(1978)는 1차 건강보호가 건강증진, 질병 예방, 신체적·정신적 건강서비스의 통합을 위한 것으로 건강의 신체적·정신적·사회적 측면을 포괄하는 전인적 접근을 실시해야 함을 강조하고 있다(Oktay, 1995: 1887; 강홍구, 2004: 226 재인용).

1차 건강보호 현장에서 사회복지사의 주요 역할은 첫째, 개인의 건강증진 및 질병 예방을 위한 지역사회 프로그램 계획에 참여, 둘째, 사회적 요인과 질병 간의 관계에 대한 역학조사 실시, 셋째, 특정 질병의 예방과 조기 개입 및 장애 예방사업, 넷째, 사회적 지지체계를 활용한 건강 및 복지증진, 다섯째, 건강보호와 사회복지서비스가 필요한 위험 집단에 대한 아웃리치 서비스의 실시 등이다. 즉, 사회복지사는 1차 건강보호 현장에서 보건프로그램 계획과 정책개발, 건강문제와 관련된 지역사회의 욕구분석, 위험집단에 대한 아웃리치, 개인과 집단에 대한 건강교육 실시, 자조집단의 구성과 운영, 그리고 질병과 건강문제에 관련된 역학조사 등에 참여하는 역할을 수행하게 된다(Cowles, 2000: 110; 강홍구, 2004: 229 재인용).

(2) 병원

종합병원이나 대학병원 등 지역사회 내의 병원이나 의료기관은 의료사회복지실천이 이루어지는 핵심적인 현장이다. 특히 병원은 질병이나 상해를 입은 사람의 치료를 위한 전인적인 접근이 강조되는 곳이므로 의사, 간호사, 심리치료사, 물리치료사, 작업치료사 등 타 전문직과 의료사회복지사와의 협력과 팀접근team approach이 가장 강조되는 현장이며, 현재 우리나라에서 의료사회복지사들이 활동하고 있는 가장 중추적인 실천현장이다.

병원에서 환자와 그 가족을 대상으로 사회복지서비스를 제공하는 의료사회복지사는 기본적으로 질병에 걸린 환자의 불안과 의존심, 회복에 대한 의지 등 환자의 심리상태에 대해 이해하는 능력을 갖추고 있어야 할 뿐만 아니라 환자의 가족환경 및 사회적 환경과 경제적 상태 등을 정확하게 사정하는 능력, 그리고 이에 개입할 수 있는 지식과 기술 및 타전문직과 협력할 수 있는 팀접근 능력을 구비하고 있어야 한다. 또한 환자와 가족에게 필요한 자원체계를 개발하고 연결하는 능력, 재활 및 사회복귀를 위한 계획을 세우고 이를 위한 개별, 집단 및 가족 상담과 교육 등의 전문적 서비스를 제공할 수 있는 능력이 있어야 한다.

최근 의료사회복지실천은 임상 각과의 질환별로 더욱 세분화되고 전문화되는 경향이 있는데 이에 부합하여 의료사회복지사는 특정 질환에 대한 지식체계로 질병의 특성, 예후와 치료방법, 질병에 따른 주요 심리사회적 문제, 그리고 이에 대한 개입방법과 필요한 지역사회 자원에 대한 정보 등에 관해서도 잘 알고 있어야 한다.

특히 자원연계를 위해서는 지역사회자원에 대한 최신 정보가 필요한데, 의료사회복지사는 요양원, 가정간호기관, 지역 내 타 의료기관, 경제적 지원 단체, 공공서비스 등 다양한 지역사회자원에 대한 정보를 지니고 있어야 하며, 지역사회자원의 목록을 최신으로 업데이트하는 노력을 항시 기울여야 하고, 기존의 지역사회 자원이 여전히 활용 가능한지 점검해야 한다(Dobrof, 1991: 51; 한인영 외, 2006: 60 재인용).

또한 조직 내에서 선임 사회복지사나 부서장의 역할을 담당하는 의료사회복지사는 직원교육 및 수퍼비전을 제공할 수 있는 능력, 부서를 운영하는 조직력과 리더십 등 행정적 능력을 구비해야 한다. 이 외에도 병원에서 활동하는 의료사회복지사는 자원봉사자를 모집하고 관리하는 능력, 병원서비스에 대한 만족도나 서비스 질 향상을 위해 필요한 조사를 실시하고 프로그램을 개발하는 능력 등을 갖추고 있어야 한다.

(3) 요양원 및 요양병원

요양원이나 요양병원은 지속적인 보호와 의료적 처치 및 관리의 필요성으로 인해 병원에서 퇴원한 환자가 가정으로 돌아가지 못할 때 선택하는 기관이다. 요양원에는 정신장애인 및 신체장애인을 위한 시설이 있으며, 최근 평균수명의 연장으로 우리 사회가 점차 고령화되어 감에 따라 다양한 종류의 노인요양시설이 늘어나고 있는 추세이다. 요양병원에는 정신장애인, 산재장애인, 노인 등을 위한 요양병원을 비롯하여 암과 같은 질병으로 인한 투병생활을 지속해야 하는 환자를 위한 요양병원 등이 있다.

이러한 요양시설의 종류에는 경제적 능력이 없거나 돌볼 가족이 없는 자들을 대상으로 국가가 무료로 운영하는 시설, 종교단체나 민간단체에서 운영하는 실비 또는 유료 시설 등이 있다. 2007년 사회보험의 일환으로 노인장기요양보험제도가 실시되면서 현재 지역사회를 중심으로 노인요양시설이 더욱 늘어나고 있으며, 이에 따라 요양시설에서의 의료사회복지사의 활동과 역할이 점차 중요해지고 있다.

요양원이나 요양병원에 입소하는 클라이언트는 가정이 아닌 시설에서 생활하는 것에 대한 적응, 가족과의 정서적 유대관계 유지, 요양원이나 요양병원 입원에 따른 경제적 문제 등과 같은 여러 문제를 경험할 수 있다. 가족원의 경우에는 요양원이나 요양병원에 입원한 환자와의 정서적 관계가 얼마나 친밀했는지에 따라 정서적 반응이 달라질 수 있으며, 이에 따라 방문 여부나 횟수 등에도 차이가 발생하게 된다. 또한 요양원이나 요양병원 입소에 따른 치료비를 가족이 부담하게 되는 경우 입원기간이 장기화됨에 따라 가족 내 경제적 어려움이 발생할 수도 있다. 이와 같은 클라이언트와 가족의 심리사회적 욕구에 대응하여 요양원 및 요양병원에서 일하는 의료사회복지사는 개별상담, 집단상담, 가족상담 및 교육 등을 제공하고, 필요한 지역사회자원을 연결하며, 퇴원계획을 수립하는 등의 역할을 수행하게 된다.

(4) 호스피스 기관

호스피스란 회복할 수 없는 질환으로 임종을 앞둔 환자가 육체적 및 정신적 고통을 경감하며, 편안하게 죽음을 맞이할 수 있도록 도움을 제공하는 총체적인 활동을 뜻한다. 호스피스는 죽음을 삶의 자연스러운 과정으로 받아들이도록 하고, 질병의 말기단계에서 오는 육체적·정신적 고통이 완화되도록 돕기 위해 신체적, 심리적, 사회적 및 영적 측면에서 포괄적이고 전인적인 접근을 하는 것을 기본원칙으로 하고 있다.

일반적으로 호스피스란 ① 임종 환자 및 그 가족에 대한 전인적 보호^{care}, ② 인위적으로 수명을 연장시키거나 단축시킴 없이 자연스런 임종 환경을 제공하는 것, ③ 육체적, 영적, 그리고 심리적 보호를 통하여 환자로 하여금 자신의 죽음을 인간답게 수용할 수 있도록 하는 것, ④ 한계수명을 가진 환자에 대해 병원과 가정의 보호를 병행하게 하는 활동을 포함하는 것으로 구체화할 수 있다(강흥구, 2004: 243).

일반적으로 호스피스 서비스의 제공을 위해서는 의사, 간호사, 사회복지사, 성직자 및 자원봉사자 등이 팀으로 함께 일하며, 환자와 그 가족이 임박한 죽음을 받아들이고 남은 시간을 의미 있게 잘 사용할 수 있도록 도와주는 역할을 수행하는 것이 중요하다. 이를 위해서는 호스피스 서비스를 받는 환자와 그 가족이 경험하는 어려움이 무엇인지 이해해야 하는데, 환자의 경우에는 죽음에 대해 수용하고, 호스피스 시설에 적응하며, 앞으로 남아 있는 시간을 가능한 한 의미 있게 보낼 수 있도록 도와주는 것이 중요하다. 가족의 경우에는 환자에 대한 돌봄 제공으로 심신이 지칠 수 있으며, 가족원 중의 한 명이 죽음을 앞두고 있다는 것을 수용하는 데 어려움을 겪을 수도 있다. 또한 환자의 사망에 대한 상실감과 애도반응을 느끼며, 그 가족원이 없는 가족체계에 새롭게 적응하는 데 심리사회적 어려움을 겪을 수도 있다. 그러므로 호스피스 기관에서 일하는 의료사회복지사는 이와 같은 환자와 가족이 직면한 어려움을 이해하고, 이들을 정서적으로 지지하며, 환자와 가족 간의 정서적 갈등이 있다면 이를 해결할 수 있도록 도움을 제공해야 한다. 또한 가족들이 간병으로 인해 신체적 및 정신적 에너지가 고갈되지 않도록 지역사회 자원을 활용한 도움을 제공하고, 필요 시 경제적 지원을 하는 등 다양한 역할을 수행해야 한다.

02
CHAPTER

의료사회복지의 대상

1. 환자

환자는 아프거나 몸을 다친 상태의 사람을 지칭한다. 사람들은 병에 걸렸거나 어떤 이유로 몸을 다치게 되었을 때 병원을 찾는다. 그리고 대개 짧은 시간에 완치되기를 기대하지만, 기대와 달리 어떤 경우에는 의사로부터 생각보다 상태가 위중하여 장기간 입원 및 수술치료가 필요하다는 말을 듣게 되고, 어떤 경우에는 이 병은 완치가 어려워서 앞으로 평생 동안 질병을 관리하면서 살아갈 수밖에 없다는 말을 듣게 될 것이다.

만약 우리가 갑자기 병에 걸려 진단과 치료를 앞에 둔 상태라면 어떤 기분이 들 것 같은가? 이 사실이 잘 믿어지지 않을 수도 있고 슬픔과 두려움에 압도될 수도 있을 것이다. 또한 돈, 가족, 나의 미래에 대해 여러 가지 생각이 들 수 있고 당장 내일 예정되어 있던 일들에 대해서도 이전까지와 다른 시선으로 바라보고 결정하게 될 수 있을 것이다. 개인의 질병은 자신뿐 아니라 가족, 사회 체계와 밀접하게 연관된다. 이 장에서는 환자의 심리와 환자의 심리에 영향을 주는 여러 가지 특성에 대해 살펴볼 것이며, 주요 내용은 대부분 조두영(2001)의 저서에 근거한 것이다.

1) 환자의 심리

(1) 부정denial

감당하기 힘든 일을 겪게 되면 우리는 이를 부인한다. 조두영(2001)은 환자들이 병이 있다는 객관적 증거가 자꾸 나오는 데도 '별거 아니다'는 식으로 가볍게 받아 넘기거나, 오히려 "멀쩡한데 왜들 이러시오!"라는 진지한 태도를 취하는 것은 대개 최초의 심리반응으로서 흔히 나오기 때문에 정도가 심하지 않다면 병적으로 바라볼 필요는 없다고 하였다. 하지만 의료사회복지사로서 환자가 왜 이 상황을 부정하는지 그 마음속을 헤아려보는 것이 중요하다. 부정은 단순한 심리적인 반응일 수도 있지만, 병에 대해 그동안 가져 왔던 가족의 태도, 현실적인 어려움을 반영하는 경우도 있기 때문이다.

(2) 퇴행regression

사람들은 평소 심신이 건강한 상태에서는 자아의 방어기제들을 적절히 운용하여 자기 밖에서 들어오는 온갖 시련과 좌절, 그리고 자기 내부에서 일어나는 갈등과 본능에 대처하고 해결함으로써 좀 더 성숙하게 삶에 적응하려는 심리로 움직인다(조두영, 2001). 하지만 질병에 걸리게 되면 이러한 적응 기제가 무너지면서 그동안 억압해 오던 본능과 정서 욕구가 더 강하게 나타나게 된다. 이 때문에 환자의 감정, 사고, 행동이 미숙했던 과거로 뒷걸음질 치는 현상이 발생하는데 이것을 퇴행이라고 한다. 흔히 환자가 어린애처럼 떼를 쓰거나 울거나 또는 이전에 잘해 왔던 것을 잘 못하는 것을 그 예로 볼 수 있다. 의료사회복지사들은 환자가 보일 수 있는 퇴행 행동을 이해하고 이를 미성숙한 행위로 바라보기보다는 자연스런 하나의 심리현상으로 이해할 수 있어야 한다.

(3) 불안anxiety

질병은 개인에게 위험으로 받아들여지고 변화를 초래하기 때문에 사람들은 병을 앓게 될 때 불안을 경험하게 된다. 조두영(2001)은 환자가 느끼는 불안을 다음의 여섯 가지로 분류하였다. 첫째, 신체손상으로 인한 두려움이다. 즉, 자율적으로 움직이던 신체의 기본적인 조화가 깨지는 데서 오는 불안을 갖게 된다. 둘째, 외부인에 대한 두려움이다. 이것은 낯선 병원 환경과 낯선 의료진, 낯선 환자들 속에서 느끼는 불안으로 본인의 운명이 낯선 사람들의 손에 달려 있다는 생각으로부터 오게 된다. 셋째, 사랑하는 사람과 떨어지는 것에 대한 두려움이다. 이러한 불안은 특히 입원 환자들에게서 많이 나타나는데, 죽음에 대한 걱정이 증가될수록 분리불안은 더욱 커진다고 하였다. 넷째, 가족 간의 사랑과 인정의 상실에 대한 두려움이다. 이는 병과 수술로 인한 신체적 매력과 기능의 상실로 사랑하는 사람들로부터 버림받을 것을 염려하는 데서 생기는 불안을 의미한다. 다섯째, 신체적 손상에 대한 두려움이다. 이런 두려움이 심해지면 퇴행현상이 일어나고 드물지만 정신병까지 초래할 수도 있다. 여섯째, 현재의 병이 과거의 잘못에 대한 벌로 생각되어 죄책감·수치심과 함께 두려움을 갖는 것이다.

또한 병으로 인해 발생하는 온갖 문제들, 즉 휴직이나 실직, 치료비 부담, 가족 부양 등의 현실적인 문제들은 환자의 불안을 가중시키는 요인이 된다. 병이 장기화될 우려가 있고 가족 간에 갈등이 있었을 경우에는 불안이 심각한 불화로 나타나며 부정적인 영향이 커지게 된다.

(4) 우울depression

병에 걸린 사람은 "왜 나에게 이런 일이 일어났을까?"부터 시작하여, 자신의 신체 상태와 주변의 상황을 생각하면서 점차 우울함에 빠지기 쉽다. 특히 신체의 일부가 손상되어 외모와 기능의 변화가 생긴 경우에 우울을 경험할 확률이 더 높으며, 당뇨와 만성 신부전 등 일상생활에서 엄격한 관리가 필요한 질환인 경우에도 부담감과 절망감으로 인하여 우울을 경험하게 된다. 또한 우울은 외모나 자존감의 상실뿐 아니라 앞으로의 상실에 대한 걱정과 두려움으로부터도 나오게 된다.

(5) 분노^{anger}

환자들의 병으로 인한 두려움과 불안은 분노의 방식으로도 표현된다. 병을 두려워할수록 더 화를 자주 내는 모습을 보인다. 이들은 아무렇지도 않다고 하면서 자신의 실제 감정을 감추려 화를 표출하는 것이다. 또한 아픈 상황에 대한 실망감도 분노로 전환된다. 따라서 의료사회복지사는 환자들의 분노 안에 숨겨진 다양한 감정들을 함께 읽어나가려는 노력이 필요하다.

(6) 지성화^{intellectualization}

환자들은 자기 병에 관한 정보를 가능한 한 많이 수집하고자 한다. 이를 통해 자신이 질병을 다룰 수 있다는 통제감을 획득하여 자기 불안을 다루기 위해서이다. 최근에는 인터넷의 발달로 인해 환자들이 정보를 얻는 통로와 내용이 더욱 다양해졌는데, 여러 가지 장점도 있는 반면, 무분별한 내용으로 인해 오히려 혼란을 겪는 경우도 많다. 따라서 의료사회복지사는 환자의 정보수집이 올바른 방향으로 가고 있는지에 대해서도 관심을 둘 필요가 있다.

2) 질병 반응에 영향을 주는 요인

(1) 개인의 성격적 특성

환자의 질병 반응은 개인의 성격적 특성과도 관련된다. 조두영(2001)은 환자의 성격적 특성을 구강인격, 강박인격, 히스테리인격, 피학인격, 편집성인격 등으로 나누었는데, 이를 간략하게 정리하면 다음과 같다.

① 구강인격
환자들은 끊임없이 치료진을 찾고 조언을 구하려는 경향이 강하며, 이러한 욕구가 충족되지 않았을 때 치료진을 원망하는 경향을 보인다. 이런 성향의 사람들은 의존심이 강하고 요구가 많은 사람들로서, 평상시에도 먹고 마시는 것을 즐겨했던, 소위 구강인격oral personality이라고 할 수 있는 경우를 말한다. 신체질환 때문에 이들에게는 그동안 잠재해 있던 다른 사람으로부터의 관심과 간호를 바라는 욕망이 수면위로 나타나고, 버림받지 않을까하는 두려움과 외로움이 커지게 된다. 따라서 이런 특성을 보이는 환자를 만날 경우, 의료사회복지사로서 가능한 많은 관심을 보이고 격려와 지지를 제공하는 것이 필요하다.

② 강박인격

환자들 중에는 완벽하고 깔끔한 성향을 보이며, 자기 질병과 관련된 책을 많이 읽어 지식이 많고, 병원규칙을 잘 지키는 반면, 고집이 센 경향성의 사람들이 있다. 이런 사람들은 신체질환으로 인해 자기 내면의 공격적이고 충동적인 성향이 제어되지 않을 것을 우려하여, 더욱 자기방어를 철저하게 하면서 고집불통의 경향성을 보일 수 있는데, 이를 강박인격compulsive personality으로 볼 수 있다. 따라서 이런 특성을 보이는 환자를 만날 경우 보다 합리적인 태도로 대화를 이어나가는 것이 도움이 될 수 있다. 예를 들어, 의사라면 문진問診, 신체검사, 임상검사, 진단, 치료와 같은 순서로 차례차례 설명해 나가는 것이 좋으며, 의료사회복지사 또한 개입의 과정과 절차에 대해 차근차근 설명해주는 것이 좋다.

③ 히스테리인격

환자들 중에는 다소 강렬하고 연극적인 면을 보이는 사람들이 있는데, 이들은 신체질환을 자기 개인의 결함으로 받아들여 매력이 상실되는 패배상황으로 인식하는 경향성을 보인다. 이런 특성을 가진 환자들은 불안 극복을 위해 더욱 더 다른 사람의 관심을 끌기 위해 노력하며, 이 과정에서 자기의 병에는 무관심한 것처럼 보이기도 한다. 예를 들어 병원에서도 옷차림이나 화장, 소셜네트워크활동SNS에 신경을 많이 쓰는 경우를 볼 수 있다. 이런 특성을 보이는 환자들에게는 이들의 매력과 용기를 칭찬하되, 의료사회복지사가 너무 감정적으로 들뜨지 않도록 차분한 태도를 유지하고, 보다 진지한 대화가 가능한 경우에는 이들의 걱정이나 두려움을 말로 표현할 수 있도록 돕는 것이 필요하다.

④ 피학인격

환자들 중에는 살아오는 동안 숙명처럼 자기희생을 해온 사람들이 있는데, 이러한 특성을 가진 사람을 피학인격masochistic personality이라 말한다. 이러한 사람들은 다른 사람의 관심이나 인정을 원하면서도 내심 자신은 그런 것을 받을 자격이 없으니 고통을 겪어야 한다고 여겨, 질병 때문에 병원에 있을수록 자기가 바깥일을 못하고 여기서 누워 있다는 것에 대한 죄책감을 크게 가지면서 여러 가지 어려움을 호소하는 경우가 많다. 이런 특성을 가진 환자에게는 그가 겪는 고통에 대해 공감해주고 참을성에 대해 높게 평가하면서, 치료 외의 다른 부과적인 과업을 제공해주는 것이 도움이 될 수 있다. 예를 들어, 수술을 받아야 하는 중년 환자에게 "당신이 수술을 받아야 하는 것은 가장으로서 가족들을 더 잘 돌보기 위한 것"이라고 설명할 수 있다.

⑤ 편집성 인격

다른 사람에게 자기 마음을 잘 보여주지 않으면서 근거가 없거나 미약함에도 사사건건 트집을 잡고 상황을 과장하여 문제를 일으키는 사람들을 편집성 인격paranoid personality으로 볼 수 있다. 이러한 환자들은 흔히 치료진이 자기를 실험 대상으로 악용하거나 해치지 않을까에 대한 의심과 피해 의식을 갖고 있어 자주 싸움을 걸고 자기 질병을 남의 탓으로 돌리는 경우가 많다. 이런 특성을 가진 환자에게는 그들의 예민한 감수성을 존중해 주면서도, 적당한 거리를 유지하여 불필요한 논쟁이나 감정싸움에 휘말리지 않도록 주의하는 것이 필요하다.

(2) 개인의 질병경험

환자의 질병에 대한 심리적 반응은 환자 자신이 그동안 보아왔던 다른 사람들의 투병경험과 밀접하게 관련된다. 즉, 가족이나 친구가 병들었을 때 그 사람과 가정이 어떤 경험을 했었는지, 그 친구는 어떻게 반응했고 자신은 그 친구에게 어떤 이야기를 해주었으며, 결국 질병치료나 관리가 긍정적인 결과로 이어졌는지 혹은 부정적인 결과로 이어졌는지에 대한 경험이 자신의 심리반응에 큰 영향을 주게 된다.

따라서 의료사회복지사는 혹시 가족 중에 이와 같은, 혹은 유사한 질병을 앓았던 사람이 있는지, 그 사람의 경험은 어떠했는지에 대해 알아볼 필요가 있다. 또한 환자가 평상시에 아픈 것에 대해 어떤 생각과 경험을 했는지에 대해서 알아보는 것도 환자의 심리반응을 이해하는 데 도움을 줄 수 있다.

(3) 심리사회적 측면

환자의 질병에 대한 심리적 반응은 환자의 개인적 특성뿐 아니라 환자의 가족 및 사회적인 상황과 밀접하게 관련된다. 예를 들어, 한 환자가 당뇨로 진단 받았는데 그 환자의 어머니가 오랜 동안 당뇨를 앓아온 병력이 있다면 환자가 자신의 질병에 대해 받아들이는 과정과 결과는 어머니가 당뇨를 어떻게 인식하고 관리했으며 현재 어떠한 상태인지의 영향을 많이 받을 수밖에 없을 것이다.

또한 환자가 현재 심리적, 경제적 측면에서 갈등과 어려움이 많을 때 질병 발생으로 인한 좌절과 불안은 더욱 커질 수밖에 없을 것이다.

3) 어린이 환자

성인 환자와 어린이 환자의 심리적 반응은 유사하지만, 어린이를 대할 때 좀 더 고려해볼 점들이 있다. 이에 어린이 환자의 대표적인 심리적인 특성을 정리하였다(조두영, 2001).

첫째, 퇴행 행동을 보인다. 이것은 미취학 아동에게서 더욱 두드러지게 나타나는데, 손가락을 빨고, 떼쓰고 심술부리며, 말을 듣지 않고, 공격적인 행동을 보이는 것이 그 예이다. 우유병을 다시 찾거나, 근래에 배운 말이나 걷기를 잃어버리거나 대소변을 다시 못 가리는 행동이 나타날 수도 있다. 또한 학령기 어린이들이라면 미숙한 행동이 많이 나온다. 예컨대, 어머니에게의 의존이 심해지고, 떼쓰고, 공격적이 되며, 동기간 시샘이

늘고, 정신집중을 못해 공부를 하지 못한다.

둘째, 우울증이 온다. 아동들이 우울해지는 이유는 병으로 인해 기존의 가족 환경과 다른 병원 생활을 해야 하거나, 어른들로부터 '조심해라', '하지마라'라는 제한을 많이 받고, 신체 변화나 행동 제한이 따르기 때문으로 볼 수 있다. 또한 아동의 경우에는 우울한 감정이 행동을 통해 표현되는데, 예를 들어 식사량이 줄어들고, 잠을 잘 자지 못하며, 대인접촉을 회피하는 양상을 보일 수 있다. 또한 여러 가지 생리현상의 변화, 즉 빈맥, 과호흡, 설사 등을 보일 수 있다.

셋째, 병의 발생 원인에 대한 오해를 갖는다. 특히 유아나 초등학교 저학년 아동의 경우에는 자기가 나쁜 일을 저질렀거나 나쁜 생각을 했던 것 때문에 벌을 받는다고 생각할 수 있다. 하지만 이를 외부로 잘 표현하지 못하기 때문에 죄책감과 우울감을 심화시키는 원인으로 작용할 수 있다.

2. 가족

가족은 환자의 만성질환 관리에 영향을 주는 중요한 사회적 체계이다. 가족들은 환자 발병에 영향을 주는 원인이 될 수 있는 동시에 환자의 발병으로 인하여 많은 심리사회적 부담을 짊어지게 되는 클라이언트 체계인 동시에 회복과 치료에 도움을 제공하는 사회적 지지체계로서의 기능을 갖는 중요한 자원으로서 기능한다.

가족들은 질병으로 인한 가족 균형과 기능의 변화 때문에 치료 기간 동안 많은 어려움과 고통을 경험한다(Grapsa et al., 2014). 하지만 이러한 가족의 반응은 가족 성원 중 환자의 위치, 질병 유형, 장애 정도, 질병 치료 기간, 질병의 발생 사유, 경제적 부담 정도 등에 따라 다르게 나타날 수 있다. 환자가 누구인가, 즉 가장인가 아니면 자녀인가에 따라서도 가족의 심리는 달라지며, 기존의 가족관계가 발병 후 가족관계에도 여러 가지 영향을 주게 된다. 또한 이 질병이 일시적인 것인지, 장기적인 요양이 필요한지, 아니면 위험 정도가 높은 질환인지 등에 따라 가족이 보이는 반응은 다양하다(강흥구, 2007)

이에 따라 지금까지 환자의 가족들이 어떤 심리사회적인 어려움을 갖는가에 대한 연구와 더불어, 가족들이 환자의 질병관리에 어떠한 영향을 미치는가에 대한 많은 연구들이 수행되어 왔다. 먼저 가족들의 심리사회적 영향에 관한 연구들을 보면, 홈스와 뎁(Homles & Deb, 2003)은 가족구성원 중에 암, 당뇨, 뇌졸중 장애, 관절염. 천식, 치매, 정신장애와 같은 만성질환을 가진 식구들이 있을 경우에는 질병이 없는 다른 가족들의 심리적 안녕과 가족기능에 영향을 준다고 하였다. 기화와 정남운(2004)은 만성질환아동의 가족들이 스트레스를 높게 인식하는 경우에는 가족 간에 문제해결을 위한 의사소통이 적어지는 경향을 보인다고 보고하였다.

다른 측면에서, 가족들이 환자의 질병관리에 중대한 영향력을 미친다는 연구 결과들이 제시되고 있다. 중년기에 당뇨를 앓는 환자의 경우, 가족지지가 높을수록 환자의 당뇨관리 순응도와 삶의 질이 높게 나타났다(최영옥, 2001). 또한 가족 내에서 갈등이 발생할 때 아동은 혈당관리 악화의 위험에 처하게 되지만(이채원, 2004), 가족 속에서 아버지가 적극적인 역할을 수행할수록 자녀의 당뇨관리 순응도는 높아진다는 결과(김진숙, 1997)도 발표되었다. 이와 같이 가족환경은 만성질환의 관리뿐 아니라 질환을 가진 가족원의 심리사회적 적응에도 중요한 영향력을 미치는 것을 확인할 수 있다.

이와 같이 가족들은 직접적으로 질병을 앓는 당사자가 아님에도 불구하고 환자의 질병으로 인한 불안과 스트레스를 경험하며 제한된 자원 안에서 가족체계의 균열과 붕괴를 종종 경험하게 된다. 따라서 의료사회복지사들은 일차적으로 환자에 초점을 두지만 항상 사정과 개인의 단위로서 '가족'을 중요하게 바라보고 이해해야 한다.

특별히 가족문제에 대한 개입을 필수적으로 고려해야 할 때는 질병 관리에 가족의 협력이 반드시 필요한 경우이거나, 가족의 문제가 질병의 발생이나 증상 악화에 직접적으로 영향을 미치는 경우이다. 물론 대부분의 질병 관리에는 가족의 협력이 반드시 필요하지만 특히 만성질환의 경우에는 가족의 영향력이 더욱 크다. 예를 들어, 소아당뇨로 일컬어지는 I형 당뇨병은 심한 인슐린 결핍 때문에 환자들이 일상생활에서 인슐린 치료, 영양관리, 운동관리 등을 엄격하게 시행해야 하므로, 질병관리를 위해서는 가족의 협조와 관리가 필수적이다. 또한 정신건강의학에서 진단하게 되는 품행장애나 틱장애 등은 가족의 역동, 즉 의사소통이나 상호작용 때문에 발생하거나 악화될 수 있는 질환으로 알려져 있으므로 증상 호전을 위해서는 가족에 대한 이해와 개입이 필수적이라고 하겠다.

3. 지역사회

만성질환을 가진 사람들이 늘어나고 점점 치료보다는 관리의 개념이 대두되면서 지역사회 이해에 대한 필요성이 더 높아지고 있다. 특히 환자가 어느 지역사회에 속해 있느냐에 따라 제공되는 사회복지서비스에 차이를 보일 수 있다. 지역사회 사정에 따라 특정 프로그램이 제공될 수도 있고 특정 질병을 가진 환자를 옹호할 수도 있는 반면, 반대로 지역사회가 환자의 독립성을 방해하고 사회로의 재진입 가능성을 방해하거나 제한할 수도 있다(Ross, 1995: 1369; 강흥구, 2007 재인용).

이러한 상황에서 의료사회복지사는 지역사회에 대한 이해와 체계적인 연계 역량을 갖는 것이 중요하다. 입원 치료 후 장애와 후유증을 갖고 퇴원하는 사람들이 지역사회에서 독립적으로 잘 생활하고 적응하기 위해서는 자원 발굴을 통한 사례관리의 실천이 필요하다. 예를 들어, 척수손상으로 하반신 마비가 와서 휠체어 생활을 해야 하는 장애인으로 퇴원하는 환자에게는 주거, 상담, 재활치료를 돕는 장애인복지관이나 지역사회복지관, 구청의 장애인복지과와의 연계가 필요할 것이다.

최근에는 지역 보건소 및 지역 병원에서도 질병에 대한 공개강좌, 질병교실, 캠프 운영 등의 만성질환지원 프로그램들을 다양하게 시도하고 있다. 이러한 질환들은 암, 당뇨, 고혈압, 신부전, 알레르기 질환 등을 다양하게 포함하고 있다.

한 예로서, 경기도 내의 한 보건소에서 실시되고 있는 '고혈압, 당뇨병, 고지혈증 교실'을 운영을 들 수 있다. 이 프로그램은 고혈압, 당뇨병, 고지혈증 질환을 가진 주민이나 가족을 대상으로 만성질환의 예방, 올바른 치료, 적절한 관리방법을 교육하기 위한 목적으로 수행된다. 관내 유능한 전문의를 초빙해 만성질환에 대한 궁금증을 해소시켜주는 것으로서 주로 의학적 측면, 만성질환의 식사관리, 운동교육 등 질병의 조절과 관리에 초점을 두고 있다. 경기도 내의 다른 보건소에서도 2014년 현재 심뇌혈관질환 예방관리를 위한 '고혈압, 당뇨, 고지혈증 주민공개강좌'를 운영 중에 있다. 심뇌혈관 전문의를 초빙해 보건소 내뿐만 아니라 노인대학, 종교단체, 노인일자리센터 등에 주민공개 강좌를 확대 실시해 나감으로써 지역 주민의 호응을 얻고 있다(일간경기, 2014). 한편, 최근에는 알레르기질환자 및 가족을 위한 캠프 운영 소식도 접하게 된다. 경남의 한 보건소에서는 환자와 가족들이 질병에 대한 올바른 이해와 치료 및 생활환경 관리를 하는 것이 중요하다는 인식에서 출발하여 알레르기질환자와 그 가족을 대상으로 하여 캠프를 운영하였다(경남매일, 2014).

이와 같이 지역사회 내에서 다양한 프로그램들이 시도되고 있지만, 이용률과 효과성 측면에서는 아직 만족스럽지 않은 수준이다. 또한 아직까지 민간의료기관이나 지역사회와의 체계적인 연계도 부족한 실정이다. 따라서 의료사회복지사가 '질환을 갖고 살아가도록' 돕기 위해서는 특히 취약 계층이나 만성질환 가족을 단위로 한 지역사례관리의 적용에 대한 논의가 더 활발해질 필요가 있다.

4. 의료현장의 소수자들

이 절에서는 의료현장에서 일반적인 질병을 가진 환자라는 속성 외에 또 다른 특성으로 인하여 의료체계 내에서도 소수자로서 편견이나 낙인을 경험하기 되기 쉬운 대상들을 소개하고 이들이 경험하는 어려움과 그에 대한 지원 방안들을 살펴보고자 한다.

1) 다문화인[1]

(1) 의료현장에서 다문화인이 경험하는 도전들

이민이나 취업을 위하여 낯선 환경에 처하게 된 사람들에게 보건서비스를 이용하는 일은 하나의 도전이 될 수 있다. 이들이 당면하기 쉬운 어려움으로는 다음과 같은 것들

---

[1] 이 절은 『다문화사회복지론』(최명민 외, 2015, 학지사)의 402-411쪽을 참조한 것이므로 더 자세한 내용은 이 책을 참고하시기 바랍니다.

이 있다.

① 불안정한 지위와 제한적 자원

만약 불법적인 입국자라면 불법적 지위 발각과 건강보험의 부재, 경제적 제약 등이 보건서비스를 이용하는 데 우선적인 문제가 된다. 설혹 합법적인 입국이라고 해도 아직 사회에서 안정적으로 자리를 잡지 못한 경우라면 의료체계에 대한 이해 부족이나 정보의 제한 등으로 어려움을 겪을 가능성이 높다. 우리나라에서도 다문화여성들이 건강보험 및 의료비 지원에 대해 갖고 있는 욕구는 자녀양육 및 교육 지원서비스에 대한 욕구보다도 높은 것으로 조사된 바 있다(양옥경, 2007: 189).

② 인종적, 문화적 차이

인종이나 문화적 요소는 건강 문제에 대해 도움을 구하는 방식과 치료에 대한 반응으로서, 환자 역할, 질병에 대한 의사소통, 환자에 대한 가족의 간호와 결정, 그리고 질병과 관련된 의례 등에 차이를 가져오는 것으로 알려져 있다(Rolland, 1994: 158). 그러나 의료서비스 제공자가 이러한 차이를 충분히 이해하지 못하고 주류 문화의 기준으로만 판단할 경우 타 문화의 질병에 대한 이해나 치료 방식을 섣불리 비정상적인 것으로 판단함으로써 상호 불신을 야기할 수도 있다.

③ 언어적 장벽

언어는 그 사람이 무엇을 어떻게 체험하고 있고, 무엇을 수행하고 있는지, 그리고 그에 대해 어느 정도 공감하고 있는지를 정확히 이해하기 위해 반드시 필요한 요소이다. 언어는 개인이 알고 느끼고 있는 실체를 이해할 수 있는 가장 용이한 도구이기 때문이다(Green, 1999). 따라서 언어적 장벽이 있는 경우 자신의 불편한 증상을 정확히 전달하거나 진단이나 처방과 같은 의료정보와 지시사항 등을 제대로 이해하는 데 어려움이 따를 수밖에 없다는 점에서 다문화인에게 있어서 보건서비스 이용은 하나의 도전이 된다.

④ 스트레스와 불신

앞에서 살펴본 요인들이 복합적으로 작용할 때 심리적으로 자존감 저하, 문제 해결 능력 제한, 통제감 부족 등을 유발함으로써 부적응적인 영향을 미칠 수 있다. 또한 이러한 문제들로 인한 스트레스가 지속되어 정신적 자원이 고갈될 경우 기능 저하나 치료의 저해요인으로 작용할 수 있으며 이것이 극단적일 경우에는 기본적인 적응 체계에 어려움이 야기될 수 있다. 이런 상황에서는 클라이언트가 주류 문화에 속한 치료자를 가해자로 투사하기 쉽기 때문에 환자와 치료자의 관계는 복잡해지고 궁극적으로 치료에 부정적인 영향을 미치게 된다(Diller, 2007). 단, 다문화인의 심리적, 물리적 장벽이나 그로 인한 스트레스를 이해하는 것을 필요하지만, 그렇다고 해서 외부적 환경조건을 고려하지 않은 채 섣불리 이들이 정신건강에 취약하다거나 정신건강에 문제가 있을 것이라는 편견을 갖지 않도록 유의해야 할 것이다(최명민 외, 2015).

(2) 의료현장에서 다문화인에 대한 접근방법

이러한 어려움들을 이해하고 이를 효과적으로 다루기 위해서 의료현장에서 사회복지사가 다문화인을 만날 때는 다음과 같은 사항들을 갖추도록 유념해야 한다.

① 인종적 정체성에 대한 이해

인종적 정체성이란 어떤 인종 집단의 구성원으로서 자신의 이미지에 관한 개인 정체성의 일부분이라고 할 수 있는데, 이는 다양한 인종적 경험을 통합함으로써 형성된다. 자신의 인종 및 문화적 배경을 수용하고 관련된 경험을 통합하며 인종 집단과의 관계 및 독특한 방식을 유지할 수 있을 때 긍정적인 인종적 정체성을 형성할 수 있다. 반면, 자신의 인종과 관련된 경험이 자신이 속한 인종에 대해 적대적이거나 차별적인 것일 때 내면의 갈등과 혼란이 야기되고 이는 부정적 또는 양가적인 정체성으로 이어져 정신건강에 부정적인 영향을 미친다. 따라서 다문화 사회복지실천가는 인종 및 문화에 대한 자신의 태도를 점검하고 이들이 긍정적인 인종적 정체성을 형성해가도록 도와야 한다(Diller, 2007).

② 이중 차별에 대한 민감성

다문화인이 질병으로 보건서비스를 이용할 경우 질병이나 장애로 인하여 받게 되는 차별에 더하여 인종적 차별이 가중될 수 있다는 점을 기억해야 한다. 아마드(Ahmad, 2000: 1-3)는 장애인의 인권을 주장하는 사람들이 인종에 대해서는 차별적 태도를 보이는 경우가 있다고 하였다. 그만큼 보건 현장에서 다문화 이슈는 인권에 기반을 두고 보다 세심하게 다루어져야 한다. 인종이나 문화적 가치와 그 맥락을 이해할 때 효과적인 의사소통을 통해 보건서비스의 만족도를 높일 수 있다. 오슬랜더(Auslander, 2004: 303) 등은 이를 위한 지침을 다음과 같이 제시하고 있다.

- 환자와 그 가족에게 문화와 관련된 정보를 명확하고 구체적으로 제시할 것
- 환자뿐 아니라 그 가족에 대한 관심을 표명할 것
- 환자의 가족과 문화적 맥락을 사정하고 이해할 것
- 환자와 가족이 치료적 결정에 보다 적극적으로 참여하도록 격려할 것

③ 문화적 요인과 상호작용하는 다른 요인들에 대한 고려

의료와 문화적 요인이 만날 때, 연령이나 성별과 같은 요인들에 따라 그 양상이 달라지기도 한다. 예를 들어, 연령대가 높을수록 언어학습이나 새로운 문화에 적응이 어렵기 때문에 질병에 대하여 더 소극적으로 대처하는 경향이 있으며, 자신이 살아온 문화적 영향으로 여성들은 자신의 질환을 적극적으로 치료하지 못하는 경우도 있다. 따라서 다문화 복지 영역에서는 보건과 관련된 문제나 욕구에 민감해야 하며 이때 문화적 특성을 잘 고려해야 한다. 특히 의료사회복지사는 다문화 환자들을 대할 경우 환자의 문화적, 종교적 신념을 더 잘 이해하기 위해 노력해야 하며 의료서비스가 이민자 지위가 아니라 의료적 욕구에 기반하여 이루어질 수 있도록 옹호 차원에서 접근해야 한다(Smith, 2009).

④ 문화적 역량cultural competency

앞에서 기술된 내용들뿐 아니라 효과적인 다문화적 실천을 위해 요구되는 기타 여

러 요소들을 포괄하는 개념으로 '문화적 역량'이 있다. 문화적 역량이 있는 실천가란 자신의 개념과 신념, 방법론에 대해서 중립적인 균형을 유지하면서 클라이언트가 주장하는 신념체계를 존중하고 이를 통해 개입하는 전문가라고 하겠다(Michltka, 2009). 이는 처음부터 클라이언트의 문화에 대한 지식을 완벽히 갖춰야 함을 의미하는 것이 아니라, 열린 마음으로 상대를 알아가려고 하는 '배움'의 자세와 자신이 상대를 통제할 수 없음을 인정하는 '겸손'의 덕목을 갖춰야 함을 뜻한다(최명민 외, 2015: 373-374).

일반적으로 문화적 역량을 미시적 실천에서 요구되는 것으로만 인식하는 경향이 있지만 여기에는 문화적 유사성과 차이점을 인지할 수 있는 '지식적 역량', 그리고 적절한 감정이입과 의사소통을 할 수 있는 '정서적 역량'뿐 아니라 차별이나 편견에 대한 도전, 제도적 차원의 접근을 포괄하는 '기술적 역량'도 포함된다. 예를 들어, 정신질환에 대한 개입이라고 해서 정신질환에만 초점을 두는 것이 아니라 합법적 지위와 더불어 의식주, 직장, 의료, 교통수단 등의 조건들이 뒷받침되도록 해야 한다는 것이다. 따라서 다문화 영역의 의료사회복지실천에서는 보건서비스 이용의 장애 요인들을 해결하기 위한 옹호와 자원연결과 같은 활동을 수행해야 할 것이 요구된다.

2) 감염성 질환자

(1) 의료현장에서 감염성 질환자가 경험하는 도전들

감염성[2] 질환자의 경우 사람들의 기피대상이 되곤 한다. 이들은 누구보다도 의료서비스를 필요로 하지만 의료현장에서조차 환영받지 못하는 대상이 된다. 예를 들어, 에이즈 환자의 경우 자신이 에이즈 환자라는 사실을 밝히면 치과 치료조차 받기 어려운 것이 우리 현실이라고 한다. 그러므로 여기서는 감염성 질환자를 보건현장의 소수자로 보고 이를 급성적인 전염성 질환과 만성적인 감염성 질환으로 분류하여 그중 대표적인

---

2 감염과 유사하게 사용되는 개념으로 전염이 있다. 감염이란 병원성 미생물이 생물의 조직, 체액, 표면에 정착하여 증식하는 것을 의미하며, 전염이란 병을 다른 생물체에 옮기는 것을 의미한다. 일반적으로 이 둘은 유사한 의미로 쓰이지만 감염은 전염성과 비전염성으로 구분할 수 있기 때문에 감염이 전염보다 더 큰 개념이라고 할 수 있겠다.

질환을 중심으로 살펴보고자 한다.

① 급성 전염성 질환: 메르스

2015년 5월 한국사회를 강타한 메르스 사태에서 보듯이 치사율이 높은 전염성 질환의 영향력은 파괴적이다. 사람들 간의 접촉이 잦고 이동 범위가 넓은 현대사회에서 전염성 질환의 전파력은 상당하기 때문에 이로 인한 사람들의 경계심과 공포심은 사회 경제적 기반을 흔들 정도로 막강하다. 우리나라의 경우 몇 개월 만에 많은 사망자를 내고 결국 잦아들기는 하였지만 향후에도 지구온난화, 도시화, 이동성 증가로 인한 급성적인 전염병의 확산은 언제든 재현될 수 있다는 점에서 사회적 차원에서 체계적인 보건 정책의 마련이 반드시 필요하다고 하겠다(최병두, 2015). 또한 이와 관련하여 보건현장에서 일하는 사회복지사들은 이러한 전염성 질환의 발생 시, 강제 격리로 인하여 환자와 가족들이 경험하게 되는 심한 불안과 공포, 그리고 이후 삶의 과정에서 경험하는 편견이나 낙인에 관심을 기울여야 한다. 특히 이렇게 격리된 상태에서 환자가 유명을 달리하는 경우 임종이나 장례의식까지 영향을 미쳐서 일반적인 상실 경험이 박탈되는 고통을 받을 수 있다는 점에도 유의해야 할 것이다. 전염성 질환에 대한 경계와 거리유지는 전염병의 확산을 막는 필요불가결한 기제지만 이로 인하여 환자와 그 가족이 경험하는 사회적 배제와 거부, 낙인stigma 은 트라우마로 남을 수 있기 때문이다.

② 만성 감염성 질환: HIV/AIDS 환자

메르스와 같이 치사율이 높은 감염질환이 아님에도 불구하고 감염성 질환자들은 편견과 낙인의 대상이 되는 경우가 많다. 사회적 낙인이 강한 감염성 질환을 대표하는 질환으로는 HIV/AIDS를 들 수 있다. '현대의 흑사병'으로 불릴 정도로 대규모 유행병으로 인식되어 온 HIV/AIDS는 전 세계적으로도 그 수가 급증해왔을 뿐 아니라 그동안 비교적 발병률이 낮은 것으로 알려져 왔던 우리나라에서도 점차 증가되어 2013년에 이미 감염자가 8,662명에 이르는 것으로 파악되고 있다. AIDS는 대중에게 알려진 초창기에 조기 사망을 가져오는 불치의 병이자 부도덕한 행위가 질병의 원인이라는 인식이 대중에게 깊이 각인되었다. 이로 인하여 HIV/AIDS 감염인들은 신체적 고통, 치료적 불확실성과 죽음에 대한 공포, 우울과 불안, 경제적 위협 등으로 어려움을 경험하게 되며 사회에 뿌리 깊이 자리 잡은 편견과 낙인이 이들의 삶에 가장 큰 영향을 주고 있다고 한다. 따라서 감염사실 인지와 더불어 사회적으로 고립되기 쉬우며 이것이 다시 검사 회피나 치료 지연으로 이어져 더 큰 문제를 야기하기도 한다(이인정·이명선, 2013).

그러나 1985년 국내에서 최초의 에이즈 환자로 확인된 환자는 2015년 현재까지도 30년간 건강한 상태를 유지하고 있는 것으로 확인되고 있으며 이후 AIDS 바이러스 감염 진단을 받은 환자의 상당수도 건강에 큰 이상 없이 생활하는 경우가 많다고 한다. 그 이유는 AIDS가 고혈압이나 당뇨 등 만성질환처럼 약물을 통해 적절히 관리가 가능해짐에 따라 치명적 합병증 발병의 위험에서 벗어나고 있기 때문이다.

(2) 의료현장에서 감염성 질환자에 대한 접근방법

감염성 질환자에 대한 접근 시 사회복지사가 제공해야 할 서비스들은 다음과 같다

① 정확한 정보제공

감염성 질환에 관련된 과도한 불안이나 공포, 그리고 사회적 낙인은 정확한 정보제공을 통해 접근하는 것이 가장 바람직하다. 따라서 의료사회복지사는 무엇보다도 질병에 대한 정확한 정보를 숙지하는 것이 필요하며, 환자나 가족뿐 아니라 일반 대중을 상대로 한 의사소통과 교육에 있어서 이를 제대로 전달해야 한다.

예를 들어서, AIDS 환자를 돕기 위해서는 '악수만 해도 옮기는 병'이라는 식의 잘못된 인식이 불필요한 기피현상을 가져오고 있다는 점을 유념하여, 정확한 질병 정보를 알리는 옹호활동이 필요하다. 실제로 HIV/AIDS 감염인들은 자신의 질병이며, '더러운 병'이나 '죽는 병'이 아닌 '관리 가능한 질병'이라는 것을 스스로 인식하고 타인에게 당당히 알리는 것은 이를 극복해가는 데 있어 중요한 요소라고 한다(김경미·김민정, 2010). 메르스 사태의 경우에서도 정보의 차단이나 부정확한 정보의 확산이 더 큰 사회적 혼란을 야기한다는 것을 확인할 수 있었다. 따라서 전염성 질환의 경우 질병 자체에 대한 정보뿐 아니라 질병에 대한 관리 상황, 대처방안 등이 정확히 공유되는 것이 필요하다.

② 사회적 지지체계 조성

감염성 환자의 경우에는 질병으로 인한 편견이나 낙인에 의해 고립되거나 단절을 경험하기 쉽기 때문에 그럴수록 사회적 지지가 삶의 질을 좌우하는 중요한 변수로 작용하게 된다. 실제로 HIV/AIDS 감염인에 대한 여러 연구들에서 가족이나 친구들의 변함없는 지지, 즉 사회적 지지가 투병의 의지나 삶의 질에 긍정적인 영향을 주는 것으로 보고되어 왔다(김경미·김민정, 2010; 이인정·이영선, 2013).

따라서 의료사회복지사는 클라이언트에게 이러한 사회적지지 체계가 있는지, 있다면 어느 정도나 기능하고 있는지를 파악해야 하며, 이것이 실제적으로 기능을 할 수 있도록 지원해야 한다. 이를 위해서는 가족이나 친지 등을 대상으로 질병과 돕는 방법 등에 대한 교육을 제공할 수 있으며 같은 질병을 가진 사람들 간에 정보 공유나 심리적 지지를 위한 지지집단을 촉진할 수 있다. 지지체계가 부족할 경우에는 의료사회복지사가 심리적 지원을 제공하는 지지체계로서 역할을 할 수 있지만 보다 바람직한 것은 삶의 현장에서 지속적으로 격려, 이해, 위로, 그리고 돌봄을 받을 수 있도록 자연적인 지지체계를 활성화하는 것이 우선시되어야 할 것이다.

③ 경제적 지원

메르스 사태에서 보듯이 전염성 질환으로 인한 격리는 환자뿐 아니라 감염 의심환자를 대상으로도 이루어진다. 환자는 병원에서 집중치료와 관리를 받게 되지만 의심환자의 경우에는 집에서 격리된 채 생활하기 때문에 경제적 활동을 중단해야 하고 외부와의 접촉이 차단된다. 따라서 보건소와 같은 지역사회 보건체계는 격리 대상에 대한 생활지원을 통해 개인뿐 아니라 지역사회의 안전이 확보될 수 있도록 해야 한다. 또한 격리로 인한 피해발생 이후의 보상조치에 대한 제도적, 법적 안내 역시 사회복지사가 숙지하고 있어야 할 내용이다.

HIV/AIDS와 같은 만성 감염성 질환의 경우에는 장기적인 치료비 발생으로 인한 경제적 어려움이 발생할 수 있다. 치료에 필요한 희귀약품의 사용, 수술 중 비급여항목 부분의 부담이 크기 때문이다. 앞에서 살펴본 바와 같이 HIV/AIDS는 적절한 치료를 받을 경우 만성질환으로서 관리될 수 있지만, 투약을 중단할 경우 급격히 상태가 악화되는 것으로 알려져 있다. 따라서 이들에 대한 의료비 충당 등 경제적 상태는 치료 지속에 있어서 중요한 요인이다. 그러므로 의료사회복지사는 의료비 등 경제적 지원과 관련된 자원을 잘 파악하고 연계하여 과업을 수행해야 한다. 예를 들어, 대한에이즈예방협회와 같은 곳에서는 HIV/AIDS 감염인의 의료비 부담을 줄여서 적절한 치료를 받을 수 있도록 치료비를 지원하는 사업을 하고 있다.

3) 장애를 가진 사람

(1) 의료현장에서 장애를 가진 사람이 경험하는 도전들

장애인은 우리 사회의 대표적인 소수자 집단이다. 그러나 의료현장에서는 여러 질병과 장애를 다루기 때문에 장애로 인해 특별히 장애인들이 주목을 받을 필요가 없다고 생각할 수도 있다. 하지만 장애인이라고 해서 반드시 장애 판정을 받은 부분과 관련된 의료 서비스만 이용하는 것은 아니며 다른 질병과 관련된 서비스를 이용하는 경우도 많다. 이때 장애는 그야말로 서비스 이용의 장애로 작용할 수 있다. 특히 보건의료현장에서는 의사소통을 통해 진단과 치료가 이루어지고 전문적 용어 사용이 많으며 이를 잘 숙지하는 능력을 필요로 하는 경우가 많기 때문에 신체적, 정신적 기능상의 문제가 있는 사람에게는 서비스 이용에 제약이 따르게 된다. 다음에는 각 장애별로 당면하게 되는 도전들을 살펴보기로 하겠다.[3]

① 청각 장애

의사소통은 자기 의견을 전달하는 송신과 이를 이해하고 수신, 그리고 이에 대한 피드백으로 구성되는데 청각 장애는 수신과정에서 의사소통의 장벽을 경험하게 된다. 다만 같은 청각 장애라 하더라도 전혀 소리를 들을 수 없는 경우에서부터 난청에 이르기까지 그 정도는 다양하며, 청각상실을 언제 경험했느냐에 따라 다른 양상을 보이기도

---

3 이 절에 나오는 의사소통에 있어서 장애 유형별 특성과 접근방법은 『장애인복지론』(오혜경, 2005, 창지사) 중 225-272쪽을 참조한 것이므로 더 자세한 내용은 이 책을 참고하시기 바랍니다.

한다. 또한 이에 따라 상대의 입술을 읽는 구화口話가 가능한 경우도 있고 수화만을 사용하는 경우도 있다. 이들은 듣지 못하는 어려움으로 인하여 언어 사용 자체가 도전이 되기 때문에 청각 장애인 고유의 유대감이 강한 자체 문화를 형성하고 있어서 이를 충분히 이해하거나 신뢰관계가 형성되지 못한 경우에는 오해나 실수를 할 수 있다는 점에 유의해야 한다.

② 시각 장애

시력 역시 완전히 볼 수 없는 경우에서부터 약시 정도의 시각 장애를 갖고 있는 경우까지 그 장애의 정도가 다르며 시력을 잃은 시기에 따라 보이는 양상이 다양하다. 일반적으로 시각 장애인은 기본적인 의사소통에는 문제가 없다. 또한 때로는 몸짓이나 손짓과 같은 작은 동작까지도 인식할 수 있다. 그러나 비언어적인 메시지를 완벽하게 읽는 것에는 제약이 따르기 때문에 그에 따른 배려와 존중이 요구된다. 또한 시각 장애인의 경우에는 안내견과 동행하는 경우가 많으며 이들은 항상 함께 있어야 하기 때문에 일반 개의 출입이 금지된 곳에서도 출입이 가능한데 종종 이를 이해하지 못하는 사람들로 인하여 갈등을 겪기도 한다.

③ 언어 장애

청각 장애에 수신에 어려움이 있다면 언어 장애는 송신에 어려움을 경험한다. 언어 장애는 청각 장애와 동반되기도 하고 뇌졸중으로 인한 신체마비, 또는 정신과적 질환 등 다양한 원인에 의해 나타날 수 있다. 언어기능이 자유롭지 않은 경우, 자신의 의사가 왜곡되거나 혼합되어 전달되기 때문에 상대는 이를 이해하는 데 어려움을 겪을 수 있다. 따라서 언어 장애를 가진 클라이언트와 의사소통을 해야 하는 사회복지사는 복잡한 감정을 경험하며 소통을 위한 다른 방안들을 찾게 되는 경우가 종종 있다.

④ 발달 장애

발달 장애를 가진 경우에도 의사소통에 큰 어려움이 없는 경우도 있다. 그러나 발달 장애인의 경우 혀의 구조가 일반인과 달라서 발음이 부정확한 경우도 종종 있어서 무슨 이야기를 하려는 것인지 이해하기 어려울 수 있다. 또한 지적인 제한으로 인하여 매우 제한된 최소한의 단어만 사용하여 자신의 생각을 표현하기 때문에 자신의 의사를 정확히 전달하는 데 어려움을 겪을 수 있다. 이런 이유로 발달 장애인과 대화하는 쪽에서 중간에 쉽게 대화를 포기하곤 한다.

(2) 의료현장에서 장애를 가진 사람에 대한 접근방법

우리나라에서는 '장애인'이라는 호칭을 사용하지만 영어에서 장애인은 '장애를 가진 사람person with disability'과 '(장애로 인하여 뭔가를) 할 수 없는 사람disabled person'이라는 두 가지 표현이 존재하며 후자의 표현보다는 전자의 사용을 장려하고 있다. 이는 기본적으로 다 같은 '사람'이라는 것을 먼저 강조하고 단지 그에 따른 조건이 다를 뿐이라는 것을 의미한다. 비록 한국에서는 장애인이라는 개념을 사용하고 있지만 이를 하나의 단어로 이해하기보다는 배려하고 존중해야 할 장애라는 조건을 가진 사람으로서 이해하고 대하는 태도를 갖도록 해야 한다. 또한 그 장애가 무엇이든지 의사소통에 있어서 일정 정도 어려움을 야기하기 때문에 중요한 정보가 누락되지 않고 제대로 전달되고 전달받고 있는지를 신중히 확인하고 대화를 진행하는 것이 필요하다. 다음은 앞에서 살펴본 각 장애유형별로 보다 구체적인 접근방법을 제시한 것이다.

① 청각 장애가 있는 사람에 대한 접근방법

만약 일정 정도의 손상이 있다고 해도 청각 기능이 남아 있는 경우가 있다. 그리고 양쪽 귀 중에 한쪽 귀가 더 기능이 좋은 경우도 있다. 따라서 사회복지사는 먼저 기능의 정도를 파악하여 어느 방향의 귀 쪽에서 대화를 할지, 그리고 대화 내용이 어느 정도 들리는지에 따라 어느 정도의 소리 크기로 대화를 할지 등을 정한 후 대화를 시작하는 것이 좋다. 그리고 대화 시에는 설명은 되도록 간단히 하고 표정이나 몸짓을 통해 비언어적 메시지가 주는 의미를 이해하도록 노력해야 한다.

그러나 만약 전혀 소리를 들을 수 없는 청각 장애가 있는 경우에는 구화나 수화 사용을 고려해 보아야 한다. 구화의 경우에는 입술모양을 잘 관찰할 수 있도록 적절한 조명의 조건을 갖춘 공간을 마련해야 한다. 수화를 사용하는 클라이언트를 위해서는 사회복지사가 수화를 사용할 수 있다면 가장 좋겠지만 그렇지 못한 경우에는 수화통역사의 도움을 받을 수도 있을 것이다. 수화를 사용하는 청각 장애인들 간에는 결속력이 강한 독특한 하위문화를 형성하고 있는 경우가 많기 때문에 이들과 신뢰를 쌓는 데 충분한 시간과 인내가 필요하다고 한다. 따라서 이를 염두에 두고 이들 문화의 정체성을 이해하고 소통하려는 각별한 노력이 요구된다.

② 시각 장애가 있는 사람에 대한 접근방법

우선 파악할 것은 시각 손상이 어느 정도이며 어떤 종류의 시각손상이 있는지에 대한 것이다. 시각손상에는 시력뿐 아니라 시야 등이 대상이 될 수 있기 때문이다. 그리고 시각 손상의 여부나 종류에 따라 조명의 밝기, 앉는 위치, 소리가 전달될 수 있는 여건 등을 고려하여 면담 공간을 배치한다. 예를 들어, 시야에 장애가 있는 경우에는 클라이언트가 볼 수 있는 각도에 사회복지사가 자리를 잡는 것이 좋다. 전반적으로 시각 장애인의 경우에는 의사소통에 큰 문제는 없지만 비언어적 의사소통에 제약이 따를 수 있기 때문에 비언어적 소통에 의존하는 정도를 줄이고 보다 더 많은 언어적 의사소통을 통하여 클라이언트가 대화 내용을 잘 이해하고 있는지를 계속 확인하려는 자세가 요구된다.

③ 언어 장애가 있는 사람에 대한 접근방법

언어표현이 어려운 클라이언트와 소통이 필요한 경우에는 대안적인 방법을 활용하는 것이 필요하다. 우선, 클라이언트가 최근까지 언어를 구사했고 입을 움직일 수 있다면 클라이언트가 잘 보이는 밝은 장소에서 입술의 움직임을 읽고 이렇게 이해한 내용이 맞는지를 다시 클라이언트에게 확인받는 방식으로 대화를 할 수도 있다. 그러나 구화가 가능하지 않다면 필담이나 비언어적 동작 등을 통해 대화를 시도해볼 수 있겠다. 또한 가능하다면 수화통역사의 도움을 받는 방법도 고려해 볼 수 있다.

④ 발달 장애가 있는 사람에 대한 접근방법

클라이언트의 지적 능력과 표현력, 이해력 등을 고려하여 의사소통은 가능한 간단

명료하게 하는 것이 좋다. 복잡하고 어려운 단어를 피하고 기본적인 단어를 사용하며 전달하고자 하는 바를 명확하게 소개한다. 특히 추상적이거나 상징적인 개념들을 사용하지 않도록 유의하며 비언어적인 표현의 의미를 놓치지 않도록 해야 한다. 발달 장애가 있는 클라이언트의 메시지를 들을 때는 인내심을 갖고 중간에 포기하지 말고 이야기를 경청하며 그 의미를 이해하기 위해 집중한다. 또한 발달 장애인은 대부분의 질문에 "예"라고 하는 경우가 많으므로 한 번의 질문과 답변으로는 진의를 충분히 파악하기 어렵기 때문에 중요한 사안인 경우에는 상황을 달리하거나 다른 표현방식으로 여러 번 확인하는 것도 필요하다.

의료사회복지의 발달과정

1. 영국 의료사회복지 발달과정

1) 전문직으로 발돋움

영국에서는 19세기부터 정신병원에서 퇴원한 환자들을 대상으로 사후보호의 일환으로 가정방문이 행해졌으며, 1880년에는 정신질환자 사후지도협회가 설립되기도 하였다. 그러나 의료사회복지가 전문적인 직업의 형태를 갖추고 자리 잡기 시작한 것은 1895년 메리 스튜어트^{Mary Stewart}가 영국 왕실시료병원^{Royal Free Hospital}의 사회복지사로 최초로 채용되면서부터라고 할 수 있다. 이 당시는 사회복지사라는 공식 명칭이 없었으며, 메리 스튜어트는 병원의 의료사회복지사^{hospital almoner}로 환자들의 가정환경 및 경제적 상태를 조사하고 무료로 의료서비스를 받을 자격이 있는지에 관한 적격성 여부를 판단하는 일을 담당하였다.

메리 스튜어트가 왕실시료병원에서 환자의 사회경제적 상태를 평가하는 일을 담당하게 된 데는 찰스 로크(Charles S. Loch, 1849-1923)의 활약이 있었다. 1875년 찰스 로크는 런던 자선조직협회의 사무총장으로 임명되었으며, 건강의 사회적 측면에 상당한 관심을 보였다. 자선조직협회의 의료위원회에서 그는 환자들이 무료 진료를 받기 위해 자신의 상황을 거짓으로 전하는 현상에 대한 우려를 강력하게 표명하였다. 1874년에 왕실시료병원은 자선조직협회에 얼마나 많은 환자들이 실제로 빈곤한 상태에 있는지 선별해줄 것을 요청하였으며, 조사 결과 단지 36%의 환자만이 실제로 서비스를 받을 자격이 있는 것으로 판명되었다. 이에 찰스 로크는 병원에 오는 환자를 어떻게 사정하고, 누가 치료비를 지불하고 누가 치료를 받을 적격자인가를 판정하는 데 개혁이 필요함을 거듭 주장하였으며, 무료 의료서비스를 받기 원하는 자는 환자의 상황과 환경을 평가하는 교육과 훈련을 받은 유능한 사람에 의해 선별되어야 한다고 생각하였다. 그는 병원에 이러한 직무를 전적으로 담당하는 의료사회복지사를 두기 위해 수년 동안 노력하였으며, 그 결과 1895년에 메리 스튜어트가 왕실시료병원의 첫 번째 의료사회복지사로 채용되었다(Gehlert, 2006: 6-7).

메리 스튜어트는 런던 자선조직협회에서 수년간 일한 경력이 있었으며, 그녀가 병원에서 담당했던 역할은 첫째, 병원 진료소에 입원하기 위한 신청서를 검토하는 것이었는데 이는 무료 의료 서비스를 받기에 적절한 자를 선별하기 위한 과정이었다. 둘째, 그녀는 환자를 서비스에 연계하고 누가 진료소에서 서비스를 받을 것인지를 결정하는 일을 담당하였다(Cannon, 1952). 그녀는 의료비를 부담할 수 있는 자에게는 무료진료가 아니라 진료비를 일부 부담하도록 하고, 구제가 필요한 자는 구빈법의 적용을 받도록 하였으며, 실비진료를 받을 수 있는 사람을 소개해주는 일 등을 진행하였다.

메리 스튜어트가 병원에서 일한 첫 3개월 동안은 런던 자선조직협회에서 인건비를 지불하였다. 이후 왕실시료병원의 2명의 내과의가 메리 스튜어트의 급여의 절반을 병원에서 부담하는 것에 동의하였으며, 나머지 절반은 자선조직협회에서 부담하기로 하였다. 이때부터 의료사회복지사는 영국에서 병원의 정식 직원이 되었다(Gehlert, 2006: 7).

메리 스튜어트의 병원에서의 활동이 점차 의료관계자와 병원으로부터 인정을 받게 되면서 1897년 병동에서도 의료사회복지 서비스 확장의 필요성이 대두되어 프린멜과 다빗손이 채용되었으며, 많은 봉사자들이 함께 의료사회복지활동에 참여해 팀을 이루게 되었다. 이들은 또한 환자에 대한 체계적인 기록을 하는 데도 선구적인 역할을 하였다(김규수, 2004: 52).

2) 의료사회복지사 활동영역 확대 및 조직화

1905년에는 왕실시료병원 외에 7개의 타 병원에서도 의료사회복지사가 채용되어 일하였으며(Gehlert, 2006: 7), 새로운 의료사회복지사들은 왕실시료병원에서 실습을 하였다. 이 당시 성 조지St. Geoge 병원의 의료사회복지사로 일하였던 머드Mudd의 제안으로 의료사회복지사들은 월 1회씩 왕실시료병원에 모여 집담회를 가졌으며, 자선조직협회의 의료회의에도 대표자로 참석하였다. 이들은 이러한 모임을 통해 의료사회복지사로 활동하는 데 많은 힘과 용기를 얻었으며, 의료사회복지사의 능력에 따라 서서히 상담업무를 실시하기도 하여 영국의 의료사회사업은 성장과 발전을 이루게 되었다(김규수, 2004: 52-53).

1906년에는 병원의료사회복지사협회the Hospital Almoner's Council(후에 the Institute of Hospital Almoners로 명칭 변경)가 창설되어 의료사회복지사들을 훈련시키는 역할을 전적으로 담당하기 시작하였다(Cannon, 1952).

의료사회복지의 이 같은 발전과정에 더하여 앤 커민스Aune Cummins는 의료사회복지 활동에서 교육의 중요성과 더불어 지역사회 사람들과 연대하여 일하는 것의 중요성을 인식시키는 데 공헌하였다. 그녀가 성 토마스St. Thomas 병원에서 일할 당시 많은 사람들은 무지와 빈곤, 그리고 불결한 환경 가운데서 생활하고 있었으며, 질병이 계속 유행하고 결핵이 만연해 있었다. 이에 그녀는 불결한 환경을 개선할 수 있는 위생교육의 중요성을 강조하였으며, 지역사회의 교회봉사자, 인보관 및 자선조직협회의 사람들과 관계를 맺고 일하였고, 1909년에는 5,000파운드의 기부금을 가지고 병원의 모든 결핵환자를 위한 사회복지서비스를 전개하기도 하였다(김규수, 2004: 54).

2. 미국 의료사회복지 발달과정

1) 전문직으로 발돋움

미국에서 의료사회복지의 등장과 발달은 정치 및 경제적 요인에 근거를 둔 19세기와 20세기 유럽 각국으로부터의 거대한 인구유입으로 특징지워질 수 있는 미국의 인구학적 특성, 병자를 어떻게 처우할 것인가에 대한 사회적 태도, 그리고 건강에 영향을 미치는 사회적 및 심리적인 요인들에 관한 고려, 이 세 가지가 서로 밀접하게 관련된 현상이라고 볼 수 있다(Gehlert, 2006: 4).

의료사회복지의 일차적 실천현장이라고 할 수 있는 병원이 미국사회에 등장하게 된 배경을 먼저 알아보면, 1600년대 후반과 1700년대 초반에는 병이 있는 자들은 집에서 보호를 받았다. 그러나 인구가 많아짐에 따라 미국의 지역사회는 신체적 또는 정신적으로 병이 있는 자, 늙고 병든 자, 고아, 그리고 유랑자 들을 수용하고 보호하기 위한 목적으로 빈민구호소almshouses를 발전시켰다. 1700년대 중반까지 빈민구호소에서 환자들은 다른 거주자들로부터 분리되어 다른 층이나 건물 등에 수용되었고, 이러한 수가 증가함에 따라 빈민구호소와는 독립적으로 공중 병원public hospital이 탄생하게 되었다. 이후 1751년부터 1840년 사이에 공적 기금과 개인 기금의 다양한 조합아래 많은 병원들이 미국의 지역사회 내에 자발적으로 설립되었다(Gehlert, 2006: 5).

1700년대 후반에는 의료시설의 한 형태로 진료소dispensary가 등장하였으며, 19세기 후반에는 병원hospital과 진료소dispensary를 개혁하려는 움직임이 일어나 진료소에서 환자에 대한 가정방문을 실시하기도 하였다. 환자에 대한 가정방문을 실시하기 위해 위생 방문자sanitory visitor로 불리는 의사가 채용되기도 하였는데, 이들은 환자의 가정을 방문하여 위생 상태와 음식선택 및 조리방법 등에 관해 논의하였고, 교육을 제공하였다. 또한 가족의 크기, 수입, 생활비 등 사회복지사와 같은 양식의 기록을 남겼다. 이후 환자의 가정을 방문하여 위생 상태나 먹는 음식 등 처한 상황을 알아보고 교육을 제공하는 것은 수년 동안 간호사와 의사들의 교육훈련의 한 과정으로 자리 잡게 되었다. 한편,

환자의 사회적 상황을 파악하는 데 보다 관심을 두고 가정 방문을 실시한 기관은 뉴욕 여성·아동진료소New York Dispensary for women and children, 뉴잉글랜드 여성·아동병원 New England Hospital for women and children 등과 같은 취약계층의 여성과 아동을 대상으로 하는 병원이었다. 1890년에 의사인 헨리 드와트Dr. Henry Dwight Chapin는 자원봉사자들이 어린이 환자들의 가정을 방문하여 상태를 보고하고 의료적 처방을 이해하고 따르도록 돕는 역할을 담당하는 프로그램을 마련하였으며, 1894년에는 내과의를 지명하여 그 일을 행하도록 하였으나 곧 이 일은 간호사에 의해 대체되었다(Romanofsky, 1976; Gehlert, 2006: 6).

의료사회사업이 미국에서 전문직으로 처음 인정받기 시작한 것은 1905년 보스턴에 있는 메사추세츠 종합병원Massachusetts General Hospital의 의사인 리차드 캐봇Dr. Richard C. Cabot이 병원 진료소에 의료사회복지사 가넷 펠튼Garnet I. Pelton을 채용한 것이 시초라 할 수 있다. 이는 1895년 런던에서 메리 스튜어트가 왕실시료병원에 채용되고 나서 10년 후였으며, 가넷 펠튼은 미국 병원에서 사회복지사로 일한 최초의 여성이었다. 그러나 그녀는 6개월 뒤 병으로 병원을 사임하게 되었으며, 후임으로 온 이다 캐논Ida Cannon은 그 후 40년 동안 일하면서 병원 내 사회복지팀의 부서장을 역임하고, 의료사회사업에 관한 2권의 저서와 여러 보고서들을 출판하기도 하는 등 환자를 대상으로 심리사회적 서비스를 제공하는 의료사회복지 영역의 전문성을 확립하는 데 크게 공헌하였다.

가넷 펠튼, 이다 캐논, 그리고 의사인 리차드 캐봇은 메사추세츠 종합병원에 사회사업과를 설립하는 데 중추적인 역할을 한 자들이다. 이다 캐논은 성 바울 시립병원City and County Hospital of St. Paul에서 간호사로서 훈련받았고, 2년 동안 간호사로서 일했다. 그 후 그녀는 미네소타 대학University of Minnesota에서 사회학을 공부하였고, 그곳에서 제인 아담스Jane Addams의 강의를 듣고 사회사업에 흥미를 갖게 되었다. 그녀는 성 바울St. Paul 병원에서 3년간 방문간호사로 일했으며, 그 후 시몬대학 사회복지학과Simmons College of Social Work에서 수학하였다. 그녀는 지인을 통해 당시 메사추세츠 병원에서 사회사업 서비스 체제를 만들고 있던 캐봇Dr. Cabot을 알게 되었으며, 1906년에 펠튼의 후임으로 일하게 되었다. 1907년 대학을 졸업하고 나서 캐논은 전임 사회복지사로 일하였으며, 1914년에는 사회사업과social service department의 첫 번째 부서장이 되었고, 1945년에 메사추세츠 병원을 은퇴하기까지 그녀는 의료사회사업의 초석을 확립하는 데 큰 공헌을 하였다(Gehlert, 2006: 7~8).

한편 하버드Harvard에서 수학한 의사인 캐봇은Dr. Cabot은 발병의 원인과 환자의 기능회복은 사회 환경적 요인에 의해 많은 영향을 받는다고 생각하였으며, 질병의 배후에 있는 사회 환경적 요소에 많은 관심을 가졌다. 캐봇은 사회적이거나 정신적인 문제가 신체적 문제 아래에 깔려 있다고 생각하였으며, 단순히 신체적 원인에 기인한 고통은 드물다고 생각하였다. 그는 생활 상태와 같은 비신체적 요인에 대한 고려 없이 환자를 건강상태로 회복시키는 것은 불가능하다고 생각하였다.

캐봇의 사회사업에 대한 인식은 제인 아담스Jane Addams와의 관계에 의해 출발하였다. 1896년 캐봇은 보스턴 아동지원협회Boston Children's Aid Society에서 과장으로 일하였으며, 그곳에서 사례회의case conference를 경험하게 되었다. 캐봇은 의학과 사회사업은 관계가 있다고 생각하였으며, 각 전문 직종은 상대 직종이 필요로 하는 요소들을 지니고 있다고 생각하였다. 캐봇은 의학은 건강에 있어 사회적이고 심리적인 요소를 간과하는 좁은 경험주의적 치료에 집중되어 있고, 반면에 사회복지사들은 의사들에게는 결여된 폭넓은 식견이 있으나 과학적이고 체계적인 방법론이 부족한 단점이 있어 각 전문직은 서로 협력함으로써 이득을 얻을 수 있다고 생각하였다. 이에 캐봇은 외래 진료소의 치료과정에 개혁을 단행하였으며, 펠튼을 채용하여 의료진과 환자, 그리고 가족 사이에서 중간 역할을 하도록 하였고, 환자의 사회적 및 정신적 요인에 대한 정보를 제공하도록 하였다. 펠튼은 모든 사례에 대한 기록을 보관하였는데, 이는 메사추세츠 병원의 외래병동 환자에 대한 최초의 사회사업 기록이었다(Gehlert, 2006: 10).

이후 이다 캐논Ida Cannon은 최초의 사회사업과 부서장이 되었으며, 메사추세츠 병원에 사회복지사 교육 프로그램을 발전시켰다. 캐논과 캐봇은 함께 사회사업개입의 효과성을 평가하는 체계를 개발하기도 하였으며, 사회사업 개입에 대한 정보를 의료기록에 포함시키도록 하였다. 1919년 캐봇이 하버드대학교 사회윤리학과Harvard's Department of Social Ethics로 자리를 옮길 때까지 그는 13명에 이르는 사회복지사의 비용을 그의 개인 기금에서 부담하였으며, 이후 병원에서는 부서장 회의를 열어 사회사업과를 병원의 부속 기관으로 영속화시킬지와 그 비용을 전액 부담할 것인지에 대한 투표를 실시하였다.

이 안건이 통과되어 1919년 이다 캐논은 새롭게 탄생한 사회사업과의 부서장으로 취임하였다(Gehlert, 2006: 11-12).

2) 의료사회복지사 활동영역 확대 및 조직화

병원에 사회복지사가 정식으로 채용되어 활동하기 시작하면서 초기 30년 동안 병원에서의 사회복지는 급격히 성장하여 많은 병원들에서 사회복지과를 두게 되었다. 메사추세츠 병원에서의 성공은 미국병원협회와 미국의료협회의 관심을 불러일으켰고, 존스 홉킨스 병원Jones Hopkins Hospital을 비롯하여 미국 내 대표적인 여러 병원들에서 사회복지사를 채용하게 되었다. 이후 1913년까지 미국 내 약 200여 개의 병원에서 사회복지사를 채용하게 되었다. 또한 이러한 의료사회복지의 확대에 힘입어 대학에서도 사회복지학과가 창설되었는데, 1918년에 메사추세츠 병원에서 일하였던 루스 에머슨Ruth Emerson은 병원을 떠나 시카고 대학에 사회복지학과Social Service Department를 창설하였고, 1923년에 베이커Edith M. Baker는 세인트 루이스St. Louis의 워싱턴 대학에 사회복지학과를 설립하였다(Gehlert, 2006: 12).

병원에서 활동하는 의료사회복지사에 대한 교육 및 훈련프로그램은 1912년부터 시작되었으나 이때에는 교육 과정에 대한 협의나 발전 등이 부족하였다. 1918년에 병원사회복지사협회American Association of Hospital Social Workers: AAHSW가 창설되면서 의료사회복지사에 대한 교육 및 훈련과정은 더욱 체계화되었다. 이는 1915년 미국에서 의료사회사업 부서가 생긴 지 10년째 되는 해, 10주년 행사에서 사회복지사협회의 필요성에 관해 의료사회복지사들이 논의한 결과물로서 미국에서 만들어진 최초의 전문 사회복지사협회이다.

미국 병원사회복지사협회American Association of Hospital Social Workers의 2가지 주요 목적은 첫째, 병원에 있는 사회복지사의 훈련을 강화하고 조정하는 것, 둘째, 대학의 사회복지학과와 실천가들 사이의 의사소통을 향상시키는 것이었다. 이 협회는 1928년에 60개 병원의 사회복지부서로부터 1,000개의 사례연구를 출간하였다. 1929년에 발간된 조사 자료에 의하면 시카고, 워싱턴, 뉴욕 등 10개의 주요 대학에서 의료사회복지를 정규과정으로 교육하고 있었으며, 18개의 대학은 의료사회복지를 교육과정에 포함시키는 것을 계획하고 있었다. 1934년에 병원사회복지사협회는 명칭을 의료사회복지사협회American Association of Medical Social Workers로 변경하였다. 한편, 정신의료사회복지사들은 1926년 의료사회복지사협회에서 분리되어 미국정신의료사회사업가협회The American Association of Psychiatric Social Work: AAPSW'를 결성하였으며, 1936년에는 미국집단사회사업가협회The American Association of Group Workers가 조직되었다(Gehlert, 2006: 14).

1954년에는 미국 의료사회복지사협회의 연례 회의에 무려 2,500여 명의 사회복지사들이 참여하였으며, 이 협회는 여러 종류의 사회복지사협회들 가운데 가장 규모가 큰 협회가 되었다. 이후 의료사회복지사협회는 전문적 임상개입 영역에 따라 보다 세분화되어 발전하였는데, 전국 단위의 사회복지사협회로는 재가건강보호사회복지사협회the American Network of Home Health care Social Workers, 암사회복지사협회the Association of Oncology Social Work, 신장사회복지사협회the Council of Nephrology Social Workers, 출산전후사회복지사협회the National Association of Perinatal Social Workers, 그리고 이식사회복지사협회the Society for Transplant Social Workers 등이 대표적이다(Gehlert, 2006: 14).

3) 의료사회복지서비스의 발전

1930년대는 세계적으로 대공황이 일어나면서 미국도 경제 불황으로 인해 많은 사람들이 일상생활에서 심각한 걱정과 불안을 느끼며 생활한 시기였다. 이러한 사회환경의 영향으로 사람들의 정신상태나 감정이 신체적인 기능에 장애를 일으킬 수도 있다는 것이 사회적으로 인식되기 시작하였다. 이에 신체와 정신의 상호관련성에 대한 연구가 이루어지게 되면서 의료사회복지서비스에서도 좀 더 환자의 내면적인 문제에 관심을 갖게 되는 변화가 초래되었으며, 의료사회복지의 대상자도 단지 빈곤의 문제를 가진 자에 한정되는 것이 아니라 심리적 및 사회적 문제를 갖고 있는 환자로 확대되었다.

2차 세계 대전 이후에는 전쟁에 참여했던 군인들을 대상으로 재활rehabilitation의 중요성이 강조되기 시작하면서 국가 및 주 단위에서 재활정책이 마련되었고, 사회복귀시설에 처음으로 사회복지사가 채용되기도 하였다(한인영 외, 2006: 43). 특히 중도장애인이

된 절단환자, 척수손상환자 등을 대상으로 이들의 회복과 사회복귀를 돕는 재활서비스 영역이 사회복지의 한 분야로 대두되기 시작하였다.

1940년에는 의료사회복지 학술지가 발간되었으며, 정신보건사회복지사협회에서도 전문학술지를 출간하는 등 의료세팅에서 사회복지실천활동에 대한 연구가 더욱 체계화되기 시작하였다. 또한 1966년 미국에서는 65세 이상의 노인들에게 의료보험의 일종인 메디케어medicare를 제공하고, 의료적 혜택을 받지 못하는 빈곤자나 장애인들을 위한 의료보호인 메디케이드medicaid를 제공하도록 사회보장법을 확대하였다. 이러한 사회보장법의 변화는 의료현장에서 사회복지서비스에 대한 수요를 확산시켰는데, 병원의 사회복지사는 메디케어를 받는 노인 환자들과 메디케이드의 적용을 받는 환자들을 대상으로 심리사회적 평가 및 지지서비스를 제공하는 데 중추적인 역할을 담당하게 되었다.

1970년과 1980년대에는 병원에서 사회사업이 다양한 이론과 치료적 기술들을 활용하여 다각적인 접근을 함으로써 전문성이 더욱 확립되었다. 이 시기에 의료사회복지 분야에 활용된 대표적인 이론과 모델은 행동수정, 분석치료, 자아심리이론, 위기개입, 그리고 가족치료 등이다. 또한 가족계획, 태교, 성 상담 등 병원에 오기 전 예방적 프로그램이 강조되었고, 병원에서는 응급실 프로그램, 임종 전이나 심한 정서적 장애가 수반되는 환자와 그 가족에 대한 사회복지사의 역할이 강조되기 시작하였다(김규수, 2004: 62).

1984년 미국에서는 새로운 의료비 지불체계인 포괄수가제DRG: Diagnosis Related Group 가 도입되었다. 이 제도는 유사한 요인들을 가진 질병들을 범주화하고 동일한 범주에 속하는 질병들에 대해서는 모두 같은 입원기간과 진료비를 책정하도록 하는 것으로 보험사나 정부는 실제 환자의 입원기간에 관계없이 책정된 만큼만 지불하게 된다. 이 제도의 실시로 병원사회사업에서는 환자의 입원 시점에서부터 퇴원에 대한 계획을 세우고, 퇴원에 대한 장애요인을 사정하여 이에 개입하는 퇴원계획이 의료사회복지사의 중요한 역할 중 하나로 등장하게 되었다.

3. 한국 의료사회복지 발달과정

1) 근대 이전의 의료시혜 활동

우리나라의 구빈에 관한 역사를 살펴보면 과거 유럽의 구빈원과 같이 빈민들이 질병에 걸렸을 때 무상으로 치료해주고 약제를 제공하는 의료적 시혜를 베푼 기록이 있다. 고려시대 제 11대 문종(1047-1082)은 빈곤한 병자를 구호하고 요양하기 위한 의료구제사업기관으로 동·서대비원을 개경과 서경에 창설하였고, 제16대 예종(1106-1122)은 혜민국을 창설하여 일반 서민에 대한 의료혜택을 주면서 빈곤한 환자에게는 의약품과 의복 등을 내주고 무료로 치료해주는 등 구호를 베풀었다(김덕준, 1970: 54-55).

이와 같은 역사적 사실은 전통적으로 한국사회는 빈민을 구제하고 가난한 병자들이 치료받을 수 있도록 도움을 주는 사회제도를 일정 부분 갖추고 있었으며, 빈곤의 문제가 있는 자들이 의료적 혜택과 필요한 보호를 받을 수 있도록 보장해주는 것을 국가의 사회적 책임 중 하나로 여겼음을 알 수 있게 해준다.

2) 의료사회복지실천의 시작과 확대

한국에서 근대적 의미의 의료사회사업이 시작된 것은 1883년 세브란스병원에서 여전도회 회원으로 구성된 자원봉사자들이 의료사회복지사의 역할을 한 것으로 전해지고 있다. 개화기(1876-1910)에 이루어진 의료사회복지 활동은 조선후기 정부, 대한제국 등 공공이 주체가 된 활동과 선교사 단체나 한의사 단체가 주체가 된 민간영역에서의 활동을 찾아볼 수 있는데, 주로 빈곤한 환자나 전염병환자를 대상으로 사회적 소외계층이었던 여성과 고아를 포함한 어린이, 한센병 환자, 행려병자, 무의무탁한 자, 그리고 농촌 지역주민을 대상으로 한 복지활동이 이루어졌으며, 활동의 형태는 무료 진료, 무료 치료, 약제비 무료, 혹은 저가 치료와 순회 진료가 제공된 것으로 보고되고 있다(이희진 외, 2012). 그러나 그 후 본격적인 의료사회복지의 발달은 1950년대에 이르러서야 시작되었으며, 일제시대 등에 의료사회복지 실천에 관한 역사적 기록 등은 찾아보기 어렵다.

　우리나라에서 사회복지사가 의료시설에서 처음으로 일하기 시작한 것은 1958년 한노병원에서부터이다. 이곳에서 사회복지사 레케보^{Diakon Gotfred Rekkebo}의 지도하에 캐나다 유니테리안 봉사회가 결핵환자와 그 가정을 돕기 위해 인적, 물적 자원을 제공하였다. 같은 해 12월에는 세브란스병원 흉곽내과에서 전문의료사회복지사가 결핵환자를 돕기 위해 일하기 시작했으며, 1959년에는 국립중앙의료원, 원주기독병원, 1962년에는 국립정신병원에서 각각 의료사회사업이 시작되었다(한인영 외, 2006: 47). 원주기독병원에서는 1959년 극빈환자의 입원치료를 경제적으로 원조하기 시작하여 나환자촌 진료, 간질환자 순회 진료 등 지역사회주민을 위한 의료복지사업을 전개하였다(송자경, 1997). 가톨릭대학교 부속 성모병원에서는 1962년 신경정신과 과장의 요청으로 사회복지사가 정신질환자의 진단과 치료 및 사후지도를 위해 팀의 일원으로 일하기 시작하였으며, 그 후 계속적인 노력으로 1966년 사회복지사를 병원의 정식 직원으로 채용하게 되었는데, 초기에는 주로 신경정신과 소속으로 일하였으나 1968년에는 의료사회복지가 하나의 독립된 부서로 자리 잡게 되었다.

　이후 병원 내에서 사회사업과나 사회사업실 또는 사회복지과가 정식 부서로 편성되면서 1964년 연세의대 부속 세브란스병원, 1966년 계명의대 부속 동산의료원, 1968년 전주예수병원, 고려병원, 중앙대부속 성심병원 등에서 의료사회복지업무가 시작되었는데, 이 시기가 우리나라 의료사회복지의 초창기에 해당한다고 볼 수 있다. 1971년에는 한강성심병원, 안양정신병원, 혜동의원 정신과 등에서도 사회복지활동이 전개되었으며, 1974년 이화여대의료원 부속병원, 서울기독병원, 안양정신병원, 고려대의대 부속병원, 1975년 성분도병원, 1976년 가톨릭의대 부속 산업재해병원, 서울백제병원, 1977년 대구 파티마병원, 국립보훈병원 등에서도 사회사업과가 편성되어 운영되었다(김규수, 2004: 63-65). 이들은 환자와 그 가족의 경제적, 심리적, 사회적 문제해결을 위해 노력하였고, 지역사회를 대상으로 의료사회복지 활동을 전개하였다. 이후로도 의료사회복지를 실시하는 병원들이 계속 늘어났지만 초창기 의료사회복지 활동은 병원 측의 이해 부족 등으로 인해 전문직으로 성장하는 데 많은 어려움을 경험하였다.

3) 의료사회복지실천의 법적 근거 마련

의료사회복지가 의료현장에서 하나의 독립된 부서로서 더욱 확대되기 시작한 것은 1973년 의료법시행령이 공포되면서부터라 할 수 있다. 이 시행령에 따르면 "종합병원에 사회복지사업법 규정에 의한 사회복지사업 종사자 자격을 가진 자 중에서 환자의 갱생·재활과 사회복귀를 위한 상담 및 지도업무를 담당하는 요원을 1인 이상 둔다"고 되어 있다. 이 규정으로 종합병원급 이상의 의료시설에서 사회복지사의 활동에 대한 법적 근거가 마련되었으며, 더 많은 의료 기관에서 사회복지사들이 활동하는 계기가 마련되었다. 이러한 움직임에 힘입어 같은 해인 1973년 의료사회복지사들이 모여 '대한의료사회복지사협회'를 창설함으로서 의료사회복지는 하나의 전문직으로 법적 근거뿐만 아니라 조직적 체계를 갖추게 되어 더욱 성장하게 되었다.

또한 1977년에는 의료보험제도의 확대 실시로 정신의학적 사회사업 부문에서 사회복지사의 개입 및 치료활동에 대한 보험수가를 청구할 수 있는 법적 근거가 마련되었는데, 이러한 영향으로 병원 내 의료사회복지 부서가 더욱 확대되었다. 이에 1979년 부산메리놀병원, 1980년 부산 아동병원, 1982년 인제대부속 부산백병원, 1983년 서울적십자병원, 연세대의대부속 영동세브란스병원(현, 강남세브란스병원) 등에서 의료사회복지 활동이 시작되어 현재까지 이어지고 있다(김규수, 2004: 65).

4) 의료사회복지실천 분야의 확장과 전문성 확립

초창기 의료사회복지는 주로 빈곤한 환자를 대상으로 치료받을 수 있도록 경제적 문제를 해결해주고, 심리사회적 지지를 제공하는 일에 활동의 주안점을 두었다. 그러나 지역사회 내의 다양한 의료기관을 중심으로 의료사회복지활동의 저변이 확대되면서부터 의료사회복지는 더욱 전문화된 서비스를 제공하기 시작하였다.

오늘날 의료사회복지는 정신과 영역에서 정신질환을 앓고 있는 환자와 가족들을 대상으로 교육 및 상담제공, 사회복귀를 위한 훈련 및 자원연결 등의 업무를 담당하고 있는데, 특히 정신과 영역에서의 사회복지사의 활동은 정신의료사회사업의 영역으로 보다 세분화되고 전문화된 형태로 발전해나가고 있다. 정신의료사회복지는 1977년 정신의료사회사업활동이 공식적으로 수가를 책정할 수 있는 영역으로 지정되면서 급속히 확산되기 시작하였다. 1993년에는 정신의료사회복지사들이 대한의료사회사업가협회에서 분리되어 한국정신의료사회사업학회를 창설하였으며, 1995년 정신보건법 제정 이후에는 병원 등 의료세팅뿐만 아니라 지역사회를 중심으로 한 정신건강증진센터와 사회복귀시설 등에서 사회복지사의 활동이 더욱 활발해지고 있다.

현재 의료사회복지사의 활동은 이와 같은 정신과 영역뿐만 아니라 임상 각과에서 다양한 질환과 문제를 가진 환자와 가족들을 대상으로 심리사회적 평가 및 상담제공, 자원연계, 그리고 여러 전문직들과의 팀접근 등을 체계적으로 실시하고 있다. 예를 들면, 병원 내의 장기이식팀, 호스피스팀의 일원이 되어 서비스를 제공하며, 당뇨병환자, 화상환자, 신장투석환자, 척수손상환자, 절단환자, 심장질환자, 뇌졸중환자, 치매환자, 알코올중독환자, 백혈병환자, 암환자 등을 대상으로 전문적인 사회사업 상담을 실시하고 환자와 가족의 심리사회적 환경을 평가하며, 경제적 지원 및 퇴원 후의 사회복귀를 위한 자원연결 업무 등을 담당하고 있다.

최근에는 질병모델 중심의 병리학적 관점에서 탈피하여 강점관점에 기반한 사회복지실천이 점차 중요해지고 있는데, 임파워먼트 모델, 레질리언스 모델 등 비교적 최근에 등장한 강점관점의 임상모델들을 의료사회복지실천에 접목시키고 있다. 뿐만 아니라 사회복지실천의 기본관점인 생태체계관점을 비롯하여 행동주의 이론, 인지치료 이론, 다양한 모델들을 활용한 가족치료 접근, 증거기반실천 등이 의료사회복지실천 현장에서 꾸준히 활용되고 있어 전문성이 더욱 증진된 실천활동이 확대되고 있다.

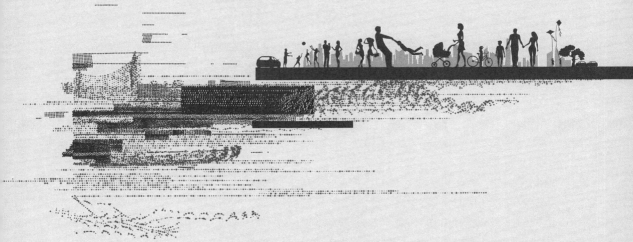

의료사회복지실천의
구조

04
CHAPTER

의료사회복지의
실천모델

1. 생태체계모델

1) 기본 개념

생태체계접근은 치료모델로서보다는 '환경 속의 인간'이라는 사회복지의 관점으로 이해된다. 생태체계접근이란 체계이론과 생태적 관점이 합성된 것으로서(엄명용 외, 2015) 체계 간의 공유영역과 적응 및 상호교류의 개념을 강조한다. 이러한 관점은 질병을 가진 개인과 그 개인을 둘러싼 환경체계들 간의 상호교류형태와 공유영역에 대한 분석에 유용할 수 있다. 그러므로 생태체계적 관점에서는 질병을 가진 개인의 적응을 바라볼 때 환자 개인뿐만 아니라 그 사람이 상호작용하는 가족, 학교, 직장, 지역사회, 그 사회의 문화나 법률과 같은 외적 체계들과 그 체계들과의 상호작용을 필수적으로 고려한다. 예를 들어, 우리가 스트레스성 질환으로도 일컬어지는 고혈압, 소화불량, 두통, 과민성 대장질환 등을 앓고 있는 환자를 보다 잘 이해하고 효과적인 치료 계획을 수립하기 위해서는 이 환자의 생활습관과 사회적 상호작용을 포함한 생태체계적 분석과 접근을 잘 활용하는 것이 중요할 것이다.

2) 생태체계모델의 적용

모든 사회복지실천현장에서 폭넓게 적용되는 생태체계적 관점은 보건의료현장에서도 유용하게 사용되어 왔다. 특히 생태도는 생태체계적 관점에 근거한 사정도구로서 환자의 상호작용 특징과 여러 가지 자원에 대한 파악뿐 아니라 만성질환자의 퇴원 후 관리와 연계 등의 사례관리 측면에서도 중요하게 활용된다.

〈그림 4-1〉의 사례를 보자. 환자는 남편과 이혼 후 기초생활수급권자로서 세 자녀를 키우며 살아오던 중 유방암 진단을 받고 입원하게 되었다. 이때 이 환자와 가족을 적절하게 돕기 위해서는 이 가족의 상황과 자원에 대한 정확한 평가가 우선시되어야 할 것이다. 이러한 상황에서 생태체계적 접근은 유용한 도움을 줄 수 있다.

〈그림 4-2〉에 제시된 바와 같이 의료사회복지사는 환자에 대한 생태도 작성을 토대로 환자의 공식적 및 비공식적 지지체계, 현재 도움을 줄 수 있는 사람과 기관에 대해 파악할 수 있게 될 것이다. 이 경우, 환자를 위해 교회 자원을 활용하고 사회복지사와 딸

그림 4-1 | 가계도 예시

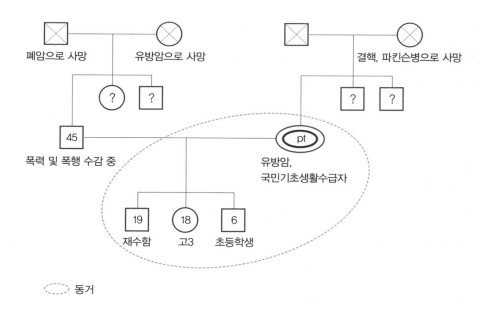

그림 4-2 | 생태도 예시

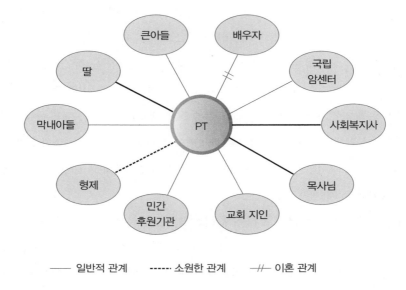

―― 일반적 관계　·····소원한 관계　―#― 이혼 관계

과의 소통과 관계를 강화시켜 나가는 계획을 세워볼 수 있을 것이다.

2. 심리사회모델

1) 기본 개념

심리사회모델은 이름에 나타나 있듯이 인간의 심리사회적인 면을 둘 다 고려하는 '상황 속의 인간'을 강조하는 관점이다. 이 모델은 1930년대 후반 고든 해밀턴^{Gorden} Hamilton에 의해 처음 심리사회적 이론으로 명명되었으며, 1960년대에 플로렌스 홀리스 Florence Hollis에 의해 사회복지실천이론과 접근방법으로 구체화되었다.

심리사회모델에서는 인간의 성격은 생활상의 다양한 요인에 의해 형성된다고 생각하는 다원성의 개념을 중시한다. 다원성은 클라이언트의 성격에 영향을 미치는 다양한 요인을 의미하며, 건강, 유전적 자질, 인종, 출생순위, 성별, 가족관계나 구조, 또래집단,

사회경제적 여건을 들 수 있다. 또한 심리사회모델에서는 인간이 공통된 상황을 경험하더라도 개인에 따라 서로 다르게 반응한다고 생각하는 개별성의 개념을 중시한다. 이 모델에서는 개인의 고유한 성격과 대처방식을 그 사람의 과거경험뿐 아니라 및 현재 사회적 상황 속에서 이해하기 위해 노력하므로 '상황 속의 인간'을 강조하는 사회복지와 밀접하게 관련된다고 볼 수 있다. 그러므로 이 모델에서는 클라이언트의 다양한 생활력life history을 다각적으로 사정하는 것을 중요하게 생각한다. 또한 클라이언트의 개별성을 이해하기 위해서는 지금-현재here and now의 상황에서 클라이언트가 문제를 인지하는 방법과 이에 대처하는 행동들을 파악하는 것이 중요하다고 보았다(Turner, 1986; 윤현숙 외, 2011: 55 재인용)

　　이러한 이론적 관점을 근거로 하여 홀리스Hollis는 정신분석치료와 구분되는 사회복지실천의 개입과정을 여섯 가지로 명시하였다. 즉, 심리사회모델은 ① 클라이언트의 감정과 행위를 지지하는 과정, ② 클라이언트의 문제해결에 직접적인 영향을 주는 과정, ③ 클라이언트의 문제와 관련하여 탐색, 기술, 감정을 환기하는 과정, ④ 클라이언트를 '상황 속의 인간'이라는 관점에서 고려하는 과정, ⑤ 클라이언트의 성격과 행동, 그리고 이 사이의 역동성을 살피는 과정, ⑥ 클라이언트의 사회적 기능에 영향을 미치는 과거와 현재의 경험을 고려하는 과정을 통해 실천되어진다.

2) 심리사회모델의 적용

　　이러한 심리사회모델을 의료실천현장에서 어떻게 적용할 수 있을까? 보건현장에서 의료사회복지사가 환자를 만나 심리사회적인 평가를 진행하고 개입 계획을 수립하며, 지지와 조언을 제공하는 일련의 과정들은 모두 심리사회모델에 기초한 것이다. 만약 어떤 환자가 당뇨병 진단을 받은 후에 이로 인한 혼란과 걱정이 많은 상황을 겪고 있어, 의료사회복지사의 심리사회적 평가 및 개입이 진행된다면, 이러한 일련의 과정 또한 홀리스의 심리사회모델의 실천과정으로 설명될 수 있을 것이다. 이와 관련하여 아래에 당뇨병 진단을 받은 환자에 대한 심리사회모델에 근거한 개입과정을 〈표 4-1〉과 같이 제시하였다.

표 4-1 | 심리사회모델에 근거한 심리사회적 개입과정

개입 과정	개입 내용
탐색-기술-환기	당뇨 진단을 받게 된 상황과 자신의 어려움에 대한 탐색, 변화와 적응이 필요한 상황과 어려움 및 강점에 대한 기술, 이러한 상황에 대한 자신의 감정 표현
인간-상황에 대한 고찰	현재 혹은 최근 사건(예: 당뇨 진단과 입원치료, 그로 인해 휴직 중인 상황 등)에 대한 고찰 • 자기 성격과 생각, 감정 • 주변의 자원들, 상호관계 • 주변과의 상호작용에서 나타낸 반응행동 • 입원 및 외래 치료과정에 대한 반응에 대한 이해
유형-역동에 대한 고찰	환자의 성격과 행동에 대한 고찰 주로 사용하는 방어기제(퇴행, 합리화, 부인 등), 분리와 개별화 정도에 대한 고찰
발달적 고찰	이전의 생애경험이(예: 어린시절에 아파서 병원에 입원했던 경험이 있거나, 부모님 중 한 분이 당뇨합병증으로 고생하시다가 돌아가신 것) 현재 기능에 미치는 영향을 고찰
지지	사회복지사가 환자에게 언어적, 비언어적인 표현을 통해 환자의 상황을 있는 그대로 수용하고 문제해결능력에 대한 확신을 표현하여, 환자의 불안을 줄이고 대처능력을 강화해 나가도록 돕는 과정 ("책임감이 강한 분이므로 관리를 엄격하게 잘 하실 것 같다.", "당뇨는 관리만 잘하면 평균수명 이상으로 사는 데 전혀 문제가 없는 질환이다.")
직접적 영향	사회복지사가 환자의 문제 해결을 돕기 위해 직접적으로 의견을 제시하거나, 클라이언트가 이미 하고 있는 생각을 강조하는 것("아무리 바빠서도 환자 본인이 교육을 철저히 받는 것이 무엇보다 중요합니다. 또한 당뇨관리에는 전 가족들의 도움이 필요하므로, 기본교육은 본인과 환자들이 반드시 함께 받아야 합니다.") 단, 직접적 영향이 효과적이기 위해서는 환자의 입장을 충분히 고려해야 하고, 조언 이전에 지지를 통한 신뢰관계가 충분히 형성되어 있는 것이 중요함.

3. 인지행동모델

1) 기본 개념

인지행동모델에서는 인간의 행동은 환경적인 사건에 영향을 받지만, 동시에 인지도식의 측면에서 그 사건에 대한 신념, 인지적 평가들이 그 사건에 미치는 영향을 중재한다고 가정한다. 인지행동모델의 기본적인 가정은 첫째, 인지활동은 행동에 영향을 미치고, 둘째, 인지활동은 모니터링 되고 변경될 수 있으며, 셋째, 바람직한 행동변화는 인지변화를 통한 영향을 받는다고 보는 것이다(김혜란 외, 2006). 이러한 인지행동모델에는 합리정서치료, 인지치료, 문제해결치료 등의 여러 치료모델들이 포함되어 있다.

인지행동모델을 통해 인간관계에서 부딪치는 문제나 어려움을 다룰 때에는 대개 인지적 재구성, 이완훈련, 기술훈련 치료라는 세 가지 접근법을 사용한다(서수균·권석만, 2005). 첫째, 인지적 재구성은 비합리적이거나 왜곡된 사고 양상을 확인하고 논박을 통해 이에 도전함으로써, 적응적인 신념체계와 왜곡되지 않은 사고 양상을 새롭게 형성하는 것을 주요 목적으로 한다. 이 접근법에서는 소크라테스식 논박을 통해 비합리적인 신념을 합리적인 신념으로 대치하며, 부적응적인 자동적 사고나 여러 가지 인지적 오류를 치료자와 함께 수정하는 방식을 사용한다. 둘째, 이완훈련은 불안이나 긴장 수준을 완화시키기 위해 폭넓게 사용되는데, 생리적인 흥분이나 각성 상태를 완화하기 위한 방법으로 점진적 근육이완훈련, 체계적 둔감법, 호흡법, 심상이완법 등이 다양하게 활용된다. 셋째, 기술훈련치료에서는 다양한 심리적 문제들이 대인기술의 결함 때문에 발생한다고 가정한다. 즉, 대인기술의 결함으로 인해 문제 상황에 효율적으로 대처하지 못하기 때문에 개인의 목표성취를 위해 새로운 대인기술을 학습시키게 된다. 대표적으로 자기주장훈련이나 사회기술훈련 등을 들 수 있다.

2) 인지행동모델의 적용

병원에서는 암, 당뇨 등의 만성질환을 가진 환자들을 대상으로 다양한 인지행동프로그램을 적용해오고 있다. 병원에서 인지행동치료는 사회복지사, 정신과 의사, 임상심리사, 간호사 등 다양한 직군에 의해 실시될 수 있는데, 대개의 경우 사회복지사는 정신건강의학과에서 인지행동모델을 기초로 한 자기주장훈련, 사회기술훈련, 분노조절훈련을 담당하는 경우가 많다. 그밖에도 내과, 소아과 등에서 암이나 당뇨와 같이 만성질환을 가진 환자와 가족을 대상으로 인지적 재구성, 이완훈련, 문제해결기술훈련 등의 프로그램이 진행되고 있다.

국내의 여러 연구들에서도 병원에서 실시된 인지행동 프로그램과 그 효과성을 확인해볼 수 있다. 박형숙과 박경연(2008)의 연구에서는 제2형 당뇨병[4] 환자를 위한 8주간

표 4-2 | 인지행동모델에 근거한 암환자 스트레스 관리 프로그램 개요

참여대상	적극적인 암 치료 중인 암환자
치료 목표	인지적 전략 및 행동적 전략을 훈련함으로써 암환자들이 일상생활의 스트레스를 효율적으로 관리하도록 지원
이론적 배경	인지행동적 접근 및 문제해결적 접근
프로그램 형태	4~8명이 참여하는 집단 심리상담 프로그램 형태로, 교육을 통한 정보제공 및 정서적 지지, 심리 상담, 대처 기술 훈련 등이 함께 이루어지는 통합적인 형태
프로그램 회기 구성	총 10회기 - 환자의 상태에 따라 주 1회 10주 혹은, 주 2회 5주로 운영 가능
회기별 소요시간	90~120분
프로그램 진행자	인지행동치료의 경험이 있는 정신보건전문가 1인과 보조치료자 1인

의 인지행동 스트레스 관리 프로그램을 적용한 후 그 효과를 검토한 결과, 이 프로그램이 제2형 당뇨병 환자가 스스로 지각한 스트레스를 감소시키는 데 효과가 있었다고 보고하였다. 또한 오복자와 이은애(2013)는 2012년 6월까지 국내에서 발표된 17편의 인지행동개입 연구를 메타분석한 결과 인지행동중재는 암환자의 심리적 스트레스, 즉 우울과 불안을 감소시키고 자기간호 행위 및 삶의 질을 증진시킨다고 보고하였다. 사용된 인지행동개입 방법 중에서는 지시적 심상요법 및 명상 프로그램이 가장 많이 활용되었고, 다음으로 CD 및 테이프 혹은 소책자를 활용한 개별적인 개입이 많은 것으로 나타났다.

그렇다면 인지행동모델을 실제적으로 어떻게 적용하고 있을까? 여기에서는 인지행동모델을 적용한 암환자 대상 스트레스 관리 프로그램(김종흔 외, 2012)을 소개하고자 한다. 이 프로그램은 유방암 환자가 치료과정에서 겪는 다양한 이슈들을 회기별 주제agenda로 포함시킨 유방암 환자 맞춤형 프로그램으로서 항암 치료나 방사선 치료 등 적극적인 암 치료 중인 환자들이 치료과정 중에 겪는 다양한 스트레스에 슬기롭게 대처할 수 있도록 고안되었다. 즉, 이들이 항암치료 과정 동안 겪는 불안과 우울을 야기하는 부

---

4 당뇨병은 제1형 당뇨병과 제2형 당뇨병으로 나뉘며, 제1형 당뇨병은 인슐린의존성당뇨병, 제2형 당뇨병은 인슐린비의존성당뇨병이라고 지칭한다. 제2형 당뇨병은 1형 당뇨병과 같이 인슐린을 생성하는 세포가 파괴되어 인슐린을 전혀 생성하지 못하는 것은 아니지만, 인슐린이 모자라거나 인슐린이 제대로 일을 못하는 상태가 되어 지속적으로 높은 혈당을 유지하는 상태를 의미한다.

표 4-3 | 암환자 스트레스 관리 프로그램의 회기별 내용

회기	내용	주된 치료 기법
1	프로그램 오리엔테이션 • 목표 설정 • 효과적인 의사소통 원격 익히기: 나말하기	"나 말하기"로 표현하기, 역할연기
2	암에 대해 이야기하기 • 표현적 글쓰기를 통한 감정의 정화 • 암을 수용하는 것의 진정한 의미 이해: 적극적 대처 • 긍정적 기분 고양시키기	사랑하는 사람의 답장과 즐거운 활동을 통한 긍정적 강화
3	신체 증상에 대처하기 • 스트레스 교육: 스트레스와 신체증상의 관계 이해 • 감정 , 생각, 행동 및 신체반응 구분하기 • 감정, 생각, 행동 및 신체반응의 상호작용 이해하기 • 복식호흡	복식호흡, 감정 자각 연습
4	스트레스를 일으키는 생각 찾기 • 자동적 사고 찾기 • 생각의 오류 이해하기 • 자동적 사고에서 인지적 오류 찾기	인지재구조화: 인지적 오류 찾기, 복식호흡
5	스트레스를 만드는 생각 바꾸기 • 논박을 위한 질문 익히기 • 논박을 통해 타당한 생각으로 바꾸기	인지재구조화: 타당한 생각으로 바꾸기, 복식호흡
6	대처기술 익히기 및 분노 조절하기 • 적절한 대처법 사용하기: 문제 중심적 대처, 정서 중심적 대처 • 분노 조절하는 방법 익히기	분노조절 훈련, 역할연기 복식호흡, 인지재구조화
7	외모와 신체 변화에 대처하기 • 신체변화에 대한 생각의 오류 확인 • 점진적 노출의 원리 및 단계 이해 • 노출순위 정하기, 상상이완훈련	인지재구조화, 점진적 노출, 상상이완, 복식호흡, 역할연기
8	가족 및 대인관계 변화에 대처하기 • 대인관계 변화에 대한 대처: 문제중심적, 정서중심적 • 경제적, 실제적, 정성적 지지자원 확인하기 • 대인관계 갈등 상황에 대한 역할시연	인지재구조화, 복식호흡, 역할연기나 말하기 훈련
9	잠재적인 두려움에 대처하기 • 재발 · 전이에 대한 대처: 문제 중심적, 정서 중심적 • 재발 · 전이의 증상 및 관리법에 대한 교육 • 자기충족적 예언	인지재구조화, 복식호흡
10	변화 유지하기 • 프로그램 전체를 되돌아보기 • 생활 스케줄 관리: 삶의 우선순위 정하기	

정적이고 비합리적인 사고 패턴을 확인하여, 이를 현실적인 것으로 바꾸고, 일상생활에서 적용하게 함으로써 긍정적인 강화를 받도록 돕는 것이다.

이 프로그램은 크게 두 부분으로 구성된다. 전반부는 스트레스에 대한 이해를 도모하고, 일반적인 대처기술, 예를 들면 효과적인 대화기술, 복식호흡을 통해 스트레스에 대한 신체적 반응 다스리기, 자신의 생각의 오류를 확인하고 합리적인 생각으로 바꾸기 등을 훈련한다. 후반부는 전반부에 다룬 내용을 바탕으로 보다 개인적이고, 특정적인 문제들을 다룬다. 이 프로그램의 개요 및 세션별 내용은 〈표 4-2〉와 〈표 4-3〉을 통해 확인할 수 있다.

이 중 인지행동치료를 적용한 상담자의 역할에 대한 이해를 돕기 실시된 프로그램 안에서 재발과 전이에 대한 두려움을 표현하는 환자에 대해 인지재구조화를 위해 어떻게 접근했는지에 대한 예를 김종흔 외(2011)의 내용에서 발췌하여 아래의 사례를 통해 제시하고자 한다.

치료자	재발된다면, 전이된다면 뭐가 두려우세요?
환자 1	항암을 다시 해야 된다는 게. 다른 건 다 참을 수 있겠는데, 정말 수술은 100번이라도 할 수 있을 것 같은데 항암은 너무 힘들었어요. 다시 항암 해야 한다고 하면 그냥 포기하고 싶어요.
치료자	(환자 2에게) 어떻게 생각하세요?
환자 2	진짜 공감이 돼요. 정말 안 해본 사람은 모를 거예요. 처음이야 뭣 모르고 했지만 두 번째는 못할 것 같아요.
치료자	다들 그냥 포기해 버리고 싶을 정도로 항암 치료 과정이 힘드셨던 것 같아요. 그런데 보면 그 과정 다 이겨내신 거잖아요. 다들 생각하는 게 재발이나 전이가 됐을 때 항암을 다시 한다면 그게 첫 번째 했던 것만큼 똑같이 힘들 거라고 생각하시는 거죠. 근데 두 번째는 처음 하는 것보다 수월하게 넘어갈 수도 있는 거죠. 또 재발·전이에 대한 막연한 불안을 자세히 살펴보면 거기에는 '재발·전이는 곧 죽음'이라는 등식이 성립하는 것 같아요. 그러니까 더 불안해지는 거죠.
환자 1	그렇죠. 아무래도 그렇게 생각하게 되죠.
치료자	우리가 재발·전이에 대한 두려움을 완전히 없앨 수 있을까요?
환자 2	없앨 수 없죠. 그래서 더 힘든 거 같아요. 내가 어떻게 할 수 없으니까….
치료자	물론 말씀하신 것처럼 재발·전이에 대한 불안을 완벽하게 막을 방법은 없어요. 그런데 우리가 재발·전이에 대한 불안이 하나도 없다면 어떻게 될까요?

환자들	……
치료자	어쩌면 우리 몸을 관리하고, 스트레스에 대처하고 이러는 데 소홀해질 수 있을 것 같아요. 그래서 간혹 보면 방사선 마치면 치료가 다 끝났다고 생각하고 평소 생활하던 대로 생활을 하세요. 재발이나 전이에 대해서 생각하지 않으신 분들이 오히려 치료 후 2~3년 만에 재발하는 사례도 볼 수 있는 것 같아요.
환자 1	그러네요. 관리를 안 하게 되니까.
치료자	앞으로 통증이나 어떤 신체변화가 느껴진다면 재발·전이에 대한 불안이 생길 수 있어요. 그럴 때 우리가 아무 것도 할 수 없는 게 아니라 그 증상을 현실적으로 평가해 볼 수 있다는 거죠. 증상을 평가할 때 기준이 세 가지가 있는데, 심각성, 빈도, 유지기간이에요. 모든 기준에서 1~2점밖에 되지 않는다고 하면 '재발됐네' 혹은 '전이됐구나'라는 생각이 파국적 예상이 되는 거고 그러면 생각을 바꾸시면 되겠죠. 정서 중심적 대처를 해볼 수 있다는 거예요. 그런데 어떤 기준에서건 점수가 7~8점으로 높다고 한다면 그때는 단순히 생각을 바꾸는 게 아니라 병원에 가야겠죠. 그때는 무엇보다 문제 중심적인 대처가 먼저겠지요.

4. 레질리언스모델

1) 기본 개념

레질리언스는 발달심리와 생태체계모델이 발전되는 과정에서 출현하여 스트레스 대처 이론에 영향을 받은 이론으로(Smith-Osborne, A., 2007: 153) '다시 제자리로 되돌아오려는 경향', '탄력성', '회복력'을 의미한다. 레질리언스에 대한 초기 탐구는 정신장애를 가진 부모 혹은 역기능적인 가족 내에서 성장한 아동들 중 이러한 혼란과 역기능에도 불구하고 생존해나가는 과정을 드러냄으로써 고위험에 직면한 아동들에 대한 사회적 조기개입과 예방의 실마리를 찾고자 했던 것으로부터 시작되었다. 그 결과 이러한 혼란과 불안정을 극복하고 생존을 가능케 한 힘, 즉 생존을 위해 회복하려는 힘, 위기나 역경으로부터 다시 튀어오르는 힘을 발견하고 이를 '레질리언스'라고 명명하였다(Murphy and Moriarty, 1976; Luthar and Zigler, 1991; 김미옥, 2008). 월시(Walsh, 1998)는 레질리언스를 역경으로부터 일어나 강해지고 자원을 더 풍부하게 할 수 있는 능력, 즉 역경을 통해 생성되는 것으로 개인의 경험을 폭넓게 조명하고, 역경에 대해 긍정적으로 적응하고 대처하는 힘이자 한 단계 나아가 스트레스와 역경의 경험으로부터 성장을 포함하는 포괄적인 개념으로 정의하였다(김미옥, 2008: 101).

또한 월시(1998)는 이러한 레질리언스의 개념을 가족체계에 적용하여 가족레질리언스family resilience의 개념을 제시하였다. 월시(1998)는 가족체계의 건강한 기능을 중심으로 가족레질리언스의 개념을 신념체계belief system, 조직유형organizational pattern, 의사소통과정communication process의 세 가지 구성요인으로 제시하였으며, 이는 가족을 대상으로 하는 임상적 개입 시 유용한 실천틀이 될 수 있다고 하였다. 이에 관해 살펴보면, 첫째, 신념체계란 가족의 가치, 확신, 태도, 편견 등을 뜻하는 것으로 가족원들이 위기상황과 역경을 해석하고 행동을 결정하는 데 영향을 미치는 것으로 역경에 대한 의미부여, 긍정적 시각, 초월과 영성 등이 포함된다. '역경에 대한 의미부여'란 가족의 위기상황에 대한 이해와 해석을 의미하며, '긍정적 시각'이란 역경이나 어려움이 있는 상황에서 가족이 인내심을 가지고, 상호 간에 용기와 격려를 주고, 희망을 유지하며, 삶에 대해 낙관적인 태도를 취하는 능력을 말한다.

둘째, 조직유형이란 가족이 하나의 단위체계로서 통합되어 있는 정도를 뜻하며, 자원을 동원하고, 스트레스를 중재하며, 변화하는 가족의 상황에 적합하도록 가족의 구조를 재조직하는 능력을 말한다. 여기에는 융통성, 연결성, 그리고 사회 및 경제적 자원이 포함되는데, '융통성'이란 가족이 삶의 변화와 도전에 적합하도록 가족의 조직을 변경하고 적응하는 능력으로서 가족 내의 규칙과 역할 변화와 연결되는 개념이다. '연결성'이란 가족원 상호 간의 연합, 지지, 협력하는 능력을, 그리고 '사회 및 경제적 자원'이란 가족이 외부의 자원을 동원하고 활용하는 것으로 확대가족과 친지의 지지 및 지역사회 내에서 지지망을 확립하는 것을 뜻한다.

셋째, 의사소통과정이란 가족구성원들 상호 간의 건강하고 기능적인 의사소통 능력으로서 명료성, 개방적인 정서표현, 그리고 상호협력적 문제해결과정으로 구성되어 있다. '명료성'이란 명확하고 일관성 있는 말과 행동들을 하는 것이며, '개방적인 정서표현'이란 가족원들이 기쁨과 고통뿐만 아니라 희망과 두려움의 감정까지도 함께 공유하며, 상호 간에 사랑, 감사, 존중 등의 긍정적인 감정의 개방적 표현이 활발히 이루어지는 것

표 4-4 │ 가족레질리언스의 주요 구성요소

핵심요소구분	내용
신념체계	• 역경에 대한 의미부여 • 긍정적 시각 • 초월성과 영성
조직유형	• 융통성 • 연결성 • 사회 및 경제적 자원들
의사소통 과정	• 명확화 • 개방적 정서표현 • 상호협력적 문제해결

※ 출처: Walsh(1998); 양옥경 외(2002), 63쪽.

을 말한다. '상호 협력적 문제해결'이란 당면한 문제에 대해 가족이 브레인스토밍을 함께 하며, 의사결정 과정을 공유함으로써 함께 문제와 갈등을 해결해나가는 것이다.

이상과 같은 가족레질리언스의 개념을 구성요소별로 정리하여 제시하면 다음의 〈표 4-4〉와 같다.

월시(2012)는 이러한 가족 레질리언스의 실천틀을 첫째, 가족의 결함과 한계에 초점을 두기보다는 강점, 자원, 잠재력에 초점을 두는 실천을 하는 것, 둘째, 발달적, 체계적 모델에 기반한 실천을 하는 것, 셋째, 인간의 회복력에 대한 상대적인 모델을 갖는 것으로 보았다. 그리고 가족치료를 가족의 성장과 회복을 위해 레질리언스(탄력성)를 규명하고 그 노력을 장려할 수 있는 효과적인 과정으로 규정하고, 이를 위해 가족 및 환경적 자원과의 상호작용을 활용할 것을 강조하였다(Walsh, F. 1998; 양옥경·최명민, 2001: 11).

2) 레질리언스모델의 적용

질병은 신체적 고통, 장애, 심리적 위축, 경제적 어려움과 가족과 사회관계의 변화 등 개인의 삶에서 쉽게 극복하기 어려운 역경들을 초래한다. 그럼에도 불구하고 기존의 의료적 접근은 기계론적으로 질병의 원인, 질병으로 손상된 신체 부위 등을 치료하고 개선될 수 있도록 '증상의 호전'에 집중해왔다. 이러한 관점에서의 접근은 환자와 가

그림 4-3 | 환자와 가족의 레질리언스(탄력성) 여부의 차이

Resilience	Non-Resilience
• 스트레스 대처전략을 갖고 있음. • 치료에 대한 목표의식, 희망이 있음. • 긍정적인 심리상태를 유지할 수 있음. • 자신의 질환, 상황을 긍정적으로 의미화할 수 있음. • 사회적인 도움이나 지지를 이용하는 것에 개방적임.	• 스트레스, 걱정, 두려움에 압도됨. • 치료, 건강에 대한 희망, 기대감이 없음. • 항상 자신의 상황에 부정적이고 의미가 없다고 생각함. • 분노, 우울, 수치감과 같은 부정적인 정서상태를 유지함. • 외부 도움에 대한 거부, 저항, 수치감을 느낌.

족을 질병과 장애를 극복하기 위해 자신들의 잠재력이나 가능성을 인식하고 활용하는 주체로 성장시키는 것보다는 치료 대상에 머무르게 하는 한계가 있었다. 이러한 결과는 환자와 가족이 치료와 재활, 더 나아가 일상으로 복귀하기 위한 힘을 키우고 활용할 수 있는 기회를 갖도록 하기보다는 질병 자체와 질병으로 인해 초래되는 심리사회적 부담에 더 압도되도록 하는 부정적 결과를 초래할 수도 있는 것이다. 〈그림 4-3〉은 레질리언스의 힘을 지닌 탄력적인 환자 및 그 가족과 그렇지 않은 환자 및 그 가족이 어떤 차이가 있는지를 보여주고 있다.

의료사회복지사는 환자와 가족 개개인이 자신에게 필요한 치료를 유지하고, 질병으로 인해 파생될 수 있는 신체, 심리, 사회적 문제들에 능동적으로 대처하면서 이를 극복할 수 있도록 지지하고 격려해야 한다. 다시 말해 질병과 관련하여 초래된 역경을 통해 환자와 그 가족들에게서 생존을 위해 형성되는 회복력과 탄력성을 신뢰하고, 이를 발견하여 이들이 이러한 힘을 활용할 수 있도록 도와야 한다.

또한 의료사회복지사는 가족레질리언스의 개념을 활용한 실천을 할 수 있다. 첫째, 신념체계에 대한 개입으로는 환자와 그 가족이 자신들이 경험하고 있는 위기를 단순히 고통스럽고 해결해야 할 과업으로 인식하기보다는 자신들에게 어떠한 인생의 의미가 있는 것이며, 이 역경에 압도되지 않고 도전하는 것이 자신들에게 어떤 경험이 될 수 있는가를 스스로 의미화하도록 도와야 한다. 질병에 대한 가족체계 내의 이러한 신념의 변화는 이들로 하여금 미래에 대한 긍정적인 조망을 가능케 함으로써 희망을 갖게 하는 요인으로 작용할 수 있다. 즉, 의료사회복지사는 환자와 가족이 질병으로 인해 상실할 수 있는 건강, 경제, 사회적 관계에 대한 절망과 두려움을 극복하고, 오히려 질병을 통해 자신에게서 어떠한 성장과 극복의 힘이 있는가를 발견할 수 있도록 도와야 한다. 그러므로 의료사회복지사는 환자와 그 가족이 질병을 이겨나갈 수 있다는 신념을 갖도록 격려하고 환자가 미래에 대해 긍정적인 희망을 가질 수 있도록 도와야 한다.

둘째, 조직유형에 대한 개입은 환자와 가족이 질병으로 인해 초래된 새로운 상태에 적응하기 위하여 가족 내 필요한 역할과 규칙들을 융통성 있게 변화시키며, 서로 간의 유대감을 더욱 강화하여 서로에게 힘이 될 수 있도록 지지하는 것이다. 또한 환자와 가족이 혈연, 지역사회, 그리고 그 밖의 경제적 자원이 될 수 있는 체계들로부터 필요한 자원을 확보하고 이들과 연계되며, 이러한 자원과 개방적이고 안정적인 관계를 맺고 상호작용을 가능케 할 수 있도록 도와야 한다. 즉, 환자와 가족들이 자신의 문제를 해결해나가는 데 있어서 주변의 연결될 수 있는 자원을 발견하고, 이들 자원과 연계할 수 있는 역량을 갖도록 해야 한다. 따라서 의료사회복지사는 환자와 가족들을 자원체계에 연계하고, 이들이 자원을 안정적으로 활용할 수 있도록 충분한 정보와 심리적 지지를 제공해야 한다. 무엇보다 이러한 자원연결과 조직화의 목적은 환자와 가족들이 고립되지 않고 자신들을 지원하는 자원들과 연결되어 있다는 연결감과 상호지지, 협력할 수 있다는 확신을 갖도록 하는 것이다.

셋째, 의사소통 과정에 대한 개입은 환자와 가족이 경험하는 감정을 서로 공유하도록 돕고, 가족 내에서 문제해결을 위해 상호 협력하는 힘을 갖도록 돕는 것이다. 즉, 환자와 가족이 자신들에게 경험되는 다양한 감정들, 예를 들면 불안, 우울, 두려움, 기쁨, 좌절, 희망, 후회 등을 서로 개방적으로 이야기하고 공유하도록 함으로써 서로가 느끼는 감정에 대해 이해하고 지지를 받으며, 질병으로 인해 야기된 직면한 문제를 해결하기 위해 가족원들이 상호 협력하도록 도와야 한다.

이상과 같은 가족레질리언스의 개념은 〈표 4-5〉와 같이 임상실천 현장에서 암환자와 그 가족을 위한 지지 프로그램에 활용될 수 있다.

표 4-5 | 암환자와 그 가족의 가족레질리언스 강화 프로그램

레질리언스 실천요소	회기	단계별 목표
신념체계	1회기 (가족 신뢰하기)	• 역경을 가족 모두의 공유된 도전으로 인식하기 • 역경의 극복에 대해 긍정적 시각 유지하기 • 역경을 통해 가족이 더욱 성장하도록 촉진하기
조직유형	2회기 (우리가족 업그레이드하기)	• 자율성을 존중하면서 가족응집력 향상하기 • 도전에 대처하도록 가족적응성 향상하기 • 사회적 지지체계 넓혀가기
의사소통과정	3회기 (우리가족은 잘 통해요)	• 역경에 대해 명료하고 개방적인 정서나누기 • 의사결정과정을 공유하여 문제해결능력 강화하기
초월과 영성 (신념체계)	4회기 (나의울타리, 우리가족)	• 죽음을 직면해보고 well-dying을 인식하기 • 단절되었던 관계와 상처 회복하기

※ 출처: 양무희·윤경자(2012), 127-128쪽.

5. 임파워먼트모델

1) 기본 개념

임파워먼트모델은 권한 부여, 역량강화, 세력화 등으로 번역되는 사회복지의 주요 실천모델로서 1970년대 이후 사회복지실천에서 강점관점과 문제해결중심접근으로 인해 그 중요성이 대두되었다. 임파워먼트모델에 기반한 사회복지실천은 개인, 가족이나 집단, 대인적 차원, 그리고 조직, 지역사회 등 구조적 체계, 즉 각 체계 수준에 따라 개별적인 역량뿐 아니라 이러한 체계가 긍정적인 유기적 상호작용을 할 수 있도록 각 체계의 역량과 힘을 개발, 강화할 수 있도록 하는 과정이다. 여기서 개인 등을 대상으로 하는 미시적 차원에서의 임파워먼트는 실제 특별한 변화가 없더라도 개인의 힘이나 통제력이 증대되었다고 느끼는 사고의 변화에 중점을 두며, 반면에 거시적 차원에서는 조직, 제도 및 구조의 변화 특히 정책에 대한 통제력을 갖는 것을 의미한다(Gutierrez, 1990; 정순둘 외, 2007; 김봉선, 2010: 378 재인용). 이러한 임파워먼트 접근은 문제에 대한

표 4-6 | 임파워먼트모델과 의료모델의 차이

구분	임파워먼트모델	의료모델
문제와 개입측면	• 문제의 근원: 사회, 경제, 문화적 구조 • 인간의 문제, 병리, 결핍은 사회,경제, 문화적 구조의 압박으로 인해 초래된 것 • 따라서 취약한 집단에 속하는 것은 자원한계가 많으므로 집단차원의 임파워먼트를 이루는 것이 중요함(Gutierrez, 1998).	• 문제의 근원: 개인 병리, 취약성 • 개인병리, 역기능, 질환, 장애 등 문제와 결핍에 초점 • 클라이언트를 문제에 대한 최선의 해결책과 문제관리 능력이 부족한 존재로 인식하게 함(Weick, Rapp, Sullivan, & Kisthardt, 1989).
서비스와 변화 주체측면	• 변화주체: 클라이언트 • 클라이언트는 성장과 환경 적응을 통해 압박과 스트레스에 대응하고 자신의 삶을 구현할 수 있는 잠재력과 강점이 있는 존재로 인식 • 전문가(사회복지사)는 클라이언트와 소통하고, 문제해결 대안과 자원의 기회를 만들어감. • 이 과정에서 클라이언트는 주도적이고 전문가와 대등한 관계 유지(Freire, 1970; 2002)	• 변화주체: 전문가 • 전문가가 적절한 치료법, 옳게 변화하는 방법에 대해 가장 잘 알고 있다는 전제 • 전문가의 처방을 통해 문제해결이나 바람직한 변화를 이끌어내고자 함. • 클라이언트의 역할은 전문가 개입을 수용하고 순응하는 것 • 클라이언트에게 필요한 외적 개입은 간과됨.
사회복지사와 클라이언트 관계측면	전문가와 클라이언트 관계: 평등한 동반자 관계	전문가와 클라이언트 관계: 가부장적 전문가와 무지한 클라이언트 관계

※ 출처: 박선영(2012), 111-112쪽 재구성.

진단보다 강점을 강조하며, 취약성보다는 임파워먼트를 기반으로 한 탄력성을 높이며, 문제 제거보다는 해결방안을 찾는 데 역점을 둔다(Miley et al., 1995; 김미옥 외, 2009: 310).

의료모델의 영향력이 큰 의료환경에서 임파워먼트모델은 사회복지사가 어떤 관점과 실행전략을 가지고 환자와 가족을 존중하며 이들의 성장을 통해 문제를 해결해나가야 할 것인가를 모색하도록 한다. 이에 먼저 임파워먼트모델과 의료모델 간에 어떤 차이가 있는가를 살펴보고자 한다. 두 모델 간의 차이를 세 개의 영역, 즉 문제와 개입측면, 서비스와 변화 주체측면, 사회복지사와 클라이언트의 관계측면으로 구분하여 〈표 4-6〉과 같이 제시하였다.

이렇게 임파워먼트모델과 의료모델은 도움을 제공하는 전문가와 클라이언트의 힘, 관계, 문제해결과정에서의 역할에 대한 생각이 매우 다르다. 의료모델은 문제, 병리의 원인을 취약한 개인에게서 비롯된 것으로 보고, 이러한 문제에 대한 진단, 치료, 그리고 모든 결정의 권한과 힘을 전문가에게 집중하고 있는 반면, 임파워먼트모델은 문제의 원인을 클라이언트의 취약성으로 보는 것이 아니라 사회, 경제구조에서 찾고, 문제해결을 위한 모든 선택과 결정의 권한과 힘을 클라이언트에게 집중함으로써 클라이언트가 문제해결의 주체로 역할수행을 할 수 있도록 한다. 이때 전문가는 절대적인 권위를 가진 존재가 아니라 클라이언트가 자신의 삶, 건강, 문제해결의 주체로서 권한과 힘을 가질 수 있도록 지원하고, 도움을 제공하는 파트너로서 역할을 수행한다.

임파워먼트모델은 환자를 취약하고 무능하고 수동적인 존재로 여기지 않고, 이들에게 잠재된 가능성, 문제해결 역량을 강화함으로써 자신감과 가치감을 제공하고 문제를 해결하고 대처하는 데 필요한 힘과 통제력을 스스로 갖추도록 하는 것을 목적으로 한다. 그렇기 때문에 사회복지사는 클라이언트의 임파워먼트를 위해 사회구조에 따른 체계, 즉 개인과 다양한 사회구조, 체계를 이해함으로써 이러한 구조를 잘 조정하고 그 체계 간에 자원, 힘과 같은 파워를 적절하게 분배할 수 있어야 한다(Swift & Levin, 1987; Miley et al., 1995: 68).

2) 임파워먼트모델의 적용

의료사회복지의 주요 기능은 질병과 질병으로 인해 취약해진 환자의 생심리사회적인 문제에 대해 환자가 자신의 잠재력, 가능성 등을 극대화함으로써 이러한 문제들을 극복하고 환경체계를 활용할 수 있는 능력을 함양하는 것이다. 이러한 개인과 환경의 최적 기능을 위해 사회복지사는 환자를 중심으로 환자를 둘러싼 여러 환경체계, 즉 가족, 직장 등 여러 사회적 관계가 질병이나 장애로 인해 손상되지 않고, 상호 간에 잘 적응하고 대처해나갈 수 있도록 효율적인 개입을 수행해야 한다.

마일리 외(Miley et al., 1995)는 임파워먼트에 기반하여 실천하는 전문가는 클라이언트의 전문성expertise을 인식하고 이들의 적극적인 참여를 독려하도록 명심할 것을 강조하면서 임파워먼트의 실천을 위해 알아야 할 내용을 세 가지로 제시하였다(권진숙 · 박지영, 2010). 즉, 개인적 임파워먼트personal empowerment, 상호 간 임파워먼트interpersonal empowerment, 구조적 특성structural dimensions이 그것인데, 먼저 개인적 임파워먼트는 클라이언트가 어떤 변화에 영향을 미칠 수 있는 자신의 능력을 인식하고, 더불어 자신감, 그리고 예전엔 인식하지 못했던 강점을 인지하고 수용하게 되는 것이다. 상호 간 임파워먼트는 다른 사람에게 영향을 미치는 개인의 능력을 의미하는데 사실 개인적 임파워먼트의 특성인 자신감이나 강점은 누구도 혼자 고립되어서는 획득될 수 없는 것이다. 사람은 다른 사람과의 상호작용, 즉 누군가에게 영향을 받고, 동시에 영향을 미치면서 이러한 느낌들을 발전시켜나갈 수 있는데, 바로 그러한 기반이 되는 것이 상호 간 임파워먼트라고 볼 수 있다. 마지막으로 임파워먼트의 구조적 특성을 반영하고 있는데, 우리가 맺고 있는 많은 관계들은 사회구조와 관련되어 있기 때문이다. 구조적 변화는 기존에 자원 접근성이 취약했던 클라이언트에게 자원접근에 대한 가능성과 형평성을 높이며, 자원망을 확대할 수 있는 새로운 기회를 가져다준다. 따라서 임파워먼트에 기반하여 실천하는 의료사회복지사는 환자로 하여금 개인적, 혹은 환자와 주변 관계의 상호 간, 그리고 사회 구조적으로 자원에의 접근성을 높인다.

사회복지실천 현장에서 적용할 수 있는 임파워먼트 접근을 위해 마일리 외(1995)는

표 4-7 | 임파워먼트 과정 단계

단계	활동	전략	과업들
대화	공유하기 (sharing)	클라이언트가 기존에 가지고 있는 역량 및 자원 구체화	상호협력적인 관계 확립, 기존 지식 명확화, 클라이언트가 이미 가지고 있는 것, 초기방향 설정, 관계를 위한 계약하기와 사정에 동의하기
발견	찾기 (searching)	클라이언트가 모르고 있는 자원탐색	쉽게 드러나지 않지만 클라이언트가 가지고 있는 것 확인하기, 부가적인 정보와 사실에 대한 경험과 사고 연결하기, 감정을 사정·확인·표현하기, 대인 상호적인 정보 연결하기, 자원체계 탐색하기, 클라이언트 체계의 욕구 결정하기, 해결로 이끌어주는 계획 개발하기, 변화를 위한 계약하기
발달	강화하기 (strengthenning)	클라이언트 체계가 아직 활용하지 않은 부가적인 자원이나 역량을 사정, 혹은 확립	클라이언트 욕구 구체화하기, 클라이언트가 사용하지 않으나 존재하는 자원 사정하기, 새로운 자원과 기회 만들기, 결론을 한 계약으로 이끌어가기

※ 출처: Miley et al. (1995), p. 88; 양옥경·김정진·서미경·김미옥·김소희(2005), 재인용.

표 4-8 | 산재장애인 임파워먼트 프로그램의 핵심과업 및 주요 기능[5]

단계	세션	핵심과업	주요 기능
대화	1	마음열기	• 집단 지도자와 다른 성원들간의 라포 형성 • 집단 활동의 목적과 내용 이해 • 집단 성원이 각자 프로그램에 참여하는 개별목표 설정
	2	인생책 만들기	• 자신의 인생을 되돌아보고, 퇴원 후 인생에 대해 생각해볼 수 있는 기회 제공 • 산재 사고로 인한 부정적인 경험에 대한 공감과 이해의 장을 만들어 집단의 친밀성을 높이기
발견	3	감정 제대로 표현하기	• 인간의 다양한 감정에 대해 이해 • 현재 나의 감정을 명확하게 이해하고, '나 전달법' 학습을 통해 자신의 감정을 분명하게 표하
		감정표현과 문제해결 기술배우기*	• 나 전달법을 통해 나의 감정을 이해하고 이를 잘 전달할 수 있는 방법을 알기 • 문제해결과정을 이해하고 적용하기
	4	문제해결기술 배우기	• 산재에 대한 감정적 대처보다 합리인 문제해결을 할 수 있도록 문제해결기술 학습하기 • 다른 사람의 문제를 해결해가는 과정을 통해 스스로 문제에도 적용할 수 있는 응용력 확보하기
		나의 강점과 자원찾기*	• 나의 자원도resource map를 그려보고, 이를 통해 주변 환경과 자원체계 이해하기 • 내 인생의 성공담을 통해 자신의 강점과 다양한 자원을 발견하기
	5	나의 강점과 자원찾기	• 나의 자원도를 그려보고, 이를 통해 주변 환경과 자원체계 이해하기 • 내 인생의 성공담을 통해 자신의 강점과 다양한 자원을 발견하기
		장애 다시 바라보기*	• 장애에 대한 자신 및 사회의 편견을 살펴보고, 이를 버리는 의식을 통해 정서적 카타르시스를 경험하기 • 자신이 가지고 있는 장애의 의미를 살펴보고, 이를 통해 장애의 사회적 의미를 재구성할 수 있도록 돕기
	6	산재 다시 생각해보기	• 성공으로 직장에 복귀한 산재근로자를 통하여 기 극복과정을 듣고, 스스로에게 적용해보기 • 산재를 극복한 역할 모델role model을 통해 현실 인정과 직장 복귀에의 희망을 가지기
		구직자원과 네트워크 탐색하기*	• 구직경험을 나눔으로써 현재 자신의 구직방법 문제 인식하기 • 구직을 위한 자신의 자원과 네트워크 모색하기 • 면접 연습을 통해 구직자로서의 취업기술을 습득해보기
발달	7	10년후의 내모습 꿈꾸기	• 5년 후, 10년 후의 계획을 세워봄으로써 자신의 미래 모습 설계해보기 • 미래 계획을 토대로 요양 종료 후 해야 할 일들을 구체적으로 계획해보기
		구직 계획 세워보기*	• 현실적인 구직(창업)요소를 파악하여 구직계획 세워보기 • 역할모델을 만남으로 실제적인 정보 얻고, 활용하기
	8	나 믿어주기	• 스스로 개별목표 달성 점검해보기 • 집단성원들끼리 장점을 찾고 서로 지지하기 • 자신에게 선물을 줌으로써 스스로 격려해주기

※ 주: 3-7회기의 (*)가 없는 경우는 요양환자용이며, (*) 표시가 있는 경우는 치료종결자용 프로그램임.

〈표 4-7〉에서 제시된 바와 같이 3단계 과정을 소개하고 있다. 〈표 4-7〉에 제시된 첫 번째 단계, '대화Dialogue' 단계의 목적은 사회복지사가 클라이언트와의 대화를 통해 클라이언트의 현재 상황, 주요 욕구, 강점을 파악하는 것이다. 이 단계에서 사회복지사는 클라이언트와 협력적인 파트너십 관계를 형성해야 하고, 관계의 목적을 명확화하게 해야 한다. 두 번째 '발견Discovery' 단계에서는 클라이언트가 보유하고 있는 자원에 대한 정확한 사정을 통하여 바람직한 결과를 위한 계획을 작성해야 하며, 강점과 해결방안이 구체화되어야 한다. 이렇게 대화단계와 발견단계가 충분히 달성되어야 세 번째 '발달Development 단계'에서의 구체적인 개입활동이 나타날 수 있다(김미옥 외, 2009). 이에 이러한 임파워먼트 과정 단계별 실천 요소들을 적용하여 질병과 장애를 경험하는 클라이언트에게 적용할 수 있는 임파워먼트 프로그램의 예를 소개하고자 하며, 〈표 4-8〉에 이에 관해 제시하였다.

---

5 〈표 4-8〉은 김미옥 외(2009), 321쪽 '〈표3〉 산재장애인 임파워먼트 프로그램의 목표 및 내용'을 재구성한 것으로써, 원논문의 〈표 3〉은 항목 구성이 '주제-목표'로 제시되었으나, 원래 논문 내용을 손상하지 않는 정도에서 본 장의 취지와 논문 맥락을 고려하여 '주제'를 '핵심과업'으로, '목표'를 '기능'으로 재구성하여 또한 산재장애 관련 실천영역은 의료, 요양, 사회복귀 등 의료사회복지의 다양한 영역과 기능이 접목되는 통합적 분야이므로, 임파워먼트모델을 기반으로 의료사회복지의 다양한 역할을 이해하는 데 도움이 되기에 본 장에서는 산재장애 관련 사례를 제시함.

05
CHAPTER

의료사회복지실천 가치와 윤리

1. 의료사회복지실천 가치와 윤리의 특성

우리 사회에는 다른 직종보다 더 많은 윤리성을 요구받는 직업들이 있는데, 그중 하나가 사회복지전문직이라고 할 수 있다. 이렇게 사회복지사에게 있어서 윤리가 중요한 이유는 다음과 같다(최명민, 2008: 6).

첫째, 지식·기술·가치라는 사회복지실천의 3대 구성요소 중, 특히 가치가 윤리적 측면을 포함하는 요소이기 때문이다. 사회복지실천을 구성하는 중요한 한 축이 가치와 윤리라고 할 정도로 윤리는 사회복지사에게 있어서 필수적인 요인이다.

둘째, 사회복지사를 전문직이라고 한다면, 일반적으로 전문직을 규정하는 주요 측면 중 하나가 그 종사자들이 윤리성을 갖추고 있느냐 하는 부분이다. 실제로 이타주의와 같은 가치나 윤리강령은 어느 전문직에서나 중요한 구성요소로 간주되고 있다. 외국에서는 물론이고 우리나라에서도 한국사회복지사협회가 설립된 1967년부터 사회복지사 윤리강령을 채택하였고, 이후 3차에 걸친 개정을 통해 오늘에 이르고 있으며, 사회복지사는 이를 준수할 것을 의무로 하고 있다.

셋째, 여러 휴먼 서비스 종사자들 중에서도 사회복지사는 거의 유일하게 사회적 약자나 소수자를 주 대상으로 하는 직종이라는 차원에서 윤리성이 더욱 요구된다. 사회복지실천의 대상자들, 즉 대부분의 클라이언트들은 사회적으로 권력과 경제력을 갖고 있지 못한 경우가 많기 때문에 설혹 잘못된 처우를 받거나 부당한 대우를 받더라도 이에 항의하고 자기옹호를 하기 힘들다. 따라서 사회복지사 스스로 윤리적 차원에서 높은 자정 능력이 요구되는 것이다.

넷째, 사회복지 현장에 수많은 윤리적 이슈가 관계된 사례들이 존재한다는 것이다. 사회복지실천현장은 다양한 사람들이 여러 가지 문제로 복잡하게 얽혀 있기 때문에 매일매일 가치 판단을 요구하는 윤리적 이슈들을 만나게 된다. 따라서 이를 적절히 이해하고 유능하게 대응할 것을 요구받고 있다.

그러나 이렇듯 사회복지사의 윤리가 갖는 중요성과 이를 강조해온 전통에도 불구하고, 실제로 윤리적 측면에 대해 체계적으로 기울인 관심은 제한적이었던 것이 사실이다. 여기에는 사회복지윤리보다는 지식이나 기술이 더 중요하다는 생각이 작용했을 수도 있고, 그 중요성은 인정하면서도 윤리라는 것이 지식이나 기술처럼 반드시 교육을 필요로 하는 것은 아니라는 인식이 작용했을 수도 있다. 김기덕(2002)은 사회복지윤리학이 추상적이라서 구체적인 사회복지실천과 무관하다고 생각하거나 윤리나 가치의 문제를 강조하는 것은 사회복지의 과학화라는 목표에 배치된다고 보는 입장이 존재한다고 비판하기도 하였다.

그럼에도 불구하고 사회복지에서 윤리는 사회복지 고유의 가치를 실현하기 위한 필요충분조건이자 전문직으로 존재할 수 있는 근거라는 점에는 이의가 있을 수 없다. 사회복지사가 우리 사회에서 사회복지서비스를 전담하는 전문직으로 존재할 수 있는 것은 사회복지사가 사람을 대하고 복지 서비스를 제공함에 있어서 윤리적이고 유능한 실천을 할 것이라는 기대와 전제가 깔려 있기 때문이다.

이렇듯 사회복지사에게 있어서 가치와 윤리는 매우 중요하지만 특히 보건현장에서는 더욱 정교하게 고려되어야 한다. 그 이유는 다음과 같은 의료사회복지현장의 특수성 때문이다.

첫째, 보건의료 현장은 인간의 질병과 생명을 다루는 과정에서 수많은 사건이나 문제들이 발생하고 이에 대한 결정이 요구되는 곳이다. 따라서 의료세팅은 가치와 윤리의 문제가 그 어느 분야보다도 더 빈번히 제기되고 또 첨예하게 나타나는 곳이라는 점을 인식해야 한다. 여기에서 활동하는 사회복지사들의 윤리적 결정은 한 사람의 생명이나 그 가족의 삶 전반에 영향을 미치는 파급력을 가져올 수 있다. 예를 들어, 낙태 결정이 연명치료 지속의 여부, 또는 치료비 지원 결정 등을 다루는 사회복지사의 가치판단과 그에 따른 윤리적 결정은 클라이언트의 삶을 가르는 상당한 영향력을 가질 것이다. 또한 현대 의학 및 과학의 발달과 더불어 기존에는 크게 문제시되지 않았던 생명과 관련된 개념과 가치에 많은 변화가 생기게 되면서 이들이 뜨거운 논쟁거리로 등장하고 있다. 그런데 그 가치들이 우선순위가 정해져 있다거나 옳고 그름이 분명하거나 그 결정의 결과가 예측 가능한 것이 아니기 때문에 의료현장에서 이뤄지는 판단과 결정을 그만큼 신중하고 진중해야 한다.

둘째, 의료사회복지현장은 여러 전문직들이 공존하는 사회복지의 2차 세팅이다. 따라서 이들 사이에서 의료사회복지가 어떤 정체성을 갖고 무엇을 지향하는가 하는 것은 사회복지사의 존재 이유를 설명하는 부분이 된다. 실제로 윤리와 영성의 요인은 정신보건사회복지사들의 셀프-임파워먼트의 중요한 구성요소로도 입증된 바 있다(최명민, 2002). 또한 의료사회복지사들은 여러 전문직들 사이에서 자기 존재의 정당성과 전문직 정체성, 그리고 휴머니즘 실현의 사명감을 확고히 하는 것이 소진을 예방하거나 극복할 수 있는 요인으로 나타나고 있다(최명민 외, 2005). 여기에서 언급되는 존재의 정당성, 전문직 정체성, 사명감 등은 모두 전문직 가치나 윤리와 밀접한 관련이 있다.

셋째, 의료사회복지는 보건의료와 사회복지가 만나는 지점에 존재한다. 따라서 여기서 이뤄지는 결정에는 우리 사회, 의료조직, 타 전문직, 클라이언트, 사회복지전문직, 그리고 자기 자신의 가치와 윤리가 복합적으로 영향을 미치게 된다. 이 중에서도 특히 의료 윤리와 사회복지 윤리는 서로 일치하는 부분도 있겠지만 강조하는 바가 조금 다를 수도 있다. 그리고 바로 이러한 각 영역의 윤리가 모두 공존하는 것이 보건·의료사회복지 실천현장이라고 할 수 있다. 그런 의미에서 다음의 〈표 5-1〉은 보건전문직을 대표하는 의사 윤리강령과 사회복지사 윤리강령을 비교하여 그 상응하는 구성들을 정리해 본 것이다.

이들을 비교해보면, 생명존중, 비밀보장, 서비스 대상자와 신뢰관계 형성 등과 같은

표 5-1 | 사회복지사와 의사의 윤리강령 비교

사회복지사 윤리강령의 개요 한국사회복지사협회 1988년 제정, 2001년 2차 개정		의사 윤리강령의 개요 대한의사협회 1997년 제정, 2006년 개정	

기본
윤리
	• 전문가로서의 자세
	- 전문가로서 품위와 자질, 책임성
	- 차별 대우 금지
	- 성실하고 공정한 일처리, 부당압력 거부
	- 사회정의실현 및 복지증진에 헌신
	- 전문적 가치와 판단에 따른 일처리
	- 개인 이익보다 전문직 가치와 권위 우선
	- 전문가단체 활동 및 사회정의 실현 참여
	• 전문성 개발을 위한 노력
	- 지식과 기술개발에 최선
	- Ct대상 연구 시 자발적 고지된 동의확보
	- 비밀보장
	- 전문성 개발과 함께 최상의 서비스 노력
	- 전문가교육 참여
	• 경제적 이익에 대한 태도
	- Ct경제 능력에 대한 차별금지
	- 공정하고 합리적인 이용료 책정
	- 부당한 경제적 이득 금지
		일반적
		의무와
		관리
			- 생명존중 및 건강보존의 사명
			- 인류와 국민의 복리증진
			- 공정하고 공평한 자세
			- 검증된 시술 시행
			- 양심과 전문적 판단에 따른 진료와 이에
			  대한 법률의 보호
			- 최선의 의료환경 조성 노력과 이에 대한
			  정당한 대우	

Ct에
대한
윤리
기준
	• 클라이언트와의 관계
	- Ct 권익옹호를 최우선 가치로 실현
	- Ct의 존엄성 존중 및 전문능력 최대발휘
	- 자기결정권 존중
	- 사생활보호 및 비밀보장
	- Ct의 알권리 보장
	- Ct정보공개 시 동의 획득
	- 사적 이익 위해 전문적 관계 이용금지
	- Ct와 부적절한 성관계 금지
	- Ct를 동반자로 인식하고 협력
	• 동료의 클라이언트와의 관계
	- 적법 절차 없이 동료 및 타기관 Ct와 전
	  문적 관계 형성 금지
	- 동료 Ct 맡을 시, 자기 Ct와 동일 대우
		환자와
		의사의
		관계
			- 인격을 가진 존엄한 존재로서 대우
			- 동반자로서 인식
			- 환자의 생명과 건강에 대한 최선 다하기
			- 상호 신뢰와 사랑에 기반을 둔 관계
			- 환자의 자유선택과 알권리 존중
			- 고지의 의무 준수
			- 환자의 비밀보장
			- 응급환자에 대한 적극적 처치 및 사회적
			  책임	

동료에
대한
윤리기준
	• 동료
	- 동료에 대한 존중과 신뢰
	- 전문직 권익 증진 위해 동료와 협력
	- 동료의 윤리적, 전문적 행위 촉진
	- 전문적 판단 및 실천 문제시, Ct이익보호
	- 동료의 비윤리 행위에 대한 법적, 윤리적
	  조치
	- 동료 및 타전문직 인정 및 존중
		동료
		보건
		의료인과
		관계
			- 동료 보건의료인에 대한 존중
			- 동료 보건인 직무의 가치와 내용 인정하
			  고 민주적 직무관계 형성 노력
			- 동료의료인과 협조하며, 필요 시 의뢰
			- 동료에 대한 비난 금지
			- 동료의 의학적, 윤리적 오류 정정 책임	

	• 수퍼바이저 - 사적 이익 위해 지위 이용 금지 - 공정한 책임 수행 및 평가대상과 평가내용 공유 - 수퍼바이저와 사회복지사가 협력과 존중 - 수퍼비전 대상에 대한 인격적, 성적 수치심 주는 행위 금지		
사회에 대한 윤리기준	- 인간존중, 평등, 약자옹호에 헌신 - 사회서비스 개발 위한 사회정책 수립 및 집행에 참여 - 사회환경 개선 및 사회정의 실현 위한 사회정책 수립 및 집행 요구 - 지역사회 문제 이해 및 해결에 적극참여	사회적 역할과 임무	- 생명, 건강, 삶의 질 향상을 위해 인권, 환경, 노동조건의 개선 노력 - 적절한 의료비용 보장 위한 노력 - 부당한 경제적 이득 금지 - 과장, 비방, 저속 광고 금지
기관에 대한 윤리기준	- 기관 정책 및 사업 목표 달성에 헌신함으로써 Ct이익 도모 - 기관의 부당한 정책 및 요구에 전문적 가치와 지식으로 대응하며 사회복지윤리위원회에 보고 의무 - 소속기관 활동에 적극 참여로 기관의 성장 발전을 위해 노력	시술과 의학 연구 등	- 수태 시부터 온전한 생명으로 인정하고 의술로 개선불가능한 치명적 결함을 가진 경우를 제외하고 임진중절 금지 및 성별감별과 정보누설 금지 - 임종을 앞둔 자의 고통감소 노력과 품위 있는 죽음을 위한 도움 제공 - 의학연구의 목적은 생명과 건강보전이어야 하며 호기심과 사리 추구는 금지 - 장기 및 조직 연구 시 피검자와 보호자에게 충분한 정보제공 및 승인 받아야 하며, 부당한 연구대상 및 보상 금지 - 의학연구가 피험자나 생태계에 위협적인 경우 중단 의무
윤리 위원회 구성과 운영	- 한국사회복지사협회 산하 사회복지윤리위원회 구성 - 윤리위원회의 기능(비윤리 행위 접수 및 대처) - 협회의 윤리적 권고와 결정 존중	윤리 위원회 구성	- 각 의료단체에 윤리위원회 설치 - 위원회는 의료윤리의 제고를 목적으로 하며 징계나 제재 시에는 충분한 소명기회 제공 - 윤리적 지침을 소속 의사에게 교육

윤리는 의료와 사회복지를 불문하고 두 영역에서 모두 중요시하는 부분임을 알 수 있다. 이에 비해 보건전문직 중에서도 의사의 윤리강령에는 생명, 죽음, 치료에 대한 보다 구체적인 내용이 제시되고 있고 2006년 제정된 의사윤리지침에서는 뇌사, 장기이식, 인공수정 등 민감한 이슈들을 다루고 있는 반면, 사회복지사 윤리강령에서는 클라이언트의 자기결정권, 권익옹호, 사회정의 실현 등과 같은 측면이 상대적으로 더 강조되고 있다. 그러므로 보건현장의 사회복지실천 과정에서 사회복지사는 보건 영역에서 중시

하는 윤리와 사회복지사로서 명심해야 할 전문직 윤리를 모두 명확히 인식하고 준수해야 할 의무가 있다.

2. 의료사회복지실천의 주요 윤리적 이슈들

과학의 발전, 질병의 다양화, 인권의식의 향상, 서비스 질관리에 대한 요구증대 등은 보건 영역에서 윤리적 이슈의 증가를 가져 왔다. 그런데 이러한 윤리적 이슈에 따른 윤리적 의무가 항상 명확한 것은 아니다. 한 가지 상황에 포함된 다양한 윤리적 이슈들은 다양한 윤리적 의무를 내포하는데, 이들 간에는 서로 충돌하거나 한쪽을 선택하게 되면 한쪽을 버릴 수밖에 없는 상황이 발생하곤 한다. 예를 들어서, 부모의 종교적 신념에 따라 자녀의 치료를 거부하는 가족을 면담할 때, 우리는 부모의 자기결정권 대 자녀의 생명권, 부모의 자기결정권 대 자녀의 자기결정권, 부모의 보호자로서의 권리 대 의무 사이에서 갈등을 경험한다. 이러한 상황을 '윤리적 갈등ethical conflict'이나 윤리적 교착상태 또는 '윤리적 딜레마ethical dilemma'라고 한다.

콩그레스(Congress, 1999)는 건강과 관련된 윤리적 딜레마를 첫째, 건강관리분야에서의 윤리적 딜레마, 둘째, 정신건강분야에서의 윤리적 딜레마, 셋째, HIV와 AIDS에 관련된 윤리적 딜레마, 넷째, 학문분야와의 협력에 있어서의 윤리적 딜레마 등과 같은 4가지 주제로 제시하기도 하였다. 이러한 분류는 주로 윤리적 이슈가 발생하는 실천영역 및 대상에 따른 분류라는 점에서 구체적 내용을 제시해주는 분류라고는 보기 어렵다. 따라서 여기에서는 사회복지사가 보건의료현장에서 주로 당면하게 되는 윤리적 이슈의 내용을 중심으로 하여, 비밀보장과 고지된 동의, 존엄사, 낙태, 치료거부, 자원과 기회의 배분 등의 이슈와 딜레마들을 살펴보도록 하겠다.

1) 비밀보장과 고지된 동의

한국사회복지사 윤리강령에 의하면, 비밀보장에 대해 '사회복지사는 클라이언트의 사생활을 보호하며, 직무수행과정에서 얻은 정보에 대해 철저하게 비밀을 유지해야 한다'고 기술하고 있으며, 이는 당연히 보건현장에서 일하는 사회복지사에게도 적용된다. 또한 사회보장기본법, 사회복지사업법, 아동복지법, 가정폭력범죄의 처벌 등에 관한 특례법 등 사회복지 관련 법률에서도 비밀보장을 규정하고 있다. 더불어 비밀보장은 관계형성의 기본 요소로서, 신뢰성 형성의 기반이 된다.

개인의 건강과 질병 역시 사생활에 포함되는 요소이므로 비밀보장의 원칙이 적용되어야 한다. 사회복지사는 자신이 직접 만나는 환자들뿐 아니라 조직 내에서 간접적으로 알게 된 환자와 그 가족의 정보에 대해서도 비밀보장을 준수해야 한다. 또한 보건현장에서는 팀으로 일하는 경우가 많은 만큼 환자 정보의 공유와 비밀보장에 대해 그만큼 민감해야 하며, 기록 과정 및 보관에 있어서도 주의를 기울여야 한다. 그러나 한 사람을 위한 비밀보장이 타인이나 공공의 복지에 영향을 미칠 경우에 보장되는 범위에 제한을 받을 수 있다.

다음 사례를 담당하게 되는 사회복지사의 경우를 생각해보자.

사례 의료사회복지사 A는 심각한 유전성 있는 질환을 갖고 있는 환자 B의 스트레스 관리 상담을 진행하고 있다. 상담 도중 B씨는 현재 결혼을 앞두고 있으며 자신의 질병을 숨기고 결혼을 진행하려고 한다는 사실을 털어놓았다. B씨는 이 사실을 상대에게 알릴 준비가 되어 있지 않으며, 만약 상대가 이 사실을 알고 자신을 떠난다면 삶을 지속할 의욕을 잃게 될 것이라고 한다. 따라서 자신의 약혼자를 만나서 면담을 하더라도 이 사실은 비밀로 해달라고 부탁한다.

위의 사례에서 사회복지사는 A씨에 대한 비밀보장과 그 상대배우자의 알 권리 및 제3자 보호의 원칙 사이에서 가치갈등을 경험할 수 있다. 일반적으로 이러한 경우 A씨의 비밀이 상대의 삶에 중대한 위해를 미칠 수 있으므로 상대배우자의 알 권리와 제3자 보호의 원칙에 더 비중을 두는 경향이 있다.

그러나 이러한 경우에도 A씨가 모르게 정보를 공개해서는 안 되며, 반드시 '고지된 동의'의 원칙을 따라야 한다. 고지된 동의란, 클라이언트의 정보를 공개할 경우에는 반드시 그의 동의가 있어야 한다는 것이다. 고지된 동의는 개입사례에서뿐 아니라, 연구나 사례발표 등에서 개인의 정보를 활용하게 되는 경우에도 중요하게 다루어져야 한다. 그리고 고지된 동의는 가능하면 구두로 진행하기보다는 동의사항을 명시한 서면절차를 거치는 것이 바람직하다.

2) 존엄사

존엄사는 최근 우리 사회에서 뜨거운 논쟁을 불러일으킨 문제이다. 존엄사는 단지 그 자체로서의 이슈로서 중요할 뿐 아니라, 여기에 인간, 생명, 죽음 등 중요하고도 다양한 개념과 가치들이 복합적으로 작용한다는 점에서 이에 대한 정확한 이해와 입장 정리가 요구된다.

백과사전[6]에 따라 개념을 정리해 보면, 우선 존엄사란 '최선의 의학적 치료를 다하였음에도 회복 불가능한 사망의 단계에 이르렀을 때, 질병의 호전이 목적이 아니라 오로지 현 상태를 유지하기 위하여 이루어지는 무의미한 연명치료를 중단하고 질병에 의한 자연적 죽음을 받아들임으로써 인간으로서 지녀야 할 최소한의 품위를 지키면서 죽을 수 있도록 하는 것이다.' 여기에서 무의미한 연명치료란, 회복 불가능한 사망의 단계가 임박하였을 때 의학적으로 불필요하다고 판단되는 기계호흡이나 심폐소생술 등을 뜻한다.

이에 비하여 안락사는 질병에 의해 자연적으로 죽음에 이르는 것이 아니라 인위적인 행위에 의해 죽음에 이른다는 점에서 차이가 있다. 안락사 중에서도 환자의 요청에 따라 고통을 받고 있는 환자에게 약제 등을 투입하여 인위적으로 죽음을 앞당기는 것을 '적극적 안락사', 환자나 가족의 요청에 따라 생명 유지에 필수적인 영양공급이나 약물 투여 등을 중단함으로써 환자를 죽음에 이르게 하는 행위를 '소극적 안락사'라고 한다. 따라서 소극적 안락사를 존엄사와 동일시하는 견해도 있다.

결국 존엄사가 연명치료 없이는 더 이상 생명을 유지할 수 없는 회복불능 상태에서 연명치료 행위를 중단하는 것이라면, 적극적 안락사는 고통을 덜기 위하여 인위적으로

---

6 https://ko.wikipedia.org/

직간접 행위를 통해 죽음을 유발한다는 점에서 차이가 있다고 하겠다. 따라서 여기에는 생명 존중 및 인간의 존엄성에 대한 입장과 자신의 생명에 대한 자기결정권이라는 윤리적 이슈들이 작용한다.

이러한 윤리적 문제 외에도 존엄사나 안락사는 종교적, 법적, 의학적 문제들이 복잡하게 얽혀 있어 논란이 지속되어 왔다. 대부분의 나라에서 적극적 안락사를 허용하지 않고 있지만 진보적 입장을 취하고 있는 나라들도 있다. 우선 네덜란드는 2000년 독극물 투여 등 적극적 안락사를 합법화하고 있으며, 벨기에, 룩셈부르크도 존엄사와 안락사를 모두 합법화하고 있다. 미국은 1996년 환자가 심폐소생술을 거부하여 사망해도 의사에게 책임을 묻지 않는 판결이 내려진 이후 존엄사를 허용하고 있지만 안락사에 대한 입장은 주마다 달라서 오리건주[7]와 워싱턴 주에서는 법적으로 안락사를 허용하고 있고, 40개 주에서는 인공호흡기 제거 등의 소극적 형태만 허용하고 있다. 대만은 2000년부터 무의미한 연명치료의 중단을 허용하고 있고, 프랑스는 2005년부터 소생불능 판정 후 환자와 가족의 동의 후에 진료를 중지할 수 있도록 하고 있다. 일본은 2006년 회복 가능성이 없는 말기 환자에 대하여 사실상 소극적 안락사를 허용하는 가이드라인을 제정하였다.

우리나라에서는 2009년 5월 21일 대법원이 무의미한 연명치료 장치 제거 등을 인정하는 판결을 내려 그동안 논란이 되어 온 존엄사에 대한 입장을 정리하였다. 이 판결에서는 '질병이 호전될 가능성이 없는 상태에서 현 상태를 유지하기 위한 연명치료는 무의미한 신체침해 행위로서 오히려 인간의 존엄과 가치를 저해하는 것'으로 간주하고, '회복 불가능한 사망의 단계에 이른 환자가 인간으로서의 존엄과 가치 및 행복추구권에 기초하여 자기결정권을 행사할 경우에는 연명치료 중단'을 허용하고 있다.

이 판례는 사실상 우리나라에서 존엄사(또는 소극적 안락사)를 인정한 첫 판례로 기록된다. 당시 법원이 제시한 치료중단 허용기준은 첫째, 환자의 회생 불가능성, 둘째, 진지하고 합리적인 환자의 치료중단의사 표시, 셋째, 범위는 연명을 위한 치료 중단으로 제한, 넷째, 전문성과 자격을 갖춘 의사에게만 치료중단 자격 부여 등이다. 특히 치

---

7 2명 이상의 의사가 생존기간이 6개월에 못 미칠 것으로 진단한 불치병 환자들이 안락사를 희망할 경우, 의사들이 관련 약물을 처방해 안락사를 돕도록 허용하고 있다.

료중단 결정에 있어서 경제적 부담이나 자살의도에 의한 결정이나 고통완화를 위한 목적 등은 허용하지 않았다는 측면에서 우리나라는 안락사를 허용하지 않고 있음을 분명히 하였다.

존엄사를 최종 결정하고 이행하는 주체는 의사로 한정되어 있지만, 환자와 가족이 사전에 연명치료 유지 및 중단에 대한 입장을 정리하는 과정이나, 연명치료 중단 시 가족들이 당면하는 상실에 대해 사회복지사가 개입하게 될 수 있다. 아직까지 사회복지계에서 존엄사나 안락사에 대한 입장을 정리한 것은 없지만 인간존엄과 자기결정권을 존중하는 실천에 대한 원칙만은 그대로 적용되어야 할 것이다. 보건현장에서 사회복지사는 삶과 죽음 앞에서 갖는 인간존엄성의 의미, 생명유지에 대한 자기결정권에 대한 입장 등을 진지하게 생각해 보아야 하며 이에 기초하여 환자와 가족들이 보다 의미 있고 조화로운 결정을 내리도록 도와야 한다.

콩그레스(Congress, 1999: 121-123)는 생명종결 결정에 관여하는 사회복지사는 다음과 같은 지침을 사용할 수 있다고 하였다.

- 사망선택유언은 치료 선택을 구체화하고 클라이언트가 자신의 건강에 대해 결정할 수 없을 때 지명된 건강관리 대리인이 대신하여 결정을 내리는 것이므로 생명종결에 개입하는 사회복지사는 사망선택유언과 건강관리 대리와 같은 의료행위에 관한 사전지시에 대해 알고 있어야 하며 이를 클라이언트와 논할 수 있어야 한다.
- 사망선택유언은 치료클라이언트의 자발성에 기초해야 하며 어떤 의견도 강요하지 않아야 한다. 사회복지사는 클라이언트가 가능한 행동절차와 그에 따른 결과를 알도록 하고 그러한 상태에서 결정을 내리도록 격려해야 한다. 단, 가족들과 갈등이나 차이가 있는 경우가 있을 수 있으므로 이때 사회복지사는 중재의 역할을 수행한다.
- 사회복지사는 호스피스, 홈케어, 방문 간호서비스 등 다양한 의료적, 사회적 지원체계를 파악하고 이들의 연계자로서 도움을 제공해야 한다.
- 사회복지사는 생명종결 결정에 대한 자신의 인식과 자세가 그 클라이언트와 가족

에게 얼마나 중요한 영향을 미치는지를 잘 이해하고 있어야 한다.

3) 낙태

낙태는 한 사회가 갖는 가치와 태도를 판단하는 기준이 되곤 한다. 여기에는 존엄사와 마찬가지로 인간의 자기결정권, 태아를 인간으로 인정하게 되는 시기, 장애나 질병에 대한 태도 등이 복합적으로 작용하기 때문이다. 따라서 미국 대선에서는 후보자들이 총기 사용과 더불어 낙태에 대해 어떠한 태도를 갖고 있느냐 하는 것을 후보의 종교적 신념이나 정치적 성향을 판단하는 중요한 기준으로 삼기도 한다.

낙태를 반대하는 입장은 태아의 생명권에 대한 존중과 생명경시풍조에 대한 우려를 제기하고 있으며, 최근에는 국가적인 저출산 현상과 관련하여 그 입장을 더 공고히 하고 있다. 이에 비해 낙태를 찬성하는 입장에서는 임산부 여성의 인권과 원치 않는 임신에 대한 책임 등을 고려하면서, 적절한 양육환경과 지원 없는 출산요구에 대해 반대한다.

우선, 사회복지사가 이 이슈를 다루기 위해서는 관련된 법령을 제대로 이해하는 것이 필요하므로 모자보건법에서 제시하고 있는 내용을 정리해보도록 하겠다.

모자보건법에 따르면, 우리나라에서 법적으로 낙태를 허용하는 시한은 임신한 날로부터 24주 이내이다. 또한 그 허용한계 및 보호자 동의 등에 대해서는 다음과 같이 규정하고 있다.

인공임신중절수술은

① 본인이나 배우자가 대통령령으로 정하는 우생학적優生學的 또는 유전학적 정신장애나 신체질환이 있는 경우,

② 본인이나 배우자가 대통령령으로 정하는 전염성 질환이 있는 경우,

③ 강간 또는 준강간準强姦에 의하여 임신된 경우,

④ 법률상 혼인할 수 없는 혈족 또는 인척간에 임신된 경우,

⑤ 임신의 지속이 보건의학적 이유로 모체의 건강을 심각하게 해치고 있거나 해칠 우려가 있는 경우에 한하여, 의사가 본인과 배우자(사실상의 혼인관계 포함)의 동의를 받아서 시행할 수 있다.

또한 1항의 경우에 배우자의 사망 · 실종 · 행방불명, 그 밖에 부득이한 사유로 동의를 받을 수 없으면

본인의 동의만으로 그 수술을 할 수 있으며, 본인이나 배우자가 심신장애로 의사표시를 할 수 없을 때에는 그 친권자나 후견인의 동의로, 친권자나 후견인이 없을 때에는 부양의무자의 동의로 각각 그 동의를 갈음할 수 있다. 또한 인공임신중절수술을 할 수 있는 우생학적 또는 유전학적 정신장애나 신체 질환은 연골무형성증, 낭성섬유증 및 그 밖의 유전성 질환으로서 그 질환이 태아에 미치는 위험성이 높은 질환으로 규정하고 있으며, 인공임신중절수술을 할 수 있는 전염성 질환은 풍진, 톡소플라즈마 증 및 그 밖에 의학적으로 태아에 미치는 위험성이 높은 전염성 질환으로 명시하고 있다.

따라서 위에서 제시한 기준을 벗어난 인공임신중절은 모두 불법이라고 할 수 있다. 그러나 최근까지도 이러한 법적 규제에도 불구하고 우리나라에서 인공임신중절은 빈번히 시행되어 왔던 것이 사실이다. 보건복지부 '2009년 전국 결혼 및 출산 동향조사'에 따르면, 인공임신중절 1회 이상의 경험률은 13.2%로 나타나 기혼여성 10명 중 1명 이상이 낙태시술을 받은 것으로 조사되었다. 또한 그 이유로는 추가자녀 불원(30.8%), 출산연기(14.7%), 혼전임신(14.4%), 터울조절(10.6%), 본인건강(10.5%) 등의 순으로 나타났다.

실제로 의료 및 보건 현장에서는 클라이언트의 낙태 결정을 두고 고민해야 하는 경우에 맞닥뜨릴 수 있다. 이런 상황에서 사회복지사는 어떠한 태도를 취해야 할까? 다음 사례에 대해 생각해보자.

사례 A씨는 심한 우울증으로 정신과에 입원하여 집중적인 치료와 보호를 받게 되었다. 그런데 검사 도중에 A씨가 임신 4개월이라는 사실이 밝혀졌다. A씨를 위한 치료계획에 약물치료는 반드시 필요한 요소지만, 처방된 치료약을 복용할 경우 태아의 정상적 발달에 상당한 위험을 가져올 것이 예상된다. 이에 대해 의사는 환자상태가 심각하고 치료가 시급한 만큼 치료가 우선이라는 견해를 갖고 있고 A씨 역시 낙태를 원하지만, A씨의 남편은 낙태에 강하게 반대하며 어렵게 생긴 첫 아이를 잃고 싶어 하지 않는다. 이에 담당의사는 사회복지사에게 남편을 만나봐 달라는 요청을 해왔다.

이 경우 사회복지사가 낙태에 대해 찬성할 경우에는 남편과, 반대할 경우에는 담당 의사 및 A씨와 다른 입장에 놓일 수밖에 없다. 이때 사회복지사는 가치의 상충이라는 상황에 놓이게 되는 것이다.

우선 클라이언트와 가치상충의 상황에서 취할 수 있는 방법으로는 다음과 같은 선택을 참고할 수 있다(김상균 등, 2002: 285).

- 자신의 개인적 신념을 공개하고 개입을 지속할지 여부를 묻는 방법
- 상대를 설득하는 방법
- 개인적 견해를 공개하지 않고 다른 대안을 찾도록 간접적으로 최선을 다하는 방법
- 상담을 중단하고 다른 전문가에게 의뢰하는 방법

한편 담당의사로 대표되는 기관과 가치가 상충되는 경우에 취할 수 있는 방법으로 김상균 등(2002: 292)은 기관정책을 바꾸기 위한 공식적 시도, 기관을 정책의 수용, 가치관이 맞는 기관으로 이직, 적절한 기관으로 의뢰 등을 대안으로 제시하고 있다.

그러나 이들 중 어떤 방법이 가장 적절한지를 결정하는 것은 또 다른 선택의 문제이다. 따라서 사회복지사는 낙태와 관련된 이슈들에 관한 자신의 입장을 돌아볼 필요가 있으며, 낙태냐 아니냐의 이분법적인 논리에 매달리기보다는 클라이언트의 선택의 폭을 넓힐 수 있는 방안을 모색해보려는 노력도 기울여야 한다.

최근 우리나라에서도 의사들 사이에서 낙태를 자제하자는 운동이 일어나고 있다. 사실 그동안 우리 사회에서 낙태는 너무 쉽게 행해져 왔다. 용기를 내어 낙태의 현실을 고발한 몇몇 의사들의 증언에 따르면, 병원조직의 경영원리에 따라 낙태시술을 강요받는 경우도 있다고 한다. 결국 이러한 가치갈등의 문제는 보건 전문직들이 공유하고 있는 부분이라는 것이다. 따라서 전문직 간에 이러한 이슈들에 대한 입장을 모아보고 더 나은 선택을 위한 지혜를 모으는 과정이 필요하다.

4) 치료거부

환자의 건강이나 안전을 위해 치료가 필요하지만, 환자 스스로 치료를 거부하는 경우가 있다. 항암치료가 필수적이지만 가능성 낮은 치료를 받기보다는 남은 생애를 조

용히 정리하겠다며 치료를 거부하는 경우, 휴식과 안정이 절대적으로 요구되지만 생계를 위해 퇴원을 결정하고 다시 생활전선으로 뛰어드는 경우, 정신질환으로 자해나 타해의 위험이 있어서 입원치료가 요구되지만 본인은 이를 거부하는 경우 등이 그 예가 될수 있다. 앞에서 살펴본 존엄사도 이러한 이슈와 무관하지 않다.

이러한 상황에서 대두되는 이슈는 클라이언트의 '자기결정권'이다. 사회복지사는 클라이언트의 자율성 및 자기결정권을 존중해야 할 것인지, 아니면 자신이 생각하는 클라이언트의 복지를 위해 보다 적극적인 개입을 해야 할 것인지 갈등하게 된다. 즉, 클라이언트의 자기결정권과 온정주의[8]가 상충함으로써 제기되는 이슈이다.

이에 대해 리이머Reamer는 '개인의 자기결정권은 자신의 안녕에 대한 권리에 우선한다'의 원칙을 참조할 수 있다. 또한 한국사회복지사 윤리강령에는 '사회복지사는 클라이언트가 자기결정권을 최대한 행사할 수 있도록 도와야 하며, 저들의 이익을 최대한 대변해야 한다'고 명시하고 있다. 그럼에도 불구하고 전문가로서 갖는 판단이나 경험에 따라 보다 적극적인 개입을 결정하는 경우도 있다. 자기결정권보다 생명존중을 상위 가치로 간주하는 경우가 많으며, 따라서 생명이나 안전의 위협이 있는 상황에서 자기결정권의 제한은 정당화되기 때문이다.

김상균 등(2002: 233)은 사회복지사의 개입방법 중 자기결정권에 영향을 줄 수 있는 정도에 따라서 가장 낮은 단계에서 높은 단계까지 다음과 같은 개입방법을 제시하고 있다. 단, 이 중 어떠한 방법이라도 클라이언트가 자발적으로 선택하지 않은 방향으로 개입을 이끌어 간다면, 이는 클라이언트를 조종manipulation하는 것이므로 주의를 기울여야한다고 하였다.

- 성찰적 방법: 클라이언트에게 직접 해결방향을 제시하지 않으면서 스스로 문제를

---

8 마치 부모가 자식을 생각하는 것과 같은 마음으로 '클라이언트를 위해' 의도적으로 정보를 알려주지 않거나, 거짓말을 하거나, 결정과정에 간섭하는 것을 의미한다. 그러나 온정주의는 개인의 자율성 침해, 궁극적인 클라이언트의 의지의 약화, 그리고 전문가 집단의 목적에 대한 회의로 인해 비판을 받는다. 그럼에도 불구하고 개입의 필요성이 급하게 요구되거나, 원조가 없을 시에 정말 해로운 결과가 나타날 것으로 판단되거나, 또는 궁극적으로 클라이언트에게 더 많은 자유나 혜택을 가져올 경우에는 온정주의가 정당화되는 경우도 있다. 단, 이것은 어떠한 경우라도 클라이언트 이익 우선의 원칙에 입각해야 하며, 전문가 자신이나 소속기관의 이익에서 비롯된 것이어서는 안 된다(김기덕 2002; 김상균 등, 2002).

탐색하도록 하는 개입방법

- 제안적 방법: 클라이언트에게 해결을 위한 방향을 언급하며 제안하는 태도를 위하는 개입방법
- 규정적 방법: 사회복지사가 클라이언트에게 구체적 행동을 명확히 제시하는 방법
- 결정적 방법: 클라이언트 모르게 사회복지사가 그를 위해 독립적인 행동을 취하는 방법

자기결정권의 존중을 단순히 압력이나 강제를 가하지 않고 클라이언트가 스스로 자유롭게 선택하도록 하는 것으로 이해하는 경우가 있다. 그러나 실제로 선택하여 결정할 수 있는 다양한 선택권이 보장되지 못하였다든가, 충분한 정보 없이 편중된 정보만으로 어떤 선택을 하게 되는 경우 모두 사실상 자기결정권이 침해되는 상황이다. 따라서 사회복지사는 필요한 정보를 충분히 확보하여 클라이언트에게 정확하게 제시하고, 가능한 대안들을 다양하게 마련하여 선택권을 넓히려는 적극적 노력이 필요하다.

의료 및 보건 현장에서 자기결정권의 실현을 저해하는 또 하나의 요소는 '클라이언트 결정능력의 문제'이다. 질병이나 치료로 인한 의식의 혼란, 삶과 건강의 위기상황에서 판단의 정확성 문제 등은 결정능력에 한계로 작용할 수 있다. 그러나 이 부분에 대해서도 클라이언트의 결정능력을 성급하게 판단하거나, 결정력을 유무의 양면적 기준으로만 판단하거나, 진단명에 따라 규정하기보다는 결정능력을 평가하기 위한 가장 적절한 시기를 기다리며 모색하고, 결정능력을 연속선상에서 고려하며, 보다 세분화된 시스템으로 평가하려는 노력이 필요하다.

5) 자원 및 기회 배분

보건현장에서도 자원과 기회를 어떻게 배분하느냐 하는 것은 중요한 문제이다. 예를 들어서, 병원조직이나 난치병 후원기관의 사회복지사가 자원배분의 역할을 수행할 경우 누구에게 얼마를 지원할 것인가 하는 문제에는 가치가 개입된다. 또한 퇴원환자를 연계하는 시설에 자리가 한 자리 밖에 없는 상황에서 의뢰를 희망하는 환자가 여럿

일 경우에 누구를 우선적으로 연결할 것인가를 결정하는 과정에도 가치가 개입된다. 즉, 자원은 제한되어 있고 이를 필요로 하는 대상은 많기 때문에 결국 그 배분에는 평등과 불평등의 이슈가 제기될 수밖에 없다.

예를 들어서, 생존율이 2~30%로 예상되는 중증의 소아질환을 앓고 있는 유아에게 들어가는 치료비용으로 안면기형을 가진 아동 30명을 도와줄 수 있다면, 이 사이에서 사회복지사는 어느 쪽으로 진료비 지원을 결정할지 갈등하게 될 것이다. 생명존중과 삶의 질이라는 두 가지 가치 사이에서, 그리고 결과가 불확실한 1인과 확실한 결과가 예상되는 다수 사이에서 딜레마를 경험할 수 있다.

일반적으로 자선기금을 운용하는 병원 내 의료사회복지 조직에서는 이러한 큰 액수의 지원과 작은 액수의 지원 비율을 미리 정하기도 하지만, 그때그때 담당 사회복지사의 판단에 의해 결정해야 하는 경우들도 있다. 이때 가장 중요하게 고려되어야 하는 것은 형평성의 원칙이다.

형평성은 그 대상이 가진 문제와 욕구에 기인하는 것이라고 할 때, 그것이 개인적인 것인지, 사회적인 것인지에 대한 판단에 영향을 받게 된다. 만약 이것을 개인적인 차원에서만 이해한다면 과연 그런 수혜를 받을 자격이 있는가 하는 도덕적 기준으로부터 완전히 자유롭기는 어려울 것이다. 따라서 사회복지실천에서는 특별히 취약하고 억압받는 개인과 집단을 위한 변화에 비중을 두어야 하며, 공개적이고 공정한 자원할당을 옹호해야 할 책임이 있다(김기덕, 2002: 243-245). 이러한 원칙하에서도 배분과 관련된 가치의 충돌이 있을 수 있으므로, 이런 경우에 보다 좋은 대응을 위해 사회복지사는 다음과 같은 사항들을 고려해야 한다.

- 자원 발굴 및 확대: 적은 몫을 갖고 나누다보면 배분의 이슈에 더 많이 당면할 수밖에 없다. 수요자의 입장에서 자원을 개발하고 옹호를 통해 기회를 확보해가는 과정은 배분의 어려움을 간접적으로라도 감소시킬 수 있다.
- 가치관 돌아보기: 사회복지사로서, 또 한 인간으로서 자신이 더 중요하게 생각하는 가치가 무엇이고 대상이 누구인지, 그리고 이것이 업무의 결정과정에서 어떠한 영향을 미칠 수 있는지를 미리 점검한다. 또한 결정을 내린 후에는 그 과정의

적절성과 결과의 효과성을 정리해 둔다.

- 수퍼비전 및 자문받기: 혼자 어떤 결정을 내리기보다는 다양한 의견을 고르게 들어보고 참고하는 것이 도움이 된다. 특히 자신과 같은 입장보다는 다른 입장에서 생각해 볼 수 있는 기회를 갖는 것이 필요하다.

앞에서 논의된 윤리적 이슈들은 결국 환자, 즉 인간의 권리에 관한 것이다. 환자의 권리는 곧 서비스의 선택권, 이용가능성, 형평성 문제 및 서비스의 질과 밀접하게 관련되어 있으며, 이러한 이슈들은 보건전문직과 환자 사이의 권력, 지위, 지식의 차이에서 발생하곤 한다.

그리고 이런 문제는 특히 자율적 결정이나 고지된 동의 부분에서 쟁점이 되곤 한다. 이러한 문제는 그 대상이 일반적으로 권리를 주장하기 어려운 상황에 놓인 경우에 더욱 발생하기 쉽다. 따라서 생활보호대상자로서 의료부조를 받는 경우, 중독이나 정신과적 질환을 갖고 있는 경우, 노인이나 아동의 경우, 문화적 차이로 언어가 자유롭지 못한 경우 등에서 윤리적 문제는 더욱 신중하게 다뤄져야 한다. 따라서 사회복지사는 보건 서비스 영역에서 환자의 의료적 권리뿐 아니라 사회적 권리를 인식하고, 약자 우선의 입장에서 이들의 권익을 옹호하고 대변하는 역할을 해야 한다. 이를 위해서 이들의 자율적 결정을 보장하고 그 과정에서 진실된 정보를 제공하도록 노력해야 한다(Germain, 1984).

3. 의료사회복지실천에서 윤리적 민감성[9]

윤리적 민감성ethical sensitivity이라는 개념을 공식적으로 처음 사용한 레스트(Rest, 1983)는 이를 '특정 상황에 있는 윤리적 이슈를 규명하고 다양한 행위의 과정을 인식하는 능력'이라고 하였다. 이후 라부아(Rabouin, 1996)는 윤리적 민감성을 '윤리적 문제의

---

9 이 절에서 제시하는 내용은 "정신보건사회복지사의 윤리적 민감성 훈련프로그램 개발 및 평가"(최명민, 2005)와 "사회복지사 윤리적 민감성 검사도구SWEST 개발 및 활용에 관한 연구"(최명민, 2008)을 참고한 것임을 밝혀둔다.

존재를 인식하고 그 상황을 해석하며 어떤 대안이 가능한지를 결정하는 과정'으로, 또한 맥자녀McSahne(2001, Ersoy and Gündoğmus, 2003: 473에서 재인용)는 '윤리적 이슈의 존재를 인식하고 그 상대적 중요성을 결정할 수 있는 능력' 등으로 정의하였다. 따라서 이를 종합해보면 윤리적 민감성은 '전체 윤리적 결정과정의 시작단계부터 요구되는 요소로서 개인이 당면한 상황에 윤리적 이슈가 존재하는지를 파악해내고 그 상대적 중요성을 결정할 수 있는 능력'이라고 정리할 수 있겠다(최명민, 2005). 따라서 윤리적 민감성이 부족하면 그 이후의 적절한 윤리적 결정과정을 기대하기 어렵다는 것을 알 수 있다. 앞에서 살펴본 여러 가지 윤리적 이슈들도 만약 이를 다루는 실천가의 윤리적 민감성에 의해 고려되지 못한다면 개입과정에서 무시될 수 있다는 것이다.

예를 들어서 생존률을 높이기 위해 필요한 치료를 거부하고 있는 클라이언트의 사례를 가정해보자. 담당의사로부터 환자를 의뢰받은 의료사회복지사는 클라이언트가 이 치료를 반드시 받아야 한다고 생각하기 때문에 왜 클라이언트가 이를 거부하는지 그 이유를 파악하고 클라이언트가 치료를 받을 수 있도록 설득하는 방식으로 상담을 시행하였다. 그러나 의료사회복지사가 이 사례에서 클라이언트의 자기결정과 사회복지사의 온정주의적인 입장이 충돌하고 있다는 점을 인식하지 못한 채 계속 클라이언트가 치료를 받을 수 있도록 돕는 쪽으로만 몰두하여 클라이언트를 설득하고 치료에 도움을 줄 수 있는 경제적 지원방안을 알아보는 방식으로 사례를 진행한다면 이 사례의 윤리적 측면은 간과되고 있다고 할 수 있다. 때때로 이렇게 윤리적 측면을 간과함으로써 실천적으로도 더 어려운 상황이 전개되기도 한다.

이렇듯 다양한 윤리적 이슈들이 발생하고 이에 대한 결정이 큰 파급력을 갖는 보건의료현장에서 윤리적 민감성의 중요성은 더욱 크다고 하겠다. 따라서 의학(Ersoy & Gündoğmus, 2003), 치의학(Bebeau et al., 1985), 인간을 대상으로 한 실험윤리(Clarke-burn, 2002) 분야에서는 일찍이 윤리적 민감성에 관심을 기울여왔다.

윤리적 민감성은 처음부터 타고 태어나는 것이라기보다는 습득하고 개선될 수 있기 때문에 대인 전문직 영역에서 더욱 관심을 가져왔다. 윤리적 민감성은 자연적 민감성과 달리 도덕적 문제와 관련된 경험 및 문제에 대한 노출을 통해 습득될 수 있다고 보기 때문이다(Clarkeburn, 2002a). 부스와 마샬(Booth & Marshall, 1991)은 이러한 윤리적

그림 5-1 │ 윤리적 의사결정의 일반 행동 모형

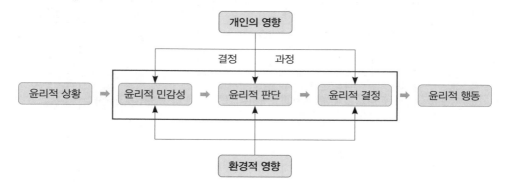

※ 출처: Wittmer(2000), p. 184.

민감성이 두 가지 능력으로 구성된다고 보았는데, 첫째, 능력은 무엇이 옳은지에 대한 원칙에 따라 자신의 행위를 규정하고 이를 해석하는 것이고, 둘째, 능력은 자신의 머리 속에서뿐 아니라 타인과의 대화 속에서 윤리적 이슈를 심사숙고할 수 있는 것이라고 하였다. 그러므로 윤리적 민감성을 지닌 사람들은 가능한 대안 및 그 대안적 행위가 각 당사자들에게 미치는 영향을 이해하고, 원인과 결과의 사슬을 개념화할 수 있다고 한다(Rest, 1983; Clarkeburn, 2002b).

그런 측면에서 윤리적 민감성은 윤리적 의사결정과정 속에서 특히 그 중요성이 강조된다. 특히 사회복지사의 합리적이고 적절한 윤리적 의사결정을 위한 과정모델들에서는 초반부에 윤리적 민감성을 갖고 각 사례에 내포된 가치 갈등이나 윤리적 쟁점을 발견하고 인식하는 과업을 중시하고 있다(Lowenberg & Dolgoff, 1996; Congress, 1999; Reamer, 1999; Mattison, 2000). 〈그림 5-1〉은 윤리적 결정과정에서 윤리적 민감성의 위치를 잘 보여주고 있다.

여기에서 보듯이 어떤 상황에 직면하여 윤리적 결정을 시작하기 위해서는 우선 윤리적 이슈를 인지할 수 있는 윤리적 민감성이 필요하며, 이에 따라 윤리적 판단과 결정을 내리고 이를 행동으로 옮기게 되는 것이다. 그러나 만약 윤리적 민감성이 부족하여 그런 이슈를 인지하고 분석하지 못한다면 윤리적 의사결정 과정으로 들어갈 수도, 또는

표 5-2 | 정신보건사회복지사의 윤리적 민감성 증진을 위한 프로그램

회기 및 제목	목표	내용	방법
1회. 정신보건 관련 윤리적 이슈	정신보건분야에서 당면할 수 있는 윤리적 이슈들과 그 내용을 이해한다.	비밀보장, 자기결정, 전문적 관계, 전문적 가치와 개인적 가치, 충실성의 상충 등 직접 서비스 관련 윤리적 이슈	강의 토론
2회. 윤리강령 및 대처 방안	지난 시간에 다룬 윤리적 이슈들에 대한 원칙 및 대처방법을 이해한다.	• 윤리강령 • 윤리적 이슈를 다루는 원칙과 과정에 대한 다양한 모델	강의 토론
3회. 자기 인식	자신의 가치, 윤리관, 영성 등을 점검함으로써 자기이해를 높인다.	• 자기인식의 필요성 • 나의 가치(우선순위) 및 신념 • 내 삶의 경험과 나의 편견 • 나의 윤리적 측면	강의 토론 worksheet
4회. 전문가로서의 자기 인식	전문가로서 자신의 다양한 측면을 이해한다.	• 일을 통해 추구하는 가치 • 유능한 사회복지사 이미지 • 전문가 윤리의 생태도	강의토론 worksheet
5회. 실제 윤리 사례분석 I	실제 사례연습을 통해 윤리적 이슈를 발견하고 다루며 자기인식을 높이는 능력을 습득한다.	• 사례를 통해 명시적인 윤리적 이슈 탐색 및 자기인식 • 사례를 통해 내재된 윤리적 이슈 탐색 및 자기인식	수퍼비전 토론
6회. 실제 윤리 사례분석 II		• 사례를 통해 탐색한 윤리와 가치 이슈에 대한 대안 모색	수퍼비전 토론

과제: 매 회기 후 다음 시간까지 그 회기 과정과 자신의 느낌과 의문점 등을 정리

※ 출처: 최명민(2005), 192쪽.

문제를 해결할 수도 없다는 것을 알 수 있다(Jones, 1991; Clarkeburn, 2002b).

그러므로 윤리적 민감성을 증진시키는 것은 윤리적 실천을 위해 필수적인 과업이다. 윤리적 민감성을 증진시키는 방법으로는 첫째, '교육'을 통해 윤리적 이슈, 윤리강령 및 이를 현실에 적용하는 대처방법을 이해하고, 둘째, '자기 탐색'을 통해 윤리적 측면에서의 자기인식을 증진시키며, 셋째, 앞에서 습득한 내용들을 실제 '사례연습' 과정에서 토론과 수퍼비전을 통해 적용하는 능력을 향상시키는 것이 있다. 이러한 논리에 따라 정신보건사회복지사를 대상으로 사회복지사 윤리적 민감성 증진 프로그램을 구조화한 예는 〈표 5-2〉와 같다(최명민, 2005).

이러한 프로그램의 효과는 훈련을 통해 사회복지사의 윤리적 민감성이 증진될 수 있음을 확인해준다는 의미가 있다. 따라서 의료현장에서 윤리적 민감성을 높이기 위해

서는 의료사회복지사들이 현장에서 만나게 되는 사례들에 내포된 윤리적 이슈들을 찾아보는 연습을 하고 자기 자신의 가치와 태도를 점검하며, 이를 토대로 다양한 사례에 적용해보는 연습을 해보는 지속적인 노력이 요구된다.

다음과 같은 사례들에 포함된 윤리적 이슈를 발견해보고 어떻게 진행할 것인지에 대해 생각해보자.

> **사례** 가정형편이 어려운 60대 여성인 H씨는 입원치료를 해야 할 만큼 당뇨병 증세가 악화되었으나, 입원비를 감당할 만한 사정이 되지 않는다. H씨는 남편과 서류상 이혼하여 기초생활보장 수급권자가 되면 의료보호로 입원치료를 할 수 있다는 이야기를 들었다면서 의료사회복지사 B에게 이에 대한 정보를 요구하며 이혼을 위한 조언을 구하였다.

이 사례를 담당한 사회복지사 B가 만약 클라이언트가 요구한 부분과 관련된 정확한 정보들을 제공하고 사례를 종결하거나 혹은 평소 이혼을 반대하는 가치관에 따라 이혼을 철회하도록 상담을 제공하는 쪽으로 상담을 진행하였다면, 이 과정에는 윤리적 이슈들이 충분히 고려되었다고 보기 어렵다. 이 사례에서는 자신의 건강을 위한 복지혜택과 결혼관계 중 전자를 선택하고자 하는 클라이언트의 자기결정 존중의 문제, 서류상 이혼으로 위장하는 것을 알게 된 상태에서 클라이언트에 대한 비밀보장 준수의 문제, 클라이언트가 알고자 하는 정보에 대한 알 권리 보장의 문제 등이 포함되어 있다. 이러한 이슈들을 발견하고 숙고할 수 있는 것이 윤리적 민감성이라고 할 수 있다.

한 가지 사례를 더 살펴보자.

> **사례** 고1 여학생 J는 부모가 모두 돌아가신 상태로 동생과 함께 고모 집에서 살고 있다. 그러던 어느 날 고모 부부가 야간작업을 하러 간 사이, 알고 지내던 동네 오빠에게 성폭행을 당하여 임신을 하게 되었다. 그러나 J는 임신 6개월에 이른 최근까지도 자신이 임신한 사실을 모르다가, 담임선생님의 눈에 띄어 진료를 받고 자신이 임신했다는 사실을 알게 되었다. J는 고모에게 이 사실을 알리지 않은 채 낙태하기를 원하였고, 담임교사도 그것이 좋겠다고 생각하여, 평소 알고 지내던 종합병원에 근무하는 의료사회복지사 S를 찾아왔다. 담임선생님은 사정이 딱한 J의 사정을 감안하여 의료사회복지사가 J가 낙태시술을 받을 수 있도록 조치해주기를 희망하고 있다.

이 사례에는 성폭행, 낙태와 관련된 여러 가지 법적인 문제도 포함되어 있지만 클라이언트의 자기결정과 미성년 클라이언트의 자기결정 제한, 클라이언트 보호자의 알 권리와 클라이언트의 허가 없는 제3자 정보제공에 대한 제한, 생명존중, 취약인구집단에 대한 배려 등 다양한 윤리적 이슈들도 포함되어 있다. 따라서 이러한 점들을 종합적으로 고려할 때 보다 윤리적으로 적절한 개입이 가능할 수 있다.

4. 의료사회복지실천에서 윤리적 의사결정

1) 윤리적 의사결정 모델

앞에서 살펴본 윤리적 딜레마에 당면하는 경우 우리는 보다 윤리적이고 현명한 결정을 내리는 것이 필요하다. 개인적 선호도나 경험에 의한 판단, 즉흥적인 판단이 아니라 보다 전문적이고 적절한 판단이 이루어지기 위해서는 다음과 같은 윤리적 의사결정 모델을 활용하는 것이 바람직하다. 학자들에 따라서 윤리적 의사결정 분석틀은 다양하게 제시되고 있지만 전체적으로 그 내용은 크게 다르지 않다.

여기에서는 보건현장에서 활용할 수 있는 비교적 간단한 유형의 의사결정 모델로서, 매티슨의 모델, 리이머의 모델 및 콩그레스의 모델을 제시한다.

(1) 매티슨(Mattison, 2000)의 윤리적 의사결정 모델

① 1단계: 해당 사례와 관련된 상세한 정보를 수집한다.
② 2단계: 윤리적 요소와 실무적(객관적, 경험적 지식) 요소를 분리한다.
③ 3단계: 긴장관계에 놓인 가치들의 발견한다.
④ 4단계: 해당 사례와 관련이 있는 윤리강령의 원칙을 확인한다.
⑤ 5단계: 가능한 모든 대안 찾고, 행위의 결과 및 예상되는 손익을 분석한다.
⑥ 6단계: 우선순위에 대한 사정평가를 실시하고 선택한 대안의 논리적 근거를 제

시한다.

⑦ 7단계: 최종 결정한다.

매티슨 모델에 의거하여 윤리적 결정과정을 진행한다면, 사례와 관련하여 보강되어야 할 자료들을 충분히 확보하는 것을 제일 먼저 수행해야 한다. 그리고 수집된 정보들을 토대로 윤리적 측면의 요소와 윤리적 측면과 직접 관련이 없는 실천적, 실무적 차원의 논의들을 분리하는 것이 특징적이다. 그리고 일단 윤리와 상관이 없는 요소들을 배제한 상태에서 윤리적 측면에서 긴장관계에 놓인 이슈들이 무엇인지를 파악해본다. 그후 긴장관계에 놓인 이슈들 각각의 입장에서 관련된 윤리강령을 찾아본다. 이 둘이 상충되는 상황에서 해볼 수 있는 모든 대안을 생각해보고 각각의 대안의 장단점을 분석해본다. 이러한 과정을 통해 가장 바람직하다고 생각하는 대안을 선택하고 그 이유를 정리한다. 매티슨 모델은 사례에서 윤리적 요소와 그 외의 요소들을 분리하여 사고를 전개하도록 하는 점이 특징적으로 보인다.

(2) 리이머(Reamer, 1999)의 윤리적 의사결정 과정

① 1단계: 상충되는 사회복지 가치와 의무를 포함한 윤리적 쟁점을 확인한다.
② 2단계: 윤리적 결정에 영향을 받는 개인, 집단, 조직체를 규명한다.
③ 3단계: 가능한 대안과 관련된 당사자의 손익에 대한 잠정적 가설을 세운다.
④ 4단계: 각 행동방안에 대한 찬반 이유를 첫째, 윤리이론, 윤리원칙, 및 윤리지침 (의무론적/결과론적 관점 및 지침), 둘째, 윤리강령 및 법률, 셋째, 사회복지실천이론 및 원칙, 넷째, 개인의 가치 등에 기반을 두고 검토한다.
⑤ 5단계: 동료 및 전문가와 상의한다.
⑥ 6단계: 결정 및 의사결정과정을 기록한다.
⑦ 7단계: 결정내용을 모니터하고 평가하며 기록한다.

리이머의 의사결정 모델에서도 우선 중시되는 것은 사례에 포함된 윤리적 쟁점이 무엇인지를 발견하는 것이다. 이는 앞에서 설명한 윤리적 민감성을 요하는 부분이다. 리이머 모델에서는 다른 모델과 달리 그 다음 단계에서 윤리적 영향에 영향을 받은 각 체계들을 파악하는 것이 포함된다. 그리고 그 각 체계들 입장에서 손익을 살펴보면서 잠정적으로 대안을 만들어 본다. 그리고 각 대안들은 윤리강령뿐 아니라 윤리이론, 법률, 사회복지이론, 개인의 가치 차원에서 검토한다. 그리고 이 이슈에 대한 자문도 받도록 하고 있다. 이러한 과정을 거쳐서 결정을 내가며 이를 기록한 후 시행하면서 계속 모니터링하도록 하고 있다. 이렇듯 리이머의 모델은 다양한 체계들을 고려하고 판단의 근거 역시 다양하게 제시하고 있다는 특징이 있다.

(3) 콩그레스(Congress, 1999)의 윤리적 의사결정 모델

① E(Examine): 개인, 사회, 기관, 클라이언트, 전문가 가치를 고찰하고 가치 간 모순을 살핀다.
② T(Think): 윤리강령 등 전문직의 의무론적 기준이 사례결정 및 상황에 맞는지 생각한다.
③ H(Hipothize): 목적론적 추론에 의해 각 시나리오의 장단점을 분석한다.
④ I(Identify): 취약자에 대한 헌신의 관점에서 이익을 받는 자와 해를 받는 자를 규명한다.
⑤ C(Consult): 자신의 분석에 대해 다른 전문가와 상의한다.

이 모델에서도 리이머의 모델과 유사하게 결정과정에서 관련된 체계들의 입장 차이를 고려한다. 그리고 서로 상충되는 부분의 논거가 되는 윤리강령 등을 참고하도록 한 후 이를 토대로 각 선택지의 전개상황을 시나리오로 예측해보도록 한다. 그리고 그 판단의 근거로 가장 취약한 사람의 입장에서 평가해보도록 하며 마지막으로 자문을 받을 것을 권하고 있다. 이와 같이 콩그레스의 모델은 ETHIC(윤리)이라 철자 순으로 단계를 제시하고 있어서 외우기 용이하며, 가장 바람직한 선택을 위하여 시나리오로 전개과정을 예측해 보고 취약한 대상을 우선적으로 고려하도록 하는 특징을 갖고 있다.

2) 윤리적 결정을 위한 원칙

윤리적 의사결정모델에 따라 제시된 윤리적 이슈나 딜레마에 대응할 수 있지만, 결정적인 순간에 가치의 우선순위를 어디에 둘 것인가 하는 부분은 또 다른 이슈로 남게 된다. 이때 활용할 수 있는 것이 윤리심사 원칙이다. 여기서는 로웬버그와 돌고프, 그리고 리이머의 심사원칙을 소개하고자 한다(김상균 등, 2002; 김기덕 등, 2012 등에서 재인용).

(1) 로웬버그와 돌고프(Lowenberg & Dolgoff, 1996)의 윤리심사 원칙

① 원칙 1: 생명보호의 원칙
② 원칙 2: 평등 및 불평등의 원칙
③ 원칙 3: 자율과 자유의 원칙
④ 원칙 4: 최소한 해악의 원칙
⑤ 원칙 5: 삶의 질 원칙
⑥ 원칙 6: 사생활보호와 비밀보장의 원칙
⑦ 원칙 7: 성실의 원칙

그러나 이런 원칙의 순위가 정해졌다고 해서 모든 갈등이 정리되는 것은 아니다. 예를 들어, 낙태의 문제가 있다고 했을 때, 임산부의 자기결정권, 즉 원칙 3인 자율과 자유의 원칙은 태아의 생명보호라는 원칙 1과 부딪힌다. 따라서 이 원칙만 보면 자기결정권보다는 태아의 생명을 존중해야 하므로 낙태는 무조건 허용되어서는 안 되며 태아의 생명은 보호되어야 한다. 그러나 이러한 임신이 강제적 성행위에 의한 원치 않는 임신이었다거나 선천적 질환이나 장애를 갖고 태어날 가능성이 있다거나 하는 조건이 결부되어 있을 수도 있고, 과연 언제부터 태아를 고유의 생명체로 볼 것이냐의 문제도 고려사항에 포함해야 한다. 앞에서 살펴본 바와 같이 이러한 상황에서 무조건 태아의 생명존중만을 주장하기에는 한계가 있을 수 있다는 것이다. 따라서 이러한 원칙은 기본적인 지침이며 각 원칙들 사이에는 복잡한 사연들이 존재할 수 있고 원칙의 경계에 걸쳐 있는 상황들이 전개될 수 있음도 염두에 두어야 한다.

(2) 리이머(1999)의 윤리적 갈등해결의 지침

① 인간활동의 필수조건과 관련된 규범은 부차적 위협과 관련된 조항에 우선한다.
② 개인의 기본적 안녕은 타인의 자기결정권에 우선한다.
③ 개인의 자기결정권은 자신의 안녕에 대한 권리에 우선한다.
④ 자유로운 상태에서 스스로 동의한 규정을 준수하는 것은 개인의 자유 권리에 우
  선한다.
⑤ 개인의 안녕에 대한 권리가 자발적 참여단체의 규정과 충돌할 때에는 행복권이
  우선한다.
⑥ 해악(예: 기아)예방의 의무와 공공재(예: 주택, 교육)를 제공해야 하는 의무는 자신
  의 재산처분권에 우선한다.

이 지침에 따르면 인간의 삶을 영위하기 위한 필수조건의 확보는 다른 부차적인 문
제보다 우선시 되어야 한다는 것을 알 수 있다. 그러므로 기본적인 의식주의 공급이나
질병에 대한 치료권 등은 보장되어야 할 인간의 권리이며 정치적인 이유나 경제적인 이
유로 필요한 치료를 받지 못하는 상황은 개선되어야 하는 것이다.

그리고 설혹 자신의 안녕을 침해하는 것이라 하더라도 스스로 결정한 바는 인정될
수 있지만 그것이 적어도 타인의 안녕을 침해하는 것이어서는 안 된다는 것도 알 수 있
다. 예를 들어, 자기 자신을 위한 치료거부권은 존중받을 수 있지만 타인의 생명을 위협
하는 행위는 수용될 수 없다는 것이다.

또한 자신이 스스로 결정한 바에 대해서는 책임을 져야 하며, 공공의 이익이 개인의
재산권과 부딪힐 때는 공공의 이익이 우선시되어야 한다는 원칙도 천명하고 있음을 볼
수 있다. 따라서 윤리적 갈등해결 지침에 따르면 집값의 하락을 우려하여 집 주변에 재
활시설이나 요양시설이 설립되는 것을 반대하는 지역주민의 주장은 충분히 존중받기
어렵다.

(3) 윤리심사 시 고려할 질문들(Lowenberg & Dolgoff, 1996)

① 직면한 윤리적 갈등 상황과 관련된 나의 개인적 가치는 무엇인가?

② 윤리적 결정과 관련된 사회적 가치는 무엇인가?

③ 문제와 관련된 전문가로서의 가치와 윤리는 무엇인가?

④ 내가 취할 수 있는 윤리적 선택의 수단은 무엇인가?

⑤ 어떤 윤리적 행위가 클라이언트와 타인의 권리와 행복을 최대한 보장하는가?

⑥ 어떤 윤리적 행위가 사회의 권익와 이해를 최대한 보호하는가?

⑦ ①②③ 사이의 갈등과 ⑤⑥ 사이의 갈등을 최소화하기 위해 무엇을 할 수 있는가?

⑧ 어떤 행위가 최소한 해악의 원칙을 지킬 수 있는가?

⑨ 각각의 대안은 얼마나 효율적, 효과적, 윤리적인가?

⑩ 각각의 대안이 갖고 있는 단기 혹은 장기적 윤리 측면을 비교하고 고려했는가?

보다 윤리적인 의료사회복지실천을 위하여 의료사회복지사는 이러한 질문을 가까이 해야 한다. 윤리강령을 숙지하거나 윤리적 지침을 따르는 것만으로 윤리적 실천이 충분하다고 보기는 어렵다. 위와 같은 질문을 통해 사례마다 포함된 윤리적인 측면들을 점검하고 서비스 제공자로서 자기 자신과 실천과정을 돌아보려는 지속적인 노력이 뒤따를 때 윤리적 실천의 가능성이 높아진다고 할 수 있을 것이다.

06
CHAPTER

의료사회복지 제도와 체계

의료사회복지사는 급성 혹은 만성질환으로 인해 여러 가지 어려움을 겪고 있는 환자와 가족들에게 국가가 보장해줄 수 있는 다양한 복지제도에 대한 정보를 전달하고 이를 잘 이용할 수 있도록 적극 지원하는 역할을 수행해야 한다. 따라서 건강 문제의 사회적 해결을 돕기 위해(박지용, 2013) 의료보장 제도의 구성과 체계에 관한 지식을 갖추고 실천 현장에서 이를 적극 활용하여야 한다.

1. 의료보장제도

의료보장제도란 질병으로 인해 발생된 의학적 · 경제적 어려움으로부터 국민을 보호하기 위한 목적으로 국가가 주체가 되어 실시하는 제도적 및 정책적 시책을 말한다. 의료보장은 질병으로 인한 수입의 중단이나 치료비 지출로 인한 재정적 위협을 사회적으로 대처하는 데 그 목적을 두고 있다. 그러나 최근에는 의료보장이 질병의 치료라는 좁은 의미의 개념에서 벗어나 질병을 사전에 예방하고 건강을 증진시키는 일련의 활동을 포괄하는 '건강보장'의 개념으로 확대되고 있다(유승훈 · 박은철, 2009).

우리나라의 공적의료보장제도는 크게 두 가지로 나눌 수 있는데 첫째, 국민의 대다수를 보장하는 사회보험 성격의 건강보험제도가 있고, 둘째, 저소득층 등 취약계층을 보장하는 공공부조 성격의 의료급여제도를 갖추고 있다. 이와 같은 의료보장제도는 기본적으로 사회보험인 '국민건강보험법'과 공적부조 형태인 '의료급여법'에 근거하고 있다. 이 이외에도 부분적으로 긴급복지지원법, 장애인복지법, 노인복지법, 노인장기요양보험법 등에 따라 요양·의료 보장제도가 운영되고 있다.

이에 본 장에서는 우리나라의 의료보장제도를 구성하는 중추적인 법체계로서, 국민건강보험법과 의료급여제도, 긴급복지지원법 및 노인장기요양보험법, 암관리법, 희귀질환관리법에 대해 알아보도록 하겠다.

1) 국민건강보험법

국민건강보험법은 1999년 2월 8일 제정되었고(법률 제5854호), 수차례의 일부 개정을 거쳐 2011년 12월 31일 전면 개정되었다(법률 제11141호). 현재 법률 14183호를 적용받고 있다. 국민건강보험법에는 국민건강보험법의 목적과 적용 대상, 운영 및 관리, 보험료의 산정 등의 내용이 명시되어 있다. 국민건강보험법에 근거를 둔 국민건강보험제도는 질병이나 부상으로 인해 발생한 고액의 진료비로 가계에 과도한 부담이 되는 것을 방지하기 위하여, 국민들이 평소에 보험료를 내고 보험자인 국민건강보험공단이 이를 관리·운영하다가 필요시 보험급여를 제공함으로써 국민 상호 간 위험을 분담하고 필요한 의료서비스를 받을 수 있도록 하는 사회보장제도이다.

(1) 목적

국민건강보험법은 국민의 질병·부상에 대한 예방·진단·치료·재활과 출산·사망 및 건강증진에 대하여 보험급여를 실시함으로써 국민보건 향상과 사회보장 증진에 이바지함을 목적으로 한다(법 제1조).

(2) 대상

국민건강보험법의 적용대상은 의료급여 수급자 등 적용 제외 대상이 아닌 국내에 거주하는 국민이 이 법의 적용대상이 된다. 적용대상은 가입자와 피부양자로 나누어지고, 가입자는 임금소득자인 직장근로자와 공무원 및 교직원을 직장가입자로, 그리고 비임금소득자인 농어촌 주민 및 도시자영업자를 지역가입자로 하고 그의 배우자 및 직계존속과 비속, 형제자매 등 가족을 피부양자로 규정하고 있다(법 제5-6조).

(3) 관리 주체

국민건강보험은 국민건강보험공단에서 일괄적으로 통합하여 운영하고 있는데, 국민건강보험공단은 가입자 및 피부양자의 자격관리, 보험료의 부과 및 징수, 보험급여의 관리, 가입자 및 피부양자의 건강증진을 위한 예방사업, 의료시설의 운영, 건강보험에 관한 교육훈련 및 홍보, 건강보험에 관한 조사연구 및 국제협력 등의 업무를 수행하고 있다(법 제13-14조).

(4) 주요 내용

보험급여의 내용으로는 가입자 및 피부양자의 질병 · 부상 · 출산 등에 대하여 진찰 · 검사, 약제 · 치료재료의 지급, 처치 · 수술 기타의 치료, 예방 · 재활, 입원, 간호, 이송 등의 요양급여를 제공하는 것을 주 내용으로 하며(법 제41조), 이 외에 요양비(분만비 포함), 장제비, 상병수당, 장애인보장구, 건강검진 등을 급여로 받을 수 있도록 하고 있다(법 제49-52조).

(5) 보험료 산정

국민건강보험료의 산정은 직장가입자의 경우 표준보수월액을 기준으로 하며, 지역

표 6-1 | 건강보험료 산정방법(2016년 기준)

직장가입자 건강보험료 = 보수월액 × 건강보험료율(6.12%)
지역가입자 건강보험료 = 보험료 부과점수 × 점수당 금액(179.6원)

가입자의 경우에는 소득 · 재산 · 생활수준 · 직업 · 경제활동참가율 등을 바탕으로 구성된 부과표준소득을 기준으로 세대 단위로 징수함을 원칙으로 하고 있다(법 제69조).

이상과 같은 국민건강보험법의 주요 내용은 국가법령정보센터(http://www.law.go.kr)를 통해 확인할 수 있으며, 국민건강보험 제도에 대한 상세한 내용은 국민건강보험 홈페이지(http://www.nhis.or.kr)를 통해 확인할 수 있다. 일반적으로 병원이나 의료기관에서 진료를 받는 환자들은 국민건강보험의 수급자로서 이를 위해 건강보험료를 납부하는 자이다. 그러나 경제적인 위기나 어려움으로 건강보험료를 체납한 경우나 내지 못한 경우에는 병원 이용 시에 국민건강보험의 적용을 받는 데 제한이 따르게 되는데, 의료사회복지사는 이런 환자와 가족을 대상으로 건강보험의 혜택을 재개할 수 있는 방법을 강구하거나 또는 의료급여제도, 긴급복지지원제도 등을 적용하여 필요한 의료서비스를 제공받을 수 있도록 지원해주는 역할을 수행해야 하므로 의료보장과 관련한 다양한 법적 체계에 대한 지식을 갖추고 있어야 한다.

2) 의료급여법

의료급여법은 1977년 12월 31일 의료보호법(법률 제3076호)으로 제정된 후, 2001년 5월 24일에 의료급여법(법률 제6474호)으로 법제명 변경 및 전문개정이 이루어졌다. 의료급여법에는 이 법의 목적, 적용 대상, 비용 부담, 관할 부서의 역할 등의 내용이 명시되어 있다.

의료급여법에 근거를 둔 의료급여제도는 질병이 발생하여 치료를 필요로 하지만 이를 위한 경제적 능력이 일시적 또는 영구적으로 손상되어 개인의 능력으로 치료를 받을 수 없는 사람들을 대상으로 국가가 진료비를 부담해주는 공적부조제도로서 자격 요건에 해당되는 사람에게 약국, 병원 등 의료기관을 이용한 비용의 전액 또는 일정 부분을 지원하게 된다.

(1) 목적

의료급여법의 목적은 생활이 어려운 자에게 의료급여를 실시함으로써 국민보건의 향상과 사회복지의 증진에 이바지하는 것이다(법 제1조).

(2) 대상

의료급여의 대상자는 국민기초생활보장법에 의한 수급권자, 이재민, 의상자 및 의사자 유족 등, 국가유공자와 가족, 북한이탈주민 등이며, 2011년 법의 일부 개정을 통해 국내에 입양된 18세 미만의 아동이 포함되었다(법 제3조).

(3) 관리주체

의료급여에 관한 업무는 수급권자의 거주지를 관할하는 시장·군수·구청장이 행하도록 되어 있는데, 이들은 심사평가원에 급여비용의 심사 및 조정, 의료급여의 적정성 평가, 심사 및 평가기준 설정 등의 업무를 위탁하며, 국민건강보험공단에 급여비용의 지급, 개인별 진료내역의 관리 등의 업무를 위탁한다. 또한 의료급여사업의 실시에 관한 사항을 심의하기 위하여 보건복지가족부와 특별시·광역시·도와 시·군·구에 각각 의료급여심의위원회를 두고 있다(법 제6조). 의료급여를 제공하는 의료급여기관에는 의료기관, 보건소 및 보건지소, 약국 및 희귀의약품센터 등이 포함된다(법 제9조).

(4) 주요 내용

의료급여의 주요 내용은 수급권자의 질병·부상·출산 등에 대하여 진찰·검사, 약제·치료재료의 지급, 처치·수술과 그 밖의 치료, 예방·재활, 입원, 간호, 이송과 그

표 6-2 | 의료급여 선정 기준(2016년 기준)

구분		내용	
의료급여 1종	지원 대상	**국민기초생활수급권자**	
		선정 기준	• 근로능력이 없거나, 보건복지부 장관이 근로가 곤란하다고 인정한 자로 구성된 세대의 구성원 • 국민기초생활보장법에서 정한 보장시설에서 급여를 받고 있는 자(국민기초생활보장 시설수급자) • 보건복지부 장관이 인정한 자(국민기초생활 특례수급자) • 보건복지부장관이 정하여 고시하는 희귀난치성질환 및 중증질환자(암환자, 중증화상환자)로 등록된 자)
		의료급여법에 의한 수급권자(행려환자)	
			• 일정한 거주지가 없는 자 • 행정관서(경찰서, 소방서)에 의하여 병원에 이송된 자 • 의사의 진단서상에 응급의료(응급처치 및 응급진료)를 받은 응급환자라는 사실 확인이 가능한 자 • 신분증 또는 신원조회를 통해 부양의무자가 없거나 부양의무자가 있어도 부양능력이 없거나 부양을 기피하는 것으로 파악된 자
		타법에 의한 수급권자	
		선정 기준	이재민 의상자 및 의사자의 유족, 입양아동(18세미만), 국가 유공자, 중요무형문화재의 보유자, 북한이탈주민, 5·18민주화 운동 관련자, 노숙인
의료급여 2종	지원 대상	국민기초생활보장수급자 중에서 의료급여 1종 수급권자 기준에 해당되지 않는 자	

밖의 의료목적의 달성을 위한 조치 등으로 구성되어 있다(법 제7조).

의료급여의 비용부담은 대통령령이 정하는 바에 따라 그 전부 또는 일부를 의료급여기금에서 부담하되, 의료급여기금에서 일부를 부담하는 경우 그 나머지의 비용은 본인이 부담하도록 하고 있다(법 제10조). 의료급여 1종의 경우에는 진료비의 전액을 정부에서 부담하며, 의료급여 2종의 경우에는 진료의 종류에 따라 본인부담금의 비율이 조금씩 달라지고, 일정 부분을 본인이 부담하도록 하고 있다.

이상과 같은 의료급여제도의 주요 법령 내용은 '의료급여법'(국가법령정보센터, http://www.law.go.kr)을 통해 확인할 수 있다. 법령 중 의료급여 지원 대상 및 선정 기준은 〈표 6-2〉에 제시하였다.

3) 긴급복지지원법

긴급복지지원법은 2005년 12월 23일에 한시적인 법으로 제정(법률 제7739호)된 후에 여러 차례의 일부 개정을 거쳤다. 긴급복지지원법에 근거를 둔 긴급복지지원제도는 갑작스러운 위기 상황으로 생계유지가 곤란한 저소득층에게 생계·의료·주거지원 등 필요한 복지서비스를 신속하게 지원하여 위기상황에서 벗어날 수 있도록 돕는 사회보장제도이다.

(1) 목적

긴급복지지원법의 목적은 개인이나 가족이 급작스러운 재해, 사고, 질병 등으로 말미암아 위기상황에 처하여 도움이 필요할 경우 국가와 지방자치단체가 중심이 되어 필요한 생계비, 의료비 등을 일정기간 지급함으로써 위기에서 벗어나 인간다운 생활을 할 수 있도록 지원하는 것이다(법 제1조).

(2) 대상

긴급복지지원법에서 규정한 적용 대상은 위기 대상에 처한 사람들로서, 구체적으로는 특정 사유로 인하여 가구의 소득이 최저생계비 이하로 떨어진 경우, 중한 질병이 발생하거나 부상을 당한 경우, 가정폭력이나 성폭력, 화재 등으로 인하여 가구 구성원과 함께 생활하기 힘든 경우, 이혼으로 인한 소득 상실 등의 다양한 상황을 규정하고 있다(법 제2조).

단, 국민기초생활보장법, 재해구호법, 의료급여법, 사회복지사업법, 가정폭력방지 및 피해자보호 등에 관한 법률, 성폭력방지 및 피해자보호에 관한 법률 등의 지원을 받을 경우에는 이 법의 급여대상에서 제외되게 된다(법 제3조). 즉, 다른 법률에 의거하여 생계지원, 의료지원 등을 신속하게 받을 수 없는 경우에 한하여 혜택이 주어지는 법이다.

그림 6-1 | 긴급복지지원 의료비 지원절차

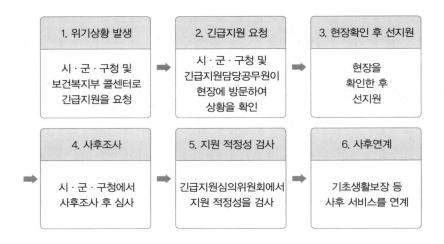

1. 위기상황 발생	2. 긴급지원 요청	3. 현장확인 후 선지원
시·군·구청 및 보건복지부 콜센터로 긴급지원을 요청	시·군·구청 및 긴급지원담당공무원이 현장에 방문하여 상황을 확인	현장을 확인한 후 선지원

4. 사후조사	5. 지원 적정성 검사	6. 사후연계
시·군·구청에서 사후조사 후 심사	긴급지원심의위원회에서 지원 적정성을 검사	기초생활보장 등 사후 서비스를 연계

(3) 관리주체

긴급복지지원의 업무는 긴급지원대상자의 거주지를 관할하는 시장·군수·구청장이 맡게 되며, 긴급지원대상자의 거주지가 분명하지 아니한 경우에는 지원요청 또는 신고를 받은 시장·군수·구청장이 하게 된다. 즉, 긴급지원대상자와 친족, 그 밖의 관계된 사람들은 누구라도 구술 또는 서면 등으로 이 법에 따른 지원을 요청할 수 있으며, 긴급지원 담당공무원이 긴급복지지원의 업무를 수행하게 된다.

(4) 주요 내용

긴급복지지원의 내용으로는 생계지원, 의료지원, 주거지원, 사회복지시설이용지원, 교육지원 등이 있는데(법 제9조), 특히 급작스러운 사고나 실직 등으로 경제적으로 궁핍한 가운데 질병의 문제가 발생하여 자신이나 가족의 능력으로 치료비를 감당할 수 없는 경우 이 법에 의거하여 의료지원을 받을 수 있으므로 의료사회복지사는 이 제도를 잘 알고 있을 필요가 있다. 이상과 같은 긴급의료비지원제도의 주요 법령 내용은 '긴급

표 6-3 | 긴급복지지원제도 개요(보건복지부, 2016)

구분		주요 내용
지원대상		갑작스러운 위기사유 발생으로 생계유지 등이 곤란한 가구 = 위기상황에 처한 가구
위기사유		1. 주소득자 사망, 가출, 행방불명, 구금시설에 수용되는 등의 사유로 소득을 상실한 경우 2. 중한 질병 또는 부상을 당한 경우 3. 가구구성원으로부터 방임放任 또는 유기遺棄 되거나 학대 등을 당한 경우 4. 가정폭력 또는 가구구성원으로부터 성폭력을 당한 경우 5. 화재 등으로 인하여 거주하는 주택 또는 건물에서 생활하기 곤란한 경우 6. 보건복지부령으로 정하는 기준에 따라 지방자치단체의 조례로 정한 사유가 발생한 경우 7. 그 밖에 보건복지부 장관이 정하여 고시하는 경우로서 ① 주소득자主所得者와 이혼한 때, ② 단전되어 1개월이 경과된 때, ③ 주소득자主所得者의 휴·폐업으로 생계가 곤란한 경우, ④ 주소득자主所得者의 실직으로 생계가 곤란한 경우, ⑤ 교정시설에서 출소한 자가 생계가 곤란한 경우, ⑥ 가족으로부터 방임放任·유기遺棄 또는 생계곤란 등으로 노숙을 하는 경우
소득·재산 참고 기준	소득기준	소득: 기준 중위소득 75%(1인기준 1,218천 원,4인기준 3,293천 원)이하
	재산기준	대도시 13,500만 원 이하,중소도시 8,500만 원 이하,농어촌 7,250만 원 이하 ※ (재산의 의미)일반재산+금융재산+보험, 청약저축,주택청약 종합저축부채
	금융재산	500만 원 이하(단,주거지원은 700만 원 이하)
의료지원		각종 검사, 치료 등 의료서비스 지원 • 300만 원 이내(본인부담금 및 비급여 항목) • 최대 횟수 2회

복지지원법'(국가법령정보센터, http://www.law.go.kr)을 통해 확인할 수 있다. 〈표 6-3〉에 긴급복지지원법에 근거한 긴급복지지원제도의 주요 내용을 제시하였다.

4) 노인장기요양보험법

노인장기요양보험법은 노인들의 건강 증진 및 생활 안정을 목적으로 2007년 4월 법률 제8403호로 제정되고 2008년부터 시행되었다. 노인장기요양보험법에 근거를 둔 장기요양보험제도는 갑작스러운 위기 상황으로 생계유지가 곤란한 저소득층에게 생계·의료·주거지원 등 필요한 복지서비스를 신속하게 지원하여 위기상황에서 벗어날 수 있도록 돕는 사회보장제도이다.

(1) 목적

노인장기요양보험법의 목적은 고령이나 노인성 질병 등의 사유로 일상생활을 혼자서 수행하기 어려운 노인 등에게 제공하는 신체활동 또는 가사활동 지원 등의 장기요양급여에 관한 사항을 규정하여 노후의 건강증진 및 생활안정을 도모하고 그 가족의 부담을 덜어줌으로써 국민의 삶의 질을 향상시키는 것을 목적으로 한다(법 제1조).

(2) 대상

노인장기요양인정을 신청할 수 있는 자는 노인 등으로서 장기요양보험가입자 또는 그 피부양자이거나 의료급여수급권자라야 한다(법 제12조). 장기요양인정을 신청하는 자는 공단에 보건복지부령으로 정하는 바에 따라 장기요양인정신청서에 의사 또는 한의사가 발급하는 소견서를 첨부하여 제출하며(법 제13조), 신청한 자료는 등급판정위원회의 심사를 거쳐 최종적인 등급판정이 이루어지게 된다.

즉, 이 제도의 서비스 신청 대상은 65세 이상 노인 및 65세 미만의 특정 노인성 질환(치매·뇌혈관성질환 등)을 앓고 있는 자로서 급여 대상은 "노인장기요양 등급판정위원회"에서 등급판정을 받은 자로 제한한다. 장기요양 등급은 대상자의 기능상태, 서비스 필요도 등을 감안하여 산출된 요양점수를 기준으로 1-3등급으로 구분된다. 65세 이상의 경우에는 기능장애의 원인을 불문하고 급여를 받을 수 있으나, 65세 미만인 경우에는 기능장애의 원인이 정부가 지정한 치매, 뇌혈관질환, 파킨슨씨병 등의 노인성질환에 기인해야 하는 것으로 제한되어 있다. 따라서 65세 미만이고 비노인성 질환에 의한 일상생활 기능장애인은 노인장기요양 수급 대상자에서 제외된다.

(3) 관리주체

관리주체는 공단으로서 공단은 장기요양사업에 사용되는 비용을 충당하기 위하여 장기요양보험료를 징수한다.

(4) 주요 내용

장기요양급여 제공의 기본원칙은 첫째, 노인 등의 심신상태·생활환경과 노인 등 및 그 가족의 욕구·선택을 종합적으로 고려하여 필요한 범위 안에서 이를 적정하게 제공하는 것, 둘째, 노인 등이 가족과 함께 생활하면서 가정에서 장기요양을 받는 재가급여를 우선적으로 제공하는 것, 셋째, 노인 등의 심신상태나 건강 등이 악화되지 아니하도록 의료서비스와 연계하여 이를 제공하는 것으로 요약된다(법 제3조).

장기요양대상자로 등급판정을 받게 되면, 공단은 가입자에게 등급 및 필요한 서비스 종류 및 내용, 월한도액 등의 내용이 담긴 표준장기요양이용계획서를 통지한다. 장기요양대상자로 선정된 수급권자는 장기요양인정서가 도달한 날부터 장기요양급여를 받게 되는데, 시군구에서 인가를 받은 장기요양서비스 사업자와 서비스 계약을 하게 되며 장기요양서비스를 이용할 수 있다.

장기요양급여의 종류는 크게 재가급여와 시설급여, 그리고 특별현금급여로 구성된다. 구체적으로 재가급여에는 장기요양요원이 수급자의 가정 등을 방문하여 신체활동 및 가사활동 등을 지원하는 방문요양, 장기요양요원이 목욕설비를 갖춘 장비를 이용하여 수급자의 가정 등을 방문하여 목욕을 제공하는 방문목욕, 장기요양요원인 간호사 등이 의사, 한의사 또는 치과의사의 지시서에 따라 수급자의 가정 등을 방문하여 간호, 진료의 보조, 요양에 관한 상담 또는 구강위생 등을 제공하는 방문간호, 수급자를 하루 중 일정한 시간 동안 장기요양기관에 보호하여 신체활동 지원 및 심신기능의 유지·향상을 위한 교육·훈련 등을 제공하는 주·야간보호, 수급자를 보건복지부령으로 정하는 범위 안에서 일정 기간 동안 장기요양기관에 보호하여 신체활동 지원 및 심신기능의 유지·향상을 위한 교육·훈련 등을 제공하는 단기보호, 수급자의 일상생활·신체활동 지원에 필요한 용구를 제공하거나 가정을 방문하여 재활에 관한 지원 등을 제공하는 기타 재가급여가 포함된다. 시설급여는 장기요양기관이 운영하는 「노인복지법」에 따른 노인의료복지시설(노인전문병원은 제외한다) 등에 장기간 동안 입소하여 신체활동 지원 및 심신기능의 유지·향상을 위한 교육·훈련 등을 제공하는 것이다. 특별현금급여는 가족요양비, 특례요양비, 요양병원간병비로 구성되며, 현금으로 급여가 제공된다(법 제

표 6-4 | 노인장기요양보험 지원 내용(2016년 기준)

구분		내용		
선정기준		• 65세 이상 노인 • 65세 미만이지만 노인성 질병(치매, 뇌혈관성질환, 파킨슨병)이 있는 자 • 건강보험가입자 또는 피부양자, 의료급여수급자 • 다른 사람의 도움 없이 일상생활 수행이 어려운 경우		
신청방법		전국공단지사(노인장기요양보험 운영센터)		
장기요양 급여 종류	재가급여	요양보호사가 수급자의 가정 등을 방문해서 목욕, 배설, 화장실 이용, 옷 갈아입기, 머리감기 취사, 생필품 구매, 청소, 주변 정돈 등을 도와주는 급여		
	시설급여	노인요양시설-치매, 중풍 등 노인성질환 등으로 심신에 상당한 장애가 발생하여 도움을 필요로 하는 자를 입소시켜 급식, 요양과 그 밖에 일상생활에 필요한 편의를 제공하는 장기요양급여		
		노인요양공동생활가정-치매, 중풍 등 노인성질환 등으로 심신에 상당한 장애가 발생하여 도움을 필요로 하는 자에게 가정과 같은 주거 여건과 급식, 요양과 그 밖에 일상생활에 필요한 편의를 제공하는 장기요양급여		
	가족 요양비	도서 · 벽지 등 방문요양기관이 현저히 부족한 지역에 거주하거나 천재지변이나 그 밖에 이와 유사한 사유로 인하여 장기요양기관에서 장기요양급여를 이용하기 어려운 자, 신체, 정신 또는 성격 등 대통령령으로 정하는 사유로 인하여 가족 등으로부터 장기요양을 받아야하는 수급자에게 현금으로 지급		
지원금 월 한도액	재가급여	1등급	2등급	3등급
		1,196,900원/월	1,054,300원/월	881,100원/월
	시설급여	월 한도액 = 등급별 해당금액 × 월간 일수		
	복지용구	15만 원/1개월		

※ 출처: http://www.longtermcare.or.kr

23조). 이상과 같은 노인장기요양보험제도의 주요 법령 내용은 '노인장기요양보험법'(국가법령정보센터, http://www.law.go.kr)을 통해 확인할 수 있다. 노인장기요양보험의 선정 기준과 내용은 〈표 6-4〉와 같다.

5) 암관리법 및 암관리법 시행령

암관리법은 암으로 인한 개인적 고통과 피해 및 사회적 부담을 줄이고 국민건강 증진에 이바지함을 목적으로 2003년 5월 제정되었고(법률 제6908호), 암관리법에서 위임

표 6-5 | 암환자 의료비 지원사업의 세부 내용(보건복지부, 2015)

구분	소아암환자	성인암환자		
		의료급여수급자	건강보험가입자	폐암환자
지원암종	전체 암종	전체 암종	5대 암종	원발성 폐암
선정기준종	• 건보: 소득대상조사 • 의급: 당연선정	당연선정	• 국가암검진 수급자 • 1월 건강보험료 (검진연도 제외)	• 건보: 평균보험료 • 의급: 당연선정
지원금액	• 백혈병: 3,000만 원 • 기타 암종 백혈병 이외: 2,000만 원 (조혈모세포 이식 시 3,000만 원) ※ 급여, 비급여 구분 없음	• 본인일부부담금 120만 원 • 비급여본인부담금 100만 원	본인일부부담금 200만 원	• 건강보험가입자: 본인일부부담금 100만 원 • 의료급여수급자: 본인일부부담금 120만 원, 비급여 본인부담금 100만 원
지원항목	• 본인일부부담금 • 비급여 본인부담금	• 본인일부부담금 • 비급여본인부담금	본인일부부담금	• 건강보험가입자: 본인일부부담금 • 의료급여수급자: 본인일부부담금, 비급여 본인부담금
지원기간	만18세까지 연속지원	연속 최대 3년	연속 최대 3년	연속 최대 3년

된 사항과 그 시행에 관하여 필요한 사항의 규정을 목적으로 2004년 3월부터 암관리법 시행령(대통령령 제18304호)이 제정된 후에 여러 차례의 일부 개정을 거쳤다.

(1) 목적

암관리법 시행령은 국가가 암의 예방과 진료 및 연구 등에 관한 정책을 종합적으로 수립 · 시행함으로써 암으로 인한 개인적 고통과 피해 및 사회적 부담을 줄이고 국민건강증진에 이바지함을 목적으로 한다(법 제1조).

(2) 대상

이 법의 적용 대상자는 우리나라의 국민으로서 국민건강보험법 제5조에 따른 건강보험가입자 및 피부양자와 의료급여법에 따른 의료급여수급자이다. 특히 암관리법 시행령 제10조에서는 암환자의 의료비 지원 대상·기준 및 방법 등을 제시하고 있는데, 아동복지법에 따른 아동 중 암환자, 국민건강보험법 제5조에 따른 건강보험가입자 및 피부양자 중 암검진사업에 따라 암으로 진단받은 사람, 의료급여법에 따른 의료급여수급자 중 암환자, 폐암 환자가 적용 대상이 된다.

(3) 관리주체

이 법은 국가가 암의 예방과 진료 및 연구 등에 관한 정책을 종합적으로 수립·시행함으로써 개인의 고통과 사회적 부담을 줄이고자 하는 것으로서, 구체적인 관리주체는 보건복지부이며, 암관리에 관한 중요사항을 심의하기 위하여 보건복지부장관 소속으로 국가암관리위원회가 설치되어 있다.

(4) 주요 내용

암환자 의료비 지원과 관련된 주요 내용을 아래에 정리하여 제시하였다. 사업의 근거가 되는 '암관리법'과 '암관리법 시행령'을 국가법령정보센터를 통해 확인할 수 있다.

6) 희귀질환관리법

희귀질환은 조기진단이 어렵고 적절한 치료방법과 치료의약품이 개발되지 아니한 질환으로서 환자와 그 가족들에게 경제적·정신적 부담을 가중시키는 질환이다. 조로증, 휘플병 등 상당수의 희귀난치성 질환은 10만 명 당 1명 내지 9명 정도로 드물게 발생하나, 개별 질환별 환자 수가 매우 적음에도 불구하고, 희귀질환의 종류 자체가 5,000~6,000여 종으로 알려져 있어, 전체 희귀난치성질환자 수는 결코 적지 않다고 보고되고 있다(질병관리본부 국립보건연구원 생명의과학센터 심혈관·희귀질환팀, 2009). 그럼에도 우리나라에서는 아직까지 희귀질환에 관한 정의조차 명확하게 정립되지 않은 상태이며, 낮은 수익성으로 인해 연구와 투자가 다른 질환에 비해 상대적으로 미흡한 실정이었다. 또한 의료비지원사업이 보건복지부 지침으로 이루어져 지원대상자의 선정기준과 지원이 안정적이지 못한 상황이다.

이에 정부에서는 희귀질환이 공공부문의 적극적인 개입이 필요한 영역임을 인식하고, 희귀질환에 대한 예방·검진·치료 및 관리를 위한 종합계획을 수립하고 전문기관의 지정, 연구개발사업 지원, 등록통계사업 수행 및 의료비 지원 등에 관한 사항을 규정함으로써 희귀난치성질환자 및 그 가족의 고통 및 경제적 부담을 완화하여 삶의 질 향상에 이바지할 목적으로 희귀질환관리법을 2015년 12월 신규 제정하였다(법률 제13667호).

(1) 목적

희귀질환관리법은 희귀질환의 예방, 진료 및 연구 등에 관한 정책을 종합적으로 수립·시행하여 희귀질환으로 인한 개인적·사회적 부담을 감소시키고, 국민의 건강 증진 및 복지 향상에 이바지하는 것을 목적으로 한다(법 제1조).

(2) 대상

이 법의 적용 대상자는 희귀질환을 앓고 있는 사람들인데, 희귀질환이란 유병有病인구가 2만명 이하이거나 진단이 어려워 유병인구를 알 수 없는 질환으로 보건복지부령으로 정한 절차와 기준에 따라 정한 질환을 말한다(법 제2조).

(3) 관리주체

국가와 지방자치단체는 희귀질환관리에 관한 사업을 시행하고 지원하여 희귀질환을 예방하고 희귀질환자에 대한 적정한 의료서비스가 제공될 수 있도록 노력하여야 한다(법 제3조). 보건복지부장관은 희귀질환관리를 위하여 희귀질환관리에 관한 종합계획을 5년마다 수립하여야 하며(법 제6조), 종합계획 수립을 위해서는 희귀질환관리위원회를 두어야 한다(법 제7조).

(4) 주요 내용

이 법의 주요 내용은 희귀질환관리체계의 수립, 희귀질환관리사업 수행, 희귀질환 전문기관 지정, 의약품 지원개발 등이다. 또한 관련하여 희귀질환 의료비지원사업이 시행되고 있다. 이 사업의 목적은 의료비의 경제적 부담이 과중하여 가계의 사회 · 경제적 수준 저하가 우려되는 희귀질환자에 대해 의료비지원을 통하여 대상자와 그 가족의 사회경제적 · 심리적 안녕을 도모하고 국민건강 및 복지수준을 제고하기 위함이다. 희귀난치성질환자 의료비 지원사업 대상 질환은 전신성홍반성루프스, 크론병 등을 포함하여 총 134종이며, 희귀난치성질환자 산정특례 등록자에 한하여 등록신청 및 지원이 가능하므로 반드시 희귀난치성질환자 산정특례 등록 후 보건소에서 신청해야 한다. 희귀질환 및 의료비지원사업에 관한 정보는 희귀난치성질환헬프라인(http://helpline. nih.go.kr), 한국희귀난치성질환연합회(http://www.kord.or.kr/)를 통해 확인할 수 있다.

2. 의료사회복지실천의 근거법

우리나라에서의 의료사회복지 실천은 제도적 승인에 근거한 활동이다. 제도적 승인이란 의료사회복지가 이루어질 수 있는 법적인 근거가 있다는 것을 의미하는데, 이는 사회적 승인social sanction으로서 의료사회복지가 전문직으로 기능할 수 있는 일련의 권한을 부여해준다. 구체적으로 사회복지사업법, 의료법, 장기 등 이식에 관한 법률, 정신건강증진 및 정신질환자 복지서비스 지원에 관한 법 등의 근거, 그리고 국민건강보험 요양급여기준 및 진료수가 산정기준 등의 제도적 근거에 기초한 사회적 승인을 확보하고 있다. 이러한 법적, 제도적 근거에 대하여 살펴보면 다음과 같다.

1) 사회복지사업법

우리나라의 사회복지사업법에서는 의료복지를 사회복지사업의 한 분야로 구체적으로 명시하고 있다. 사회복지사업법 제2조에서는 "사회복지사업이라 함은 다음의 법률에 의한 보호·선도 또는 복지에 관한 사업과 사회복지 상담, 직업지원, 무료 숙박, 지역사회복지, 의료복지, 재가복지在家福祉, 사회복지관 운영, 정신질환자 및 한센병력자의 사회복귀에 관한 사업 등 각종 복지사업과 이와 관련된 자원봉사활동 및 복지시설의 운영 또는 지원을 목적으로 하는 사업을 말한다."고 규정하고 있어, 사회복지사업에 있어 의료사회복지분야에 대한 활동의 근거를 명확히 하고 있다.

2) 의료법 시행규칙

병원을 기반으로 한 의료사회복지사의 활동이 법적인 근거를 갖게 된 것은 1973년 개정된 의료법 시행규칙에 의해서이다. 1973년에 개정된 의료시행령(대통령령 제6863호) 제24조 제2항 제5호에서는 "종합병원에는 사회복지사업법의 규정에 의한 사회복지종사자 자격증을 가진 자 중에서 환자의 갱생, 재활과 사회복귀를 위한 상담 및 지도 업무를 담당하는 요원을 1인 이상 둔다."고 규정하고 있다.

이와 같은 법적 근거가 마련된 이후 대학병원이나 종합병원 급의 병원에서는 의료사회복지사의 활동이 더욱 활발히 전개되기 시작하였으며, 의사, 간호사 등과 함께 팀을 이루어 환자와 가족의 치료 및 재활 서비스를 제공하는 데 중요한 역할을 담당하고 있다. 그러나 "요원을 1인 이상 둔다."는 규정은 병상 당 정원과 무관한 개념으로서 의무 규정이 아니기 때문에 이를 지키지 않는 병원에 대한 제재가 없어 의료사회복지사의 고용과 역할 확대에 큰 걸림돌이 되어 왔다. 특히 이 시행령이 제정된 후로 40년이 더 지나 의료 욕구 및 환경이 매우 크게 달라진 상황에서 의료사회복지계의 여러 노력에도 불구하고 여전히 이 규칙이 그대로 적용되고 있다는 점은 상당한 문제로서, 법 개정을 위해 지속적인 노력이 필요하다.

3) 장기 등 이식에 관한 법률

의료사회복지사의 전문적 활동 근거는 장기 등 이식에 관한 법률을 통해서도 찾아볼 수 있다. 이 법은 1999년 2월에 제정되었으며(법률 제5858호), 일부 및 전면 개정을 거쳐 2016년 현재 법률 제11976호를 적용받고 있다. 장기 등 이식에 관한 법률 시행령 제25조(이식의료기관의 지정기준)에서는 "장기이식의료기관으로 지정을 받고자 하는 의료기관이 갖추어야 하는 시설ㆍ장비 및 인력의 기준으로서 장기 등의 적출ㆍ이식을 위한 상담ㆍ연락업무 등을 담당하는 간호사와 사회복지사 각 1인 이상을 두어야 한다."고 규정하고 있다. 이는 장기이식의료기관으로 승인을 받기 위해서는 이식을 위한 상담과 평가를 담당하는 사회복지사가 조직 구성에 포함되어야 함을 의미하는 것이다. 하지만 근거 조항만 있고, 활동에 부합하는 수가를 인정하지 않고 있어 실제 역할 수행과 확대에는 한계가 있다.

4) 정신건강증진 및 정신질환자 복지서비스 지원에 관한 법

정신보건법은 1995년 12월 30일에 제정되었고(법률 제5133호) 그동안 여러 차례의 일부 개정 후, 2016년 5월 전부개정안(법률 제14224호)이 국회를 통과하면서 2017년부터의 시행을 앞두고 있다. 개정의 방향은 정신장애인의 인권보호 및 자기결정의 강화이며, 법의 명칭 또한 '정신건강증진 및 정신질환자 복지서비스 지원에 관한 법률'로 전면 개정 예정이다. 정신보건법에는 제정될 때부터 정신보건사회복지사의 전문적 역할이 명시되어 있으며, 개정된 법의 제17조에서도 "정신건강전문요원은 그 전문분야에 따라 정신건강임상심리사, 정신건강간호사 및 정신건강사회복지사로 구분한다."는 조문 내용을 통해 정신보건사회복지사의 전문적 역할에 대한 근거를 찾아볼 수 있다. 이와 같은 법적 근거에 따라 병ㆍ의원 및 종합병원, 대학병원 등의 정신건강의학과에서 일하는 의료사회복지사들은 정신보건 수련을 통해 정신건강사회복지사(기존에는 정신보건사회복지사)의 자격을 반드시 갖추고 있어야만 한다.

3. 의료사회복지 수가 산정체계

병원 및 의료기관에서 사회복지사는 환자와 가족을 대상으로 다양한 활동을 전개하고 있다. 그러나 의료사회복지사의 심리사회적 평가나 조사 및 상담, 집단활동 지도 등 다양한 개입 활동들이 모두 진료비 수가 산정체계에 포함되어 있는 것은 아니다. 현행 의료법과 관련하여 국민건강보험의 요양급여기준에 입각하여 진료수가를 산정할 수 있는 부문은 정신의학적 사회사업과 재활의학적 사회사업 분야이다. 이 외 장기이식 상담이나 당뇨병, 암환자 등 기타 다른 임상과에 대한 개입은 부분적으로 비급여 수가의 형식을 통해 활동에 대한 진료비를 청구하기도 하는데, 이는 각 의료세팅에 따라 활용도가 서로 다르게 나타나고 있다.

이 장에서는 법적인 근거에 기반하여 공식적으로 진료수가를 산정할 수 있는 정신의학적 사회사업과 재활의학적 사회사업 분야의 수가 산정체계에 관해 알아보겠다.

1) 정신의학적 사회사업

정신과 영역에서 의료사회복지사는 정신과 치료팀의 일환으로서 집단정신치료, 작업 및 오락요법, 정신과적 재활요법 등을 정신과 전문의의 지도하에 실시할 수 있으며, 정신의학적 사회사업을 실시하고, 그 활동에 대한 수가를 산정할 수 있도록 되어 있다. 국민건강보험 요양급여기준, 진료수가 및 약제비 산정 기준 제8장에 따르면 정신의료 분야에서 산정할 수 있는 정신요법료로서 사회복지사의 활동에 관해 산정할 수 있는 수가체계는 다음의 〈표 6-6〉과 같이 구성되어 있다.

이 가운데 일반집단치료(아-2-가), 정신치료극(아-2-다), 작업 및 오락요법(아-4), 정신과적 재활요법(아-9), 정신과적 응급처치(아-10)의 항목에 대해서는 정신과전문의 지도하에 정신과 전공의 또는 상근하는 전문가(정신간호사, 사회복지사 등)가 실시한 경우에만 수가를 산정할 수 있도록 한다.

또한 정신의학적 사회사업(아-11)의 항목은 사회복지사가 직접 이 요법을 실시한 경

표 6-6 | 사회복지사가 산정할 수 있는 정신요법료

분류번호	분류
아-2	집단정신치료: 가. 일반집단치료, 다. 정신치료극
아-4	작업 및 오락요법: 주3회
아-9	정신과적 재활요법: 2, 3개월 이상 장기 입원치료 후 퇴원 전 10회 정도산정
아-10	정신과적 응급처치
아-11	정신의학적 사회사업 가. 개인력조사, 나. 사회사업지도, 다. 사회조사, 라. 가정방문

우에 한해서만 수가를 산정할 수 있도록 규정되어 있다. 여기에는 개인력 조사, 사회사업지도, 사회조사, 가정방문이 속한다.

정신의학적 사회사업의 수가는 치료기간 중 산정할 수 있는 횟수가 제한되어 있다. 구체적으로 개인력 조사Individual History Taking는 치료기간 중 1회만 인정되고, 사회사업지도Social Work Guidance는 주1회, 치료기간 중 2회 이내에 한해서, 사회조사Social Investigation for Psychiatric Social Work는 주 1회, 치료기간 중 2회 이내, 그리고 가정방문Home Visiting은 주 1회, 치료기간 중 2회 이내로 산정할 수 있도록 규정되어 있다.

이러한 정신의학적 사회사업의 수가 체계는 1977년 7월 1일 의료보험 도입과 함께 시작되어, 정신의학 영역에서 사회복지사의 전문적 활동이 활발해지는 데 계기를 마련했다는 점에서 그 의의를 찾을 수 있다. 그럼에도 불구하고 전반적으로 수가가 낮게 책정되어 있다는 점과 도입 후 40여 년이 지나는 동안 정신보건사회복지사 활동의 전문성과 다양성 측면에서 양적 및 질적으로 큰 변화가 있었음에도 불구하고 이를 전혀 반영하지 못하고 있다는 점에서 뚜렷한 한계를 갖는다.

2) 재활사회사업

의료사회복지사의 전문적 개입활동이 의료비 수가산정체계에서 인정받을 수 있도록 된 또 다른 분야는 재활의료 영역이다. 재활의료사회사업 영역에서의 수가는 1994년부터 인정되기 시작하였다. 국민건강보험 요양급여기준, 진료수가 및 약제비 산정기준 제

7장, 제3절 전문재활치료료再活治療料 사-128재활사회사업 영역에서는 다음의 경우에 한해서 의료사회복지사의 활동에 수가를 산정하도록 하고 있다.

① 개인력 조사Individual History Taking: 치료기간 중 1회 만 인정
② 사회사업상담Social Work Counseling: 주 1회, 치료기간 중 2회 이내
③ 가정방문Home Visiting: 주 1회, 치료기간 중 2회 이내만 인정한다.

그런데 이와 같은 현행 의료사회복지 수가제도는 오랫동안 개선되지 못함으로써 몇 가지 문제점을 갖고 있어 이에 대해 논의해보고자 한다. 첫째, 정신과와 재활의학과 환자들을 제외한 타 임상과 환자에 대한 의료사회복지사의 개입활동에 대해서 정당한 보험수가를 인정받지 못한다는 점이다. 이는 다양한 임상과의 환자에 대한 의료사회복지사의 전문적 개입활동에 장애요인으로 작용할 수 있다. 둘째, 각 수가 항목들에 해당되는 활동 내용을 설명하는 기술이 간략하여 해석의 오류가 발생할 수 있으므로 이에 대한 설명이 좀 더 상세하게 보완되어야 할 필요성이 있다. 셋째, 가정방문의 경우 병원 내 의료사회복지사의 제한된 인력과 부족한 시간 등 현실적 문제로 인해 실제로 시행하기가 매우 어렵기 때문에 현재 사회복지실천의 변화를 반영하여 '지역사회자원연결' 등으로 수가 항목을 변경하여 책정하도록 하는 전환이 필요하다고 본다.

4. 건강보호 전달체계

건강보호 전달체계는 건강상태에 따라 3가지 수준의 서비스로 이루어지는데 1차는 예방, 2차는 치료, 3차는 보상의 개념에 기초하고 있다(Cowles, 2000).

1차 보호primary care는 건강서비스의 일차적 예방과 건강 유지에 초점을 두는데 질병을 예방하고 조기개입하는 것을 말한다. 관련된 건강보호 체계는 일반적으로 질병이 발생할 때 최초로 접촉하게 되는 기관으로서 지역사회 내의 소아과, 가정의학과와 같은 민간의료기관, 보건소와 같은 공공건강기관 등이 여기에 속한다.

2차 보호secondary care는 이미 문제가 생긴 건강의 문제를 치료하거나 2차적인 예방에 초점을 두고 치료하고 관리하는 것을 강조한다. 관련된 건강보호 체계는 의료서비스를 제공하는 기관으로서 2차 및 3차 의료기관이 이에 해당된다. 2차 의료기관은 일반적으로 군이나 소도시에서는 내과, 외과, 소아과, 산부인과 등 기본 4개과 정도로 진료할 수 있는 100병상 이상 규모의 병원이 기본이 되며, 중소도시 이상의 대도시에는 200-300병상 규모의 종합병원급 의료기관이 2차 진료체계를 담당하게 된다. 3차 의료기관은 대진료권 중심도시에 설치하도록 되어 있으며, 1차 및 2차 의료 기관에서 의뢰된 환자의 외래 및 입원치료를 담당하고 있다. 일반적으로 3차 진료기관은 기본적으로 700병상 이상의 규모를 갖추고 있으며, 환자의 치료뿐만 아니라 의학연구와 전문의 양성 및 교육훈련 기능을 담당하게 된다.

3차 보호tertiary care는 건강 서비스의 마지막 단계로서 만성적으로 진행되었거나 말기에 이르러 회복이 불가능한 건강 문제를 갖고 있는 사람에게 편안함과 동시에 잔존기능을 최대로 활용할 수 있도록 돕는 데 초점을 두고 있다. 관련 건강보호 체계로는 일반 병원에서 진료가 어렵거나 격리 또는 장기요양치료가 필요한 환자를 대상으로 하는 재활센터, 요양시설, 재가시설, 재활원, 산업재해병원 및 암센터 등이 포함된다.

이러한 건강보호의 전달체계는 상호 연관되어 있는데, 지금까지 의료사회복지사의 활동은 주로 2차 보호기관을 중심으로 이루어졌다. 그런데 최근에는 지역사회 중심 및 예방적 측면에서의 의료의 중요성이 강조되면서 보건소에 의료사회복지사를 의무적으로 배치하여 예방교육, 건강 상담 등의 업무 활성화를 촉진해야 한다는 논의가 이루어지고 있다(세계일보, 2015). 특히 2016년 3월 2일부터는 보건복지부에서 가정 호스피스 체계 구축을 위해 전국 17개 기관에서 '말기 암 환자 가정 호스피스 완화의료 시범사업'이 실시되는데, 이때 의사, 간호사뿐 아니라 사회복지사도 가정을 정기적으로 방문하여 증상관리, 상담 서비스를 제공하는 역할을 공식적으로 부여받게 되었으므로, 이와 같은 환경 변화를 반영하여 의료사회복지사의 활동 무대를 1차 및 3차 보호기관으로 확대하는 것에 대해 더욱 체계적으로 논의해나가야 한다. 지금까지 설명한 건강보호의 전달체계 안에서 환자진료 및 의뢰체계의 상호연계를 그림으로 정리하면 〈그림 6-2〉와 같다.

그림 6-2 | 의료전달체계의 모형

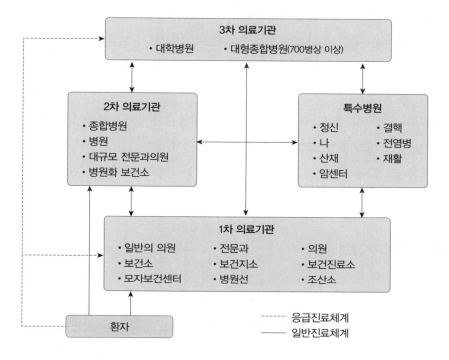

※ 출처: 이광재(2005), 377쪽 인용

5. 의료조직의 특성

의료조직의 특성을 이해하기 위해 먼저 의료조직, 즉 의료기관의 개념을 간단하게 정리하고자 한다. 의료법 제3조에서는 의료기관을 "의료인이 공중公衆 또는 특정 다수인을 위하여 의료 · 조산의 업(이하 의료업이라 지칭)"을 하는 곳으로 정의하고 있다. 의료기관은 의원급 의료기관[10], 조산원[11], 병원급 의료기관[12]으로 나뉜다. 병원급 의료기관

---

10 의사, 치과의사 또는 한의사가 주로 외래환자를 대상으로 각각 그 의료행위를 하는 의료기관을 지칭함.
11 조산사가 조산과 임부 · 해산부 · 산욕부 및 신생아를 대상으로 보건활동과 교육 · 상담을 하는 의료기관을 지칭함.
12 의사, 치과의사 또는 한의사가 주로 입원환자를 대상으로 의료행위를 하는 의료기관을 지칭함.

은 병원, 치과병원, 한방병원, 요양병원[13], 종합병원으로 나뉘는데, 이 중 종합병원은 100개 이상의 병상을 갖추고, 내과, 외과, 소아청소년과, 산부인과 중 3개 진료과목, 영상의학과, 마취통증의학과와 진단검사의학과 또는 병리과를 포함한 7개 이상의 진료과목을 갖추고 각 진료과목마다 전속하는 전문의를 둔 곳을 지칭한다. 대개 2차, 3차 의료기관이 해당된다.

의료법 시행규칙 제28조에는 종합병원에 사회복지사 자격을 갖춘 요원 1인 이상의 의무 채용을 규정하고 있으므로 종합병원은 의료사회복지사와 상당히 밀접하게 관련된 의료기관으로 볼 수 있다. 그러므로 이 절에서는 종합병원 중심의 의료조직 특성을 조직의 구성과 위계, 다학제 간 팀 협력으로 정리하고자 한다.

1) 조직의 구성과 위계

종합병원의 조직의 구성은 대개 진료 부문과 행정 부문으로 크게 이원화되어 있다. 그러나 각 병원의 구성과 체계는 병원의 핵심가치, 규모, 주력 활동 등에 따라 차이가 있다. 진료 부분은 대개 내과, 외과, 영상의학과 등의 전문분과를 갖는다. 진료부문은 성인을 대상으로 한 진료부문, 소아청소년을 대상으로 한 소아진료부문, 특수 센터인 암진료부문으로 조직체계가 구분되어 있다. 한 진료과 안에도 세부 전공에 따라 다양한 분과가 존재한다. 가령, 내과의 경우에는 호흡기내과, 순환기내과, 소화기내과, 혈액종양내과, 내분비내과, 알레르기내과, 신장내과, 감염내과, 류마티스내과 등의 분과를 갖고 있다. 각 진료과와 진료분과 별로 전공주임교수나 진료과장을 중심으로 한 위계조직이 각각 구성되어 있다. 행정 부문은 병원 조직병원에서 입, 퇴원 처리, 수납, 인사, 보수 유지 등의 일반 업무는 관료제적 행정 조직에 따라 업무가 진행되며(정경균 외, 1998: 158~167, 윤현숙 외, 2011: 274), 최근에는 인재개발, 병원혁신, 기획 및 마케팅 등의 업무들을 적극적으로 강화해나가는 추세이다.

의료조직의 특성으로 위계조직문화를 들 수 있는데, 이러한 문화는 병원의 핵심가

---

[13] 정신보건법 제3조 제3호에 따른 정신의료기관 중 정신병원, 장애인복지법 제58조 제1항 제2호에 따른 의료재활시설로서 제3조의2의 요건을 갖춘 의료기관을 포함함.

치와 규모에 따라 달라진다. 대학병원 급 종합병원 등 상대적으로 규모가 큰 병원은 자금과 인력 등의 우위로 인해 규모가 작은 병원에 비해 경영활동의 성과가 높고 안정적인 반면, 조직단위 자체가 고도로 분화되고 전문화되어 있어 계층적 업무질서와 상명하달식 절차와 규칙에 의존하게 되면서 관료적이고 권위적인 조직문화가 형성될 가능성이 높은 공식 조직이다. 하지만 급변하는 의료환경에 대한 대응 안에서 다수의 병원들은 고객친화적, 시장지향적인 조직문화 추구를 위해 노력하고 있다.

2) 다학제적 인적 구성

병원은 다양한 학제의 전문가가 일하는 곳이다. 여기에서는 의사, 간호사, 사회복지사, 임상병리사, 방사선사, 영양사, 약사 등과 같은 다양한 기술과 자격을 가진 사람들이 환자의 치료와 회복, 건강관리를 돕기 위해 각자의 전문적 역할을 수행함과 동시에 팀으로 협력하게 된다. 병원에서 팀 협력은 여러 가지 방식으로 이루어지는데, 의료사회복지팀에서 이루어지는 대표적인 팀 협력의 형태는 자문consult과 다학제 간 팀 협력multidisciplinary team approch을 들 수 있다.

첫째로, 자문은 재원한 과 이외의 다른 진료과에 전문적 진료를 의뢰하는 것이다. 예를 들어, 소화기능의 문제로 내과에 재원 중인 환자가 불안과 불면을 호소할 때 내과 주치의가 정신건강의학과에 자문을 요청하여 협진을 진행하는 것이다. 의료사회복지사 또한 업무 과정에서 전 진료과로부터 자문을 요청받는다. 담당 주치의가 사회복지과로 자문을 의뢰하는 경우는 대개 환자가 개인 및 가족의 심리사회적 어려움 등으로 병원 적응에 어려움을 보이거나 치료비 마련이 어려운 경우, 퇴원 후 주거나 재활의 어려움이 예상되는 경우이다. 그러므로 의료사회복지사는 사회복지 영역의 전문가로서 다른 진료과의 자문에 응하며 환자의 전인적인 치료를 위해 함께 노력하게 된다.

둘째로, 다학제 간 팀 협력은 하나의 사례에 대해 여러 전문가들이 함께 협력하는 것으로서 사회복지 영역에서는 공식적 및 비공식적으로 여러 팀에 소속되어 협력 활동에 참여하게 된다. 이 경우, 재활의학과처럼 의사, 간호사, 사회복지사, 물리치료사 등의 팀 협력이 정례화된 경우도 있고, 학대아동에 대한 보고가 들어왔을 때 학대아동보호팀에서 아동의 증상과 관련 있는 진료과 전문의와 관계자를 소집하여 사례자문회의나 사례판정회의를 개최하는 것과 그 활동이 비정기적으로 이루어지는 경우도 있다.

　　실제로 의료사회복지사들의 팀협력체제에서의 역할 수행 경험을 연구한 전현진(2006)은 의료사회복지사들이 타 전문직종의 인식 부족 및 직무 경계의 모호함 때문에 겪는 의료사회복지사의 내적 갈등에 대해 묘사하면서, 의료사회복지들의 역할 및 업무에 대한 홍보와 설득의 필요성을 제시하였고, 갈등과 어려움을 적극적인 태도 및 친분 등의 협력을 통해 극복해나가는 팀워크 형성의 과정에 대해 보여주었다. 그러므로 의료사회복지사로서 일하기 위해서는 조직 내에서의 의사소통 능력 및 전문성 함양, 그리고 갈등 관리를 위한 내적 및 외적 노력들이 지속적으로 이루어질 필요가 있다.

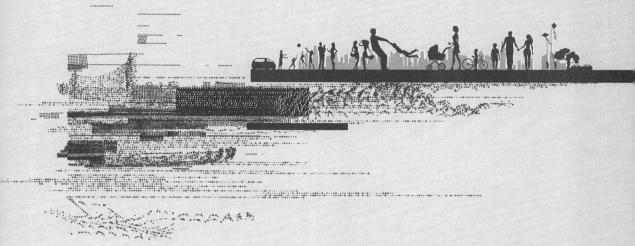

PART 3

의료사회복지사의
역할

의료현장에서 사회복지행정업무

1. 서비스 질 관리

1) QA의 개념과 특성

(1) 개념 및 대두 배경

QA^Quality Assurance는 서비스 질 관리를 의미하는 용어로서 주로 기업에서 적용되던 용어였으나 1990년대 중반 이후 의료 조직에서도 급격하게 적용, 확산되어 왔다. 그 이유는 의료계에서도 서비스의 질적 향상이 중요한 현안이 되었기 때문이다. QA란 병원의 생산물과 서비스를 측정하고 이것이 기준에 부합하는가를 결정하는 과정을 총칭하므로, 이미 제공된 의료의 과정을 모니터링한다는 수동적인 의미가 강하다. 그러나 점차로 QA와 QI^Quality Improvement를 같은 의미로 사용할 정도로 이 개념은 서비스의 질적 개선을 위한 노력까지 포함하는 적극적이며 능동적 개념으로 사용된다(윤현숙 외, 2011). 즉, 질보장^QA: Quality Assurance이란 질평가^QA: Quality Assessment와 질향상^QI: Quality Improvement을 양축으로 하는 활동이다. 이 두 개념을 포함하여 조현찬(1997)은 QA란

"병원에서 제공되는 진료 및 이와 관련된 서비스의 질적 수준이 일정 수준 이상이 되도록 지속적, 조직적 및 체계적인 방법으로 의료의 질을 평가하고 개선하는 것"이라고 정의하였다.

급격한 의료비 상승, 전 국민의료보험에 따른 의료수요의 증가, 의료서비스에 대한 기대 변화, 소비자 보호운동의 확산과 같은 사회변화는 의료소비자들의 알 권리와 의료비의 효율성에 대한 관심을 증가시키면서 의료의 질을 중요한 과제로 부상시키고 있다(한인영 외, 2013). 이러한 변화는 의료사회복지에 긍정적으로 기여할 것으로 기대되는데, 그것은 QA를 위한 병원의 자체적 노력에 사회복지사들이 적극적으로 개입하게 되면서 QA운동이 의료사회복지의 영역 확대나 위상확립을 위한 발전적 전기로 작용하고 있기 때문이다(박현선, 1995)

QA와 관련한 의료사회복지사들의 역할은 크게 두 가지로 구분하여 생각할 수 있다. 하나는 병원의 적정진료심사위원회에 참여하거나 환자고충상담소 운영 등과 같은 병원의 전반적인 QA활동에 참여하는 것, 또는 QA제고를 위한 서비스를 실시하는 것 등이다. 다른 하나는 의료사회복지활동 자체의 QA를 위한 활동이다. 즉, 의료사회복지 서비스의 질적 향상과 그 개선을 위한 다양한 활동들이 후자에 해당된다(윤현숙, 2011).

(2) 특성

병원이라는 조직 내의 서비스 질 관리의 범주 안에서 의료사회복지부서의 실천활동 또한 구조, 과정, 결과의 부문에서 질적인 평가를 실시하고 개선책을 마련해나가야 한다(Auslander & Cohen, 1992; 한인영 외, 2013 재인용)

첫째, 구조부문에서는 의료사회복지부서의 구조가 효과적으로 의료사회복지활동을 수행할 수 있도록 되어 있는가, 의료사회복지서비스를 제공하기에 충분한 사회복지사가 있는가, 기관 내 직무교육프로그램이 있는가, 병원 내외의 사람들 간에 의사소통의 통로와 장치가 마련되어 있는가에 관해 알아보는 것이다.

둘째, 과정부문으로 클라이언트에게 제공된 서비스의 과정과 실천내용이 전문적인 기준과 지식에 부합되었는지에 초점이 주어진다. 의료사회복지사가 고위험 환자를 발견하여 적절히 개입하였는가, 클라이언트에 대한 사정을 충분히 수행하였는가, 클라이언트의 문제에 적절하게 다양한 개입방법을 동원하였는가 등이 과정을 평가하는 질문이 될 것이다.

셋째, 결과에 대한 질관리는 의료사회복지서비스의 결과가 사회복지서비스에 대한 병원의 필요성을 효과적으로 충족시켰는지에 대해 답을 찾는 활동이다. 물론 가장 중요한 것은 환자 관점에서의 만족도겠지만 그럼에도 여전히 논란들이 있는데 누가 결과를 평가할 것인가, 즉 평가 주체의 우선순위, 평가의 객관성 확보, 평가기준의 적절성 등에 대한 논쟁이 있다.

2) 병원 QA 프로그램

(1) 병원신임평가제도

의료서비스의 질 관리를 위해 구체적으로 실시되는 활동이 QA프로그램이다. 이러한 프로그램 대부분은 주로 병원조직에서 주체적으로 실시하는 것들이지만 외부기관에 의해 수행되는 활동이 질 관리 효과를 불러오는 것도 있다. 우리나라에서 1981년부터 실시하고 있는 병원신임평가제도[14]가 후자에 해당되는 대표적인 제도이다.

병원신임평가는 1977년 의료보험제도 실시로 인해 급격히 늘어난 의료수요에 맞추어 병원들이 증설되면서 의료서비스의 질 관리와 전공의에 대한 정원배정 등을 목적으로 1980년 대한병원협회를 중심으로 실시되기 시작하였다. 의료사회복지 또한 병원신임 평가항목 부문 중 하나로 일찍부터 평가되었다(윤현숙 외, 2011). 그러나 의료사회복지에 대한 병원신임평가는 많은 문제점을 내포하였기에 2000년 이후 몇 차례 개정되었다.

원래 의료사회복지 평가항목이 전체 평가항목에 비해 매우 적었는데, 개정을 거치며 항목이 증대되었고, 전체적으로 의료사회복지활동 그 자체보다 구조부문에 치중되

---

14 '병원표준화심사'라는 명칭으로 시작되었다가 후에 '병원신임평가'로 변경됨.

표 9-1 | 병원신임평가 의료사회사업부문 평가항목 개요 및 작성지침

① 직원현황(사회복지사 자격증 사본, 대한의료복지사협회 정회원증 사본 등)
② 의료사회사업부문과 관련된 병원의 기구 조직표
③ 사회사업부서 / 상담실 위치도와 평면도
④ 의료사회사업부문의 전체예산서
⑤ 의료사회사업관련 업무규정(항목별)
⑥ 의료사회사업 협진의뢰체계 구조와 임상활동근거
⑦ 사회복지사의 전문교육과 신입직원 오리엔테이션 참여도
⑧ 사회사업기록 사본 3부, 접수대장
⑨ 의료사회사업 상담실적, 진료비 지원실적
⑩ 의료사회사업부문의 지속적 질 향상을 위한 평가활동

었던 이전의 심사요강에 비해 결과부문이 대폭 늘어났다(한인영 외, 2013) 이러한 평가항목에 주목해야 하는 이유는 의료사회 관련 평가 항목의 내용과 결과에 따라 병원에서의 위상과 투자가 달라질 수 있기 때문이다. 병원신임평가의 의료사회사업부문 평가항목의 개요 및 작성지침은 〈표 9-1〉과 같다.

(2) 의료기관인증제

의료기관평가제도는 2002년 의료법 제47조 제2항의 신설에 따라 실시되었으며, 1995년부터 2003년까지의 시범평가를 거쳐 2004년부터 본격 도입되었다. 상급종합병원, 종합병원 전체를 대상으로, 병원은 300병상 이상 규모에 대해서 강제평가 방식으로 진행해 왔다. 그 결과 의료서비스에 대한 의료기관의 관심 제고, 서비스 수준 향상, 임상질지표 도입 등 일부 긍정적인 성과를 달성하였으나 언론, 소비자단체, 의료기관 등을 통해 평가서열화에 따른 병원 간 과잉경쟁 유발, 전담 조직이나 전담 전문인력 부재에 따른 평가의 전문성 및 객관성 미흡, 구조적인 측면의 평가로 인한 의료기관의 비용 부담 발생, 강제평가로 인한 의료기관의 자발적 질 향상 노력을 위한 동기 부재 등의 문제점이 제기되었다(한인영 외, 2013).

이에 2009년 7월에 의료법 개정을 통하여 의료기관 인증제의 법적 근거를 마련하였고 2010년 10월 26일에 의료기관평가인증원을 개원하였다. 의료기관평가인증원은 보건복지부 장관이 인증을 위하여 필요하다고 정한 업무를 위탁 받아 수행한다. 즉, 정

그림 9-1 | 2010 의료기관인증기준집 인증기준의 틀

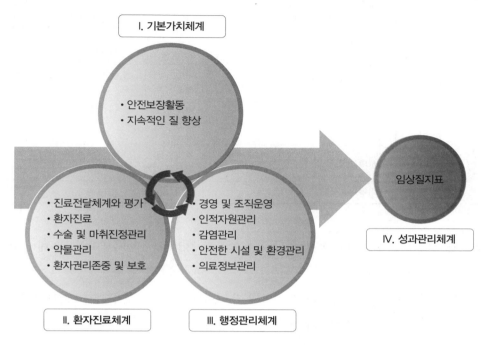

I. 기본가치체계

• 안전보장활동
• 지속적인 질 향상

• 진료전달체계와 평가
• 환자진료
• 수술 및 마취진정관리
• 약물관리
• 환자권리존중 및 보호

• 경영 및 조직운영
• 인적자원관리
• 감염관리
• 안전한 시설 및 환경관리
• 의료정보관리

임상질지표

IV. 성과관리체계

II. 환자진료체계

III. 행정관리체계

※ 출처: http://www.koiha.or.kr/

부 중심의 강제평가가 아니라 의료기관의 자율적인 참여를 바탕으로 하는 인증제로 전환하게 된 것이다. 의료기관 인증제는 모든 의료기관을 대상으로 하고 있으며, 병원급 이상 의료기관은 자율적으로 인증을 신청할 수 있다. 다만, 요양병원과 정신병원은 의료 서비스의 특성 및 환자의 권익 보호 등을 고려하여 2013년부터 의무적으로 인증신청을 하도록 의료법에 명시되어 있다.

인증기준은 의료법 제58조3(의료기관 인증기준 및 방법 등)의 1항에 명시된 사항으로서 환자의 권리와 안전, 의료기관의 의료서비스 질 향상 활동, 의료서비스의 제공과정 및 성과, 의료기관의 조직 인력관리 및 운영, 환자만족도와 같은 주요 내용을 포함하고 있으며 인증기준의 틀은 〈그림 9-1〉과 같다.

이러한 흐름 안에서 대한의료사회복지사협회에서는 의료기관평가를 효율적으로 대비하고 준비에 따른 혼선을 최소화하고 나아가 대외적으로 의료사회사업활동에 따

표 9-2 | 의료기관평가와 의료기관인증

구분	의료기관평가(과거)	의료기관인증(현재)
조사관점	의료공급자 (직능 위주, 부서별 평가)	의료소비자 (환자 위주, 부서총괄조사)
조사절차	부서별 평가 및 단기적인 준비 가능	어떤 부서라도 모든 기준 조사 가능, 지속적인 준비가 필요
조사대상	대표적인 의료인으로 국한	전 직원 대상
조사준비	주로 QI부서	전 직원
조사방법	부서별 단면적 평가	추적조사 도입: 병원 내 규정에 근거한 전 부서의 실제 수행 조사
평가방법	상대평가	절대평가

른 전문성을 널리 알리고자 의료기관평가 의료사회사업부문(의료사회사업체계) 대비 지침을 제시하기도 하였다.

지금까지 살펴본 바와 같이 의료기관의 질 관리는 의료기관평가로부터 의료기관인증으로 변화해왔고, 조사 대상과 절차, 평가 방법에도 내용적인 차이를 보이고 있다. 이러한 부분을 〈표 9-2〉에 정리하였다(한재훈 외, 2013).

(3) 국제의료평가위원회인증

국내 의료기관들은 2009년 5월 의료법 개정으로 외국인 의료 환자를 유치할 수 있게 되면서 외국인 환자를 유치하기 위한 다양한 노력을 기울이고 있다. 이러한 노력 중의 하나로서 의료기관의 국제적 인지도를 향상하고, 의료 질의 우수성을 입증하는 데 유용한 국제적 인증을 획득하는 데 많은 관심을 기울이고 있다. 이러한 국제 인증은 국제사회에서 인지도가 높은 Joint Commission International^JCI 인증을 선호하는 것으로 나타나고 있다. 국내 의료기관의 국제 인증은 2007년을 시작으로 2013년 5월 기준으로 14곳의 의료기관에서 JCI 병원인증을 위한 심사를 통과하여 인증상태를 획득하고 있다(오영훈 외, 2013)

JCI는 인증^Accreditation을 의료기관이 진료의 안전과 질을 향상하고자 수립된 기준을 충족하는지의 여부를 판단하기 위해 별도의 객관적인 독립기관, 일반적으로 비정부기관이 의료기관을 평가하는 절차라 정의하고 있다. JCI의 인증 목표Goal는 합의된 국제표준International Consensus Standard, 국제적 환자안전목표International Patient Safety Goals 및 지표측정지원Indicator Measurement Support의 지원을 통해 의료기관의 지속가능한 개선을 활성화시키는 것이다. JCI는 모든 환자진료 환경을 평가하며, 평가 시 각 의료기관별 조직 문화 및 해당국가의 법적 요인을 고려한다. 평가 후 각 기준별 평점을 획득한 의료기관은 인증서를 받게 되며 이는 3년간 효력을 지니게 된다(한재훈, 2010).

3) 의료사회복지팀의 병원 내 QA활동

의료사회복지팀의 병원 내 QA 활동은 병원별로 차이가 있지만, 공통적으로 환자 입장에서 서비스 만족도를 높이려는 목적을 갖고 수행된다. 여기에서는 윤현숙 등(2011)이 제시한 환자의 서비스 만족도 평가, 고충처리상담실, 편의향상위원회의 세 가지를 제시하였다.

(1) 환자의 서비스 만족도 평가

환자의 서비스 만족도 평가는 병원 QA의 하나로 고객인 환자의 욕구를 파악하고, 병원의 문제점을 발견하여 이를 개선함으로써 고객이 만족하는 서비스를 제공하고 바람직한 병원상을 확립하는 것을 목적으로 실시된다. 병원에 따라서 QA 전담부서나 전담부서가 없는 경우 총무과 등에서 수행하기도 하나 사회복지부서가 있는 병원은 대부분 사회복지부서에서 주관하여 실시한다.

(2) 환자 고충처리 상담실

병원 QA활동 중 의료사회복지사들이 담당하는 활동으로 의료이용 중에 발생하는 의문점이나 불리한 서비스로 인한 환자와 고객의 고충에 대해 상담하고 해결해주는 고충처리상담서비스가 있다.

(3) 환자편의향상위원회

제공되는 의료서비스를 객관적으로 평가하고 그 결과를 병원에 건의하여 의료서비스를 개선하려는 목적으로 실시되는 의료서비스에 대한 모니터링은 의료사회복지사에 의해 수행되는 병원 QA프로그램 중 하나이다. 경기도의 한 대학교병원에서는 사회복지과가 주관하여 매월 한 번씩 환자대표 3인, 보호자대표 2인, 지역사회지도자 3인, 자원봉사자 3인으로 구성된 환자편의향상위원회가 개최된다. 이 위원회를 통해 병원 이용자의 입장에서 불편한 사항이나 개선할 점에 대해 검토하며, 여기서 제기된 문제들을 병원책임자에게 보고하여 조치함으로써 병원의 서비스 질을 관리하고 있다.

2. 의료비지원

현대사회에서 의료와 관련된 부분은 재정적 측면과 밀접한 관련이 있다. 예를 들어, 검진을 하거나 질병을 치료한다는 것은 의료비가 발생한다는 것을 의미한다. 따라서 여러 선진국에서는 국가적 차원에서 사회보험으로서 의료보험과 공적 부조로서 의료보호 제도를 운영함으로써 국민의 의료권을 보장하고 있다. 그럼에도 불구하고 의료보험에서 포괄하지 못하는 의료비나 의료장비 항목이 여전히 상당수 존재하고, 특히 고가의 수술비나 치료나 만성질환자의 지속적인 돌봄에 소요되는 비용은 재정적 부담이 큰 것이 사실이다. 이러한 이유로 환자가 발생하게 되면 그 환자뿐 아니라 가족의 삶의 기반 자체가 허물어지는 위기에 봉착하기도 한다. 최근 우리 사회의 소득구조에 양극화가 심화되면서 의료비 문제는 사회적으로도 민감한 관심사로 떠오르고 있다. 이러한 상황에서 지역사회 자원을 발굴하고 연결하여 치료와 재활의 접근성을 높이는 것은 의료사회복지사에게 있어서 매우 중요한 역할이다.

1) 지원을 위한 기금 확보

의료비 지원을 위해서는 우선 재정적 자원이 확보되어야 한다. 대규모 병원의 경우에는 사회 환원 차원에서 병원 자체적으로 일정액의 기금을 마련하는 경우도 있다. 그러나 이러한 여력이 없는 의료기관도 많을 뿐 아니라 일정 금액이 확보되어 있다 하더라도 다양한 환자들의 재정적 욕구에 부응하는 것은 간단한 일이 아니다. 따라서 의료사회복지사에게는 보다 적극적인 자원 확보 활동이 요구된다. 특히 병원조직의 입장에서는 사회복지사가 다른 직종에 비해 병원수익에 기여하는 바가 한정적이라는 이유로 채용에 소극적인 경우가 있는데, 이러한 자원 확보는 환자의 치료기회 제공뿐 아니라 병원조직의 운영에 기여한다는 의미를 가질 수도 있다.

기금의 출처로는 다음과 같은 유형들이 존재한다(강홍구, 2007: 286-288; 윤현숙 등, 2011: 323-328).

- 정부: 보건복지부를 비롯한 정부는 대표적인 기금 출처 기관으로서, 긴급의료비 지원제도를 통해 일정 기준에 부합하는 대상(최저생계비의 100분의 185이하인 경우)에게 치료비 중 본인부담금과 비급여항목 진료비 중 일부를 지원하고 있으며, 다양한 연구조사활동을 지원하기도 한다. 따라서 의료사회복지사는 보건복지에 대한 정부의 정책적 방향과 정부 차원의 의료비 지원제도 등을 정확히 파악하고 있어야 한다.
- 병원 내부: 병원 내부에서 기금을 조성하는 것으로서, 여기에는 병원 자체적으로 일정 규모의 사회복지기금을 편성하는 경우와 병원직원들의 자발적 참여나 바자회, 음악회 등 다양한 프로그램을 통해 후원금을 모금 및 운영하는 경우가 해당된다. 병원의 사회복지기금은 주로 의료사회사업부서에서 관할하게 되므로 그 사용을 위한 기준과 처리과정이 마련되어야 한다. 또한 원내 후원조직은 의료사회사업부서에서 업무를 맡아서 운영하기도 하지만 별도의 자체 조직으로 구성되기도 하므로 후자의 경우에는 상호협력 체계가 요구된다.
- 외부기관: 사회복지공동모금회나 복지관련 재단과 같은 외부 원조기관에 신청하

여 진료비를 후원받는 방식이다.[15] 이러한 지원을 받기 위해서 사회복지사는 지원금 지원 기관 및 해당 사업에 대한 정확한 정보를 확보하여, 우선 신청하고자 하는 사업이나 사례와의 적합성을 잘 살펴야 한다. 그리고 신청가능성이 있다고 판단되면 프로포절 작성해야 하는데 이때는 신청하는 쪽의 신뢰성과 절박한 욕구가 잘 드러나고, 필요한 금액의 근거가 구체적으로 제시되며, 후원을 통하여 달성될 수 있는 결과가 정확히 드러나도록 작성해야 한다. 그리고 그 결과물을 정확하고 성실하게 보고하여 차후 사업지원 및 협력을 위한 신뢰의 기반을 구축하도록 해야 한다.

- 특별행사: 기금 마련을 위한 이벤트, 즉 행사를 기획하고 진행하는 것이다. 여기에는 걷기대회, 음악회, 전시회와 같은 행사들이 포함될 수 있다. 강흥구(2007: 286)는 모금을 위해서는 경제적 빈곤을 강조하기보다는 소아암 환자를 위한 기금, 화상환자의 사회재활을 위한 기금, 척수손상환자의 보장구 마련을 위한 기금, 성폭력과 학대 피해 아동을 위한 기금과 같이 구체적인 기금의 성격을 특화하여 접근하는 것이 바람직하다고 제언하고 있다.

- 개인 후원자: 개별 후원자를 모집하고 관리하는 활동이다. 후원자 모집은 앞에서 제시한 특별행사를 이용할 수도 있고 후원자 모집 팜플렛 등을 통해 이뤄질 수도 있다. 또한 개별 접촉을 통해 잠재적 후원자를 실질적 후원자로 변화시킬 수도 있다. 개별 접촉에서는 설득을 통한 동기부여가 필요한데 그 동기는 개인차가 있으므로 후원자를 발굴하려는 사회복지사는 우선 상대를 동기화할 수 있는 부분이 무엇인지를 잘 파악할 수 있어야 한다. 또한 후원자 발굴에 그쳐서는 안 되며 후원한 금액에 어디에 어떻게 사용되었는지 소통함으로써 후원자의 의도가 잘 달성되었는지 피드백을 해야 한다. 또한 감사의 뜻을 전하기 위한 메시지 전달이나 후원자의 밤과 같은 행사 등을 마련하여 후원자가 자신의 후원행위에 대한 보람이나 자긍심을 느끼도록 하는 것도 필요하다.

---

15 관련기관들의 목록은 〈부록 2〉를 참고하기 바란다.

2) 의료비 지원을 위한 기획사업

의료사회사업부서에서는 확보된 기금을 유용하게 사용하기 위한 기획을 하고 사업을 집행 및 평가하는 기능을 수행한다. 이러한 사업은 보통 개인적 차원의 후원이 아니라 비교적 큰 규모의 사업으로 진행된다. 따라서 가장 중요한 출발점은 사업에 대한 아이디어 제안이라고 할 수 있다. 즉, 특정 목적 구현을 위한 사업을 기획하여 보다 체계적으로 예산을 활용하고자 하는 조직의 의도에 따라 창의적인 기획사업을 추진할 수 있어야 한다. 이러한 기획사업의 예로는 도서지역 부인암 검진사업, 가정폭력피해자 무료진료사업, 화상환자 재활지원사업, 지진피해자 돕기 해외의료봉사단파견사업 등을 들 수 있다.

이런 사업들을 제안하는 단계에서 검토해보아야 할 사항은 다음과 같다.

- 기금의 성격이나 소속된 의료조직의 성격에 맞는 사업이어야 한다. 만약 기금이 어떤 취지나 대상을 표방하여 모금된 것이라면 그에 맞는 사업을 구상해야 한다. 또한 이러한 사업을 추진하는 병원의 특화된 분야가 무엇인지를 살펴야 한다. 예를 들어서 화상환자를 전문으로 하는 병원이라면 그와 관련된 기획을, 또는 여성 전문 병원이라면 그와 연관된 기획을 필요로 할 것이다.

- 의료사각지대에 처한 대상이 누구인지를 파악한다. 의료비 지원은 의료서비스의 혜택을 받지 못하는 대상에게 제공되는 것이 마땅하다. 여기에는 안면기형환자 수술비 지원과 같이 의료비를 직접 지원하는 방식도 있을 수 있고, 외국인 근로자를 위한 무료진료팀 운영과 같이 의료서비스를 제공할 수 있도록 그 서비스팀 운영비를 지원하는 방식도 있을 수 있다. 또한 일상적인 지원도 가능하지만 재난에 대응하기 위한 일시적인 긴급구호 방식으로 사업을 기획할 수도 있다.

- 실현가능성과 성과를 예측한다. 사업의 내용이나 의미가 아무리 좋더라도 실현가능성이 낮거나 성과물을 예측하기 어려운 경우에는 사업으로 채택될 가능성이 낮다. 따라서 사업 구상 단계에서도 육하 원칙(누가, 왜, 언제, 어디서, 무엇을, 어떻게)에 따라 제안서를 작성해보고 목표에 따른 산출output과 성과outcome를 예측해

보아야 한다.

- 홍보효과에도 관심을 갖는다. 홍보는 곧 어떻게 의미를 부여하고 외부에 이를 알릴 것인가 하는 부분으로서 이는 병원 본부의 재가를 얻어내기 위해 반드시 필요한 부분이다. 그런 측면에서 일회적인 사업의 경우 시의적절성이 중요하며, 지속적인 사업의 경우에는 장기적으로 어떤 측면에서 병원의 이미지나 위상을 제고할 수 있는지를 검토하는 것이 중요하다.

아이디어 검토를 마치면 제안서를 작성하여 병원 본부의 재가를 받도록 한다. 만약 제안서가 통과되면 보다 구체적인 기획서를 작성하고 해당 사업을 위한 운영조직을 구성하며 예산을 배정하는 등 실행에 옮기게 된다. 사업이 진행되는 현장에서 의료사회복지사는 실질적으로 서비스를 제공할 수도 있지만 전체적인 사업 진행을 총괄 지원하는 업무를 수행해야 하는 경우가 많다. 그리고 사업이 종결된 이후에는 기획 단계에서 세운 목표에 따른 평가서를 작성하고 사후 관리를 통하여 사업의 성과를 지속적으로 파악하여 보고하도록 한다.

이러한 기획사업을 진행하기 위해서는 우선 다양한 제안을 할 수 있는 창의성이 요구되며 이를 현실에 맞게 구상하고 준비할 수 있는 조직력, 그리고 관련 부서나 현지 조직들과 소통하고 협력할 수 있는 의사소통 능력과 인화력 등이 요구된다.

3) 개별 의료비 지원사업

의료보험과 의료보호로 충당할 수 없는 비급여 항목의 진료비가 감당할 수 없는 정도인 경우나 차상위 계층으로서 일정 부분의 본인부담금조차도 버거운 경우에 개별적으로 의료사회사업부서에 지원을 신청할 수 있다. 이러한 신청은 환자 스스로 정보를 알고 찾아오는 경우도 있지만 진료부서에서 환자를 의뢰하는 경우도 있고 또 사회복지관이나 학교 등 외부 기관으로부터 병원에 의뢰되는 경우도 있다.

앞에서 살펴본 바와 같이 대형 병원에서는 사회복지기금이나 자선진료기금이라는 명목으로 이러한 기금을 운영하기도 한다. 만약 이러한 기금을 사용할 수 없는 상황이라면 외부 자원을 연결하여 이러한 욕구를 해결할 수 있도록 돕는 것은 의료사회복지사의 중요한 활동이다. 실제로 의료사회복지사의 직무 중 소득원 상실이나 결여로 인한 치료비 부담 문제 등의 경제적 문제는 중요한 개입 대상으로 규정되고 있다. 이와 관련하여 의료사회복지사는 경제력 평가, 진료비 지원과 이를 위한 외원기관 연결, 무의탁 또는 행려환자 개입 등의 역할을 수행하게 된다(강홍구, 2007).

본 교재에서는 이러한 역할의 대부분이 재정이나 자원을 연결하거나 정해진 행정처리 과정에 따라 업무가 진행된다는 점에서 행정업무의 일환으로 제시하고 있지만, 사실상 이 과정에서는 환자 또는 그 가족과 면담이 반드시 이뤄져야 하고 심리사회적 지원이 병행되는 경우가 많다는 사실도 명심해야 한다. 따라서 이러한 역할을 수행하기 위해서는 상당히 높은 수준의 전문성과 윤리성이 요구된다. 그 구체적인 내용을 살펴보면 다음과 같다.

- 객관적이고 합리적인 판단 기준: 진료비 지원 결정은 의료사회복지사의 주관적 판단에 의하여 이뤄져서는 안 된다. 따라서 판단의 기준이 되는 관련 규정과 지침, 매뉴얼 등을 마련되어 있어야 하며 관련 심의기구 등을 두어 공정하고 투명한 절차를 갖추도록 해야 한다.
- 생명윤리와 사회복지적 윤리에 대한 이해: 예를 들어 생명과 직결되지는 않지만 치료효과가 확실한 소액의 치료비를 여러 명에게 지급할 것인지, 생명과 직결되지만 치료효과가 불확실한 고가의 수술비를 소수의 어린이에게 지급할 것인지와 같은 문제를 결정해야하기 때문에 질병과 치료에 대한 지식, 윤리적 규범에 대한 지식, 윤리적 민감성, 윤리적 결정에 대한 이해와 숙달이 요구된다.
- 재정관리 능력: 재정 운영이라는 측면에서 계산이 정확해야 하고 이를 투명하게 관리할 수 있는 책임감이 요구된다. 또한 결정의 근거에 대한 기록과 관련된 영수증이나 행정서류들이 철저히 관리되어야 한다. 이 업무를 수행하는 의료사회복지사는 특히 이러한 지원이 공적 기금에 의해 이뤄진다는 의식이 투철해야 하며, 이러한 기금을 관리한다고 해서 이를 자신의 개인적 권한으로 오인하는 일이 없도록 각별히 유의해야 한다.

• 임상적 역량: 진료비를 요청하고 타인의 도움을 받을 수밖에 없는 클라이언트의 입장을 헤아리고 이들의 고충을 이해하며 용기를 잃지 않고 투병할 수 있도록 도와야 한다. 특히 의료사회복지사는 재정적 지원을 결정하고 통보하는 과정에서 시혜적인 태도를 보이지 않도록 주의해야 한다. 또한 진료비 지원에 대한 희망을 갖고 찾아왔다가 지원이 거부되었을 때 신청자가 갖는 실망감이 분노나 우울 등으로 이어지는 경우가 있으므로 진료비 지원이 좌절된 클라이언트에 대해서도 지속적으로 관심을 갖고 심리사회적 지원을 제공하며 계속 함께 대안을 찾아보도록 해야 한다.

3. 자원봉사자 관리

1) 의료기관에서 자원봉사의 의미

의료기관은 다양한 직종의 인력을 필요로 하는 기관이다. 여기에는 각 분야별 전문인력도 포함되지만 이들을 지원하고 환자와 가족 등 이용자의 입장에서 서비스 이용을 돕는 역할을 수행하는 인력도 필요하다. 그러나 이런 인력들을 모두 유급으로 고용하기보다는 자원봉사자를 활용하기도 한다.

그 이유는 첫째, 지역주민을 자원봉사자로 활용함으로써 의료기관의 이미지 개선과 홍보효과를 가질 수 있다는 점이다. 지역주민으로서 병원조직에 참여하는 자원봉사자들은 병원에 소속감을 가지고 병원을 홍보하는 기능을 수행할 수 있다. 둘째, 자원봉사자는 병원과 환자의 중간자 역할을 수행한다. 따라서 병원 이용자 입장에서는 시간에 쫓기는 전문인력에 비해 자원봉사자에 대한 접근성이 높아서 의료기관 이용에 대한 불편을 해소하고 만족도를 높이는 데에 기여할 수 있다. 셋째, 자원봉사자는 유급인력 대체와 인건비 절감이라는 경제적 효과도 거둘 수 있다. 실제로 주 1회 3~4시간의 자원봉사인력 20명은 정규인력 1명을 대체하는 효과가 있는 것으로 보고되고 있다(강흥구, 2007: 284).

의료기관에서 자원봉사활동은 의료기관 측면에서뿐 아니라 자원봉사자 스스로를 위해서도 도움이 된다. 다른 어떤 영역보다도 전문적인 봉사가 가능하며 질병으로 고통 받는 환자와 가족을 돕는다는 보람을 느낄 수 있는 영역이기 때문이다. 또한 질병과 죽음을 직면하는 현장에서 자원봉사자들은 삶의 지혜와 배움을 터득하기도 한다.

의료사회사업부서는 이러한 자원봉사자 관리를 담당하는 경우가 많다. 물론 자원봉사자 관리를 반드시 의료사회사업부서에서 관리해야 하는 것은 아니며 경우에 따라서는 다른 부서에서 운영하거나 별도의 조직으로 운영되는 경우도 있다. 그러나 지역사회자원 개발과 운영이라는 측면에서 사회복지사가 자원봉사자 관리를 담당하는 것이 가장 적합하다는 것이 일반적인 견해이다. 의료사회사업부서는 자원봉사자 관리 업무를 통해 병원의 운영과 이용자 만족도에 기여하는 부서로서 위상을 정립할 수 있다.

2) 자원봉사자의 관리 체계 및 절차

자원봉사자가 의료기관에서 봉사활동을 하기 위해서는 이들을 모집하여 훈련하는 업무, 의료기관병원의 욕구를 파악하여 연결하는 업무, 그리고 그 자원봉사자 활동 과정을 관리하고 지원하며 조정하는 업무들을 수행해야 한다. 따라서 이러한 자원봉사자 관리업무를 합리적으로 운영하기 위해서는 우선 관리운영 체계를 갖추는 것이 필요하다. 이 운영체계는 일반적으로 〈자원봉사자 관리운영 지침〉의 형태로 작성되며 다음과 같은 항목들이 포함되어야 한다.

- 자원봉사자 운영의 목적과 목표
- 자원봉사자 선발과 운영 기준
- 자원봉사자 담당 업무에 따른 교육 매뉴얼
- 자원봉사자의 안전과 권리 확보를 위한 방침: 상해보험에 가입, 개인정보 노출로부터의 보호, 신체적, 성적, 언어적 폭력으로부터의 보호 등에 대한 규정 등
- 자원봉사 활동에 의한 보상 기준 및 청탁 금지 규정
- 자원봉사자 활동 및 운영 기록양식

일반적으로 자원봉사자를 운영하는 절차는 다른 기관들과 크게 다르지 않지만 의료기관에서 자원봉사는 그 장소의 특수성을 추가적으로 고려해야 한다. 다음은 자원봉사자 관리 단계에 따른 의료사회복지사의 과업을 설명한 것이다.

(1) 자원봉사운영체계 수립

자원봉사자 운영을 위하여 계획을 세우고 운영체계를 마련하는 단계이다. 이를 위해서 우선 의료기관 차원에서 자원봉사자 운영 여부에 대한 결정을 내리고 의료사회사업부서에 공식적으로 이 업무를 부여하는 절차가 이뤄져야 한다. 업무를 담당하게 된 의료사회사업부서에서는 자원봉사자 운영의 목표를 명확히 하고 앞에서 살펴본 자원봉사자 운영체계를 구축해야 한다. 그리고 이러한 과정에서 자원봉사자들이 제공할 수 있는 역할들을 정리하여 각 부서 담당자들과 소통하면서 부서별로 요구하는 자원봉사자 인력의 종류와 규모를 파악해야 한다. 더불어 의료사회사업부서 내에서 누가 어떤 방식으로 이 역할을 담당할 것인지를 결정해야 한다.

(2) 홍보와 모집

운영체계가 마련되면 자원봉사 인력을 모집하기 위한 활동이 이뤄져야 한다. 아무리 좋은 기획이라 하더라도 적절한 자원봉사자 인력을 확보하지 못하면 실행이 불가능하기 때문이다. 홍보와 모집을 위해서는 우선 어떤 자격을 갖춘 자원봉사자를 어느 규모로 모집할 것인지를 정해야 하며, 어느 정도 선까지 정보를 구체화하여 홍보할 것인지도 결정해야 한다. 일반적으로 모집 공고나 홍보문에는 다음과 같은 사항들이 포함된다.

- 자원봉사자 모집 기관 소개: 의료기관 명^称과 기관의 사명, 위치 등을 간단히 소개한다.
- 자원봉사자 운영의 취지: 어떤 목적하에 자원봉사자를 모집하는지를 밝힌다.

- 지원 자격: 특별한 제한 규정을 두지 않는 것이 일반적이나, 예를 들어 병원이 소속된 지역의 거주민이나 중학생 이상의 연령층을 조건으로 명시하는 경우도 있으며 요구되는 봉사 영역에 따라서 전문적인 자격이나 학문적 배경을 우대사항으로 제시하기도 한다.
- 활동분야: 모든 영역을 상세히 제시하고 각 분야별로 요구하는 인원까지 상세히 제시할 수도 있지만 일반적으로 대표적인 활동 영역들을 소개한다.
- 접수 및 문의처: 관심 있는 사람들이 문의하거나 자원봉사자로 접수하기 위하여 접촉할 수 있는 장소와 연락처를 제시한다.
- 혜택: 자원봉사자를 위한 혜택이나 보상이 있다면 명시한다.

이러한 내용이 준비되면 어떤 경로를 통해 홍보할 것인지도 정해야 한다. 특정 인력을 필요로 한다면 그러한 인력들이 주로 접촉하는 장소나 소통창구를 이용한다. 일반적인 지역주민을 대상으로 할 경우에는 공공장소에 홍보물을 부착하는 방법에서부터 인터넷이나 SNS를 통한 홍보 방식 등을 다양하게 활용할 수 있다.

(3) 접수

여러 경로를 통해 자원봉사를 희망하는 사람들이 찾아오면 자원봉사자 신청을 받고 접수를 하게 된다. 접수는 정해진 양식작성과 면담을 통하여 신청자가 활동하고자 하는 의도, 희망 부서나 역할, 활동 가능한 시간, 자원봉사자의 조건 등을 파악하는 과정이다. 이러한 과정에서 인류애, 박애정신, 선한 의지를 갖고 봉사활동에 참여하고자 하는 신청자를 최대한 존중하고 환영하는 자세를 갖고 대하는 것이 필요하다.

다만, 때로는 특수한 개인적 목적이나 사적 이익을 취하기 위하여 자원봉사활동을 이용하려는 의도를 가진 경우도 있다. 예를 들어, 진료비 감면 혜택이나 진료순서에 특혜를 기대한다거나 특정 단체나 사업, 또는 상품을 홍보하기 위한 기회로 활용하려는 경우도 있다. 따라서 접수 단계에서는 자원봉사 활동에 필요한 기본적인 인적사항을 파악하는 것과 더불어 자원봉사 활동을 하려는 의도 등을 파악하는 것도 필요하다. 그리고 서로의 기대가 다를 경우에는 충분한 소통을 통하여 기본 방침을 설명하고 이를 수용하는 경우에 자원봉사활동이 가능하도록 하는 것이 좋다.

(4) 교육훈련

자원봉사활동이 결정되면 기본적인 자원봉사자 교육을 시행한다. 교육훈련의 방식으로는 모든 봉사자나 해당 부서 봉사자들을 대상으로 하는 집단 교육이 있고, 특수한 목적에 따른 개별 교육이 있다. 가장 기본이 되는 교육으로는 자원봉사 활동 시작을 위한 준비 교육이 있으며 여기서는 주로 의료기관, 자원봉사, 자원봉사 활동지침, 각 부서에서 자원봉사자의 역할 등이 소개된다. 이러한 기본 교육을 통해 의료기관에 대해 새로운 정보를 얻게 된 자원봉사자는 신청 당시 희망했던 활동 영역을 변경하기도 한다. 자원봉사자 교육 중에서는 이미 활동 중인 자원봉사자를 위한 계속 교육도 있다. 수행 중인 자원봉사 활동을 위한 심화교육도 있을 수 있고, 일반 상식이나 의료적 지식 등에 대한 교육이 제공되기도 한다. 또한 각 부서에 배치되면 그 부서 내에서 제공되는 교육도 있을 수 있다. 이러한 교육과 훈련이 적절하게 제공될 때 자원봉사자들은 봉사활동을 통해 자신의 잠재력을 발견하고 보람을 찾을 수 있다.

(5) 배치

자원봉사는 지속성을 갖고 유지되는 것이 중요하다. 이를 위해서는 자원봉사자의 적성과 관심사에 맞는 업무 배치가 이뤄져야 한다. 일반적으로 의료기관에서 자원봉사자를 필요로 하는 직무들은 다음과 같은 것들이 있다.

- 정보제공 및 안내: 접수대나 안내 데스크에서 접수, 수납, 진료나 면회 시간, 주차 등 병원 이용과 관련한 정보를 제공하고 그 절차를 돕는 일, 복잡한 건물구조에서 이용자가 가고자 하는 장소를 안내하거나 에스코트하는 일, 진료과 선택을 돕는 일 등을 수행한다.

- 병실봉사: 병실에 입원한 환자를 대상으로 하는 봉사로서 여기에는 식사나 운동 등을 보조하는 간병인의 역할 수행, 수술을 위해 머리카락을 잘라야 하거나 오랜 입원으로 이미용 서비스가 필요한 경우에 제공되는 미용봉사, 입원한 환자들에게 책을 빌려주고 읽어주는 도서봉사, 소아과에 입원하거나 면회 시 병실에 들어갈 수 없는 유아와 아동들을 돌보는 탁아봉사, 입원아동의 학습을 돕는 학습지도봉사, 환자의 말벗이 되어 주거나 합창, 악기연주 등 공연을 하는 위문봉사, 환자의 종교에 따른 종교봉사, 임종을 앞둔 환자와 가족을 지지하는 호스피스봉사, 정신과 입원병동 등에서 활동요법을 진행하는 프로그램 봉사 등이 포함될 수 있다(윤현숙 등, 2011: 316-317). 이러한 봉사는 직접 환자와 대면해야 하므로 그만큼 숙련성을 필요로 하며, 이미용과 같은 특정 기술이 요구되는 경우에는 해당 자격요건을 갖추어야 한다.
- 행정업무 보조: 의무기록실이나 원무과 등에서 관련 서류들을 정리하고 전달하거나 자료를 입력하는 등의 업무를 수행한다.
- 의료서비스 지원: 중앙공급실과 수술실 등에서 거즈나 솜을 정리하는 일, 약제과에서 약봉투를 순서에 맞게 정리하는 일, 응급실에서 정리와 질서유지를 돕는 일 등이 여기에 포함된다.

(6) 점검과 평가

자원봉사활동은 점검과 평가를 통해 관련자들의 만족도를 높이고 본래 취지를 실현할 수 있다. 점검^{monitoring}은 봉사활동 과정을 지속적으로 관찰하면서 개선·보완되어야 할 사항을 파악하는 것이라면, 평가^{evaluation}는 자원봉사활동을 통한 성과를 조사하는 것이라고 하겠다.

앞에서 살펴본 배치 단계 이후에는 자원봉사자가 어떻게 활동하고 있는지를 다면적으로 '점검'하게 된다. 우선 자원봉사자의 입장에서는 자원봉사 활동에 대한 기대와 실제 수행 간에 불일치는 없는지, 있다면 어떻게 조율해야 하는지 등을 파악해야 하며 전체적으로 자원봉사활동에 대해 어떻게 느끼고 어느 정도 만족하고 있는지 등도 알아보아야 한다. 또한 자원봉사활동을 받은 부서 입장에서도 자원봉사자 활동을 어떻게 평가하고 있는지를 파악해야 한다. 역시 각 부서에서 자원봉사 활동에 대해 어느 정도 만족하고 어떤 도움을 받고 있으며 개선되어야 할 사항으로 보는 것이 무엇인지를 살펴야한다. 그리고 필요하다면 환자와 가족 등 의료기관 이용자의 의견을 취합할 수도 있다.

이러한 점검과 소통은 정기적으로 이뤄지는 것도 필요하지만 문제가 발생할 경우즉시 소통하며 해결할 수 있는 통로를 마련해두는 것도 필요하다. 또한 개별 자원봉사자나 부서별로 점검이 이뤄질 수도 있지만 자원봉사자 전체나 해당부서 전체가 모이는간담회 형식으로 이뤄질 수도 있다.

'평가'는 자원봉사활동 기획 단계에서 수립한 목표가 제대로 달성되고 있는지를 파악하는 것으로서 자원봉사 활동이 자원봉사자들에게 미친 영향이나 해당의료조직에기여한 내용과 정도 등이 그 대상이 된다. 예를 들어, 자원봉사활동을 통한 봉사자의 자존감이나 삶의 질이 향상되었는지 등을 알아볼 수도 있고 병원 입장에서는 재정적 기여도, 인력 대체효과 등을 조사해볼 수 있을 것이다. 평가의 방식은 면담에서 설문지 조사까지 다양하게 활용될 수 있다.

(7) 피드백

마지막으로 이러한 점검과 평가 내용은 의료기관과 관련 부서, 그리고 자원봉사자들과 공유함으로써 자원봉사활동과 그 운영체계의 문제점을 해결하고 더 나은 방향으로 나갈 수 있도록 해야 한다. 무엇보다도 의료사회사업부서에서는 이러한 점검과 평가내용을 근거자료로 활용하여 자원봉사활동의 수월성을 지속적으로 개선해가는 책임을 수행해야 할 것이다.

한편, 윤현숙 등(2011: 321)은 자원봉사자의 지속적인 활동 유지를 위해서는 적절한인정과 보상을 통한 피드백이 필요하다고 하였다. 특히 자원봉사활동의 지속성에는 교통비, 식사비와 같은 물질적 보상도 중요하지만 그보다는 자원봉사 시간 인정, 자원봉사자의 잠재력 개발과 강점 격려, 감사의 표현 등과 같은 정신적 보상이 더 높은 관련성을 갖는다고 한다. 물질적 보상을 지나치게 강조할 경우에는 자발적 참여의식이나 이

타성을 약화시키는 부작용을 가져올 수 있다는 것이다. 그러므로 자원봉사자 업무담당 의료사회복지사는 이러한 측면들을 고려하여 자원봉사자들이 동기를 갖고 보람을 느끼며 지속적으로 봉사활동을 유지하고 발전해갈 수 있는 방안들을 개발해가야 할 것이다.

4. 실습 및 수련 지도

실습과 수련은 의료사회복지사가 되기 위한 필수적인 준비 과정으로 간주되고 있다. 따라서 예비 의료사회복지사에게 실습이나 수련의 기회를 제공하고 이들을 지도하는 것은 전문가를 양성하고 의료사회복지의 발전에 기여한다는 중요한 의미를 갖는다. 또한 수퍼비전 기회가 한정적인 한국 상황에서는 동료 수퍼비전도 전문적 역량 개발을 위하여 중요한 기능을 수행한다(최명민, 2006). 따라서 같은 분야의 사회복지사들과 교류하며 상호 자문하는 기회를 만들 필요가 있다.

다만 여기서는 실습과 수련 수퍼비전에 초점을 두어 살펴보고자 한다.

1) 실습 지도

우선 의료사회복지실습은 사회복지사 양성을 위한 교육과정에 포함된 필수교과목 〈사회복지현장실습〉으로 시행되며, 실습생은 1일 8시간씩 총 15일 이상의 실습을 수행하도록 하고 있다. 일반적으로 사회복지사 실습 수퍼바이저는 사회복지사 1급 자격증 소지에 3년 이상의 실무경험이나 사회복지사 2급 자격증 소지에 5년 이상의 실무경험을 갖추도록 규정하고 있으나, 의료사회복지 분야에서는 별도의 자격 규정을 두고 있다. 즉, 의료사회복지 실습 수퍼바이저는 학사 졸업과 임상 경험 3년 이상의 자격을 충족하고 한국사회복지사협회에서 주관하는 일정 교육을 수강해야 하며 매년 수퍼바이저 교육에 참석하여 평점을 이수하도록 하고 있다. 그러나 이는 법률에 의거한 의무사항은 아니며 대한의료사회복지사협회가 자체적으로 시행하고 있는 자체 규정이다.

실습을 운영하는 기관에서는 실습을 합리적 규정과 체계적 절차에 따라 진행할 수 있도록 명확한 실습생 선발, 수퍼바이저 배정, 실습 내용, 실습비 등에 관한 규정과 서류를 갖춰야 하며 그에 따라 실습을 운영해야 한다. 그 운영과정은 일반적으로 '실습 신청 및 실습생 선발 → 실습목표설정 및 실습계약 → 실습생 오리엔테이션 및 수퍼바이저 임명 → 실습지도 및 수퍼비전 제공 → 실습 평가 및 피드백' 순으로 진행된다.

또한 실습 프로그램을 운영하기 위해서는 실습생을 보호하고 권리를 보장하는 방안을 마련하고 이를 준수해야 한다. 실습생 보호를 위한 상해보험 가입 등 실습생의 안전 확보 방안을 마련해야 하며 이외에도 개인정보의 노출로부터 보호, 부당한 대우에 대한 개선요구 보장, 실습생을 신체적, 성적, 언어적 폭력으로부터 보호하기 위한 규정 등을 구비해야 한다. 또한 수퍼바이저만이 실습생을 평가하는 것이 아니라 실습생으로부터도 기관과 실습 프로그램에 대한 평가를 받고 만족도 등을 파악해야 한다.

실습과정에서 수퍼바이저의 가장 중요한 직무는 적절한 수퍼비전을 제공하는 것이다. 적절한 수퍼비전 제공을 위한 고려사항은 다음과 같다.

- 실습이 충실히 수행될 수 있도록 시간별 프로그램을 충실히 구성해야 한다. 지나치게 빡빡한 스케줄로 실습생에게 과도한 부담을 주어서도 곤란하지만 또 너무 프로그램을 적게 배치하여 배움의 기회를 제공하지 않는 것도 문제가 될 수 있으므로 실습의 목표, 실습생의 역량과 기대, 그리고 기관의 상황을 고려하여 실습 프로그램을 충실히 구성한다.
- 의료사회복지 현장의 특성상 실습생이 직접 클라이언트를 면담할 수 있는 기회를 갖도록 하기 위해서는 충분한 준비가 필요하다는 점을 염두에 두어야 한다. 따라서 실습 내용의 상당 부분, 특히 초반부 실습은 관찰과 참여로 구성되기 쉽다. 이 경우 수퍼바이저는 자신의 활동이 관찰학습을 통해 모델링의 대상이 된다는 인식을 갖고 전문가로서의 소임을 다해야 한다.
- 또한 관찰 위주의 실습이 진행된 이후에는 이를 통해 실습생이 관찰하고 느낀 것이나 의문점에 대해 소통하고 필요하다면 다시 과정을 짚어가며 개입에 대한 해석을 제공하는 것이 좋다.

- 이러한 과정에서 실습내용이 어떻게 학교에서 배운 이론과 연결되는지를 설명하는 것이 중요하다. 실습 중 과제로서 실습생이 직접 이러한 부분을 분석해보도록 하는 것도 좋은 방법이 될 것이다.
- 의료사회복지세팅은 사회복지 입장에서는 2차 세팅으로서 사회복지사가 어떤 정체성을 갖고 어떤 역할을 수행하는지를 다른 전문직군들과의 관계 속에서 보여주고 설명하는 것이 필요하다. 처음 실습을 나온 학생들 중에는 가끔 '하얀 가운', '전문용어 사용'과 같은 비 본질적인 부분에 대한 매력을 느껴서 의료사회복지사를 꿈꾸기도 하고 다른 전문직군에 대한 선망이나 환상을 갖는 경우도 있다. 따라서 수퍼바이저는 실습생과 이러한 부분에 대해 충분히 이야기를 나누고 사회복지사로서 정체성을 가질 수 있도록 돕는 것이 필요하다.
- 실습생으로부터 클라이언트를 보호하는 장치를 마련해야 한다. 실습생이 클라이언트를 만날 때 그 최종의 책임이 수퍼바이저에게 있음을 정확히 인지하고 이를 실습생과 클라이언트에게 고지해야 하며, 실습생을 클라이언트에게 소개할 때는 실습생 신분을 명확히 밝히고 동의를 받아야 한다. 이를 위하여 적절한 클라이언트를 배정하고 실습생을 잘 준비시키는 것 역시 수퍼바이저의 책무인 것은 물론이다.
- 실습일지를 매일 점검하고 충실하게 수퍼비전을 주도록 노력해야 한다. 특히 수퍼비전 시에는 평소 실습생을 관찰한 바를 토대로 발전적인 피드백을 제공하도록 노력해야 한다.
- 실습의 모든 과정에서 수퍼바이저에게 요구되는 윤리성을 정확히 인지하고 준수하여야 한다.

2) 수련 지도

법률에 근거한 것은 아니지만 대한의료사회복지사협회에서는 의료사회복지사 수련제도를 시행하고 있다. 즉, 보건 분야나 의료기관에서 활동하기 위하여 반드시 수련과정을 거쳐야 하는 것은 아니다. 그러나 수련과정을 통하여 전문적 지식과 경험을 쌓는다면 취업의 기회를 얻는 데에 있어서 뿐 아니라 실제 업무를 수행하는 데 도움을 받을 수 있다.

수련 수퍼바이저는 석사 이상 졸업과 임상경험 5년 이상의 자격을 요구하고 있다. 일반적으로 협회에서 지정한 수련기관에서는 시험을 거쳐서 선발하고 있으며 수련생은 준전문가로서 실제 업무를 수행하며 지도와 훈련을 받는다. 따라서 수련 프로그램을 시행하기 위해서는 앞에서 살펴본 실습과 마찬가지로 수련을 위한 규정들과 체계들을 갖춰야 하며 수련생을 보호하는 방안을 마련해 두어야 한다. 특히 수련생은 의료기관에서 인턴과 같은 지위에 있으며 의료사회복지사의 업무를 보조하거나 분담하여 직무를 수행하기 때문에 적절한 임금이 지불되도록 제도화할 필요가 있다.

수련생은 실습생보다 더 직접적으로 클라이언트를 만나고 실제 의료사회복지사의 업무를 수행하는 비중이 높다. 그러므로 수련과정에서는 수련생의 직무수행과 관련된 직접적인 수퍼비전이 제공되어야 하며 의료사회복지사로서 성장할 수 있도록 적극 지원해야 한다. 구체적인 수퍼비전의 방식은 앞에서 살펴 본 실습 수퍼비전에 준하여 적용하면 될 것이다. 다만 수련과정은 자격증 취득을 위해 일정하게 요구하는 과업들이 있으므로 수퍼바이저는 수련생이 이러한 과업들을 스케줄에 맞게 잘 수행할 수 있도록 격려하고 지원해야 하며, 실습생과 달리 일지보다는 수련생이 진행한 사례들을 중심으로 수퍼비전을 제공해야 한다.

5. 조사 및 연구업무

조사연구는 전문가가 수행해야 할 필수적인 과업 중 하나이다. 특히 보건의료 현장에서 사회복지사의 연구조사 업무는 다음과 같은 의미를 가질 수 있다.

첫째, 최근 질병과 치료에 대한 접근은 생물학적 요인뿐 아니라 다양한 심리사회적 요인들을 통합한 방향으로 진행되고 있는데 사회복지사의 연구참여는 통합적 시각을 제시하는 데 기여할 수 있다. 즉, 생태체계적 관점에서 사회문화적 요인들을 통합적으로 접근하기 위해서는 사회복지사의 연구 참여가 요구된다는 것이다. 예를 들어, 의료사회복지사는 지역사회를 대상으로 한 역학조사나 지역주민의 의료욕구와 관련된 조사를 실시하는 팀에서 함께 활동할 수 있다. 레르 등(Rehr et al., 1998: 175)은 의료사회복지사가 질병예방과 건강증진을 목적으로 병원 내의 다른 전문직이나 지역사회 내의 관련 단체나 조직, 그리고 지역주민들과 협력하여 지역사회의 역학조사에 적극적으로 참여해야 한다고 강조하였다. 특히 최근에는 연구윤리가 강조되고 있는데 다양한 시각에서 연구참여자의 인권과 그 영향을 조망해야 한다는 점에서 사회복지적 시각은 연구윤리의 균형을 맞추는 데 도움이 될 수 있다.

둘째, 의료사회복지는 2차 세팅이라는 특수성 때문에 그 존재 이유와 개입의 정당성을 입증하기 위한 연구가 더욱 필요하다. 의료사회복지사가 수행하는 다양한 활동들을 통해 클라이언트에게 어떤 변화를 가져 왔는지, 병원 이용자의 만족도 향상에 어떤 기여를 하였는지, 다른 전문직군과 어떻게 협력하였는지, 또는 비용절감 효과에 어떤 영향을 주었는지 등을 입증하는 것은 사회복지사가 의료기관에서 어떤 활동을 하고 있으며 왜 반드시 존재해야 하는지를 보여줌으로써 신뢰도를 높이는 또 하나의 방식이라고 하겠다.

셋째, 의료사회복지사는 다양한 프로그램 개발하는 연구조사 활동을 수행함으로써 클라이언트의 욕구에 부응하며 서비스 기회를 확대할 수 있다. 예를 들어, 미국 보건영역에서 사회복지사는 아동건강, 모성건강, 가족계획, 결핵치료, 학교건강, 어린이 재활서비스, AIDS 예방, 가정건강보호서비스 등의 프로그램을 기획하고 관장하는 역할을 수행하고 있다(Gehlert & Browne, 2006). 여기에는 의료욕구조사나 역학조사의 결과에 기반을 두고 지역사회 주민의 건강을 증진하고 질병을 예방하는 정책적 차원의 프로그램에서부터 각 진료과와 환자들의 욕구에 따른 치매환자 가족교육, 당뇨병환자 캠프, 질병별 환자 지지집단 등과 같은 임상적 프로그램까지 모두 포함될 수 있다. 또한 원내에서 의료 사회복지사 개인에 의해 수행되는 프로그램에서부터 외부 기관과의 협력 속에서 다양한 팀구성원의 협력 속에서 이뤄지는 프로그램까지 다양한 프로그램이 가능하다. 그 프로그램이 어떤 종류든 간에 이들은 시행 후 효과성 검증을 통해 다시 증거기반evidence-based의 자료로 활용되도록 해야 한다.

이러한 연구조사 업무를 수행하기 위해서는 의료사회복지사에게 적절한 연구역량이 요구된다. 이와 관련하여 대한의료사회복지사협회, 한국정신보건사회복지학회, 한국정신보건사회복지사협회 등에서는 학술대회나 워크숍을 통해 사회복지사의 연구활동을 격려하며 전문학술지를 발간하기도 한다. 또한 다양한 의료영역에서 진행되는 학회에 참여하여 사회복지사의 역할을 알리는 기회를 가질 수도 있다. 예를 들어, 당뇨병학회에서 당뇨병에 대한 접근을 위한 사회복지사의 역할을 알리는 발표를 진행할 수도 있으며, 정신건강의학회에 다학문적 팀의 일원으로서 연구를 발표할 수도 있다.

6. 기타 조직 구성원으로서의 역할

앞에서 살펴본 역할들 이외에도 의료세팅에서 사회복지사는 자신의 업무를 관리하고, 기록하며, 부서회의 또는 병원 전체의 회의에 참여하는 등 행정가로서의 역할을 수행하게 된다. 현장에서는 의외로 이러한 조직 구성원으로서 수행해야 하는 기본적인 행정적 업무에 소요되는 시간이 많은 편이다. 그러나 이러한 행정업무가 과도해지다 보면 의료사회복지사 본연의 업무 수행에 영향을 받게 되므로 시간의 효율적 관리가 요구된다.

행정가로서의 역할은 의료사회복지사의 직급이나 부서의 규모에 따라 조금씩 달라질 수 있다. 일반적으로 선임사회복지사 또는 부서장의 역할을 하게 되는 경우 신규직원이나 일선의 사회복지사에게 수퍼비전 및 업무와 관련된 교육을 제공하고, 부서회의를 운영하며, 부서 내에서 사회복지업무와 관련된 업무분담이 효율적으로 이루어질 수 있도록 조정하는 역할을 담당하게 된다. 그러나 일반적으로 의료사회사업부서의 규모가 크지 않기 때문에 사회사업부서의 구성원들은 각 진료부서나 담당업무를 수평적으로 분담하는 경우가 많다. 따라서 작은 조직 내에서 지나치게 서열을 강조하기보다는 상호 존중하고 협력하는 민주적인 조직문화를 만들어가도록 노력할 필요가 있다.

또한 의료사회복지사를 법적 규정에 따라 1인만 채용하는 조직도 상당수 있다. 조직의 형태를 갖추지 못하거나 타 부서에 소속된 사회복지사의 경우에는 그에 따른 여러 가지 행정업무를 스스로 수행해야 하는 어려움이 따를 수 있다. 이 경우 다른 기관의 의료사회복지사들과 연계를 갖고 지속적으로 교류하며 상호 지지할 수 있는 구조를 마련하는 것이 필요하다.

CHAPTER 07
의료현장에서 사회복지행정업무

08
CHAPTER

의료사회복지 임상업무

1. 상담 및 치료

　의료현장에서 사회복지사의 핵심적 역할은 환자와 그 가족을 대상으로 심리사회적 및 경제적 상태에 대한 심리사회적 사정을 실시하고, 정서적 지지를 제공하며, 문제해결을 위한 상담을 제공하는 상담자 및 치료자의 역할을 수행하는 것이다. 특히 갑작스런 질병의 문제에 직면하게 된 경우 환자와 가족은 정서적인 충격과 불안, 염려 등으로 강도 높은 스트레스를 경험하게 되는데, 이때 의료사회복지사는 환자와 가족이 질병의 문제를 수용하고, 치료와 회복을 위해 노력할 수 있도록 정서적 지지를 제공하는 역할을 수행해야 한다. 때로 질병은 만성적이거나 장기간의 투병을 요하는 문제를 야기하게 될 수도 있으며, 이러한 경우 환자와 가족이 정서적으로 지치거나 투병에 대한 의지를 상실할 수도 있기 때문에 의료사회복지사는 환자와 가족이 경험하는 정서적 고통에 항상 귀를 기울이고, 치료를 지속할 수 있도록 환자를 동기화시키며, 가족이 지속적으로 환자에 대한 보호제공자로서의 역할을 수행할 수 있도록 상담을 통해 이들을 지지하는 역할수행에 주력해야 한다. 환자가 낮은 학력, 지적장애, 기타 여러 이유로 자신의 의료적 상황이나 치료과정에 대해 잘 이해하지 못할 때 의료사회복지사는 환자와 가족이 의료적 상황에 대해 이해할 수 있도록 의료진과 함께 충분한 설명을 제공해주고, 환자가 의료적 지침에 따라 치교과정에 참여할 수 있도록 안내해주는 역할을 담당해야 한다.

또한 질병이나 상해의 종류에 따라 환자의 신체적 기능 및 사회적 기능이 저하되거나 점진적 장애가 수반되는 문제가 발생하기도 하는데, 이러한 경우 의료사회복지사는 환자가 신체적 및 사회적 기능을 최대한 유지하고 증진시킬 수 있도록 신체적 및 사회적 재활치료과정에 참여하도록 독려하고, 사회적 기능 회복을 위한 치료 프로그램을 제공하는 역할을 담당하게 된다. 이러한 과정에서 환자의 투병기간이 길어지거나 신체적 및 사회적 기능 저하로 인해 가족원이 일정 기간 이상 보호제공자로서의 역할을 담당해야 할 경우 보호제공의 문제를 둘러싼 가족원 간의 갈등이 유발될 수도 있으며, 가족원의 무관심이나 부적절한 대처행동이 환자의 증상이나 질병을 심화시킬 수도 있는데, 이러한 경우 의료사회복지사는 가족상담 및 가족치료 등을 수행하여 가족 내 문제가 해결될 수 있도록 돕는 치료자의 역할을 수행해야 한다.

환자의 상태가 호전이나 회복을 기대할 수 없는 영구적 장애를 수반하거나 또는 상태가 심각하여 임종을 앞두고 있는 경우 의료사회복지사는 환자와 가족이 이러한 상황을 수용하고 함께 정서적 고통을 나누며, 이를 잘 극복해나갈 수 있도록 지지하고 상담해주는 치료자의 역할을 담당하게 된다. 또한 학대나 폭력, 사고나 재난 등으로 인해 신체적 손상을 입고 내원한 환자에 대해서 의료사회복지사는 위기개입을 실시하여 환자가 이로 인한 정서적 트라우마를 극복하고 필요한 의학적, 정서적, 사회적, 법적 지원을 받을 수 있도록 지원하는 상담자 및 치료자의 역할을 수행하게 된다.

의료현장에서 사회복지사가 환자와 가족을 대상으로 제공하는 상담 및 치료의 주요 내용은 다음과 같이 요약될 수 있다.

- 질병 및 장애에 대한 수용과 이해
- 질병과정에서 경험하는 정서적 고통에 대한 이해와 지지
- 치료에 대한 동기 증진
- 환자의 사회적 기능 증진을 위한 다양한 개입과 치료

- 가족원의 보호제공자로서의 역할 수행 지원
- 치료와 관련된 가족 내 갈등이나 문제해결
- 환자의 증상에 대한 가족의 대처방안 모색
- 퇴원 후 직업 및 생활계획 수립
- 장애에 대한 수용과 이후 삶의 계획 수립
- 죽음에 대한 수용과 상실에 대한 슬픔 나누기

2. 교육

의료사회복지사는 환자와 가족이 질병의 증상과 대처방법에 대해 잘 이해하지 못하거나 질병으로 인해 야기되는 심리사회적 문제에 대한 이해도가 떨어질 때 이들을 교육시키는 역할을 담당하게 된다. 특히 질병이 만성적이어서 생활상의 관리가 필요한 경우 의료사회복지사의 교육자로서의 역할은 더욱 중요해진다. 예를 들면, 당뇨병 환자와 가족을 대상으로 '당뇨교실'이나 '당뇨캠프' 등의 프로그램을 통해 교육을 제공할 때 의료사회복지사는 의사, 간호사, 영양사 등과 함께 교육을 제공하는 의료팀의 일원이 되어 일상생활 속에서 스트레스 관리, 질병으로 인해 야기되는 생활문제 대처 및 가족의 역할 등에 관한 교육을 제공한다. 뇌졸중 환자와 그 가족을 대상으로도 의료사회복지사는 질병의 예후에 관해 교육하며, 질병으로 인해 신체적 기능에 문제가 생긴 경우 환자가 재활치료의 중요성을 인식하고, 가족이 지속적으로 이를 지원해주는 역할을 수행할 수 있도록 교육하는 역할을 수행하게 된다. 질병이나 사고 등으로 인해 환자에게 장애가 생기거나 퇴원 후에도 지역사회 내에서 지속적인 치료와 관리가 필요한 경우 의료사회복지사는 환자와 가족에 대한 교육 시 장애등록에 관한 정보 및 이용 가능한 지역사회 내의 자원에 관한 정보를 제공하는 역할도 함께 수행한다.

또한 정신과 영역에서 의료사회복지사들은 정신질환으로 인해 사회적 기능이 저하된 환자들을 대상으로 일상생활기술 및 사회기술을 가르치는 교육자로서의 역할을 수행하며, 조현병이나 치매 등을 앓고 있는 환자의 가족이 보호제공자의 역할을 지속적으로 잘 수행해나갈 수 있도록 질환에 대한 이해 및 증상에 대한 대처법, 증상과 관련하여 야기되는 환자와 가족 간의 갈등 및 문제해결 방법, 관계증진 방법 등에 관해 환자를 돌보는 가족을 대상으로 교육을 제공하는 역할을 수행한다. 이러한 교육은 환자와 가족을 대상으로 개별적으로 이루어지기도 하며, 동일한 질병을 진단받은 유사한 문제를 지닌 환자와 가족을 대상으로 집단으로 이루어지기도 한다.

의료현장에서 사회복지사가 환자와 가족을 대상으로 제공하는 교육의 주요 내용은 다음과 같이 요약될 수 있다.

- 질병과 관련된 주요 증상에 대한 이해와 대처
- 스트레스관리
- 일상생활관리
- 사회기술훈련
- 가족의 역할 및 환자 증상에 대한 대처
- 장애등록 및 지역사회자원에 대한 정보제공

3. 집단지도

의료사회복지사는 환자와 가족에게 정서적 지지를 제공하거나 환자의 사회적 기능 증진, 그리고 직면한 문제해결을 위한 도움을 제공하기 위한 방편으로 집단을 활용할 수 있다. 집단은 참여한 구성원들의 문제를 혼자만의 문제가 아니라 누구에게나 일어날 수 있는 문제로 일반화하고, 상호지지와 공감을 제공하며, 마음속의 갈등과 문제들을 함께 나눔으로써 정서적 고통을 경감시키고, 서로에게 도움이 되는 정보를 제공하고 공유하는 등의 강점을 지니고 있어(Malekoff, 1997), 의료현장에서 유용하게 활용될 수 있다.

의료현장에서 일하는 사회복지사는 동일한 질병이나 문제를 가진 환자와 가족원을 집단구성원으로 모집하고, 집단의 목적을 설정하며, 집단의 내용을 구성하고, 이를 실시하는 등 집단지도자로서의 역할을 수행한다. 의료현장에서 실시되는 집단의 종류는 지지집단, 치료집단, 교육집단 등으로 환자와 가족을 대상으로 다양한 집단들이 실제로 운영되고 있다. 예를 들면, 퇴원을 앞둔 화상환자, 장기이식인, 유방암 환자 등을 위한 지지집단이나 자조모임, 알코올중독 환자를 위한 치료집단, 우울증 환자를 위한 치료집단, 치매환자를 위한 음악 및 미술치료 등 다양한 활동 치료집단, 정신장애인의 사회적 기능 증진을 위한 사회기술훈련 집단, 소아암 환자 및 뇌졸중 환자 가족 지지집단, 조현병 및 치매환자 가족을 위한 교육집단 등 다양한 형태가 있다.

집단을 운영하는 지도자로서의 역할을 수행하기 위해 의료사회복지사는 집단실천을 위한 지식과 기술을 갖추고 있어야 한다. 구체적으로 의료사회복지사는 집단에 참여하는 환자와 가족들의 욕구를 파악하고, 공동의 목적을 설정하며, 이에 부합하는 내용으로 집단을 구성하는 능력이 있어야 한다. 또한 집단의 진행단계에서 집단성원들이 보이는 역동성을 이해하고, 활용하며, 집단의 응집력과 구성원 간의 친밀감을 증진시킬 수 있는 개입기술을 구비하고 있어야 한다. 이와 같은 집단지도의 기술을 갖춘 의료사회복지사는 집단을 통해 환자와 가족이 비슷한 상황에 있는 다른 성원들과 함께 질병으로 인해 야기된 정서적 고통과 불안, 염려, 우울 등의 감정을 나누고, 함께 직면한 문제들을 해결해나갈 수 있는 방법들을 찾도록 함으로써 환자와 가족들이 질병의 문제에 대처하는 과정에서 심리사회적 안녕감을 증진시킬 수 있도록 도울 수 있다.

의료현장에서 사회복지사가 환자와 가족을 대상으로 실시하는 집단의 종류는 다음과 같이 요약될 수 있다.

- 지지집단: 동일한 질병과 문제를 지닌 환자와 가족을 대상으로 질병으로 야기된 정서적 고통을 경감하고 치료 및 재활에 대한 동기증진을 목적으로 실시됨.
- 치료집단: 주로 정신과 영역에서 환자의 증상 경감 및 사회기술증진을 목적으로 실시됨.
- 교육집단: 질병에 대한 이해 및 증상에 대한 대처방안을 교육하기 위한 목적으로 환자와 가족을 대상으로 실시됨.
- 활동 및 상호작용 집단: 정신과 영역의 주간보호 또는 입원병동 프로그램의 일환

으로 음악, 미술, 레크리에이션 등과 같은 활동을 집단의 형태로 실시함.

4. 자원연계 및 정보제공

의료사회복지사는 환자와 그 가족이 지원이나 정보의 부족으로 적절한 치료를 받을 수 없을 때 병원 내·외 또는 지역사회의 정보와 자원을 연계하거나 제공하는 역할을 수행한다. 특히 퇴원 후에 환자와 가족에게 지속적인 의료 및 사회복지서비스가 필요한 경우 이를 제공해줄 수 있는 지역사회내의 자원체계에 환자와 가족을 연계해주는 역할을 담당한다. 예를 들면, 환자의 상태와 기능에 따라 재활병원, 요양병원, 호스피스기관 등에 연계하거나 지역사회복지관, 주간보호시설, 생활시설 등에 연계하여 필요한 의료 및 복지 서비스를 계속 제공받을 수 있도록 자원연계 및 중개자로서의 역할을 수행하게 된다. 이 역할은 일면 행정적(기관 연락, 행정처리 등) 업무로서의 특성과 일면 임상업무(사정, 상담 등)로서의 성격을 동시에 갖고 있다.

이러한 역할을 수행하기 위해 의료사회복지사는 우선 지역사회 내의 공공, 민간, 기업, 종교단체 등의 자원체계에 대해 잘 알고 있어야 하며, 자원체계에 관한 최신의 정보를 항상 구비하고 있어야 한다. 또한 필요 시 자원체계를 개발하고 동원할 수 있는 능력을 갖추고 있어야 하는데, 이를 위해 의료사회복지사는 지역사회 내의 인적·물적 네트워크를 동원하여 후원자를 개발하고 관리해야 하며, 특정 질병을 앓고 있거나 특정 집단에 속한 환자를 지원해주는 공공 또는 민간단체에 대한 구체적 정보를 지니고 있어야 한다.

지역사회는 경제적 및 물질적 지원을 해줄 수 있는 종교단체, 민간단체, 기업, 국가 및 지방자치단체 등에서 운영하는 다양한 시설과 기관들이 존재하는 자원의 보고이므로 의료사회복지사는 지역사회에 이미 존재하고 있는 자원체계를 지속적으로 잘 활용해야 하고, 아직 개발되지 않은 인적·물적 자원을 개발하여 동원할 수 있는 능력을 구비해야 한다. 또한 자원들 간의 네트워킹 시스템을 구축하여 환자와 가족을 지원하는데 지역사회 자원들이 최대한 개발되고 활용될 수 있도록 하는 역할을 담당해야 한다.

의료현장에서 사회복지사가 환자와 가족에게 제공하는 자원연계 및 정보제공 업무는 다음과 같이 요약될 수 있다.

- 사정: 치료 및 재활과 관련된 환자와 가족의 결핍과 필요사항 파악
- 정보제공: 경제적 지원, 자조모임, 지역사회 지원 등 환자와 가족에게 필요한 정보수집과 제공
- 의료기관 연계: 재활병원, 요양병원, 호스피스기관 등
- 복지기관 연계: 사회복지관, 주간보호시설, 생활시설, 기타 환자와 가족의 욕구에 부합하는 다양한 지역 자원 연계

5. 사례관리

1) 사례관리의 개념

사례관리Case Management는 그 포괄적 특성 때문에 적용 분야나 전문직 군에 따라 다양하게 정의되어 온 경향이 있다. 그럼에도 불구하고 사례관리는 클라이언트의 욕구에 초점을 두고 다양한 자원과 서비스를 효율적으로 연계하는 접근이라는 핵심 개념은 중시되고 있다. 사회복지에서는 사례관리를 '복합적이고 장기적인 욕구가 있는 클라이언트와 가족의 사회적 기능 회복을 위해 서비스 운영체계를 확립하고 이를 기반으로 체계적 사정과 지역사회의 다양한 자원을 활용하여 지속적이고 효과적인 사회복지서비스를 제공하는 통합적 실천방법'(사례관리학회, 2014: 21)으로 규정하고 있다. 사례관리는 기존의 전통적인 사회복지실천과 달리, 복합적 욕구를 가진 클라이언트에게 장기간 서비스를 제공하는 개별 맞춤형으로서 서비스의 연계와 조정, 네트워크에 초점을 둔다는 점, 그리고 그 과정에서 효율성과 비용효과성이 중시된다는 점에서 차별성이 있다.

이러한 사례관리는 다음과 같은 특징들을 갖고 있다(사례관리학회, 2014: 21-22). 첫째, 사례관리의 주 대상은 복합적이고 장기적인 욕구를 가진 취약계층의 개인과 가족이

다. 둘째, 사례관리의 궁극적 목적은 클라이언트의 자립과 자활을 위한 사회기능의 회복과 역량강화이다. 셋째, 사례관리는 생태체계사정인 임상적 접근과 자원의 개발 및 연계라는 행정적 접근이 모두 중시되는 방법이다. 넷째, 사례관리는 개입의 효과성과 책임성을 중시한다. 다섯째, 사례관리서비스 제공의 범위는 사례관리가 속한 기관의 범주를 넘어서서 기관과의 서비스 연계가 중시되고 지역사회의 인적, 물적 자원을 개발하고 활용한다. 여섯째, 서비스의 방법은 상담, 지원, 연계 등 직접서비스 제공과 프로그램 개발, 옹호, 자원개발 등 간접적인 서비스가 통합적으로 제공된다. 일곱째, 사례관리는 체계화된 운영체계를 통하여 다양한 전문체계에 의해 종합적으로 점검되고 관리되는 책임 있는 실천방법이다.

2) 의료현장에서 사례관리의 필요성

앞에서 살펴본 사례관리의 특성 중 상당 부분은 의료사회복지사의 업무 특성과 부합한다. 다음은 의료사회복지 현장에서 사례관리가 필요한 측면들이다.

첫째, 대상 측면이다. 사례관리는 복합적인 욕구와 장기적인 서비스를 필요로 하는 클라이언트를 대상으로 한다는 점에서 보건의료 현장의 클라이언트에 부합되는 방법론이라고 할 수 있다. 의료 세팅에서는 당뇨, 화상, 척수손상, 알코올 중독, 치매, 정신분열증 등과 같이 만성적인 질환이나 장애를 가진 환자들이 그 주 대상이 되기 때문이다. 이러한 만성질환을 경험하면서 지속적인 관리가 필요한 환자의 경우 질병의 진행과정 및 회복과정에서 야기되는 환자와 그 가족의 심리적 · 사회적 및 경제적 측면의 다양한 욕구를 충족시킬 수 있는 지속적이고 포괄적인 서비스를 제공하는 것이 의료세팅에서 사례관리의 핵심적 부분이 된다.

둘째, 서비스의 연속성 측면이다. 의료사회복지사는 환자와 가족이 입원 시점에서부터 퇴원 후 사회에 복귀할 때까지 지속적으로 환자와 가족의 욕구를 사정하고, 개별 상담이나 가족상담을 실시하며, 필요 시 집단 상담이나 집단 활동 프로그램에 참여하도록 하고, 퇴원 후 이용할 수 있는 재활센터나 정신보건센터 등에 환자와 가족을 연결해주는 역할들을 종합적으로 수행한다. 그리고 퇴원 후에도 환자와 가족에 대한 사후관리를 통해 질병이 재발하거나 상태가 호전되지 않아 재입원한 경우에도 사례관리의 연속선상에서 환자와 가족에게 필요한 서비스를 제공하게 될 것이다. 물론 의료사회복지사는 이 역할들 중 일부를 과업별로 수행하기도 하지만 사례관리자로서 각각의 클라이언트에게 이러한 서비스들을 포괄적이고 연속적으로 조정하고 수행한다면 이는 곧 사례관리자의 역할이라고 할 수 있다.

셋째, 서비스 포괄성 측면이다. 의료세팅에서 환자에 대한 사례관리 서비스를 제공하기 위해서는 일차적으로 보호제공의 첫 단계로서 욕구사정을 실시해야 하는데, 이는 환자의 심리사회적 욕구 및 환경체계에 대한 심리사회적 사정을 통해 이루어질 수 있다. 욕구사정의 결과에 따라 환자와 가족들을 필요한 상담과 교육을 제공할 수도 있고, 자원체계에 연계시켜주거나 직업재활이나 사회복귀를 위한 지원서비스를 제공할 수 있으며, 욕구에 근거한 보호서비스를 제공하여 환자와 가족들에게 적절한 도움을 줄 수도 있다. 특히 취약한 사회경제적 배경을 지닌 환자의 경우 의료서비스를 이용하는 데 여러 가지 제한이 따를 수 있으며, 여러 기관으로부터 식사서비스, 가사도우미서비스, 물리치료 등 다양한 서비스를 필요로 할 수 있다. 그러나 지역사회 내에 산재된 이러한 서비스를 사회적, 심리적, 의료적 부담이 있는 환자가 직접 찾아다니는 것은 매우 혼란스럽고 어려운 일이다. 그러므로 사례관리자로서 사회복지사는 환자의 다양한 욕구에 부응하는 여러 서비스체계에 환자와 그 가족을 직접적으로 연계시켜주고 서비스 제공을 관리하는 역할을 수행할 수 있다.

3) 의료현장에서 중시되는 사례관리모델

사례관리의 모델은 다양하게 분류될 수 있다. 사례관리자의 역할에 따라서 치료자로서의 역할에 초점을 둔 모델도 있고, 자원 중개자의 역할에 초점을 둔 모델도 있으며, 이들을 모두 통합적으로 수행하는 모델도 있다. 또한 한 명의 사례관리자가 모든 역할을 포괄적으로 담당하는 모델이 있는가 하면, 다양한 역할을 분담하여 수행하는 팀 접근 모델도 있다. 또한 관점에 따라서 클라이언트의 강점과 자원에 기반을 둔 강점관점의 사례관리모델도 있다. 또 사례관리의 한 종류로서 미국 의료영역에서 시행되는 '관리보호'^Managed Care^'는 불필요한 고가의 치료비용을 줄이기 위하여 비용효과에 최우선을 두고 보험회사로부터 지불 가능한 비용을 결정하고 그에 맞게 서비스를 조정하는 접근방식이다.

이처럼 다양한 사례관리자 모델이 있지만 여기서는 의료사회복지사에게 가장 많이 요구되는 사례관리 모델로서 '사회적 지지망 강화 모델'이나 '중개자 모델'과 같은 서비스 및 자원 연계나 네트워크에 초점을 두어 살펴보고자 한다. 그 이유는 치료자로서 의료사회복지사의 역할은 전통적인 의료사회복지사의 역할이기 때문에 사례관리자로서의 기능이 특별히 강조될 필요성이 상대적으로 적기 때문이다. 이에 비해 서비스나 자원 연결자이자 조정자^coordinator^로서 사례관리자의 역할은 의료세팅에서 타 전문직에 의해 가장 많이 요청되는 역할일 뿐 아니라 그만큼 타 전문직과 차별화된 의료사회복지사 고유의 역할로 인식되고 있기 때문이다. 또한 자원연결자로서의 기능은 서비스 이용 과정에서뿐 아니라 이용 전후, 특히 입원환자의 퇴원 이후 과정을 포괄하는 접근이라는 점에서도 사례관리자의 관점이 요구되기 때문이다. 특히 이러한 사례관리자의 역할은 병원세팅 외에 지역사회 보건현장에서도 그 필요성이 크다.

서비스 연계에 중점을 두어 사회적 지지망을 구축하고 강화하려는 접근에 해당하는 사회적 지지망 강화 모델에서는 새로운 사회적 지지망을 구축하고 가족을 비롯한 기존의 유대를 강화, 유지시키는 역할을 수행한다(정순둘, 2005). 또한 중개자 모델에서는 클라이언트의 서비스 욕구를 파악하고 그에 부합하는 서비스를 찾아서 주선하며 필요하다면 서비스 이용을 위한 경제적 지원방안도 모색한다(권진숙·박지영, 2008)

이와 같이 자원동원 및 연결을 위한 사례관리자로서의 역할을 수행하기 위해 의료사회복지사는 지역 내의 자원체계에 대해 잘 알고 있어야 하며, 자원체계에 관한 최신의 정보를 항상 구비하고 있어야 한다. 또한 필요 시 자원체계를 개발하고 활용할 수 있는 능력을 갖추고 있어야 한다. 이를 위해 의료사회복지사는 전문적 지식과 기술을 동원하여 후원자를 개발하거나 관리해야 하며, 특정 환자를 지원해주는 국가 또는 민간단체에 대한 구체적 정보를 갖고 있어야 한다. 또한 환자와 그 가족이 경제적 어려움으로 인해 적절한 치료를 받을 수 없을 때 병원 내·외 또는 지역사회의 자원을 동원하여 경제적 지원을 해주는 역할을 담당하기도 한다.

또한 퇴원 후에도 환자와 가족에게 지속적인 의료 및 사회복지서비스가 필요한 경우 이를 제공받을 수 있는 지역사회내의 자원체계에 연결해주는 역할을 수행하게 된다. 이와 같이 의료세팅에서 환자의 퇴원과정과 그 이후의 삶에 대한 관심을 기울이는 퇴원계획 서비스는 주로 의료사회복지사에 의해 수행된다. 퇴원계획에는 장기적인 관점, 병상가동률 제고를 위한 비용효과성의 측면, 환자와 가족의 복합적인 욕구 수렴, 지역사회 자원 개발 및 연계 등과 같은 요소가 포함된다는 점에서 사례관리의 방식을 통해 접근하는 것이 가장 효과적이라고 할 수 있다. 그런 차원에서 다음은 퇴원계획에 대해 알아보기로 하자.

6. 퇴원계획

1) 퇴원계획의 개념과 등장배경

퇴원계획Discharge Planning이란 환자를 병원으로부터 지역사회로 복귀시키는 과정에서 양질의 서비스를 제공하고자 하는 전문직 간, 조직 상호 간의 활동이며 환자가 참여하는 활동이라고 할 수 있다(James, 1987: 49). 즉, 환경 속의 인간이라는 체계론적 관점에서 볼 때 여러 집단과 체계들 내에서 서비스의 연결 및 조정을 통해 환자가 지역사회로 무사히 이전할 수 있도록 돕는 복합적인 심리사회적 활동으로 이해될 수 있다.

1905년 미국 메사추세츠 종합병원에서 시작된 퇴원계획은 환자의 퇴원 후 계획을 도와 회복된 건강을 계속해서 유지하도록 하는 것에 목적이 있었다. 그러나 1980년대에 미국에서 점차 증대하는 연방정부의 의료비용 부담을 억제하기 위하여 진단관련 군 DRG: Diagnostic Related Group에 의해 진료비를 책정하도록 한 이후, 다시 도입된 퇴원계획은 재원일수의 단축과 병원의 재정 운영에 좀 더 초점을 둔 것이었다. 그러나 환자와 가족들이 이에 동의하지 않는 경우가 생기게 되면서 수익률에 좌우되는 정책에 대한 비판이 제기되기도 하였다(Blumenfield & Rosenberg, 1988). 따라서 재정적 효율성의 강조와 환자보호라는 요소의 불일치를 줄이기 위하여 퇴원계획에 환자와 가족의 심리사회적 욕구를 반영한 인도적인 접근과 서비스의 지속을 위한 노력이 강조되어 왔다고 할 수 있다(황숙연, 1994: 15-16). 이런 측면에서 최근에는 의료세팅에서의 사례관리와 퇴원계획을 통합한 개념이 도입되고 있으며 이론적 작업도 활발히 이루어지고 있는 추세이다.

우리나라에서는 1990년대 이후 대기업이 운영하는 3차 진료기관의 증가, 의료시장 개방의 압력, 의료서비스 이용자의 증가 및 종합병원의 선호로 인한 장기입원 현상 등의 영향으로 퇴원계획에 대한 관심이 고조되어 왔다. 특히 최근 정신보건법의 제정으로 입원과 수용 위주의 단순 관리나 사회보호의 측면을 탈피하여 지역사회 내의 다양한 시설과 프로그램을 제공하고 의료기관과 사회복귀기관과의 관계를 구축해야 한다는 의견이 대두되고 있다(김이영, 1997: 158-162; 김철권, 1997: 179-180).

윤현숙 등(2011)은 퇴원계획의 중요성이 커지게 된 배경으로 첫째, 노령화, 만성질환의 증가, 가족구조의 변화로 인한 포괄적이고 지속적인 보호와 지지가 필요해진 사회적 변화, 둘째, 의료보험 시행에 따른 의료서비스 효율화와 불필요한 의료비 감소에 대한 요구, 셋째, 부적절한 입원이나 퇴원 방지와 퇴원 후 보호의 적절성 제고를 위한 역할 강조 등을 들고 있다. 이러한 의료적, 경제적, 사회적 요인과 제도적 요인에 따라 퇴원계획의 중요성은 더욱 커지고 있으며 이를 수행하는 의료사회복지사의 위상도 변화되고 있다는 것이다.

2) 퇴원계획의 과정

퇴원계획을 진행하는 과정은 다음과 같다(James, 1987; 강홍구, 2004; 윤현숙 등, 2011).

(1) 퇴원계획 대상자 선별과 확인

퇴원계획은 퇴원과 관련된 문제가 있을 것이라 예상되는 환자를 조기에 발견하는 사례발굴에서 시작된다. 모든 환자가 퇴원계획의 대상이 되는 것은 아니며 고위험군,

즉 퇴원과정이 원활하게 진행되지 않을 것으로 예상되는 환자가 일차적인 퇴원계획의 대상이 된다. 특히 원활한 입퇴원을 중시하는 대형병원에서는 사전에 점검 리스트를 통해 고위험군을 선별하기도 한다. 예를 들어, 고령의 노인, 만성질환자, 여러 가지 질병을 동시에 갖고 있는 환자, 인지기능이나 자기관리 기능이 저하된 환자, 사회적 지지나 돌봄 자원이 결여된 환자, 진료비 납부 능력이 없는 환자, 정서적 문제를 가진 환자, 영속적 장애를 갖게 된 환자 등이 여기에 포함될 수 있다. 이들은 퇴원을 거부하거나 퇴원 후의 생활기반이 취약한 경우로 요약할 수 있겠다.

(2) 퇴원계획에 대한 동의와 정보수집

퇴원계획대상에게 퇴원계획 서비스에 대해 동의를 받고 퇴원계획에 필요한 정보를 수집하는 단계이다. 정보는 환자와 가족, 그리고 관련된 치료진으로부터 수집하며 병력과 예후, 치료진과의 관계, 환자의 심리상태, 가족 지지체계, 활용 가능한 사회적 자원 등에 대하여 알아본다.

(3) 사정을 통한 퇴원계획 수립과 실행

수집된 정보를 토대로 퇴원을 저해하는 요소, 즉 퇴원 후 거주지 부재, 진료비 문제, 환자나 가족의 퇴원 거부, 보호제공자 부재, 치료와 관련된 법률 소송, 병식 부족 등을 파악하고 이에 근거하여 퇴원계획을 세운다. 이때는 누가 퇴원을 결정할지, 퇴원 후에는 누가 돌봄을 제공하고 환자의 건강관리는 어떻게 할 것인지, 의료비 지출 부담을 어떻게 감당할 것인지, 환자와 가족들의 역할 변화에 어떻게 적응하도록 할 것인지, 의료보장구의 확보나 주거환경의 변화가 필요한지 등을 살피고 필요한 도움을 연결하거나 제공하는 방식으로 개입한다. 퇴원 후에는 집으로 귀가할 수도 있지만 다른 병원이나 요양원, 복지시설, 호스피스 기관 등으로 이동할 수도 있고 다양한 이용시설의 서비스로 연계될 수도 있을 것이다.

(4) 점검과 평가, 그리고 수정보완

퇴원계획 과정 전반을 점검하고 그 결과를 평가하며 만약 보완되어야 할 문제점이 발견된다면 이를 수정 보완한다. 또한 퇴원 후 사후관리는 퇴원계획의 적절성을 평가하는 기회가 될 뿐 아니라 재발이나 재입원을 방지하는 효과를 가질 수 있다.

3) 퇴원계획에 영향을 미치는 요인들

미국을 중심으로 한 서구의 경우에는 재원일수 단축과 정신과 병상 감축의 추세에 따라서 적절한 퇴원계획 및 지역사회 서비스의 통합이 강조되고 있기 때문에 퇴원계획의 효과성과 관련된 연구들이 활발히 진행되어 왔다. 여기서는 퇴원계획 연구를 통해 밝혀진 긍정적인 요인과 저해요인들을 살펴보고자 한다.

일반 신체질환자를 대상으로 한 퇴원계획의 만족도에 대한 연구에서는 '퇴원과정에 대한 환자와 가족의 참여', '사회적 지지망', '신체 상태'와 관련 있다는 조사가 보고되었다(Proctor et al., 1992). 이 연구에서는 특히 성공적인 퇴원을 위해서는 의료진들이 가족과의 소통에 보다 많은 시간과 관심을 투자해야 한다는 것을 강조하였다. 그리고 치매환자의 퇴원계획이 적절히 이루어지기 위한 조건으로는 '가족의 지원'과 '자원의 활용 가능 정도'가 가장 중요한 요인으로 보고되었다(Cummings, 1999). 치매환자들은 퇴원 이후에도 가족과 지역사회 자원의 부재로 적절한 사후보호가 제대로 이루어지지 않으면 재입원의 위기에 처하게 된다는 것이다. 또한 소아과 환자의 퇴원계획에서는 '의료보험', '가족의 협조', 그리고 '적절한 의뢰 시기'가 중요하다는 것이 보고되었다(Proctor et al., 1995). 그만큼 퇴원계획은 '가족, 자원, 팀워크'가 함께 하는 역동적인 작업이라는 것이다. 콜튼 등(Coulton et al., 1982: 253-261)도 퇴원계획과정에 영향을 미치는 요인으로 '환자와 가족의 특성', '의료진의 행동', '퇴원상황' 등을 꼽았으며, 그중 퇴원 후 만족도와 관련이 있는 요인으로 '환자의 참여'를 강조하였다. 스완슨 등(Swanson et al., 1999: 630-635)은 퇴원환자에게 퇴원 전 1시간 정도의 동기부여 상담을 제공한 것만으로도 첫 외래 방문율을 유의하게 향상시킨다는 것을 보고하기도 하였다.

한편, 성공적인 퇴원계획을 가로막는 장애요인들도 보고되어 왔다. 정신과에서 퇴원이 지체되는 요인으로는 투약 조절이나 행동 안정이 이루어지지 않는 것과 같은 '증상'의 문제와 지속적인 서비스가 가능한 '지역사회 기반의 부재'가 보고되었다(Cohen et al., 1993; Kelly et al., 1998). 그만큼 퇴원계획은 병원 내부의 활동만으로는 한계가 있으며 활용 가능한 지역사회 자원이 뒷받침될 때 성공적으로 수행될 수 있다는 것을 보여준다.

퇴원계획과 관련된 국내 연구로는 황숙연(1994)의 연구가 처음이라고 할 수 있다. 이 연구에서는 퇴원계획과정에서 가족은 환자와 밀착된 반응을 보이며 환자 못지않게 만성질환으로 인해 어려움을 겪고 있는 것으로 나타났다. 이 외에 퇴원계획의 영향요인으로서 '의료진의 태도', '의료비 지불원', '지역 내 연계 가능한 의료기관'을 공식적 환경요인으로 언급하였다. 뇌졸중 환자와 그 가족을 대상으로 한 퇴원반응에 대한 또 다른 연구에 따르면(박은주, 1995), 가족들은 환자를 보호하는 것에 어려움을 느끼고 있으며 환자보호를 위한 실질적인 서비스나 교육에 대해 높은 욕구를 갖고 있다고 하였다. 더불어 바람직한 퇴원계획을 위해서는 입원 초기부터 개입하고 필요한 자원체계를 최대한 확보하며 환자와 가족의 의사를 충분히 반영할 것을 조언하였다. 최명민(2000)은 정신과 입원환자를 대상으로 퇴원계획과 사후관리를 시행하고 이 과정을 통해 결정된 재활 및 요양 서비스를 지속적으로 이용하는 데에 영향을 미치는 요인들을 분석하였다. 그 결과, 치료진이 평가한 '환자의 의지와 병식' 및 '가족의 지지와 병식', '치료자의 가족면담 횟수'와 사회복지사의 '퇴원기관접촉 횟수' 등이 유의미한 변수로 나타났다. 특히 이 중 가족의 지지는 가장 오랜 기간 영향력 있는 변수로 증명되었다. 따라서 정신과 환자의 경우 퇴원계획을 통해 결정된 서비스에 원만히 연결되도록 하기 위해서는 환자와 가족이 병을 이해하도록 하고 치료진이 가족을 만나서 현 상태와 앞으로의 계획을 충분히 논의하며 가족들이 환자가 결정된 사항을 이행하도록 지속적으로 관심을 갖고 지지해주어야 한다는 것이 제언되었다.

4) 성공적인 퇴원계획을 위한 지침

앞에서 살펴본 내용들을 종합해 볼 때 퇴원계획을 수행하는 의료사회복지사는 다음과 같은 사항들을 염두에 두는 것이 좋다.

(1) 환자의 자기결정권 존중

현장에서 퇴원계획은 환자의 의사와 상관없이 진행되기가 쉽다. 환자는 심신이 취약한 상태로 병원의 상황이나 가족의 욕구 등에 따라 결정을 내리게 되는 경우가 많기 때문이다. 그러나 기존 연구들에 따르면 환자 스스로 퇴원시점이나 퇴원 후 계획을 알고 이해할 경우에 치료나 재활의지가 높고 퇴원 후 적응도나 만족도가 높다. 반대로 퇴원계획에서 재원일수의 단축만을 중요한 기준으로 삼을 경우에는 무리한 진행으로 인하여 부작용이 따를 수 있다. 그러므로 병원의 재원일수 압박이 있다 하더라도 최대한 환자 자신의 결정권을 존중하고 동의를 받을 수 있도록 끝까지 최선을 다해야 한다.

(2) 가족에 대한 지원 강화

여러 연구들에서 퇴원계획에 효과적으로 개입하기 위해서 가장 중요한 변수로 증명되고 있는 것이 가족 요인이다. 가족이 얼마나 지지체계가 되어 주느냐 하는 것이 그만큼 중요하다는 것이다. 그러나 현장에서 가족들은 오랜 간호나 막대한 의료비로 인하여 여러모로 지친 상태에 있을 가능성이 높다. 그만큼 가족에 대한 이해와 지지가 필요하다는 것을 의미한다. 의료사회복지사와 치료진은 가족과 충분한 면담을 통해 환자의 치료 및 재활에 지지적인 환경을 조성하고 교육을 통해 환자에 대해 필요한 정보들을 정확히 알도록 접근함으로써 궁극적으로 퇴원계획의 목표를 달성할 수 있을 것이다.

(3) 지역사회 자원개발과 정보공유

퇴원계획을 시행하는 사회복지사는 환자들에게 맞는 지역사회자원을 개발하고 정확한 정보를 보유하며 이를 퇴원계획에서 환자나 가족들과 충분히 공유하는 노력을 기울여야 할 것이다.

(4) 사례관리의 활용

퇴원계획이 환자, 가족, 기관과 함께 작업하며 지속적으로 사후관리를 해가는 역동적인 작업인 만큼, 환자를 다차원적 욕구를 지닌 개인으로 보고 공식적, 비공식적 자원과 활동을 조직, 조정함으로써 적응력을 높이는 데에 목적을 둔 사례관리의 맥락에서 이루어지는 것이 효과적일 수 있다.

(5) 한계에 대한 인식

마지막으로 퇴원계획이나 사례관리는 클라이언트와 가족에게 더 좋은 서비스를 효과적이고 효율적으로 제공할 수 있는 수단이 되기도 하지만 자칫 클라이언트의 이익보다는 비용효과를 강조하는 조직의 입장을 대변하는 통제수단이 될 수도 있다는 점을 기억해야 한다(최명민, 2015). 따라서 의료사회복지사는 소속된 조직의 이해와 클라이언트의 이해라는 경계선상에서 신중하게 행동해야 한다. 특히 약자의 입장에 있는 클라이언트의 상황을 잘 살펴서 비록 제한적인 현실적 조건들이 존재하지만 그 속에서도 충분히 배려 받고 최선의 서비스를 받는다는 느낌을 가질 수 있도록 전문성을 발휘해야 할 것이다.

7. 의료현장에서 다양한 전문가들과의 팀워크

병원을 비롯한 의료현장은 그 어느 분야보다도 다양한 전문직 군이 활동하는 곳이다. 특히 종합병원의 경우에는 의사, 간호사, 사회복지사, 약사, 영양사, 임상병리사, 물리치료사, 작업치료사, 방사선사, 운동처방사뿐 아니라 다양한 연구직, 병원행정전문가, 의학정보를 담당하는 전문사서에 이르기까지 그 직종은 매우 다양하다. 이들은 각자 소속된 조직 내에서 담당 역할을 수행하기도 하지만 환자의 욕구나 직무의 성격에 따라서 소속 조직을 넘어서 협력적으로 일을 하기도 하고 때로는 이런 협력과정을 구조화하여 팀제로 활동하기도 한다. 어떤 경우든 환자와 가족의 다양한 욕구를 통합적으로 접근하는 의료사회복지사는 다른 직종과 협력적으로 일을 해야 하는 경우가 많기 때문에 팀워크에 대한 전문적 역량을 갖출 것이 요구된다.

1) 팀워크에 대한 이해

팀워크^{Teamwork}의 팀은 집단의 일종이다. 따라서 팀을 이해하기 위해서는 기본적으로 집단이론에 기반을 두고 접근하는 것이 필요하다. 얀크 등(Yank et al., 1994)은 그 이론적 기반으로 발달적 관점과 체계적 관점을 제시하였다. 우선 발달적 관점에서는 집단의 역동을 강조하는데, 여기에는 집단 발달단계, 집단응집력과 같은 개념이 포함된다. 즉, 팀워크는 결국 집단으로서 팀이 얼마나 서로 응집하여 집단의 목적을 효과적으로 달성하느냐에 관한 것이다. 따라서 목표와 관련된 활동뿐 아니라 팀 구성원들 간 관계를 포함하는 팀 생활의 효율성을 높이기 위해서 팀의 리더는 팀 과정과 그 역동을 이해하는 능력을 갖춰야 한다. 또 다른 유용한 관점은 체계모델이다. 여기에서는 팀구성원들이 생산성과 관련된 투입과 산출, 피드백 과정, 권력구조, 역할 역동, 경계유지, 상호작용 유형 등의 수준을 평가할 수 있는 조직적 틀을 제공해준다.

이러한 이론적 기반 위에서 팀워크는 다음과 같이 규정되어 왔다. 칼튼(Carlton, 1984: 129)은 협력적 실천의 한 형태로 팀워크를 규정하면서 '둘이나 그 이상의 학문영역 실천가들에 의한 다학문적 실천으로서, 서로 구분되는 역할을 통해 전문화된 과업 수행이 이루어지며, 공동의 목표하에 상호의존적 관계 속에서 이뤄지는 활동'이라고 하였다. 또한 얀크 등(1994)은 팀접근이 '계획적이고 지향점이 있는 팀 활동으로, 그 활동은 클라이언트에게 질 높은 서비스를 제공하려는 치료적, 행정적 목표를 성취하기 위한 것'이라고 하였다. 팀워크의 개념은 특히 클라이언트와 관련시켜서 설명되곤 하는데, 리(Lee, 1995: 104)는 팀워크는 클라이언트를 위한 협력이라는 점을 강조하고, 팀 활동을 위해 팀을 구성할 때, 각 구성원들은 팀 내에서 기여할 수 있는 자신의 전문성을 갖고 와야 한다고 하였다.

이러한 팀워크를 촉진하는 요소에 대해서는 여러 학자들이 의견을 제시해왔다. 물린드 등(Mullind et al., 1994)은 팀 성원 간 개념적 통합, 전문직 내외의 역할 일치, 집단 역동에서의 유능성, 리더십 등을 들었고, 시번 등(Seaburn et al., 1996)은 효과적인 팀 협력을 위한 다섯 가지 요소로서, 공동목표, 패러다임, 의사소통, 서비스 위치, 사업 배치, 관계 등을 제시하였다. 그리고 효과적인 협력 과정에 대해 칼튼(1984: 138)은 여섯 가지 요소를 제시하였는데, 여기에는 다학문적 협력을 필요로 하는 문제의 구체화, 협력적 목적에 대한 진술, 협력적 목적 실현을 향한 목표의 구체화, 과업 규명, 역할 부과 및 개입, 그리고 평가 및 수정 등이 포함되었다.

이렇게 팀이 긍정적으로 기능할 때 팀은 구성원의 만족과 학습에 도움을 주고 개인적 부담이나 소진을 예방하는 것으로 조사되었다(최명민 · 등, 2005). 또한 전문직 간의 경계를 허무는 기능을 수행하는 것으로 지목되기도 하였다(윤현숙 등, 2011). 클라이언트 측면에서, 서비스 제공자들 간의 협력은 다양한 서비스의 통합, 기관들 간의 연계, 그리고 사례관리의 효과를 가져올 수 있다고 한다(Sands & Angell, 2002).

반면, 팀 전문가들 간 가치나 이론적 방향, 또는 패러다임이 불일치하고 경계가 모호하여 상호 교류과정에서 경계의 이슈가 생길 경우에는 다학문적 팀 성원 사이에서 갈등이 일어나기 쉽다고 한다. 그러나 이런 갈등은 정도의 차이이지 완전히 피할 수 없기 때문에 이런 갈등을 인정하고 해결하는 노력을 기울여야 한다. 이를 위해서는 우선 가능한 한 역할과 결정과정을 명료화하는 것이 필요하다(Lee, 1995). 윤현숙 등(2001)은 효과적인 팀워크를 저해하는 장애요소로서 공동목표의 결여, 상대 전문직에 대한 몰이해, 역할 및 정체성의 혼란, 그리고 각 전문직의 이기심을 들기도 하였다.

2) 의료현장에서 팀워크의 필요성과 현실적 한계

일반적으로 질병은 생리, 심리, 사회적 요소가 복합적으로 작용하는 것으로 알려져 있다. 따라서 이에 대한 치료가 효과적이 되기 위해서는 다학문적 팀 접근이 요구된다. 또한 의료현장은 그 어떤 사회복지 실천현장보다도 많은 수의 다른 전문직들과 공존하며 협력해야 하는 곳이다. 따라서 다른 전문직들과 서로 이해하고 협력하지 않고서는 사회복지사의 역할을 수행하기도 어려울 뿐 아니라 환자에게 질 높은 서비스를 주는 데에도 한계가 있을 수밖에 없다. 따라서 의료사회복지사가 갖춰야 할 주요 능력 중 하나가 타전문가와 협력할 수 있는 능력이다.

그러나 한국의 의료현장에서 사회복지사들이 다른 전문직과 좋은 팀워크를 형성하는 것은 하나의 도전이 되고 있다. 의료 영역에서 팀워크는 역사적으로나 이론적으로나 클라이언트를 위해 선택이 아니라 의무라고 할 수 있지만, 일반적으로 의료영역에서 팀의 리더는 의사이므로, 팀워크뿐 아니라 그 안에서 사회복지사가 어떤 역할을 할 수 있느냐 하는 것은 리더의 의지에 달린 경우가 많다. 그리고 사회복지사들이 팀워크를 위한 훈련을 받거나 경험을 쌓을 기회도 충분하지 않다. 따라서 사회복지사가 팀에 참여하는 수준은 소속된 세팅과 리더의 인식에 따라 다양하게 나타나고 있다. 결정권은 의사에게 집중되어 있고 사회복지사의 역할을 다른 전문직으로부터 충분히 이해되지 못할 때 사회복지사의 역할을 위협을 받게 되는 것이다.

따라서 팀워크는 사회복지사들에게 결코 쉽지 않은 과업으로 나타나고 있다. 카펜터 등(Carpenter et al., 2000)은 사회복지사의 배경이 되는 가치나 이론들이 사회적인 데에 초점을 두고 있는 반면, 의료 세팅은 의료적인 가치와 체계를 중심으로 운영되므로, 여기에서 사회복지사들이 불일치를 느끼거나 갈등을 경험하기 쉽다고 하였다. 또한 최 등(Choi et al., 2009)의 연구에 따르면 의료사회복지사들은 한국 의료현장의 팀워크가 안정적이지 않다고 평가하고 있었는데 그 이유를 요약하면 〈그림 8-1〉과 같다.

즉, 팀 구성원 간 권력 불균형, 즉 '어떤 한 전문직, 특히 의사에게 권한이 집중되어

그림 8-1 | 팀워크를 불안정하게 하는 요소

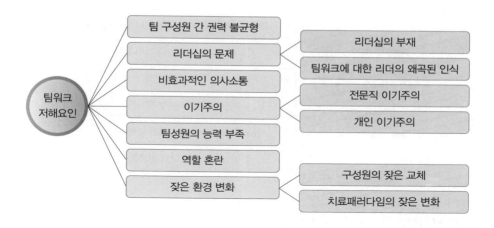

그에 의해 팀워크가 좌지우지되는 것'을 주요 불안 요인으로 보았으며, 이 외에도 비효과적인 의사소통, 전문직 이기주의나 개인 이기주의 등이 팀워크를 방해하는 요인으로 언급되었다. 또한 능력이 부족한 팀 성원도 팀워크의 저해요인이라는 점은 주목할 만한데, 이는 팀워크가 팀 전체의 과업인 동시에 개별 구성원의 책임이라는 것을 상기시켜준다. 이 외에도 전문직 간 역할 혼란이나 환경요인의 잦은 변화도 팀워크를 불안정하게 만드는 요소로 도출되었다.

이러한 이유들로 인해 팀워크가 잘 이루어지지 않으면, 그 결과 팀 내에 갈등이 생겨도 해결되지 않은 채 지속되고, 팀원들끼리 서로 의사소통하지 않고 독단적으로 행동하게 되므로, 결국 서비스의 질은 낮아질 수밖에 없다는 것이다

3) 성공적인 팀워크를 위한 사회복지사의 전략

팀워크를 성공적으로 해내고 있는 사회복지사들이 제시하는 팀워크 노하우로는 〈그림 8-2〉와 같은 내용들이 제시될 수 있다(Choi et al., 2009).

그림 8-2 | 성공적 팀워크를 위한 사회복지사 요인 범주

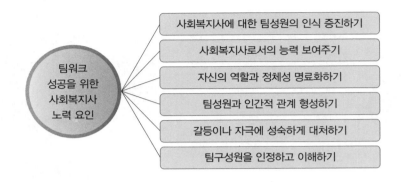

(1) 사회복지사의 역할에 대한 팀 구성원의 인식 증진하기

아직까지 병원과 같은 소위 사회복지의 2차 세팅에서는 사회복지사의 역할이 가변적이며 한정적으로 이해되고 있는 현실이므로, 우선 다른 직종의 팀원들에게 사회복지사의 핵심 역할에 대한 인식을 심어주는 것이 팀워크를 위한 필수 요소라고 하겠다. 이는 팀의 협력적 관계를 위해 구성원들의 역할, 기능 및 책임성을 이해하는 것이 필요하다는 지적(Dhooper, 1997: 146)과 같은 맥락이다.

인식 증진의 방법은 한 가지에 국한하지 않고 활용 가능한 다양한 기제들, 즉 교육, 기록, 공식적인 회의 및 비공식적 의사소통을 모두 동원하여 사회복지사로서 자신의 역할을 팀 성원들에게 끊임없이 인식시키는 것이 중요하다. 특히 교육은 새로운 팀 구성원들에게 자신의 역할과 업무를 소개하는 오리엔테이션과 자기 영역의 전문지식을 강의하는 기회를 통해 이뤄질 수 있다.

(2) 사회복지사로서의 능력을 보여줄 기회를 놓치지 않기

사회복지사 고유의 역할을 개발하고 전문적 능력을 객관적으로 입증해 보임으로써 팀 내에서 자기 지위를 확보하는 것을 의미한다. 사회복지사의 역할을 사실적으로 인식시킨다고 해도, 실제적으로 사회복지사의 능력이 이를 현실적으로 입증하지 못하면 그런 인식이 자리 잡기 힘들다. 따라서 이들은 사회복지사 고유의 업무를 개발하고, 전문성을 개발함으로써 자신의 능력을 보여줄 수 있는 기회를 잡는 것이 중요하다고 보았다.

또한 다른 전문가들이 고려하지 못하는 관점을 제시하는 것은 다학문적 팀에서 사회복지사의 존재가치를 보여주는 것이다(Payne, 1997: 255). 사회복지사이기에 더 잘할 수 있는 서비스나 프로그램 등을 개발하는 것 역시 팀 내에서 능력을 인정받는 기회를 제공해준다. 윤현숙 등(2011)은 사회복지사의 역할정립과 관련하여 다른 전문가들이 인정하고 수용할 수 있는 범위 내에서 사회복지사의 유능함을 증명하려는 노력이 중요하다고 하였다.

(3) 사회복지사로서 자신의 역할과 정체성을 명확히 하기

사회복지전문직에 대한 가치를 신뢰하고 사회복지사로서 해야 할 일과 하지 말아야 할 일을 구분하는 것, 즉 사회복지사로서의 정체성을 갖는 것은 팀워크에 있어서 매우 중요한 요인이다. 아직 사회복지사에 대한 인식이 확고하지 못한 상황에서 팀워크를 하기 위해서는 우선 자기 자신부터 사회복지사로서의 정체성과 역할에 대한 확고한 인식이 필요하다는 것이다.

양립 불가능한 요구에서 기인하는 역할 갈등은 스트레스의 예측요인으로 밝혀져 왔다(Carpenter et al., 2000). 반면 전문직 정체성 확립은 한국 보건 세팅에서 사회복지사의 소진 보호요인으로도 보고되고 있다(최명민 등, 2005).

(4) 팀구성원들과 인간적인 관계를 형성하기

인간적 유대를 형성하는 것은 팀워크에 실질적인 도움이 된다. 서로에게 적절한 기대치를 가질 때, 공식적인 관계뿐 아니라 비공식적인 관계가 형성될 때, 팀원이 필요로 하는 도움을 제공할 때, 그리고 감사, 칭찬, 사과와 같은 인사가 필요한 상황에서 적절한 감정표현을 할 때 인간적 관계는 더 잘 형성될 수 있다고 한다. 팀워크가 어떤 과업을 목표로 이뤄지는 것이라고 해도, 결국 대인관계의 맥락에서 이뤄진다는 점에서, 팀워크를 하는 사회복지사에게는 전문적 역량뿐 아니라 대인관계 측면의 유능함도 요구된다.

(5) 갈등상황이나 자극에 대해 성숙하게 대처하기

팀 내 갈등을 피하기 위해 과도하게 나서지 않으며, 감정적 반응을 자제하는 것은 팀워크의 저해요인을 극복하도록 도와준다. 성공적인 팀워크를 하고 있는 사회복지사들은 피할 수 없는 갈등상황에 직면할 때, 참거나 무시하는 방식으로, 또는 분명하면서도 도를 넘지 않는 의사표시를 하는 등의 이성적 대응으로 팀 내 갈등요소를 해결해간다고 보고하고 있다.

한국 정신보건 현장에서 사회복지사는 의사나 간호사 직군에 비해 그 수적인 면에서 소수인 경우가 많다. 또 앞에서 논의된 바와 같이 권한의 차이도 엄연히 존재한다. 이런 상황에서 때로는 사회복지사는 부당하거나 동의할 수 없는 상황에 직면할 수도 있다. 따라서 직종 간의 갈등상황에 사회복지사가 어떻게 대응하는가 하는 것은 팀워크에 있어서 중요한 요소라고 할 수 있다. 셰퍼 등(Sheafor et al., 1997)도 견해 차이가 있을 때, 'I-message'와 같은 비위협적인 방식으로 의사를 전달하도록 조언하고 있다.

(6) 팀워크를 해야 할 구성원들을 인정하고 이해하기

자신의 전문직을 이해할 뿐 아니라 다른 전문직을 존중하고 아는 것은 팀워크의 기본이다. 이 요소는 기존 문헌들에서도 협력관계의 필수요소로 언급되어 왔다(Sheafor et al,, 1997: 628; 윤현숙 등, 2011). 이는 '싸움에서 이기기 위해서는 나를 알고 남을 아는 것이 필요하다'는 손자병법의 한 구절을 떠올리게 한다.

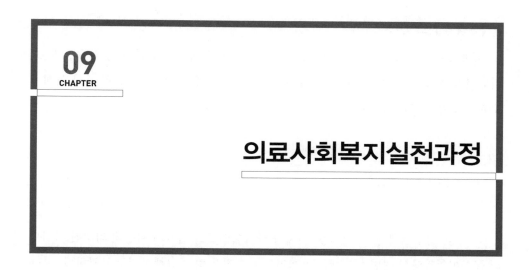

의료사회복지실천과정

의료사회복지사는 병원 내의 임상 각 진료과, 지역사회 기관, 환자의 가족 등 다양한 의뢰경로를 통해 클라이언트를 의뢰받는다. 또한 클라이언트를 의뢰한 기관이나 각 진료과, 그리고 지역사회 내의 여러 자원체계들과 의료사회복지실천과정에서 협업을 수행하게 된다. 의료사회복지사는 클라이언트에게 필요한 도움을 제공하기 위해 클라이언트와 신뢰관계를 형성해야 하고, 정확한 욕구사정, 지원계획수립, 실행, 모니터링, 평가에 이르는 일련의 사회복지실천과정을 전문성을 지니고 수행하는데, 그 실천과정

그림 9-1 | 의료사회복지실천과정

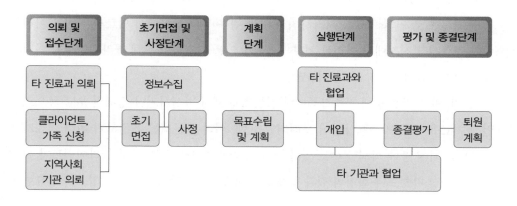

은 〈그림 9-1〉과 같다.

이에 본 장에서는 의료사회복지실천의 과정을 다섯 단계, 즉 의뢰 및 접수단계, 초기면접 및 사정단계, 계획수립단계, 실행단계, 평가 및 종결 단계로 구분하여 각 단계별 주요 과업을 소개하고자 한다.

1. 의뢰 및 접수

의뢰 및 접수단계는 의료사회복지사가 클라이언트를 접하기 이전에 의뢰된 시기부터 클라이언트와의 대면 이전에 일차적인 정보수집을 하는 단계까지를 포괄한다. 따라서 이 단계에서 의료사회복지사는 의뢰경로를 이해하고, 클라이언트를 만나기 전에 의료사회복지사가 준비해야 할 사전 준비 과정을 이해하는 것이 중요하다.

1) 의뢰

〈그림 9-1〉에 제시된 바와 같이 의료사회복지사가 클라이언트를 의뢰받는 경로는 크게 세 가지로 구분할 수 있다. 첫째, 타 진료과로부터 협진의뢰consultation request이다. 협진의뢰는 일반적으로 의료진이 치료를 수행하는 과정에서 요구되는 사회복지서비스를 의뢰하는 경우이다. 클라이언트를 의뢰하는 시점은 환자의 상태나 욕구 상황에 따라 다양할 수 있다. 예를 들어, 클라이언트가 치료에 대한 동기가 없거나, 혹은 경제적인 문제 등으로 인해 치료를 시작하지 못하는 경우 등의 상황에서 의료진은 진료 이전이나 진료시작 시점에서 이러한 치료의 장애요인을 해결하기 위해 클라이언트를 의뢰할 수 있다(예: 입원계획, 치료동기상담).

반면, 치료 진행 중에 가족갈등이나 비협조 문제가 발생하거나 경제적 부담 등으로 인해 치료유지가 어려운 상황이 초래되었을 때, 이러한 문제를 해결하기 위해 치료가 수행되는 과정 중에 의뢰할 수도 있다(예: 가족상담. 경제적 지원). 또한 클라이언트가 치료과정을 잘 마쳤으나 질병의 결과 장애를 갖게 된 경우, 퇴원 이후 시설입소가 필요한

표 9-1 | 의료사회복지와 협업이 이루어지는 진료과와 주요 의뢰 내용

진료과	진료과별 주요 질병	질병으로 인한 의료사회복지 이슈	의료과의 주요 의뢰 내용
내과	당뇨, 고혈압, 심장병, 만성신부전 등 만성질환 및 성인병	• 부적절한 식이, 생활습관, 치료의 균형 • 대인관계, 직장유지 등 사회적 욕구 • 치료과정의 의료비용, 치료동기 유지	• 입·퇴원계획 - 입원 시 치료절차 및 의료비 등 입원 준비 설계 - 퇴원 후 외래 등 치료 유지 지원 - 퇴원 후 일상 적응준비 - 필요 시 퇴원 후 시설입소 등 기관 연계 • 심리사회적 사정 • 심리 지원상담 • 경제 지원 • 가족상담 • 위기상담 • 환자/가족교육 - 증상 및 치료방법 등에 대한 정보제공/교육 - 클라이언트나 가족이 활용할 수 있는 자원정보 제공 • 집단프로그램 등
산부인과	• 불임·난임, 인공수정 • 조기출산, 미숙아지원 • 성폭력/성학대, 성매매 등	• 치료과정의 스트레스 • 법적 보호 및 대처 • 클라이언트 가족의 협조와 지지 등	
정형외과	• 교통사고 및 각종 사고로 인한 정형외과적 수술 • 정형외과 환자로 인해 장애를 갖게 된 경우 등	• 치료 이후 후유증, 장애 여부, 흉터 등에 대한 수용과 적응 • 장기/피부이식의 경우 신청 및 집행절차 이해와 스트레스 해소 • 클라이언트의 치료, 재활동기와 가족의 지지기능 유지 • 수술, 재활 등 장기간 치료에 따른 심리적, 경제적 부담	
재활의학과	• 척추질환 • 교통사고 등 각종 사고, 수술 이후 재활 중인 환자들의 문제 등		
성형외과	성형수술, 화상		
일반외과	장기이식 등 각 수술		
신경외과	치매, 뇌졸중 등 뇌혈관질환		
정신과	• 조현병, 우울증 등 주요 정신질환 • 알코올, 약물, 인터넷, 게임중독 등 중독질환 • 주의력결핍과잉행동장애, 자폐 등 발달장애 등	• 클라이언트와 가족의 질병이해, 수용, 치료동기 유지 • 증상 및 약물관리 • 사회복귀 및 재활 • 일상생활 적응	
암센터	소아암, 말기암 등	• 질병 수용 및 치료동기 유지 • 장기간 치료, 재활 의료비 및 심리적 어려움 대처 • 죽음 준비 및 유가족의 죽음 수용 및 애도	
응급의학과	교통사고, 자살 등 응급적인 질병이나 사고	• 클라이언트와 가족의 즉각적인 협조 및 위기대처 • 장애, 사망 등에 대한 수용, 애도 등 • 일상생활복귀 및 적응	

경우, 치료종결 이후 지속적인 지역사회 보호가 필요한 경우 등 퇴원 준비나 퇴원 이후의 문제를 해결해야 하는 상황에서는 클라이언트의 퇴원을 앞둔 시점에서 의뢰할 수도

있다(예: 퇴원계획).

의료진에 의한 의뢰는 클라이언트의 심리사회적인 상황이나 상태에 따라 그 의뢰시점과 내용이 다양하기 때문에 의료사회복지사는 의료진들이 의료사회복지의 역할과 기능을 정확하게 이해하고, 협의 진료를 수행할 수 있도록 충분한 정보를 제공하고, 협력할 수 있는 시스템을 구축해야 한다.

최근 의료사회복지에 대한 의료인들의 인식이 향상되면서 협업을 요구하는 진료과가 점차 다양해지고 있는데, 협업이 요구되는 주요 진료과와 그 주요 의뢰 내용은 〈표 9-1〉과 같다.

둘째, 클라이언트 혹은 가족이 직접 의료사회복지사를 찾아 도움을 요청하는 경우이다. 이 경우 클라이언트 혹은 가족은 의료사회복지서비스에 대해 자발적이고 협조적일 가능성이 높다. 따라서 의료사회복지사는 이들이 도움을 요청한 욕구를 정확하게 파악한 후 이들의 욕구가 의료사회복지 부서의 지원으로 해결 가능 여부를 판단하고 해당 진료과 혹은 기관과 협업하여 지원활동을 수행한다.

셋째, 지역사회 기관에서 의뢰하는 경우이다. 지역사회에서 클라이언트를 의뢰하는 경우는 대부분 의료기관 이용 정보, 의료비 지원, 입원계획 등에 관한 것이다. 의료사회복지사는 지역사회 기관에서 의뢰하는 내용에 대해 정확한 정보와 자문을 제공할 수 있으며, 자신이 속한 병원 및 부서에서 해결할 수 있는 문제인지 그 여부를 파악하여 지원 내용과 방법을 결정하도록 한다.

이와 같은 경로를 통해 의뢰된 클라이언트를 의료사회복지사가 속한 기관에서 지원하기로 결정한 경우 의료사회복지사는 의뢰기관과 함께 입원계획admission plan 혹은 지원계획을 세우고 클라이언트가 기관의 절차에 따라 서비스를 이용할 수 있도록 지원해야 한다.

2) 준비 및 접수

접수는 의뢰된 클라이언트를 의료사회복지부서에서 공식적으로 지원대상으로 인지하고, 이에 대해 부서의 지원대상으로 적합한지 여부를 일차적으로 판단하는 과정이다. 따라서 의료사회복지사는 의뢰된 클라이언트에 대해 의뢰경위, 의뢰된 내용 등에 대해 일차적인 정보를 수집하여 클라이언트 욕구의 심각성 수준과 지원 여부 가능성을 평가한다.

이 과정을 통해 의료사회복지사는 의뢰된 클라이언트에 대한 기본적인 이해를 갖고, 다음 단계인 초기면접에서 구체적으로 확인해야 할 주요 욕구 혹은 클라이언트의 상황 등을 명확하게 정리할 수 있다. 이때 의료사회복지사가 고려하여 준비해야 할 내용은 다음과 같다.

- 의뢰서에 제시된 지원요청 목록을 확인한다. 혹은 클라이언트나 가족이 의뢰한 경우, 이들이 요구하는 주요 욕구가 무엇인지 확인한다.
- 클라이언트에 대한 의료기록 및 의뢰 시 제공된 각종 기록들을 점검함으로써 의뢰된 내용들에 대한 맥락을 파악한다.
- 의뢰된 클라이언트 욕구의 심각성, 위급성 등을 파악하도록 한다.
- 이때 클라이언트의 상태·욕구가 심각하고 위급한 경우 의료사회복지사는 관련 진료과 혹은 담당의료진에게 위기개입 혹은 위기지원을 위한 논의와 개입을 요청하고 협력한다.
- 클라이언트의 이슈가 의료사회복지사 자신에게 심리적 부담이 되는지, 혹은 충분히 감정이입하는 데 용이한지 등 클라이언트와의 관계형성을 위한 사회복지사 자신의 상태를 점검하도록 한다.

2. 초기면접 및 사정

1) 초기면접

초기면접은 클라이언트와 의료사회복지사가 대면하여 서로 필요한 정보를 교환하고 전문적인 신뢰 관계rapport를 형성하는 과정이다. 이에 초기면접의 주요 기능은 세 가지로 요약할 수 있는데, 첫째는 클라이언트의 주요 욕구 파악, 둘째, 클라이언트와 신뢰 및 협력관계 형성, 셋째, 치료동기 향상이다. 의료사회복지사는 클라이언트에 대한 주요 정보를 수집하여 클라이언트가 인지하는 주요 욕구를 파악하고, 이들이 치료에 협조할 수 있도록 심리적 불안과 두려움을 해소하고 치료 동기를 증진할 수 있도록 지지를 제공해야 한다.

이상과 같은 초기면접의 주요 세 가지 기능을 구체적으로 살펴보면 다음과 같다.

(1) 주요기능 1: 클라이언트의 주요 욕구 파악

클라이언트의 주요 욕구 파악은 앞서 의뢰단계에서 다른 진료과 혹은 지역사회 기관으로부터 클라이언트가 의뢰된 내용과 관련하여 클라이언트와 그 가족이 인지하고 있는 도움 내용을 확인하는 것이다. 클라이언트가 자신의 욕구를 정확하게 인지하고 있는 경우도 있지만, 경우에 따라서는 클라이언트가 자신에게 도움이 필요한 욕구를 명확하게 인지하지 못할 수도 있다. 또한 클라이언트가 인지하고 있는 욕구나 문제의 내용이나 심각성 수준이 의료진이 인지하고 의뢰한 것과 동일할 수도 있지만, 반면 전혀 다를 수도 있다. 이런 경우에 의료사회복지사는 클라이언트나 가족의 이야기를 충분히 듣고, 공감함으로써 이들이 도움이 필요하다고 인지하는 욕구가 어떤 내용이며, 이 내용이 클라이언트를 의뢰한 사람과 어떻게 다른지 파악해야 한다.

초기면접과정에서 파악해야 하는 클라이언트의 주요 욕구는 다음과 같다.

- 주요 인적사항
- 클라이언트의 주거, 경제 등 주요 생활환경
- 성장배경/개인력
- 가족력
- 주요 병력/치료력
- 정서적 상태
- 클라이언트가 인지하고 있는 주요 욕구나 문제

클라이언트의 상황과 욕구에 대해 클라이언트, 가족, 의료진, 그리고 의뢰기관 간에 각자 다르게 이해하는 내용은 추후 의료사회복지사가 중재해야 하는 과업이 될 수 있다. 또한 클라이언트, 가족이 왜곡된 정보로 인해 자신의 문제를 잘못 인식하고 있거나 의료진을 신뢰하지 못한다면 이에 대해 적절한 교육과 정보제공 그리고 정서적 지지가 수행되어야 한다. 이렇게 초기면접과정에서는 의료사회복지사와 클라이언트 간에 매우 다양한 역동이 발생할 수 있다.

(2) 주요기능 2: 클라이언트와 신뢰관계 및 협력관계partnership 형성

질병에 노출된 클라이언트는 심리적으로 위축되고 불안해질 수 있다. 더욱이 과거에 의료서비스 혹은 의료사회복지서비스에 대한 부정적인 경험이 있을 경우 클라이언트는 더욱 의료사회복지사를 불신하거나 저항감을 표현하고 개입을 거부할 수 있다.

또한 클라이언트가 의료사회복지에 대한 경험이나 이해가 부족한 경우 의료사회복지사의 전문성을 의심하거나 경제적 지원에 한하여 도움을 제공하는 전문가로 오해할 수도 있어서 의료사회복지사와 소통하고 관계를 형성함에 있어 소극적이거나 거부적일 수 있다. 따라서 초기면접 단계에서 의료사회복지사는 클라이언트와 그 가족들에게 의료사회복지사의 역할과 그들의 욕구에 어떤 도움을 제공하는 전문가인지를 설명함으로써 클라이언트가 의료사회복지서비스에 대한 신뢰감을 갖고 의료사회복지사와 협력할 수 있도록 도와야 한다. 이를 위해 의료사회복지사는 전문가로서의 기본자세, 적절한 인터뷰기술과 신뢰관계 형성을 위한 관계기술을 활용할 수 있어야 한다.

① 의료사회복지사의 기본 자세

클라이언트를 만나기 전에 의료사회복지사는 환자나 가족에게 적절하게 관여하기 위해 이들이 정서적, 인지적으로 경험하고 느끼는 것을 예상하고 이에 대해 감정이입적이고 사려깊은 준비를 해야 한다. 저매인과 기터만(Germain & Gitterman, 1980: 102-107; 윤현숙 외, 2003: 200)은 의료사회복지사의 역할을 다음과 같이 제시하였다. 첫째, 질병으로 인해 생긴 클라이언트의 두려움, 걱정, 불안, 희망들을 명확하게 하고 공감적으로 반응한다. 둘째, 클라이언트 욕구에 적절한 서비스를 제공한다. 셋째, 클라이언트와 의료사회복지사 사이의 연령, 성별, 사회계층상 차이와 이러한 차이들이 초기 면접에 미칠 수 있는 잠재적인 영향력에 주의하고 민감해야 한다. 넷째, 환자의 상황, 외모, 예후 등에 의해 영향받는 의료사회복지사 스스로의 주관적인 상태를 잘 조절할 수 있도록 해야 한다.

② 인터뷰 기술

초기 인터뷰의 목적은 클라이언트를 지원하기 위해 의료사회복지사가 알아야 할 정보를 충분히 수집하는 데 있다. 인터뷰는 의료사회복지사와 클라이언트가 서로 정보를 교환하고, 관계를 형성하게 되는 상호작용과정이므로 의료사회복지사는 클라이언트의 신체적, 심리적 상태를 잘 고려하여 주의 깊은 경청과 공감을 해야 한다. 또한 초기면접 과정에서 클라이언트의 내적인 걱정과 염려, 두려움, 그리고 때로는 치료를 거부하고 싶은 마음 등과 같은 다양하고 복잡한 심리상태에 대해서도 이를 충분히 표현하고 호소하도록 지지함으로써 클라이언트가 충분히 자신에 대한 정보를 제공할 수 있도록 한다.

③ 신뢰관계 형성 기술

질병으로 인한 심리적 부담과 치료과정에서 위축된 클라이언트는 초기면접단계에서 여러 가지 감정과 불안, 그리고 스트레스를 경험할 수 있다. 그러므로 의료사회복지사는 클라이언트가 가능한 안정감과 신뢰감을 갖고 클라이언트 스스로 자신에게 필요한 것을 진술하고, 치료에 동의할 수 있도록 지원하도록 해야 하는데, 이러한 초기 신뢰관계 형성을 위해 의료사회복지사가 사용할 수 있는 기술은 다음과 같다(권진숙 외, 2010).

첫째, 클라이언트를 보호^{caring}하는 기술로서 반성적 경청, 거울기법 등이 이에 포함된다. 이러한 기술은 질병이나 치료 부담으로 인해 자신의 심리적 상태를 이해하기 어려운 클라이언트가 자신의 심리상태를 이해하도록 돕고, 자신의 욕구를 충분히 표현할 수 있도록 돕는 기능을 한다. 둘째, 의료사회복지사는 클라이언트가 생각하는 치료의 목표나 기대하는 치료결과가 어떤 것인지를 표현하도록 조직적인 소통을 이끌어내야 한다organized counseling. 이를 위해서는 클라이언트와 의료사회복지사가 각각 치료 결과와 치료과정에서 기대하는 내용을 설명하기, 두 사람 사이의 기대를 비교하고 갈등과 상이한 기대 내용을 구체화하기, 그리고 이러한 갈등 혹은 상충하는 기대에 대해 협상, 타협, 동의하는 기술 등을 활용할 수 있다. 셋째, 의료사회복지사는 클라이언트가 이해하고 공감할 수 있는 실질적이고 즉각적인 원조를 제시할 수 있어야 한다. 이러한 과정을 통해 클라이언트는 자신에게 앞으로 어떤 치료과정이 진행되고, 자신이 염려하거나 부담스러워 하는 문제들을 사회복지사와 어떻게 협력하여 대처해나갈 것인지를 예측할 수 있으며, 의료사회복지사를 신뢰하고 협조하고자 하는 동기를 갖게 된다.

(3) 주요기능 3: 클라이언트의 치료 동기 향상

클라이언트가 자발적으로 치료에 참여하고 협조함으로써 치료효과를 높이는 데 있어서 자신에게 제공될 의료적 처치와 심리사회적 지원에 대해 동기를 갖는 것은 매우 중요하다. 따라서 초기면접 과정에서 의료사회복지사는 클라이언트가 치료동기를 향상할 수 있도록 주의를 기울여 지지하고 격려해야 한다. 클라이언트의 치료동기 향상을 위해서는 먼저 클라이언트가 느끼고 있는 저항감, 양가감정, 불안 등을 충분히 표현함으로써 해소할 수 있도록 돕고, 치료 이후 현실적으로 기대할 수 있는 긍정적인 변화와 클라이언트 자신의 강점, 그리고 지역사회에서 클라이언트가 이용할 수 있는 지원체계에 대한 이해를 가짐으로써 자신이 직면한 건강상 문제와 이로 인해 파생할 수 있는 여러 경제적 및 관계적 어려움을 극복할 수 있다는 희망을 갖도록 한다.

2) 정보수집 및 사정

사정은 사회복지사의 지적인 활동으로서 그의 실무경험, 가치, 이론적 정향 등 전문적 지식기반에 근거하여 이루어지는 실천과정이다. 다시 말해 사정이란 클라이언트의 문제와 상황을 이해하여 그 내용을 개입을 위한 계획으로 연결시키는 것이다. 따라서 사정은 클라이언트의 문제가 무엇인지 이해하고 문제의 원인을 규명하여 그것을 해결하거나 감소시킬 수 있는 방법에 대해 전문적인 판단을 하는 작업이다(Kirst-Ashman & Hull, Jr., 1993: 148; 윤현숙 외, 2003: 204).

(1) 자료수집 방법

사정을 위한 클라이언트의 자료를 수집하는 데 있어 중요한 것은 정확하고 신뢰할 수 있는 정보를 제공할 수 있는 정보원을 확보하는 것이다. 의료사회복지사는 정확한 사정을 위해 클라이언트에 대한 정보를 다양한 정보원을 통해 수집할 수 있다. 다음의 〈표 9-2〉는 의료사회복지사가 활용할 수 있는 다양한 정보원과 그에 따른 자료수집방법에 대한 설명을 요약한 것이다.

① 정보원 1: 클라이언트

정보수집에서 가장 중요하고 일차적인 정보는 인터뷰와 상담을 통해 클라이언트로부터 얻게 되는 정보이다. 의료사회복지사는 클라이언트와 정보수집을 목적으로 인터뷰를 할 때, 클라이언트가 전달하는 언어적, 비언어적 정보에 대해 세심한 경청과 관찰을 통해 필요한 정보를 수집해야 한다.

이 과정에서 수집해야 할 주요 정보에는 클라이언트가 인지하고 있는 욕구의 내용, 자신의 문제에 대한 태도, 가치, 자신의 질병과 치료에 대한 이해와 수용 수준, 치료를 지속하거나 질병을 극복할 수 있는 클라이언트의 강점과 장애물 등이 포함된다.

② 정보원 2: 가족원

가족원은 클라이언트에 대한 개인적인 정보에 관해 잘 알고 있으며, 치료과정에서 환자에게 경제적 및 정서적 지지를 제공하는 일차적 지지체계이다. 따라서 가족원이 이러한 일차적 지지체계로서의 기능을 수행하는 데 적절한 동기와 역량을 갖추었는지 사정과정에서 확인한다. 또한 의료사회복지사는 가족들이 인지하고 있는 욕구와 클라이언트 문제에 대한 이해, 지지와 문제해결에 대한 의지 수준, 환자와의 친밀성 등 가족관계에 대해서도 구체적으로 파악하도록 한다.

표 9-2 | 정보원에 따른 자료수집방법

정보원	자료수집방법
클라이언트	• 인터뷰, 상담 등을 통한 언어적, 비언어적 정보 • 병동 혹은 치료과정에서의 태도, 반응, 협조 정도 등에 관한 관찰 등 • 가정방문
가족원	• 인터뷰, 상담 등을 통한 언어적, 비언어적 정보 • 클라이언트를 지원하는 태도, 반응, 협조정도 • 치료자에게 협조하는 태도 등에 관한 관찰 • 가정방문
기록	• 타 진료부서의 의뢰서 • 타 기관 의뢰서 • 접수서류기록 • 병원진료 및 병동에서의 의무기록 • 각종 신체, 심리 검사 기록 등
협력 전문가	• 클라이언트를 맡고 있는 주치의, 담당의, 담당간호사 등 치료자들과의 회진, 사례회의 등 • 지역사회 기관의 사례회의나 의료사회복지 관련 자료 등

③ 정보원 3: 기록

타진료 부서 및 타기관의 의뢰서, 검사서류, 접수기록 등의 기록 자료는 클라이언트에 대해 여러 전문가들이 진단하고 평가한 의료적, 심리사회적 정보를 제공한다. 상황에 따라 이러한 기록 자료는 부수적인 정보로서 클라이언트를 이해하는 데 도움이 될 수도 있으며, 클라이언트나 가족이 제공하지 못하는 객관적인 정보를 제공하는 데 도움이 될 수 있다.

④ 정보원 4: 협력전문가

협력전문가에는 의료사회복지사에게 클라이언트를 의뢰한 진료과의 의료진, 지역사회 기관 담당자들이 포함된다. 협력전문가들로부터의 정보수집은 대체로 기록 자료로 충분한 정보를 충족할 수 없거나 기록 자료와 클라이언트가 제공하는 정보 간에 상이한 내용이 있을 때 이러한 정보를 다시 확인하고 점검하기 위해 이루어지게 된다.

(2) 사정 내용

사정assessment은 클라이언트에 대해 수집된 자료들을 종합적으로 분석하여 클라이언트의 주된 욕구가 무엇인지, 클라이언트의 욕구를 촉발하게 된 원인과 이를 극복할수 있는 강점과 자원, 그리고 문제해결에 방해요소가 되는 장애물은 무엇인지 등을 파악함으로써 클라이언트에게 적합한 서비스 목표와 계획을 세우기 위한 근거를 마련하는 과정이다. 의료사회복지영역에서 사정은 생심리사회적모델biopsychosocial model에 근거하여 수행되며, 이러한 포괄적 사정을 통해 의료사회복지사는 클라이언트의 욕구와강점을 파악하고, 클라이언트를 돕기 위한 목표의 우선순위를 정하게 된다. 따라서 사정을 수행하는 동안 의료사회복지사는 감정이입적이고 클라이언트 중심의 인터뷰를진행하며, 클라이언트의 연령, 학력 등 개인적인 능력에 따라 적합한 방식으로 인터뷰를 수행하고 사정해야 한다.

의료사회복지실천을 위한 사정 내용으로 전미사회복지사협회(NASW, 2016)가 제시한 포괄적인 사정을 위한 항목들을 살펴보면 다음과 같다.

- 행동 및 정신건강상태: 최근 생활기능 및 문제대처방법, 위기관리기술, 약물남용 등
- 신체적, 인지적 기능
- 사회적 역할 수행능력을 포함한 심리사회적-영적 안녕상태
- 문화적 가치, 신념과 수행방식
- 클라이언트 강점, 보호요인 그리고 탄력성
- 고용, 교육, 직업력
- 주거환경 관련하여 주거 안전성, 유지가능성 등
- 가족상태, 가족구조 및 가족 구성원들의 역할
- 언어사용능력
- 건강, 재정, 행동건강 능력 수준
- 클라이언트에 대한 학대, 방임, 물질적 착취의 위기수준과 이러한 학대의 숨은 원인들

표 9-3 | 주요 사정 내용

항목구분		사정내용

환자 개인정보		• 개인 정보: 연령, 성별, 학력, 종교, 주거상황, 경제적 상태, 사회활동 정도, 의뢰사유 등
		• 개인력: 발달단계별 과업 수행능력 및 성취수준
		• 신체적 상태 및 특징
		  - 환자의 질병, 사고 혹은 장애력
		  - 환자의 의료적 상태
		  - 기동능력 및 일상생활수행능력(ADL/IADL)
		• 심리적 상태 및 특징
		  - 병 전후의 성격
		  - 질병 및 치료에 대한 수용정도, 반응, 태도, 동기 등
		  - 신체 이미지 변화에 따른 적응수준
		  - 회복이나 예후에 대한 환자의 기대수준
		• 대인관계 유형

가족 정보		• 가족 구성 및 환자의 가족 내 위치 • 가족 구성원 간 의사소통 방식과 관계 • 가족의 치료 협조 가능성 및 심리경제적인 지원수준
질병 정보		• 진단, 예후, 예상되는 후유증 • 질병으로 인한 장애, 사망 등 치명적인 결과 예측성 • 입원 및 치료 기간, 치료방법 • 의료진이 기대하는 치료 수준과 예후
강점 및 장애물	개인 차원	• 질병, 증상, 치료에 대한 이해 및 수용력 • 치료진에 대한 협조수준과 치료의지 • 문제해결방식, 스트레스/위기대처능력 등 • 환자의 치료에 영향을 미칠 수 있는 가족, 주변 사람
	가족 차원	• 환자의 질병에 대한 이해와 수용정도 • 환자 치료를 지원할 수 있는 경제적, 심리적 수준과 동기 • 환자 치료에 대한 협력과 기대 수준
	사회 문화적 차원	• 환자, 가족의 치료에 영향을 미치는 규범, 가치, 특정 질병에 대한 편견이나 잘못된 정보, 종교, 직업으로부터 영향 • 종교, 문화, 인종 등 사회문화적인 특징 • 지역사회 내 환자를 지원할 수 있는 정책, 서비스, 자원 수준
전문가의 의견		위 사정내용과 의료진의 진단, 치료계획을 반영한 전반적인 종합의견

- 공식적, 비공식적 사회적 지지체계

- 경제, 다른 심리사회적 자원, 서비스에 대한 욕구수준

- 교육, 고용, 건강관리, 주거, 법적, 영양관리, 사회서비스 등의 서비스를 이용할 수 있는 능력

- 질병관리 계획이나 간병 책임 등에 대한 계획과 능력
- 클라이언트의 자신 상황에 대한 더 나아져야 한다고 인식하는 부분
- 질병관리에 방해가 되는 장애물 등

의료사회복지사가 파악해야 하는 주요 사정의 내용들을 종합해보면 〈표 9-3〉과 같이 정리할 수 있다.

3. 계획 수립^{planning}

사정을 통해 의료사회복지사는 클라이언트가 인지하거나 필요로 하는 욕구, 강점과 취약점, 장애물 등을 포괄적으로 파악하게 되며, 이러한 내용과 의료진의 진단 및 치료계획 등을 근거로 하여 의료사회복지의 개입수위와 정도를 결정하기 위해 목표와 계획을 수립하게 된다.

목표와 계획은 클라이언트의 질병에 관여하는 다양한 의료팀과 상호협력적 과정을 통해 수립하며, 클라이언트와 그들의 가족, 친지 등 치료과정에 협조하고 참여하는 구성원들의 의견과 치료협조 수준 등을 고려하여 현실적으로 수행 가능하고, 치료에 긍정적인 영향을 미칠 수 있는 내용으로 구성해야 한다.

목표수립과 개입계획은 사정내용에 근거한 논리적이고 실제적인 행동 방향과 방법을 제시할 수 있어야 하는데, 이를 위해 커스트 애쉬만과 헐(Kirst-Ashman & Hull, 1995: 189-217)은 계획 과정을 일곱 단계로 구체화하였으나, 본 장에서는 이 과정을 5단계로 재구성하여 〈표 9-4〉와 같이 제시하고자 한다.

1) 목표수립

목표수립은 의료사회복지사와 클라이언트가 함께 협력해야하는 이유와 목적을 합의해가는 과정이다. 따라서 목표수립은 첫째, 사정된 내용을 근거로 하여 클라이언트

표 9-4 | 클라이언트와 함께 계획수립하기

구분	단계	내용
1	클라이언트 및 가족과 함께 협력하기	• 모든 계획수립 및 개입과정에 클라이언트와 가족을 참여하여 함께 논의하고 함께 계획을 세우는 것이 중요함. • 클라이언트와의 협력은 클라이언트가 치료과정에 자발적인 동기와 참여를 하는 데 도움이 됨.

2	욕구 우선순위 정하기	• 질병, 장애, 그리고 치료과정에서 초래되는 다양한 심리사회경제적 문제들 중에 어떤 문제를 우선적으로 다룰 것인가를 결정하는 것
		• 우선순위를 정할 때 고려해야 할 사항
		  - 클라이언트와 함께 정하기
		  - 클라이언트가 그 문제를 인지하고 해결해야 한다고 동의한 사안이어야 함.
		  - 문제는 누구나 이해할 수 있는 쉽고 명료한 용어로 분명하게 정의되어야 함.
		  - 의료 사회복지사와 클라이언트가 함께 무엇을 할 수 있고, 현실적으로 해결 가능한 내용을 선정해야 함.

3	문제를 욕구로 전환하기	이 과정은 무엇이 잘못되어 있는가에 대한 문제를 어떻게 수정하고 변화시켜나가야 할 것인가에 초점을 맞추어 욕구로 전환하는 단계
4	목표 수립하기	• 목표는 개입의 방향을 결정하는 만큼, 구체적이고, 분명하게 설정함. • 목표는 육하원칙六河原則에 맞게 '누가, 언제, 어디서, 무엇을, 어떻게, 할 것인가'를 명확하게 제시하도록 함.
5	계획수립과 개입수준 평가하기	• 사회복지사는 클라이언트의 문제 생황에 대해 미시적, 중범위적, 거시적 수준에서 목표달성을 위해 어떤 전략들이 가능한지 평가하고 확인하도록 함. • 각 계획내용은 각각의 목표와 논리적으로 연결되어 있어야 하며, 수행가능한 수준에서 결정해야 함. • 계획 수립 시 클라이언트의 문제에 초점을 두기보다는 강점을 강조하고 반영하도록 함.

가 변화하거나 치료 이후 희망하는 내용과 관련이 있어야 하고, 둘째, 클라이언트가 충분히 목표의 내용을 이해하고 목표달성을 위해 협력할 수 있도록 명확하고 구체적이어야 한다. 셋째, 목표는 현실적으로 달성가능하게 수립해야 하며, 넷째, 목표는 사정단계에서 사정된 욕구의 우선순위와 동일한 우선순위에 따라 설정하도록 한다.

이때 수립된 목표는 반드시 클라이언트와 합의된 내용이어야 하며, 문서로 기록하여 의료사회복지사와 클라이언트가 함께 공유함으로써 상호 간 협력과 동일한 목표를 위해 노력을 지속할 수 있도록 해야 한다.

표 9-5 | 경제적 지원 계획(예시)

의뢰항목	목표	계획

경제적 지원	수술 지원	• 수행기간: 2016년 12월 21일까지
		• 수행내용: 수술비 500만 원
		• 수행방법
		  - 2016. 11. 20.: 백혈병어린이후원재단 지원신청
		  - 2016. 12. 10.: 지원심사확정
		  - 2016. 12. 20.: 지원금 입금 및 병원 내 후원심사
		  - 2016. 12. 21.: 원무과 수술비 지급

2) 계획수립

목표가 수립되면 각 목표들을 달성하기 위한 계획들을 우선순위에 따라 수립해야 하는데, 이때 다음의 내용들을 반영하여 계획수립을 해야 한다. 첫째, 클라이언트의 주요 욕구와 의료진의 의뢰 내용을 반영한 내용으로 계획을 구체화한다. 둘째, 클라이언트와 함께 설정한 목표를 우선순위에 따라 목표 개별적인 내용마다 각각 성취할 수 있는 명확한 수행전략을 세운다. 셋째, 의료사회복지부서를 통해 제공되거나 연계될 서비스와 사회적 지원의 역할 및 책임성을 명확하게 제시한다. 넷째, 개입계획 시에는 반드시 서비스 연계 및 제공해야 할 시간계획을 설정하여 각각 의료복지 지원이 언제부터 언제까지 이루어져야 하는지 구체적으로 계획한다. 다섯째, 의료사회복지사 혹은 관리팀이 계획을 점검, 평가할 수 있도록 성과목표 지표들을 명확하게 한다. 위의 〈표 9-5〉는 경제적 지원과 관련한 계획수립의 한 예시이다.

4. 실행

1) 실행 원칙

의료사회복지사는 클라이언트와 함께 사정, 목표와 개입 계획을 수립하고 계약을 하면, 이때부터 구체적인 문제해결을 위한 실행implementation을 하게 된다. 이때 의료사회복지사는 클라이언트가 문제를 해결해가는 과정에서 동기를 상실하거나 혹은 기대와 다른 결과가 초래되었을 때 실망하지 않도록 심리적으로 지원하는 동시에, 클라이언트의 진료가 원활하게 진행될 수 있도록 의료진과 긴밀하게 협력하면서 가장 적합한 의료사회복지서비스를 제공해야 한다.

실행단계에서 의료사회복지사는 다음과 같은 실천과제를 고려하도록 해야 한다(Germain, 1984; 윤현숙 외, 2003: 233, 〈표 11-7〉 재구성). 첫째, 클라이언트의 대처 노력에 대한 인센티브와 보상 제공을 통해 이들의 양가감정과 저항감을 다루도록 한다. 또한 클라이언트 가족 등 환경체계가 클라이언트 대처노력에 보상을 제공할 수 있도록 영향을 끼치도록 한다. 둘째, 클라이언트가 질병이나 장애, 다른 스트레스요인으로 인해 발생된 욕구를 다루는 문제해결활동을 해야 하는 경우 사회복지사는 클라이언트가 적절하게 대처할 수 있도록 대처기술에 대한 교육과 지도를 제공해야 한다. 또한 클라이언트의 노력이 지속될 수 있도록 주변 환경에도 클라이언트가 실행해야 할 대처에 대해 동일하게 이해하고 격려할 수 있는 방법을 지도하고 격려한다. 셋째, 클라이언트가 질병, 치료과정에서 고통스러운 감정을 관리하고 자존감을 유지할 수 있도록 사회복지사는 정서적 지지를 제공하고, 회복, 장애관리 방법 등을 알려주는 동시에 클라이언트가 의존적인 태도를 갖지 않도록 건강한 지지체계를 제공하도록 한다. 넷째, 클라이언트의 자율성 유지를 위해 사회복지사는 촉진자로서 클라이언트에게 필요한 정보와 공간, 시간 등을 제공함으로써 클라이언트가 스스로 결정하고 행동할 수 있는 기회를 제공하도록 한다.

2) 주요 실행 내용

치료가 진행되는 동안 의료사회복지사는 클라이언트가 치료자에 대한 신뢰를 잃지 않고 치료 결과에 대해 긍정적인 기대와 치료협조에 대한 동기와 의지를 상실하지 않도록 지원해야 한다. 이와 같은 실행단계에서 수행해야 할 의료사회복지사의 주요 과업에 대해 여러 학자들이 제시한 내용을 요약하면 〈표 9-6〉과 같다.

표 9-6 | 실행단계에서 의료사회복지사의 주요 과업

구분	저매인(1984)	한인영 외(2000)	이광재(2005)
과업	• 치료 결과 및 자기 미래에 대한 희망적 태도 유지 • 환경적 장애물 극복을 위한 대처노력 유지 • 질병이나 질병으로 인한 생활환경 변화로 인해 초래되는 문제에서 파생되는 욕구에 집중하기 • 클라이언트의 욕구, 목표, 해결해야할 과업에 대한 대처방식을 적절하게 변화시키기 등	• 클라이언트에게 동기부여 • 상담, 교육 • 사례관리 • 자원연결 • 중재, 조력, 촉진 • 위기개입	• 동기부여와 자원연결 • 교육과 중재 • 조력 • 촉진과 옹호

존슨(Johnson, 1992)은 의료사회복지사의 활동으로 다음과 같은 주요 과업을 제시하였다. 첫째, 클라이언트가 치료자 및 가족과의 관계 등 사회적 관계가 발전하도록 돕는다. 둘째, 의료사회복지는 '상황 속의 인간에 대한 이해'라는 사회복지 고유의 모델을 발전시키도록 해야 한다. 셋째, 모든 개입계획과정 중에 클라이언트가 참여하도록 독려하고 지원해야 한다. 넷째, 자원의 유용성을 환자가 알도록 하고, 자신의 필요에 따라 이 자원을 적절하게 이용할 수 있도록 한다. 다섯째, 클라이언트를 역량강화하도록 한다. 여섯째, 클라이언트의 위기상황에서 클라이언트 스스로가 이에 관여함으로써 극복하도록 한다. 일곱째, 문제해결 과정에 있어서 클라이언트와 함께 하는 전략을 세운다. 여덟째, 클라이언트와 환경체계 사이에 중재적 역할을 수행한다. 이러한 과업을 수행하기 위해 의료사회복지사는 클라이언트의 상황과 상태에 따라 상담자, 교육자, 촉진자, 옹호자, 중재자 및 사례관리자 등과 같은 다양한 역할을 수행할 수 있어야 한다.

5. 평가 및 종결

종결은 클라이언트를 지원하는 과정의 마지막단계로서 클라이언트와 의료사회복지사가 함께 치료 및 지원의 목표를 달성했는가를 평가하고 서비스 지원계약을 종료하는 과정이다. 그러나 이 외에도 클라이언트의 타 기관으로의 전원, 혹은 사망이나 클라이언트의 서비스 거부 등에 의해서도 종결될 수 있기 때문에 의료사회복지사는 종결의 다양한 상황에 따라 적절한 역할을 수행하기 위한 준비를 해야 한다.

일반적으로 종결단계에서 의료사회복지사의 역할은 종결을 위한 평가를 실시하고, 그 평가 결과에 따라 완전종결을 하거나 혹은 퇴원 이후 사후관리 여부를 결정하여 클라이언트와 이에 대한 논의를 해야 한다. 종결을 위한 평가의 주요 내용에는 클라이언트와 함께 서비스제공 과정을 통해 수립한 목표가 달성되었는지, 클라이언트와 그 가족에게 어떤 변화가 있었는지를 평가하는 것이 포함된다. 또한 종결 이후 클라이언트가 독립적인 자기관리 및 일상생활기능 수행이 가능한지와 가족으로부터 필요한 보호와 지원을 제공받을 수 있는지에 대한 평가도 아울러 수행해야 하는데, 이는 종결 이후 타 기관으로의 전원이나 의뢰, 그리고 사후관리 서비스를 제공하는 것과 직결되는 과정이다.

타 기관으로의 전원을 위해 사례를 종결해야 하는 경우 의료사회복지사는 클라이언트에게 타 기관에 대한 정보를 제공하고 전원 사유, 그리고 전원과정에서 클라이언트가 느끼고 있는 두려움이나 불편감, 염려 등을 다뤄줌으로써 클라이언트의 전원이 원활하게 이루어질 수 있도록 지원해야 한다. 한편, 클라이언트의 사망으로 인해 종결이 이루어질 경우에는 유가족의 상실감을 다룸으로써 유가족이 건강한 애도를 할 수 있도록 지원하고, 클라이언트 사망 이후 유가족이 대처해야 할 장례절차나 유가족의 상황(예: 배우자 사망에 의한 한부모가족 생활)에 따라 필요한 정보를 제공해야 한다.

6. 기록

1) 보건의료현장에서 기록의 중요성

보건의료현장에서 사회복지기록은 매우 중요하다. 의료사회복지사는 대개 주치의의 자문 요청 등 공식적인 의뢰체계를 통해 업무를 수행하게 되므로 의료사회복지사의 개입 업무는 병원의 공식적인 의무기록에 포함되고 이를 통해 보건의료현장의 다양한 전문직 스텝들과 의사소통하며 책무성을 입증하게 되기 때문이다.

또한 병원표준화 심사의 사회복지부문 심사요강에는 의료사회사업부문의 기록이 의무기록으로 보관되어 있는지와 의료사회복지사의 사례진행 기록이 사회사업부문의 기록으로 관리되고 있는지의 항목이 포함되어 있고, 평가를 위해서는 기록을 제출할 수 밖에 없기 때문에 서비스의 내용과 질 향상, 평가와 기록은 분리해서 생각하기 어려운 관계로 엮여 있다.

사회복지실천업무에 대한 기록은 서비스의 질 향상을 위해서도 중요한데 사회복지사는 기록을 통해 클라이언트의 여러 가지 정보를 저장함으로써 그들의 욕구와 강점, 어려움과 자원 등을 확인할 수 있으며, 객관화된 자료를 통해 사회복지사의 생각을 구조화할 수 있다. 또한 기록은 연구조사 및 통계를 위한 주요 자료로 활용되며, 실습생, 수련생뿐 아니라 동료들 간의 교육과 훈련의 자료로 쓰일 수 있어 지도감독과 자문을 원활하게 만들 수 있다.

2) 기록의 구성

(1) 요약 기록

병원 세팅에서는 다양한 기록의 형태를 활용하는데 자문 및 회신과 관련하여 주로 활용하는 것은 요약기록의 형태이다. 현재 많은 병원들에서는 전산시스템을 통해 의무기록체계를 구축하고 있고, 의료사회복지사들은 의료사회복지부서로 의뢰된 자문 요청에 대해 전산시스템(혹은 의무기록지)를 활용하여 회신을 하게 된다. 예를 들어, 주치의가 다음과 같은 내용으로 의뢰를 했다고 가정해보자.

> 환자는 2010년 3월 처음 크론병으로 진단받은 19세 환자는 이후 스테로이드를 포함한 면역억제제 및 치료약제를 지속적으로 복용해왔고 질병으로 인한 성장 장애로 인해 대장 절제술[RT. hemicolectomy]을 받은 상태입니다. 그러나 계속 병변이 악화되어 신약 투여가 필요한 상황이나 보호자가 경제적 어려움

의뢰를 받은 의료사회복지사는 주치의로부터 받은 정보를 토대로 환자나 가족과 만나 면담을 실시하고 사정을 하게 되며, 주요한 면담 내용 및 개입의 방향을 기록하여 회신함으로써 의료진과 의사소통하게 된다. 이때 의무기록은 대개 요약기록의 형태로 이루어진다. 의무기록은 대부분의 치료진들이 함께 볼 수 있기 때문에 주로 의뢰의 내용과 관련된 가족 평가 및 개입 방향에 초점을 두어 기록하며, 특히 의뢰의 주요 내용에 대한 사회복지사의 소견을 반드시 포함시켜야 한다.

이 사례의 경우에는 의사가 경제적 어려움을 요청하였으므로 환자를 경제적으로 지원할 수 있을 것인지에 대한 답을 포함한 의료사회복지사의 개입 방향 혹은 내용이 포함되었는지를 확인해야 한다. 가족의 경제적 상황에 대한 평가 및 지원 가능 여부의 판단에 시간이 걸린다면 먼저 평가한 내용과 시도해나갈 방향과 내용에 관해 우선적으로 기록하여 회신할 수도 있다. 대개 자문consultation에 대한 회신은 당일 혹은 익일 회신을 원칙으로 하며 늦더라도 3일 이내에는 이루어져야 하기 때문이다.

또한 어떤 경우에는 의료진에서 의료사회복지사의 업무를 경제적 후원에 국한시켜 생각하는 경우도 있고, 환자와 가족을 너무 무기력하거나 불쌍하게 바라보는 경우도 있으므로, 의뢰의 주요 내용이 아니더라도 회신 내용에 환자와 가족의 심리사회적 상황에 대한 간략한 언급과 그들의 강점과 자원, 사회복지사의 상담 혹은 지지 내용을 간략하게라도 포함시키는 것이 바람직하다. 이것은 의료사회복지사의 업무를 잘 모르는 의료진에게 심리사회적 영역에서 다양한 전문성을 발휘하는 사회복지사의 역할을 인식시키고, 환자를 다른 각도로 바라보도록 하는 데 도움을 줄 수 있기 때문이다. 주치의의 의뢰에 대해 의료사회복지사는 아래와 같이 회신 내용을 작성하여 보낼 수 있을 것이다.

의뢰하신 내용에 대해 회신을 드립니다. 환자 가족은 부, 모, 형, 환자로 이루어진 4인 가족으로서 2010년 환자의 크론씨병 발병, 2013년 환자부의 파산 및 크론병 진단 등 질병과 경제적인 어려움으로 인해 지금까지 많은 고통을 받으며 생활하여 왔습니다. 그럼에도 불구하고, 환자모가 노점상을 하면서 생계를 꾸려나가고 있고, 환자의 형과 환자 모두 전문대에 진학하고 아르바이트 등으로 학비 마련을 돕는 등 자립적으로 노력하는 삶을 살아왔습니다.

그러나 현실적으로 전셋집에 거주하며 모의 수입에만 의존하는 상황에서, 빚과 의료비 등의 감당이 어려워서 환자는 적극적인 치료를 미루고 유지 치료에만 의존해온 상황입니다. 현재 환자 가족은 재발 기간이 짧아지고 증상이 심해짐에 따라 신약의 사용을 포함한 적극적인 치료가 반드시 필요한 상황임을 인지하고 있으나, 경제적인 어려움으로 인해 자포자기하는 상황입니다.

그러나 환자 가족의 주거 및 경제적 상황, 심리사회적 상황에 대한 종합적인 평가 결과, 방송 후원을 통한 치료비 신청이 가능한 상황으로 이에 대해 가족 및 치료진과 협력하여 적극적으로 진행해나갈 예정입니다. 또한 환자 가족의 강점과 의지를 찾아보고 함께 격려하는 시간을 가졌습니다.

의료사회복지사 정○○

(2) 문제중심기록

주로 병원에서 많이 사용되는 기록은 문제지향식 기록법이다. 이는 1950년대말 미국의 의사인 위드Weed가 고안한 방식으로 병원에서 의무기록을 표준화하고 수행 정도를 검토하기 위해 개발되었다(강흥구, 2004).

문제중심기록은 현재의 주요 문제를 중심으로 문제 영역을 규명하고, 사정하며, 개입에 대한 계획을 세우는 것으로 이 방식은 문서화 뿐 아니라 정보 교환에 효율적이므로 여러 전문직이 하나의 사례에 대해 함께 일하는 세팅에서 효과적으로 알려져 있다 (윤현숙 외, 2001)

문제중심기록은 네 가지의 기본 요소로 구성되는데 기본적인 자료, 문제목록, 초기 개입계획, 계획의 수행에 따른 활동 과정의 기록이 그것이다. 문제목록은 개입해야 할 문제들을 기술하는 것인데, 어떤 문제는 초기에 규명되지만 어떤 문제는 추후 면접을 통해 규명될 수 있으므로 진행 과정에 따라 문제 목록은 추가될 수 있다(윤현숙 외, 2001). 이러한 문제 목록에 따라 개입 계획을 세우고 개입을 진행하게 되는데 이러한 일련의 과정을 주관적 정보, 객관적 정보, 사정, 평가의 구조로 이루어진 SOAP 방식으로

표 9-7 | 문제중심기록의 구성과 기록 예시

	구성요소	주요 내용	기록 예시
S	Subjective Information	환자 또는 보호자들이 제공하는 주관적 정보로서, 현재 주요 증상, 가족력 및 사회력 등이 포함됨	"치료비 마련이 어려워요, 퇴원할 수밖에 없을 것 같아요."
O	Objective Information	의료사회복지사의 관찰을 통해 얻은 객관적 소견이나 검사결과 등이 포함됨	• 면담 내내 어두운 표정으로 의료사회복지사와 눈맞춤조차 없음 • 검사 결과 주치의는 환자의 치료 예후가 매우 좋을 것으로 예측함
A	Assessment	주관적, 객관적 정보를 토대로 현 상황에 대한 종합적인 사정	치료 가능성이 높으나 경제적 어려움 때문에 치료 지속이 어렵고 심리적 좌절감이 큼
P	Plan	사정 내용을 토대로 상담, 자원연결 등의 개입계획 수립	경제적 지원 연결, 환자에 대한 심리적 지지, 가족면담의 필요성
I	Intervention	개입계획을 토대로 환자와 가족의 욕구, 의료적 상황의 긴급성, 실현가능성 등을 고려하여 실제 개입 진행	• 외부후원기관 연결 • 격일에 한 번 환자 병실 방문을 통해 상담과 지지 제공 • 가족지지체계 강화를 위한 면접과 개입

기록하게 된다. 최근 실천현장에서는 이 과정에서 개입을 추가하여 SPOAPI 방식으로 기록하고 있다. 〈표 9-7〉의 예시를 통해 기록방식과 이를 통한 개입과정의 진행내용을 확인해 볼 수 있을 것이다.

(3) 사례 기록

많은 대학병원들에서는 사회복지전공의 대학 및 대학원 졸업생을 대상으로 1년 과정의 의료사회복지사 수련을 실시하고 있다. 수련 과정에서 의료사회복지사의 실천 전문성을 향상시키기 위하여 여러 병원들에서는 수련생들이 다양한 사례를 경험하고, 그 사례에 대해 정확하게 사정하고 이론적 모델을 적용하여 개입하고, 이를 기록하며 개입의 과정과 성과를 평가할 수 있는 역량을 키우도록 노력해오고 있다. 또한 수련 과정에서 15사례 이상을 개입하고 이에 대한 기록을 제출하도록 지침을 제시함으로써 수련생들의 사정 및 개입, 기록 역량을 평가해오고 있다. 이에 이 장에서 의료사회복지실천과정에 대한 공부를 마무리하면서 개인력, 가족력, 생태도, 의료적 상황, 이론적 모델 적용이 포함된 실제 사례를 제시하여 실천과정 및 기록에 대한 이해를 높여보고자 한다. 이에 〈부록 2〉에 서울대학교병원 의료사회복지팀에서 개입한 사례를 제시하였다. 단, 개인정보 보호를 위해 일부 내용을 변경하여 제시하였다. 이 사례를 통해 의료사회복지사가 환자와 가족이 겪는 어려움을 어떻게 사정하고 개입하며 기록하는지를 좀 더 이해할 수 있을 것이다.

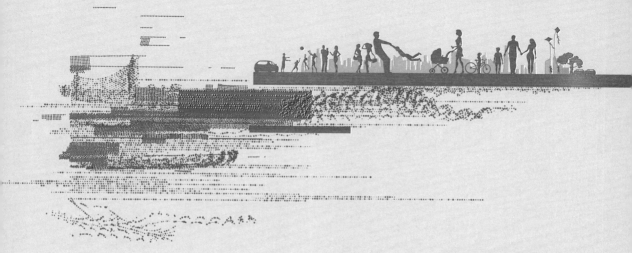

PART 4

분야별
의료사회복지실천과
전문성

10 CHAPTER

분야별
의료사회복지실천 I

1. 내과

1) 당뇨병

(1) 질병에 대한 이해

① 개념과 증상

당뇨병diabetes mellitus은 췌장의 인슐린 분비량이 부족하거나 정상적인 기능이 이루어지지 않는 대사질환의 일종으로, 혈중 포도당의 농도가 높아지는 고혈당을 특징으로 하며, 고혈당으로 인하여 여러 증상을 일으키는 질병이다. 당뇨병에 걸리게 되면 체내의 인슐린이 제대로 분비되지 못하거나 분비되더라도 제 역할을 못하기 때문에 음식섭취 후 생긴 혈액 속의 포도당이 분해되어 우리 몸 세포 안으로 흡수되지 못하고 혈액 속에 그대로 남아 혈당 농도가 정상 범위를 벗어나 높게 올라가게 되는 것이다(삼성서울병원 당뇨교육실, 2002: 18)

당뇨병은 제1형(인슐린 의존형 당뇨병)과 제2형(인슐린 비의존형 당뇨병)으로 구분되는데, 제1형 당뇨병은 '소아당뇨'라고도 불리며, 인슐린을 전혀 생산하지 못하는 것이 원인이 되어 발생하는 질환이다. 인슐린이 상대적으로 부족한 제2형 당뇨병은 인슐린 저항성insulin resistance(혈당을 낮추는 인슐린 기능이 떨어져 세포가 포도당을 효과적으로 연소하지 못하는 것)을 특징으로 한다. 제2형 당뇨는 일반적으로 식생활의 서구화에 따른 고열량, 고지방, 고단백의 식단, 운동 부족, 스트레스 등 환경적인 요인이 크게 작용하는 것으로 보지만, 이 외에 특정 유전자의 결함에 의해서도 당뇨병이 생길 수 있으며, 췌장수술, 감염, 약제 등에 의해서도 생길 수 있다.

당뇨병의 전형적인 증상은 다음, 다식, 다뇨 증상이다. 우리 체내에 혈당이 비정상적으로 높아지게 되면 소변으로 당이 빠져나가게 되는데 이때 당이 다량의 물을 끌고 나가기 때문에 소변의 양이 많아지게 되며(다뇨), 많은 물이 소변으로 빠져나가므로 몸 안에는 수분이 모자라게 되고 갈증이 심해지며 물을 많이 마시게 되는 것이다(다음). 또한 당이 에너지원으로 이용되지 못하고 소변으로 빠져나가기 때문에 쉽게 공복감을 느끼며 음식물을 많이 먹게 되는 증상이 나타난다(다식). 이 외의 증상으로는 음식을 많이 섭취하더라도 세포 안으로 흡수되어 이용되지 못하는 데다 다뇨로 인한 탈수로 오히려 체중이 감소하게 되는 증상이 나타날 수 있고, 에너지를 효율적으로 이용하지 못하기 때문에 몸 안의 대사작용이 원활하지 못하여 쉽게 피로해지는 증상이 나타나게 된다(삼성서울병원 당뇨교육실, 2002: 20).

일반적으로 당뇨병 환자는 쉽게 피로해지며 전신무력감을 느끼게 되고, 오랜 기간 고혈당 상태가 유지되면 신체에서 여러 합병증이 발생할 수 있다. 당뇨병의 진단은 혈액검사를 통해 이루어진다. 혈액검사 결과 증상이 없는 경우 8시간 이상 금식 후, 즉 공복 시에 측정한 혈당이 126mg/dL 이상이거나, 경구 당부하 검사 2시간 후 혈당이 200mg/dL 이상인 경우를 당뇨병으로 규정한다. 물을 많이 마시거나 소변이 많아지고 체중이 감소하는 동시에 식사와 무관하게 측정한 혈당이 200mg/dL 이상일 때도 당뇨병으로 진단한다. 당뇨병 진단기준은 다음과 같이 요약된다.

> **당뇨병 진단기준**
>
> • 공복 시 혈당이 2회 이상 126mg/dL 이상이거나
> • 75g 포도당 섭취 후 2시간 혈당이 200mg/dL 이상이거나
> • 전형적인 증상으로 다음, 다뇨, 체중감소 등이 있으면서 혈당이 200mg/dL 이상일 때

당뇨병이 잘 관리되지 않을 경우 여러 합병증이 유발될 수 있는데, 특히 수년 동안 당뇨병이 지속되어 만성적 합병증이 생기면 더 큰 문제를 초래할 수 있는 위험성이 높아진다. 대표적인 급성 합병증은 당뇨병성 케톤산혈증[16]과 고삼투압성 비케톤성혼수[17]로 즉각적인 치료가 필요하며, 적절히 치료하지 않을 경우 의식을 잃을 수 있고 사망에 이를 수도 있다(삼성서울병원 당뇨교육실, 2002: 234-236).

만성 합병증으로는 당뇨병성 망막증[18], 당뇨병성 신기능장애[19], 당뇨병성 신경합병증[20], 당뇨병성 성기능장애[21], 그리고 발의 손상 등이 있다. 이와 같은 합병증들은 심할 경우 발을 절단하게 되거나 실명을 초래할 수 있으며, 신장이식이 필요한 상태가 되는 등 생명에 위협을 초래할 수 있는 것이므로 당뇨병 관리에서는 특히 합병증이 생기지 않도록 지속적인 관리가 필요하다.

② 치료와 관리

당뇨병은 관리가 필요한 질환으로 완치되는 병이 아니라 한번 발병하면 지속적인

---

16 케톤산혈증이란 췌장에서 분비되는 인슐린이 거의 없는 상태에서 혈액 안의 당분을 에너지로 이용하게 되면 몸 안에 케톤산이라는 물질이 많이 만들어지게 되고 이 케톤산 때문에 정신이 흐려지게 되는 것으로 의식이 흐려지면서 구토를 하는 것이 일반적 증상이다. 이는 제1형 당뇨병에서 잘 발생한다.
17 고삼투압성 비케톤성혼수란 혈액 속의 포도당 농도가 매우 높은 고혈당 상태로 고삼투압성은 혈액의 농도가 매우 높은 것을 의미하고 비케톤성은 혈액 내 케톤체의 상승이 없다는 것을 의미한다.
18 당뇨병성 망막증이란 당뇨병이 오래 진행됨에 따라 전신적인 혈관 이상의 일환으로 망막에 있는 모세혈관에 이상이 생기는 것으로 실명할 수도 있다.
19 당뇨병성 신기능장애란 혈당조절이 잘 되지 않는 당뇨인에게서 신장으로 공급되는 동맥에 동맥경화증이 일어나고 신장 내의 작은 혈관들이 손상되어 신장이 원래 기능을 하지 못하게 되는 것이며, 신기능 저하로 심할 경우 혈액투석 또는 신장이식이 필요하다.
20 당뇨병성 신경합병증이란 고혈당으로 인한 신경손상, 혈액순환장애 등이 원인이 되어 말초신경장애가 나타나는 것으로 대표적 증상은 심한 통증이나 저림, 팔다리에 힘이 빠지거나 감각이 무뎌지는 것 등이다.
21 당뇨병성 성기능 장애는 대체로 남성의 경우 발기장애의 형태로 나타나는 것이 일반적이다.

자기관리를 평생 동안 해야 하는 질병이다. 관리가 잘 안 될 경우 당뇨병은 환자의 수명을 단축시키고, 실명과 신경병증을 포함한 생의학적 합병증을 일으킬 수 있기 때문에 환자들은 남은 여생 동안 매일 약물복용이나 인슐린 주사를 맞고, 혈당을 주의 깊게 측정해야 한다(김정범, 2001: 289). 그러므로 당뇨병 환자는 당뇨의 특성과 자기관리 방법에 대해 잘 알고 있어야 하며, 일상생활 속에서 이를 실천하는 것이 중요하다. 당뇨병 관리의 방법으로는 식사(식이)요법, 약물요법, 운동요법이 기본이 되며, 식사조절과 운동을 통해 혈당을 조절하고, 약물요법을 병행해야 한다. 당뇨병 치료에서 중요한 부분 중 하나는 당뇨병으로 인해 야기되는 합병증을 예방하는 것이다. 당뇨병 치료의 목표는 첫째, 혈당의 정상화, 둘째, 표준체중의 유지, 셋째, 당뇨 합병증 예방의 한 방법으로 정상 혈중 지질의 유지, 넷째, 정상 혈압의 유지로 제시되고 있다(삼성서울병원 당뇨교육실, 2002: 28-31).

약물치료와 관련하여 제1형 당뇨병의 경우는 인슐린 치료가 필요하며, 인슐린 주사의 형태로 환자에게 투여된다. 인슐린은 현재 주사약으로 나와 있으며 피하주사로 투여하는 것을 원칙으로 한다. 인슐린 주사약은 먹는 약에 비해서 혈당강하 효과가 더 빠르게 나타나고, 먹는 약을 쓸 수 없는 환경에서도 안전하게 쓸 수 있는 장점이 있지만 주사침에 대한 거부감, 투여 방법의 어려움 등이 사용상의 단점이라 할 수 있다. 제2형 당뇨병의 경우는 식이요법과 운동요법 등을 통해 생활 습관을 바꾸어야 하며, 이와 함께 약물 투여가 필요할 수 있다. 이때는 주로 먹는 약인 경구투여제의 형태로 혈당강하제를 증상과 상태에 따라 하루 1~3회 복용하게 된다. 혈당강하제에는 인슐린 분비 촉진제와 인슐린 감수성 개선제가 있으며, 현재 다양한 약물들이 개발되어 사용되고 있다.

(2) 심리사회적 문제

당뇨병 치료에서 심리사회적 요인들은 그 동안 간과되어 온 경향이 있지만 최근의 연구들에서 심리사회적 요인들은 혈당조절, 대사조절, 합병증과 관련되어 아동과 성인 모두에서 당뇨병의 경과와 치료에 매우 중요한 역할을 하는 것으로 나타나고 있어(김정범, 2001: 288), 당뇨병 관리에서 특별한 관심이 주어져야 하는 영역이 되고 있다. 당뇨병을 진단받은 클라이언트와 그 가족이 일반적으로 경험하게 되는 심리사회적 문제는 다음과 같다.

① 당뇨병 환자의 문제

ㄱ. 진단 시 질병 수용의 문제

당뇨병은 한번 발병하면 평생 관리와 치료를 요하는 질병이다. 따라서 당뇨 환자의 경우 당뇨병을 진단받게 되면 일차적으로 질병을 수용하는 데 어려움이 따른다. 초기에는 질병을 부정하기도 하며, 발병에 대한 분노를 느끼거나 합병증 발병에 대한 과도한 두려움을 느끼기도 하는 등 정서적 고통을 경험하게 된다.

ㄴ. 질병관리의 문제

당뇨병은 지속적인 관리가 매우 중요한 질병으로 적절한 식사요법, 운동요법 및 약물요법이 병행되어야 한다. 당뇨 환자의 경우 식사 시간을 지켜 정해진 열량만큼의 음식을 섭취해야 하며, 과식이나 과음을 피해야 한다. 또한 혈당 조절을 위해 일상생활 가운데 적절한 운동을 해야 하며, 의사의 처방에 따라 약물을 복용하거나 인슐린 주사를 맞아야 한다. 그러나 당뇨병을 진단 받은 후 일상생활 가운데 식사요법, 운동요법 및 약물요법을 규칙적으로 병행하는 것은 상당한 노력과 인내심을 요하는 일이며, 기존의 익숙한 생활방식과 패턴을 바꾸어야 하는 일이므로 이러한 당뇨병 관리가 일상생활 속의 규칙적인 일과로 자리 잡기까지 당뇨 환자는 질병관리와 관련된 스트레스를 지속적으로 경험하게 된다.

ㄷ. 적응장애 및 우울 등의 심리사회적 문제

당뇨병은 지속적인 관리가 요청되는 병이므로 혈당관리를 위한 환자 본인의 노력과 가족의 지지가 필수적이지만 만성질환의 특성상 환자와 가족은 모두 자포자기, 분노, 비난 등의 심리사회적 문제를 경험하게 되며(장수미, 1999: 243), 이러한 문제가 지속될 경우 적응상의 문제와 우울 등의 정신과적 문제까지 수반될 수도 있다.

소아당뇨병으로도 불리는 제1형 당뇨병을 진단받은 아동의 경우에는 학령기나 청소년기를 지날 때 또래집단과 어울려 식사를 하거나 운동할 때 등에 여러 가지 활동상의 제한점이 따르므로 친구들과 건강한 대인관계를 형성하는 데 어려움을 경험할 수 있으며, 다른 친구들과 달리 자신에게 병이 있다는 생각 때문에 정서적으로 위축되거나 낮은 자존감이 형성될 수 있는 등 심리사회적 문제가 유발될 수 있다. 당뇨병을 진단받은 아동의 경우 적응상의 문제를 보이게 될 확률이 높으며, 당뇨 청소년의 경우 우울증을 진단받을 확률이 높게 나타난다는 사실은 이러한 어려움을 보여주는 근거가 되는데, 이들의 경우 혈당조절 또한 잘 되지 않는 것으로 나타나고 있다(김정범, 2001: 289).

제2형 당뇨병을 진단받은 성인의 경우에도 직장에서의 회식시간이나 친구 및 동료들과 어울릴 때 과식과 과음을 피해야 하기 때문에 이로 인한 스트레스가 유발될 수 있으며, 성인 남성의 경우에는 당뇨로 인한 발기부전의 문제가 야기될 수도 있어 부부간의 성문제가 유발될 가능성이 있다. 이러한 문제들로 인한 심리사회적 스트레스는 당뇨관리를 저해하는 위험요인이 될 수 있다. 또한 당뇨관리가 잘 안 되어 대혈관질환이나 증식성 망막병증 등의 합병증이 발생한 경우 우울증 발생이 더 높게 나타나며 삶의 질이 현저히 떨어지는 것으로 보고되고 있어(Lloyd et al., 1992), 당뇨병 환자들의 심리사회적 문제가 심각함을 알 수 있다.

② 가족이 경험하는 문제

ㄱ. 당뇨병 관리 지원 부담감으로 인한 정서적 문제

가족은 당뇨병 환자의 당뇨관리에서 지원자 및 조력자로서 중요한 역할을 하게 된다. 가족 중 당뇨병 환자가 있는 경우 가족은 당뇨환자의 식이요법에 맞춘 식단을 항상 준비해야 하며, 가족이 외출하여 식사를 하는 경우에도 외식 장소를 선택하거나 음식을 선택하는데 당뇨환자를 늘 고려해야 하므로 가족원들은 이로 인한 스트레스를 경험할 수 있다. 또한 소아 당뇨병의 경우 아동이 스스로 당뇨관리를 할 수 있을 때까지 부모는 혈당관리, 식사관리 등을 책임지고 도와야 하는 역할을 수행하게 되는데, 이로 인한 부모의 부담감이 가중될 때 우울 등의 정서적 문제가 야기될 수도 있다. 실제로 소아 당뇨 아동을 둔 어머니 집단의 1/3에서 현저한 우울증상이 나타나며, 어머니 자신이 적응 상의 문제를 보이기도 하는 것으로 보고되고 있다(김정범, 2001: 289).

ㄴ. 경제적 문제

당뇨병은 평생을 통해 지속적인 관리가 필요한 병이므로, 병의 경중에 따라 개인차가 있지만 치료비의 소요가 지속적으로 이루어진다. 특히 제1형 당뇨병의 경우에는 체내에서 인슐린이 분비되지 않기 때문에 인슐린 주사를 정기적으로 체내에 투여해야 하는데 이를 평생을 통해 실시해야 하기 때문에 치료에 소요되는 경제적 비용 부담이 더 커지게 된다. 당뇨병 환자가 가장이고, 질병에 대한 관리가 잘 안 되어 합병증이 유발된 경우에는 치료비뿐만 아니라 직업적 능력을 잃거나 사회적 기능수행에도 장애가 유발될 수 있기 때문에 이로 인한 경제적 손실이 더 커지게 되어 가족이 경험하는 경제적 어려움이 가중되게 된다.

ㄷ. 부부의 성문제

성인 남성의 경우 당뇨병으로 인한 발기부전의 문제가 생길 수 있다. 이 경우 부부간의 성관계가 잘 이루어지지 않아 성관계를 피하거나 성적인 불만족감을 경험할 수 있으므로 이로 인한 부부간의 문제가 야기될 수 있다.

(3) 의료사회복지사의 역할

① 개별상담

의료사회복지사는 당뇨 환자와 그 가족을 대상으로 먼저 개인내적, 가족적 및 사회적 환경을 평가하고 욕구를 파악하는 심리사회적 사정을 실시한다. 또한 당뇨 환자가 당뇨병을 수용하고, 질병관리를 잘할 수 있도록 지원함과 동시에 질병관리를 하는 데 수반되는 어려움이 무엇인지에 대해 사정하고, 당뇨 환자가 당뇨관리를 위해 지속적인 노력을 할 수 있도록 지지하는 역할을 수행한다. 또한 당뇨관리와 관련하여 당뇨 환자가 경험하는 가족문제, 일이나 직장에서의 문제, 대인관계상의 문제 등이 있다면 이를 해결할 수 있도록 도움을 주는 개별상담을 실시한다.

② 가족상담

당뇨병을 이해하고 당뇨환자의 당뇨관리를 도와주는 것이 당뇨병 환자 가족원의 역할이다. 그러나 가족에 따라 관계상 또는 기능상의 문제가 있어 가족원이 당뇨환자를 이해하고 지지하는 역할을 수행하지 못할 경우 가족문제로 인한 스트레스가 당뇨관리를 방해하여 당뇨병 증상이나 합병증을 더욱 악화시키는 스트레스 요인으로 작용할 수 있다. 이러한 경우 의료사회복지사는 가족 상담을 통해 가족원과 당뇨 환자가 서로에 대해 더 이해하도록 돕고, 가족원이 서로 지지하는 역할을 수행할 수 있도록 가족문제 또는 가족의 역기능에 대해 개입하는 역할을 담당한다.

또한 당뇨로 인한 부부간의 성문제가 유발된 경우 의료사회복지사는 부부가 이에 대해 이해하고 함께 대처방안을 찾을 수 있도록 도와주는 역할을 수행한다.

③ 경제적 지원

당뇨는 만성적인 질환으로 한 번 발병하면 완치되지 않으며, 이후 여생 동안 지속적으로 약물치료 및 합병증에 대한 치료를 지속해야 하는 질병이다. 특히 소아 당뇨의 경우에는 아동기에 당뇨가 발병한 이후부터 평생 동안 인슐린 투여 및 약물치료를 지속해야 하므로 이에 대한 경제적 비용이 가계에 큰 경제적 부담을 줄 수 있다. 그러므로 당뇨환자에 개입하는 사회복지사는 지속적 당뇨관리 및 합병증에 대한 치료를 받을 수 있을 만큼의 충분한 경제력이 환자와 가족에게 있는지 평가해야 하며, 상황에 따라서 병원 내적 자원 및 지역사회의 자원을 동원하여 환자가 적절한 치료를 받을 수 있도록 경제적 지원을 해주어야 한다.

④ 당뇨병 교실: 당뇨교육 프로그램 운영

당뇨병 환자에 대한 지원방안 중 하나로 대학병원이나 종합병원의 의료시설에서는 의사, 간호사, 영양사, 사회복지사 등이 팀을 이루어 당뇨병 교실을 운영한다. 당뇨병 교실은 당뇨 환자와 그 가족을 대상으로 당뇨병에 대한 이해와 당뇨 관리를 돕기 위한 목적으로 실시되며, 질병의 증상 및 원인에 관한 교육, 합병증, 혈당관리 및 투약관리에 대한 교육, 식사요법과 운동요법에 대한 교육, 그리고 일상생활에서의 스트레스 관리 및 가족의 대처에 대한 교육 등을 주 내용으로 정기적인 교육을 실시하는 프로그램이다. 당뇨병 교실의 운영에서 각 전문직 간의 역할 분담으로 의사는 당뇨병과 합병증에 대한 교육, 간호사는 인슐린 주사법과 혈당 검사법, 영양사는 식사요법, 운동처방사는 운동요법, 그리고 사회복지사는 일상생활에서의 스트레스 관리 및 가족의 역할에 관한 교육을 담당하게 된다.

당뇨병 교실은 처음 당뇨를 진단받은 환자가 당뇨 자기관리를 시작할 수 있도록 하며, 반복적인 교육을 통해 당뇨관리와 관련된 지식과 기술을 습득하고 행동적 변화를 이루도록 돕는 데 초점을 둔 교육을 제공하고 있다. 다음은 당뇨병 교육의 일환으로 이루어지는 'Survival skills'에서 제공하는 교육의 내용 및 주제들이다(정향미, 2009: 41).

Survival skills 당뇨교육 내용
- 당뇨병은 무엇인가? 당뇨병 합병증의 예방과 치료
- 개별적인 목표혈당
- 고혈당과 저혈당의 예방과 치료
- 임상영양요법
- 약물복용
- 자가혈당 측정
- 인슐린 주사방법
- 아픈 날의 관리
- 이용 가능한 지역사회 자원
- 보호자 교육

⑤ 당뇨캠프 운영

당뇨캠프는 1925년 미시간에서 처음으로 시작되었으며, 이후 미국뿐 아니라 전 세계에서 당뇨병을 앓는 어린이들을 대상으로 널리 보급되었는데, 캠프를 통해 아이들이 서로의 경험을 공유하면서 질병관리에 대한 책임감을 스스로 배울 수 있게 하는 것이 주요 목적이었다(당뇨병학회, 2003: 169). 당뇨캠프는 주로 2박 3일이나 3박 4일 등 일정 기간 동안 당뇨병 환자를 대상으로 당뇨병에 대한 이해 및 당뇨관리에 대한 교육을 제공하고 심리사회적인 지지를 통해 당뇨 환자의 자존감을 향상시키고, 그들이 직면한 심리사회적 문제의 해결을 돕고, 나아가 지속적인 당뇨관리에 대한 동기를 부여하기 위한 목적으로 실시되는 특별 프로그램이다.

당뇨캠프의 주요 내용은 당뇨병에 대한 교육과 당뇨관리에 대한 교육, 당뇨병으로 인해 야기되는 심리사회적 문제 진단 및 이에 개입하는 집단치료 프로그램의 실시 등이 대표적이며, 캠프를 운영하는 치료진은 의사, 간호사, 영양사, 사회복지사 및 운동처방사 등으로 구성된다. 또한 자원봉사자들이 함께 동행하여 캠프의 각 프로그램들에 대한 운영을 지원하여, 다학제적 팀 접근을 원칙으로 프로그램이 진행되는 특징을 지닌다. 당뇨캠프에서 사회복지사는 당뇨 환자 또는 가족들을 대상으로 이들이 당뇨병으로 인한 심리사회적 어려움을 해소하고 일상생활상의 스트레스를 잘 관리할 수 있도록 지지하는 개별상담, 집단상담 및 가족상담 프로그램을 진행하는 역할을 담당하게 된다.

2) 만성신부전

(1) 질병에 대한 이해

① 개념과 증상

우리 몸에서 소변을 만들고, 이를 운반하여 체외로 배설하기까지의 기관들을 비뇨계통urinary system이라 하는데, 여기에는 신장, 요관, 방광, 요도가 속한다. 인체는 항상성을 유지하기 위하여 무기질 이온과 수분, 산, 염기의 농도를 조절하고 요소를 포함한 여러 종류의 대사산물을 배출시켜야 하는데 신장은 이러한 기능을 수행하는 데 중요한 역할을 담당한다.

신부전renal failure은 신장 기능의 상실로 급성ARF: acute renal failure과 만성CRF: chronic renal failure으로 구분된다. 급성은 고칼륨혈증 및 폐수종을 동반하는 요독증[22]과 소변감소 혹은 무뇨를 보인다. 만성신부전은 오래된 당뇨병, 고혈압, 만성토리콩팥염[23] 등의

---

22   요독증이란 신배설 기능장애로 혈액 중에 요소나 크레아티닌, 질소노폐물, 단백질 대사산물이 혈액 내에 다량 존재해 있는 중독 상태로 구역, 구토, 현기증, 의식손실 등의 증상이 나타난다.
23   만성토리콩팥염이란 사구체신염이라고도 하며, 토리(사구체) 내에서 염증성 반응을 일으키는 콩팥질환군을 말한다.

원인으로 신장기능이 만성적으로 현저히 감소되는 상태를 말한다. 만성신장기능상실은 말기콩팥(신)질환ESRD: end-stage renal disease이라고 하며 치료하지 않으면 치명적이다. 치료는 혈액 내 상승된 크레아티닌creatinine과 요소urea, 니트로겐nitrogen 등 노폐물을 제거하기 위한 투석을 하거나 신장이식수술을 하는 것이다(김귀영 외, 2006:289-290).

우리 몸에서 신장(콩팥)이 담당하는 기능은 다음과 같다. 첫째, 혈류로부터 요소를 제거한다. 둘째, 단백질 이화작용으로 나오는 요소urea, 요산uric acid, 크레아티닌creatinine, 빌리루빈bilirubin 등을 배설한다. 셋째, 전해질인 나트륨Na+, 칼륨K+, 수분, 산 등을 적절히 조절하여 근육과 신경세포의 기능을 원활히 할 수 있도록 돕는다. 콩팥은 어떤 물질은 소변으로 분비하게 하고 신체에서 필요한 물질은 다시 흡수하여 사용하도록 함으로써 물과 전해질 양을 조절한다. 넷째, 레닌renin을 분비하여 동맥혈압과 순환혈액량을 유지한다. 신장은 복강후벽의 상부에 위치하며 척추를 사이에 두고 좌우로 1쌍이 있으며, 길이는 약 10cm, 무게는 약 100g이다. 신장은 건강하면 한쪽을 적출해도 생존에는 지장이 없지만 이 양쪽이 과도하게 기능이 저하되면 노폐물이 체내에 머물러 요독증uremia이라고 하는 질병이 되어 사망하는 위험이 있다(김귀영 외, 2006: 277-278).

② 치료

만성신부전에 대한 치료방법은 인공투석 또는 신장이식을 하는 것이다. 대표적 치료법인 투석요법에는 혈액투석과 복막투석이 있다. 혈액투석은 만성신부전증 환자의 혈액을 특수한 관을 통해 체외로 빼내어 특수한 필터(투석기)를 통해 노폐물과 수분을 걸러낸 후 체내로 다시 주입하는 치료 방법이다. 치료시간은 1회 4시간, 주 3회로 일주일에 12시간 투석하는 것이 일반적이며, 환자의 상태에 따라 시간을 조절할 수 있다. 신장이식을 하지 않는 경우 평생 동안 투석을 해야 하는데 이에 따른 의료비 부담이 커지게 된다. 또한 고정된 스케줄에 따라 투석을 받아야 하고 병원에서 소비하는 시간이 많아서 취업이나 직장생활을 유지하는 데 상당한 어려움이 따르게 된다.

복막투석은 환자 자신의 복막을 이용해 투석하는 방법으로 환자의 복부에 특수 제작된 관을 삽입하며, 이 관을 통해 투석액을 주입하고 배액함으로써 체내 노폐물과 수분 등을 제거하는 방법으로 보통 밤의 수면시간을 제외하고 하루에 4회씩 5시간 간격으로 투석액을 교환한다. 혈액투석에 비해 병원에서 장시간을 보내지 않아도 되며, 환자 자신이 직접 실시할 수 있고, 사회적 활동에 제한을 덜 받는다는 장점이 있으나 복막염에 걸릴 수 있으며, 체중증가 등의 단점이 있다.

신장이식은 건강한 다른 사람의 신장을 만성신부전증 환자에게 이식하는 것이다. 신장이식에는 생체이식과 사체이식이 있으며, 환자의 신체 조직에 맞는 신장을 이식해야 하는데 신체조직에 맞는 장기를 보유한 기증자를 찾기 어려우며, 수술에 따른 비용이 든다는 단점이 있다. 또한 이식 후에 신체의 거부반응이 일어날 수 있는데 이는 면역체계가 이식된 신장을 이물질로 인식하고 이 외부침입자를 공격하여 제거하려는 현상으로 인해 나타나는 것으로서 흔히 고열, 신장 기능 감소, 소변량 감소, 이식부위통증, 고혈압, 전신부종 등의 증상이 합병증으로 나타날 수 있다(한인영 외, 2013: 176-177). 이러한 거부반응을 억제하기 위해서는 면역억제제 등 약물투여를 해야 하며, 이식환자는 이를 평생 동안 복용해야 하는 어려움과 함께 면역억제제를 장기 복용함으로 인해 나타나는 여러 가지 부작용 등을 경험하게 된다.

만성신부전으로 인해 혈액투석이나 복막투석을 지속적으로 받아야 하거나 신장기능의 영속적인 장애로 인하여 일상생활 또는 사회생활을 하는 데 있어 상당한 제한을 받는 경우 신장장애로 장애판정을 받을 수 있다. 장애판정은 1개월 이상 지속적으로 혈액투석 또는 복막투석을 받고 있는 사람 또는 신장을 이식받은 사람으로 회복할 가능성이 극히 희박한 경우 신장 장애인으로 진단하게 된다.

(2) 심리사회적 문제

① 만성신부전 환자의 문제

ㄱ. 심리적 문제

처음 질환을 진단받았을 때 대개 신부전 환자는 지속적인 투석치료를 받거나 이식을 받아야 한다는 상황에 심리적 충격을 받으며, 이러한 상황을 수용하는 데 어려움을 경험한다. 또한 오랜 기간 동안 투석을 받으며 생활하다 보면 만성신부전 환자는 심리적으로 불안, 우울, 질병 악화에 대한 걱정, 미래에 대한 염려 등으로 큰 심리사회적 어려움을 경험하게 된다. 혈액투석을 해야 생명을 유지할 수 있는 신장장애인이 경험하는 스트레스로는 첫째, 신체기능의 손실, 가족 및 집단 내에서의 소속감 상실, 현재 및 미래 삶의 좌절, 생활양식의 변화 및 장기적 치료로 인한 재정적 손실, 직업 및 역할의 상실 등과 같은 상실감, 둘째, 통증과 죽음에 대한 불안감, 셋째, 식욕이나 성욕 등을 포기해야 하는 본능적 좌절감이며, 이 가운데서도 죽음에 대한 불안감이 가장 큰 스트레스로 알려져 있다(신미자, 1994; 오승길·최건식, 2013: 250-251).

ㄴ. 직업 등 사회활동의 제한

만성신부전 환자가 직면하게 되는 가장 큰 문제는 정기적으로 혈액투석을 받아야 하기 때문에 일반인들과 같이 직장생활을 유지하거나 사회활동을 하는 데 제한을 받는다는 것이다. 혈액투석에는 1회 4시간씩, 주 3회 등 상당한 시간이 소요되므로 정상적인 사회활동을 하는 데 어려움이 따르게 된다.

ㄷ. 지속적 치료 유지 또는 이식에 따른 문제

만성신부전의 경우 혈액투석을 받게 되면 신장이식을 받지 않는 한 남은 평생 동안 투석치료를 지속적으로 받아야 한다. 일주일에도 수회 이상 받아야 하는 투석치료를 오랜 기간 동안 지속적으로 받아야 하는 과정은 환자에게 매우 힘든 과정이며, 경제적인 문제까지 겹쳐 있을 때는 치료를 유지하는 것에 따른 복잡한 문제들이 발생하게 된다. 또한 신장이식이 필요한 경우 환자의 신체적 조건에 맞는 신장 기증자를 찾는 것과 이식에 소요되는 수술비용을 마련하는 것, 그리고 수술에 대한 불안과 수술 후 회복과정에서 빈번하게 야기되는 부작용의 문제도 환자가 극복해야 할 도전이 된다.

② 가족이 경험하는 문제

ㄱ. 경제적 어려움

혈액투석 환자는 주 3회, 매회 4시간 정도 인공신장기에 의존한 치료를 받아야 하기 때문에 혈액투석에 따른 비용이 과다하게 지출되며, 직업생활을 유지해오던 환자가 직업을 중단하게 될 경우 가족 수입이 감소하게 된다. 또한 환자가 가장의 역할을 수행하고 있다면 가족원 전체가 경험하는 경제적 어려움은 더욱 커지게 된다.

ㄴ. 지속적인 보호제공^{caregiving}의 문제

장기간에 걸쳐 혈액투석을 받는 환자의 경우 상태에 따라 차이가 있지만 일상생활을 유지해나가는 데 주변의 도움이 필요하게 된다. 가족은 환자가 일상생활을 유지해나가는 데 필요한 도움과 보호를 제공하는 일차적인 지원체계로서 환자를 돌보는 역할을 수행하게 된다. 신장장애인들의 삶의 질에 영향을 미치는 요인에 관한 연구에서 가족원으로부터 받는 지지가 이들의 삶의 질을 향상시키는 데 가장 크게 영향을 미치는 요인으로 나타난 결과는 이를 뒷받침해준다(오승길·최건식, 2013). 그러나 장기간에 걸친 보호제공은 가족원을 신체적 및 정서적으로 고갈시키기도 하며, 보호제공을 위해 가족원이 자신의 사회생활을 포기하거나 조정해야 하는 경우 이러한 역할을 담당하는 가족원은 심리적, 사회적으로 보호제공에 따른 부담감을 강도 높게 경험하게 되므로 보호제공의 문제는 지속적인 가족 내의 심각한 문제가 될 수 있다.

ㄷ. 가족관계상의 갈등

가족 내 신장질환자 또는 신장장애인이 발생하게 되는 경우 순식간에 가족원의 안녕은 심각하게 위협받게 된다. 가족들은 신장 장애인을 돌보는 역할뿐만 아니라 그를 대신하여 경제적 역할까지도 수행해야 하는 이중고를 경험하게 된다. 특히 한 집안의 가장이 신장장애로 말미암아 실직하게 될 경우 거의 모든 가족원들이 경제활동에 나서야 하는 위기적 상황에 직면하게 되며, 이러한 심각한 경제적 위기 앞에 가족원들 상호 간의 신뢰와 유대관계가 위협받게 되고, 서서히 지쳐가며 서로에게 등을 돌리게 되는 상황에까지 이를 수 있게 된다(강민희, 2013: 11-12).

가족관계는 가족원이 환자에게 제공하는 보호제공의 질에 영향을 미치는 중요한 요인이다. 그러나 가족관계가 원만하지 못하거나 가족 내 갈등이 존재하는 경우 가족원들이 환자의 심리적 및 신체적 상태를 이해하지 못하고 배려해주지 못하여 환자와 가족 간의 관계가 악화될 수도 있다. 또한 가족 내에서 보호제공의 역할을 서로 다른 가족원에게 미루거나 가족원이 협조해서 함께 보호제공과 관련된 일들을 수행하지 못할 경우

가족원들 사이에 갈등이 생길 수 있으며, 심할 경우 가족원 간의 관계가 단절될 수도 있다.

(3) 의료사회복지사의 역할

① 개별상담

의료사회복지사는 만성신부전 환자에 대한 심리사회적 사정을 실시하며, 환자가 장기간에 걸친 투석치료에 지치지 않고 치료를 지속적으로 받을 수 있도록 지지해주는 역할을 수행해야 한다. 또한 환자가 발병 전 종사했던 직업과 사회적 능력이 발병 후에도 유지될 수 있는지를 사정하며, 직업생활과 사회생활을 부분적으로라도 유지하기 위해서 어떤 조정이 필요한지에 관해 환자와 상의하여 환자가 변화된 자신의 상황을 현실적으로 수용할 수 있도록 도움을 주어야 한다. 뿐만 아니라 만성신부전 환자가 경험하는 정서적 어려움이나 문제에도 관심을 갖고 면담 시 환자가 질병으로 말미암아 경험하게 되는 정서적 고통에 관해 공감해주고, 깊이 있는 내면의 이야기를 나누는 것이 의료사회복지사의 중요한 역할이다.

② 가족상담 및 지지

가족은 환자를 보호하고 돌보는 환경체계로서 중요하다. 의료사회복지사는 가족 상담을 통해 가족이 환자의 오랜 치료기간 동안 지치거나 치료를 포기하려는 생각을 갖지 않도록 가족을 지지하고, 가족 내의 갈등이나 관계상의 문제 등을 해결할 수 있도록 도움을 제공하는 역할을 담당한다.

③ 경제적 지원

장기간에 걸친 투석에 소요되는 비용 또는 신장이식에 따른 비용이 환자와 가족이 감당할 수 있는 경제적 능력을 넘어선 경우 의료사회복지사는 환자가 필요한 의료적 처치를 받을 수 있도록 공식적 및 비공식적 자원체계를 동원하여 경제적 지원을 담당하는 역할을 수행한다.

④ 장애등록 절차에 대한 정보제공

만성신부전으로 인해 투석치료를 지속적으로 받아야 하고, 신장 기능의 영속적인 장애로 인하여 일상생활 및 사회생활을 하는 데 상당한 제한을 받는 경우 신장장애로 장애판정을 받을 수 있다. 이때 의료사회복지사는 장애등록 신청 및 판정과 관련한 상세한 정보를 환자와 그 가족에게 제공하는 역할을 담당한다. 장애판정은 1개월 이상 지속적으로 혈액투석 또는 복막투석을 받으며 회복의 가능성이 희박한 사람의 경우 2급을 받을 수 있으며, 신장을 이식받은 사람의 경우 5급 신장 장애인으로 판정받을 수 있다.

2. 종양 내과

1) 암

(1) 질병에 대한 이해

① 개념과 원인

암癌 또는 암종癌腫은 영어 cancer를 번역한 용어이다. 의학적으로는 악성종양惡性腫瘍, malignant tumour이라는 병변病變을 일컫는 말이다. 암은 기본적으로 세포가 조절되지 않고 무한정 증식, 성장하는 비정상 세포의 덩어리이다. 정상의 체세포는 엄격한 조절기구의 통제 아래에서 세포분열과 증식 등이 이루어진다. 그러나 암세포는 분열과 증식이 불규칙하고 조절되지 않는 통제 불능 상태에 빠지는 것을 특징으로 하고 있다. 암세포는 세균처럼 외부에서 우리 몸 안으로 들어온 것이 아니고 우리 몸의 정상 세포의 하나가 어떤 이유로 하여 세포 내의 유전자(DNA 서열)에 변화가 일어나 암세포로 변형된 것이라고 믿어지고 있다. 즉, 신체 속 어느 부위에 있던 정상 체세포가 외부에서 들어온 물질에 의하여 유전자에 돌연변이 등을 일으키면 그 성질이 확연하게 달라지는 경우가 있는데. 그 세포가 죽거나 제거되지 않고 살아남게 되면 그것이 암세포가 된다.[24] 암세

표 10-1 | 우리나라에서 가장 많이 발생하는 6대 암의 주요 인자

암의 종류	위험 인자
위암	식생활(짠 음식, 탄 음식, 질산염 등), 헬리코박터 파일로리균
폐암	흡연, 직업력(비소, 석면 등), 대기 오염
간암	간염 바이러스(B형 · C형), 간경화
대장암	유전적 요인, 고지방 식이, 저섬유 식이
유방암	유전적 요인, 고지방식, 여성 호르몬, 비만
자궁경부암	인유두종 바이러스

※ 출처: 김범석(2011), 41쪽 재인용.

포의 특징은 방치하면 계속해서 자라고, 자라면서 점점 독해지며, 암세포가 주변 조직을 파괴하고, 전이한다는 점이므로 반드시 치료가 필요하다(김범석, 2011).

　이러한 암의 원인은 명확하지는 않지만 유전자 이상으로 생긴 병으로 알려져 있으며 대개 유전적 요인 5~10%, 후천적인 요인이 90~95%를 차지한다고 생각하는 학자들이 많다. 암 발생에 영향을 주는 이러한 요인을 위험 인자risk factor라고 표현하는데, 우리나라에서 가장 많이 발생하는 6대 암의 주요 위험 인자들은 〈표 10-1〉과 같다.

② 치료

　암 치료의 목적은 첫 번째가 완치이며, 두 번째가 생명 연장 및 삶의 질 향상이다. 암의 치료는 궁극적으로 암세포를 전멸시키는 것이지만 완전 제거는 거의 불가능하기 때문에 가능한 많은 수의 암세포를 제거한 뒤 그 상태를 오랫동안 유지하여 임상 증상을 개선하고 생명을 연장시켜 삶의 질을 향상하는 데 있다(이영숙 외, 2002). 암 치료 방침은 조직검사를 통한 조직학적 유형, 병의 진행 정도인 병기stage, 전신 상태의 건강성을 의미하는 운동 수행 능력에 대한 평가를 통해 대개 세 가지, 즉 수술치료, 항암화학치료, 방사선 치료를 결정하여 진행하게 된다(김범석, 2011).

　첫째, 수술치료는 잘라낼 수 있는 암일 경우 암 발생 부위를 수술로 제거해주는 것

24　출처: 대한암협회, http://www.kcscancer.org/

인데 암은 특성상 조금이라도 암세포가 남아 있으면 재발하기 때문에 암수술에서는 암덩어리 자체뿐 아니라 암 주위의 정상조직과 임파절까지 완전히 제거하는 광범위한 수술을 해야 한다.

둘째, 항암화학치료는 수술요법이나 방사선 요법을 실시한 후에도 암세포가 주위에 남아 있거나 다른 부위로 퍼지게 되면 암이 재발할 수 있으므로 미세한 암세포를 제거하기 위해 사용되며 외과적 수술치료가 여의치 못할 경우 처음부터 항암화학요법을 실시할 수도 있다.

셋째, 방사선치료는 단독 혹은 수술치료 및 항암화학치료와 함께 사용할 수 있는데, 수술로 암을 제거한 뒤 방사선 치료를 병행하여 치료 효과를 기대하거나 암이 악화되어 심한 두통을 호소할 때 증상 완화를 위해 사용되기도 한다. 그러나 수술치료는 신체 일부분의 상실이나 장애를 동반하고 항암화학치료와 방사선치료는 탈모, 식욕부진, 피로감, 구토와 오심 등의 부작용을 가져오기 때문에 환자와 가족들은 치료로 인한 부작용과 신체 및 심리사회적 어려움을 겪게 된다(이영숙 외, 2002).

(2) 심리사회적 문제

① 환자의 심리사회적 어려움

갑작스러운 암 진단의 선고 이후 대부분의 환자들은 암 진단에서부터 치료, 재발과 전이, 치료 종료에 이르는 전 과정에 걸쳐서 당혹과 무감각, 불안과 공포, 부정과 분노, 슬픔과 우울, 실망과 좌절 등의 부정적인 감정을 경험하게 된다.

진단 시기에 처음 나타나는 반응은 다음과 같이 몇 가지로 정리될 수 있다. 첫 번째는 부정denial이다. 환자는 의사의 진단이 잘못되었을 것이라는 생각에 이 병원 저 병원을 찾아다니거나 큰 충격을 받고 매우 불안한 상태이지만 아무 일도 없는 것처럼 평상시의 생활을 지속하는 것이다. 두 번째는 분노로서, "왜 하필이면 내가"라는 생각에 분노와 절망감을 갖게 된다. 세 번째는 불안과 두려움이다. 환자는 치료하면 나을 수 있는지, 치료 과정에서 통증이나 부작용이 심하지 않을지, 사회적 역할의 변화와 경제적인 부담감 등에 대해 많은 불안과 두려움을 갖게 된다.

"예후가 3개월이라는 소리를 들었을 땐 덤덤했어요. 그건 딴사람 얘기라고 생각했지……."(당혹과 무감각)

"잘못한 것도 하나 없고 전 저 나름대로 그래도 정기검진 받으면서 관리했는데… 내가 왜 걸렸으며 내가 왜 죽어야 하나!"(부정과 분노)

"암이라니까 죽는 것부터 생각이 들잖아요. 죽음의 공포하고 이런 거요. 암이니까 나는 이제 죽는다는게 연관이 되잖아요."(불안과 공포)

"3개월이라는 소리를 들었을 땐 덤덤했어요. 그건 딴사람 얘기라고 생각했지 그러다가 자꾸 새겨듣고하니까 아~ 그게 나한테 하는 소리였구나. 라고 귀에 들어올 때는 감정이 달라진 거예요. 그때서야우울증이 자꾸만 몰려오는 거야……."(슬픔과 우울)

"재발했을 때 완전히 실망스러웠어요. 아무 것도 하기 싫고 죽고 싶다! 처음엔 괜찮았는데 재발하니까죽고 싶은 생각이……." (실망과 좌절)

이렇듯 암 환자들의 부정적인 감정들은 치료의 전 과정에 걸쳐서 나타나게 된다. 특히 초기에는 암의 원인을 스스로 추정해보면서 부정과 분노의 감정이 주를 이루었다면, 시간이 지나면서부터는 불안과 두려움, 우울과 슬픔, 그리고 실망과 좌절감 등의 심리적 어려움을 주로 경험하게 된다. 물론 모든 환자들이 이러한 반응을 똑같이 겪는 것은 아니다. 어떤 환자들은 처음부터 자신의 상황을 잘 이해하고 받아들이는 것처럼 보이기도 한다. 그러나 겉으로는 치료에 잘 적응하는 것처럼 보이더라도 암 치료의 과정 자체가 고통스럽고 힘들며 치료의 호전과 악화가 반복될 수 있기 때문에 그 이면에는 불안과 좌절을 경험하고 있을 수 있음을 이해해야 한다.

② 가족의 심리사회적 어려움

한 가족 안에서 암 진단을 받은 환자가 발생할 때, 이것은 개인의 문제가 아니라 가족이 대처해야 하는 문제가 된다. 입원이나 외래 통원 치료로 인한 가족원들의 역할 변화, 소득 감소 및 치료비 부담 등으로 지금까지 유지해왔던 가족의 균형이 깨어지면서 새로운 스트레스가 발생하고 재적응을 필요로 하기 때문이다. 또한 대부분의 암 환자의 가족들은 우울과 불안, 분노와 같은 정서적인 어려움을 겪게 되며, 죄책감을 갖는 경우도 흔하다. 또한 암 진단 사실을 다른 가족원이나 환자 자신에게 알리는 것은 환자에게도 또 다른 가족원들에게도 어려운 과제이다. 환자들이 암 진단을 혼자 통보받는 경우, 대개 이 사실을 가족에게 알리는 것을 망설여 하는데, 특히 가장은 자신에게 의존하는 배우자와 자녀들에게 이 사실을 알리는 것을 어려워하여 말을 꺼내지 못하고 차일피일 치료를 미루는 모습을 보이기도 한다. 이와는 반대로 암 진단이 환자를 제외한 가족에게 먼저 통보되는 경우, 가족들은 환자에게 암 진단을 어떻게 알려야 할지 혼란스러워하며 의료진에게 환자를 위해 이 사실을 숨겨달라고 요구하기도 한다. 따라서 환자와 가족이 암 진단에 대해 어떤 감정을 갖고, 어떻게 받아들이고 있는지, 가족원 중 누가 그 사실을 알고 함께 하고 있는지를 아는 것은 이후 치료 계획에 중요한 과제이다.

③ 치료과정에 대한 적응의 문제

암 환자와 가족들은 치료 과정에서 다양한 정보를 필요로 한다. 하지만 "3시간 대기 3분 진료"라는 말과 같이 심각한 질환일수록 진료 시간과 과정에서 환자의 만족도는 그리 높지 않은 것 같다. 암 환자들이 진단과 치료 과정에서 가장 의지하는 사람은 의료인이지만, 많은 환자들은 의료인으로부터 충분한 도움을 받지 못한다고 생각한다. 의료진과의 의사소통 시간이 부족하고 궁금한 점에 대한 대답을 충분하게 듣지 못했다고 생각하기 때문이다. 병원의 의료서비스 질 향상을 위한 노력에도 불구하고 아직까지 의료진의 전문 용어 사용, 권위주의적이고 일방적인 태도 등은 환자와 가족의 불만족을 가중시키는 요인으로 남아 있다. 또한 이러한 환자의 불만족은 의료진에 대한 불신과 분노로 이어지기 쉬우며, 환자와 가족들이 의료에 관한 정보를 전문 의료인이 아닌 주변 사람들이나 다른 환자, 간병인 인터넷 사이트 등 다른 곳으로부터 가져올 가능성을 높여서 때때로 부적절한 정보나 대처 방안을 취할 수 있다는 점에서 주의가 필요하다.

이들이 필요로 하는 정보는 치료 단계에 따라 차이가 있는데, 대개 진단 초기에는 자신이 왜 암에 걸리게 되었는지, 치료 종류와 방법에 대해 개괄적으로 궁금해 한다. 또한 치료가 지속되면서 항암치료 과정과 부작용 및 대처법, 치료에 도움이 되는 음식들, 민간요법이나 대체의학, 통증 조절 등에 대해서 궁금해 하며, 말기로 진행될 경우 호스피스 완화 의료, 임종에 대한 준비 등에 대한 관심도 높아지게 된다.

④ 경제적 어려움

여러 다른 질병들과 마찬가지로 암 환자들이 겪고 있는 가장 큰 어려움으로 경제적 어려움을 꼽을 수 있다. 한국 암치료 보장성확대 협력단^{Korea Cancer Care Alliance}(이하 암보협)이 2016년 11월 발표한 고형암·혈액암 환자 185명을 대상으로 한 조사 결과에 따르면, '암 환자를 가장 힘들게 하는 요인'을 묻는 질문에 응답자의 37.3%가 '경제적 요인'이라고 답했다. 이어 정신적(31.9%), 육체적(27.6%), 사회적(2.7%) 어려움 순으로 나타났다. 특히 암을 진단받은 과거와 치료받는 현재의 어려움을 비교한 결과에서 다른 요인들은 시간이 지나면서 감소하는 반면, 유일하게 경제적 요인만이 3.96점(5점 만점)에서 4.14점으로 증가했다. 이것은 경제적 어려움이 치료과정 중에도 계속 증가하고 있어 환자들에게 가장 큰 부담이 되고 있다는 것을 뜻한다. 비급여 치료를 받은 암 환자들의 암치료 비용은 평균 2,877만 원이었으며, 이 중 71.6%인 2,061만 원이 비급여 항암제 비용으로 지출돼 경제적 부담 상승에 비급여 항암제가 큰 부분을 차지했다. 이와 같은 경제적 부담감은 저소득층에게 치료 기회를 상실하게 하므로 암질환에 대한 보장성 강화를 위한 노력이 매우 중요하다고 보겠다.

(3) 의료사회복지사의 역할

① 심리적 지원

의료사회복지사는 환자와 가족의 심리적 부담감을 덜어주고 치료에 대한 충분한 정보 제공을 통해 환자와 가족이 지속되는 올바른 치료법을 선택하고 치료 과정을 잘 진행할 수 있도록 도와야 한다. 그러기 위해서는 치료를 받아들이고 지속하는 데 방해가 되는 부분들이 무엇인지를 충분히 사정하고 상담과 치료, 자원 연결 등을 통해 치료에 적합한 심리사회적 환경을 만들어 나가는 것이 필요하다. 이 과정에서 의료사회복지사가 부딪치게 되는 몇 가지 쟁점들을 정리하면 다음과 같다.

ㄱ. 쟁점 1: 알릴 것인가 말 것인가?

암을 진단하게 되면서 맨 먼저 의료진과 가족들이 고민하게 되는 문제는 환자와 가족에게 이 사실을 어떻게 알려야 하는가라는 점이다. 특히 우리나라에서 아직까지 많은 가족들은 의사에게 환자의 상태를 환자에게 알리지 말아달라고 부탁한다. 가족들의 논리는 "우리 부모님은, 또는 우리 아이는 내가 제일 잘 안다."는 것으로, "본인이 암인 것을 알면 실망해서 치료를 다 포기해버릴 것이다"라고 주장한다. 그리고 환자에게 "위에 염증이 좀 있는데 정기적인 약과 주사 치료를 받으면 낫는 병"으로 말해달라는 식이다.

언제, 어떻게 알려야 하는가에 대한 질문에 대한 정답은 각 개인과 가족마다 다를 수 있다. 그러나 중요하게 고려해야 할 점이 있다. 그것은 지금 당장은 힘들더라도 환자에게 솔직하게 이야기도록 돕는 것이 중요하다는 점을 알리는 것이다. 그 이유는 환자는 투병 기간 동안 믿고 의지할 사람이 있어야 하는데, 이러한 선의의 거짓말이 환자와 가족, 치료진과의 신뢰 관계를 깨뜨리고 환자를 소외시켜 더욱 외롭고 힘들게 만들기 때문이다. 치료를 잘 받기 위해서는 무엇보다 환자가 자신의 증상과 치료 방법에 대해 잘 아는 것이 중요하다. 환자가 정신적인 충격을 받지 않도록 암이라는 사실을 숨기는 것보다는 어떻게 알림으로써 충격을 최소화시킬 것인지, 그것을 극복하도록 어떻게 함께 도울 것인지를 의논하는 것이 더 중요하다. 이를 위해 의료사회복지사를 포함한 의료진과 환자 가족과의 협조 관계는 매우 중요하다.

ㄴ. 쟁점 2: 환자와 가족에게 치료 정보를 어떻게 제공할 것인가?

환자와 가족들은 진단 초기에 겪는 심리적 충격 때문에 의료진이 하는 말들을 귀담아 듣지 못하고 허둥지둥하기 쉽다. 따라서 이 단계에서는 심리적인 지지와 정보 제공의 병행이 중요하다. 이때 집단 교육 제공과 자료집 제공은 매우 유용하다. 먼저, 환자와 가족을 위한 집단 교육은 서울대병원과 같은 여러 병원들에서 이루어지는 방법이다. 이러한 집단 교육은 환자와 가족들의 질병에 대한 기초 지식을 확립하고 의료진과의 의사소통의 토대를 마련하기 위한 시간들로서 대개 매주 또는 매월 주기로 의사, 간호사, 의료사회복지사, 약사, 영양사 등의 강의와 간담회 형식으로 이루어진다.

이러한 교육에서 다양한 책자나 자료집들이 사용된다. 각 병원들에서는 환자와 가족들이 암에 대한 이해를 도울 수 있도록 여러 가지 책자를 발행하고 있다. 국립암센터의 경우, "뇌종양 100문 100답", "갑상선암 100문 100답"과 같이 암 종류별로 다양한 책들이 출간되어 있다. 이 밖에도 병원별로 약 복용과 관리, 영양 관리, 의료비 지원 단체 등 이용 가능한 지원 제도에 대한 정보를 망라한 소책자들이 구비되어 있다. 이러한 자료집의 사용은 환자와 가족들에게 유용한데 그 이유는 그들이 심리적으로 준비된 순간에 필요한 정보를 찾아보고 검토할 수 있기 때문이다. 따라서 의료사회복지사는 의료진과 팀을 이루어 이러한 자료집의 구성과 발간, 제공 시기와 방법에 대한 논의, 집단 교육 구성과 진행 등을 총괄하면서 환자와 가족이 질병에 대해 잘 이해하여 자신이 처한 상황에 대한 통제력을 유지할 수 있도록 도와야 한다.

② 경제적 지원

의료사회복지사는 암환자의 경제적 부담을 덜고 고액의 치료비 마련을 돕기 위하여 다양한 후원자원을 개발하고 안내하게 된다. 우리나라에서는 대표적인 사망질환인 암을 관리하고 적극적으로 치료하기 위해서 국가 및 민간 차원에서 다양한 의료비 지원 사업을 진행하고 있다. 국가사업인 의료비 지원사업을 간략하게 소개하면 다음과 같다.

ㄱ. 의료비 지원사업

이 사업은 저소득층에 대한 경제적 부담 완화를 위하여 저소득층 암환자 및 소아·아동 암 환자에 대하여 의료비를 지원하는 제도이다. 지원을 받기 위해서는 암환자의 주민등록지 관할 보건소로 연중 지원 신청을 할 수 있다. 필수 구비 서류는 등록신청서, 진단서, 개인정보제공동의서이며, 가족관계증명서, 소득 및 재산신고서, 전문의 소견서가 추가될 수 있다.

③ 가족지원

의료사회복지사가 참여하는 암 환자 가족을 위한 집단 프로그램으로는 오랫동안 서울대학교병원에서 실시되어 온 '말기 암 환자 가족을 위한 집단상담 프로그램'을 들 수 있다. 이 프로그램은 의사, 사회복지사, 영양사 등의 다학제 간 팀에 의해 운영되어 왔으며, 의료사회복지사는 가족의 스트레스 대처 및 사회적 지지에 대한 강의와 함께 프로그램의 기획과 운영, 조정의 역할을 수행하여 왔다. 교육내용은 크게 환자의 증상관리를 잘 돕는 방법에 대한 것과 가족들의 스트레스 대처 및 사회적지지 연결로 구분될 수 있다. 즉, 환자의 질환관리를 돕기 위한 교육 과정으로서 '통증과 약, 식사, 가정간호' 등의 내용을 다루는 한편, '말기암을 갖고 살아가기'를 통해 가족들의 어려움, 임종통고, 호스피스 정보 등 가족들이 직면하는 어려움을 다루고 대처능력을 높이는 데 초점을 둔다.

또한 암 환자의 가족들은 환자 간병에 따른 가족들의 부담을 덜고, 질 높은 의료서비스를 지역사회에서 제공하기 위한 목적으로 실시하는 재가 암 환자 관리 사업을 확인하고, 이를 이용할 수 있다.

ㄱ. 재가 암 환자 관리사업

이 사업은 지역사회의 암 환자의 삶의 질을 증대시키고, 가족 구성원의 환자 보호 및 간호 등에 따른 부담경감을 위하여 지역사회에서 재가 암 환자를 대상으로 통합적, 지속적으로 보건서비스를 제공하는 것이다. 모든 재가 암 환자(치료 중인 암 환자, 말기 암 환자, 암 생존자 등)를 대상으로 하지만 동일 조건일 경우 취약계층 암 환자와 말기 암 환자를 우선적으로 지원한다. 거주지 시 · 군 · 구 보건소를 통해 서비스를 신청할 수 있다. 환자 상태에 따라 환자 평가, 증상 및 통증 조절, 심리사회적 지지 등의 서비스를 제공하고 있다.

2) 소아암

(1) 소아암에 대한 이해(안효섭 · 김순기, 2005)

① 개념과 증상

소아암, 즉 소아 악성종양의 원인은 아직 정확하게 규명되지 않았지만 대부분 환경적인 요인과 유전적인 요인이 함께 관련되어 발생하는 것으로 알려져 왔다. 하지만 성인과 달리 소아암의 경우에는 환경에 직접적인 영향을 받지 않는 조직(조혈, 신경, 결합조직)에서 발생하는 경향이 있다고 알려져 있다. 소아암의 발생빈도는 인구 10만 명당 약 13~14명으로, 전체 암 환자의 약 1%를 차지하며, 해마다 약 1,500명의 어린이·청소년이 소아암 진단을 받고 있다고 알려져 있다.

소아암은 주로 육종肉腫, sarcoma(비상피세포성)이며, 성인암은 주로 암종癌腫, carcino-ma(상피세포성)의 특징을 갖는데, 소아암의 경우는 집단 선별 검사로 발견할 수 있는 경우가 많지 않다. 또한 소아암은 성인암과 달리 발암물질에 노출된 병력이 거의 없으므로 예방이 어렵고, 성장이 빠르고 침윤성이며 조직이나 장기의 심부에서 발생하기 때문에 암이 상당히 진행될 때까지 증상이 나타나지 않아 발견이 어렵다. 대부분의 소아암은 진단 당시에 이미 80% 정도가 원격 전이가 일어난 상태로 발견된다. 그럼에도 불구하고 소아암은 성인암보다 화학요법에 대한 반응이 좋아 치료 성적이 훨씬 좋은 편으로서, 소아암은 전체적으로 5년 생존율이 2000년에 들어 80%에 이르고 있다.

소아암으로 의심해볼 수 있는 증상들은 아래와 같으며, 아래의 증상이 나타날 때는 신속하게 병원 진료를 받아야 한다.

- 아이가 창백하고 검사에 의해 빈혈이 지속된다든지, 피가 잘 멎지 않거나, 온몸에 멍(점상출혈, 반상출혈)이 있는 경우에 손으로 눌러도 없어지지 않음
- 원인을 설명할 수 없는 발열이 3주 이상 지속될 경우
- 통증이 3주 이상 지속될 경우: 뼈의 통증은 백혈병, 신경모세포종, 골육종 등에서 흔히 보는 증상으로 아프다면서 호소하는 부위를 못 만지게 하면 신속히 진찰을 받아야 함
- 계속 자라는 종괴(혹)가 있을 경우, 특히 체중 감소와 연관되어 있을 때
- 지속적으로 두통을 호소하며, 구토를 동반하고 특히 새벽에 심함

② 소아암의 치료

소아암은 꾸준히 치료하면 전체적으로 약 70% 이상 완치된다. 이때 '완치'라 함은 원래의 질병이 완전히 치료되어 더 이상 재발하지 않는 경우로, 같은 질병에 걸릴 가능성이 건강한 다른 아이들과 똑같은 경우를 말한다. 소아암은 성인암에 비해 자라는 속도

가 훨씬 빠르지만 이 점이 오히려 암의 효과적인 치료를 돕는다. 항암제는 빨리 자라는 세포를 집중적으로 공격하기 때문이다. 같은 줄기세포 단계에서 발생한 급성림프모구백혈병의 경우 성인은 완치율이 50% 정도인 반면, 소아는 85% 정도로 알려져 있다. 하지만 소아암 치료기간은 성인에 비하여 더 길며 치료과정도 복잡하기 때문에 환자와 가족이 겪는 고통이 더욱 크게 느껴질 수 있다.

소아암의 치료방법으로는 기본적으로 항암제를 투여하는 항암화학요법, 수술, 방사선 치료를 병합하여 사용한다. 소아암은 진단 시 이미 전이된 경우가 많으므로 대체로 이 세 종류의 치료가 모두 필요하다. 경우에 따라서는 골수와 말초혈을 이용한 조혈모세포 이식과 같은 치료방법을 쓰게 된다.

(2) 심리사회적 문제

① 아동 환자의 심리사회적 문제

소아암 진단을 받고 투병하는 아동들은 죽음에 대한 두려움, 항암치료를 받는 동안 머리카락이 빠지는 등의 외모 변화, 심한 오심과 구토, 고통스런 검사와 치료 과정 속에서 많은 심리사회적 어려움을 겪게 된다. 또한 집중 치료를 받아야 하고 면역 체계가 떨어진 상태로서 치료받는 동안에는 학교를 가지 못하기 때문에 학업 적응 및 또래 관계의 단절이라는 어려움을 겪을 수밖에 없다. 이러한 아동 환자들의 심리를 보다 잘 이해하기 위해서는 현재 '오방떡소녀'라는 필명으로 인터넷에서 만화가로 활동 중인 작가의 실제 이야기를 담은 자전적 카툰집인 "암은 암, 청춘은 청춘, 오방떡 소녀의 행복한 날들"을 추천할 수 있다. 이 작가는 "어느 날 심한 기침이 시작되었고, 약을 먹어도 낫질 않고, 무릎 관절이 아파오고 병원에서 각종 검사를 다 거친 결과 내린 진단은 임파선 암. 이후로 항암 치료, 방사선 치료, 요양원, 골수 이식에 이르기까지 그 힘든 과정을 지금까지도 꿋꿋하게 견뎌내고 있다."는 자신의 투병 일지를 만화로 그려내고 있다.

② 부모의 심리사회적 문제

자녀가 소아암으로 진단받았을 때 부모의 충격과 상심은 말로 다 표현하기 어렵다.

부모들은 슬픔과 분노, 죄책감에 압도되는 상황에서도 아픈 자녀에 대한 간병과 치료비 부담, 다른 가족원들의 돌봄과 일상생활 유지라는 여러 가지 과제를 장기간 수행해나가야 하므로 신체적, 심리적, 물질적 부담감이 클 수밖에 없다. 이러한 가족들의 심리사회적 어려움과 성숙을 이해하는 데는 세 살짜리 딸 한나의 소아암 진단과 투병생활, 마지막 모습과 그 과정에서 부모들의 고통과 성숙을 세밀하게 그려낸 『한나의 선물』이란 책이 도움을 줄 수 있다.

③ 환자 형제의 심리사회적 문제

형제의 소아암 발병 후, 건강한 형제들은 아픈 형제의 입원과 부모의 간병인 역할 때문에 자주 가족으로부터 분리되고 부모의 관심과 보호가 아픈 형제에게 집중되기 때문에 방임되기 쉬우며 버려졌다는 느낌을 받게 된다. 특히 아동의 경우 아직 암의 원인 또는 발생과 관련된 상황을 정확하게 인식하지 못하고 있기 때문에 '지난 번 동생과 싸우면서 몹쓸 병에나 걸리도록 바란 마음 때문에'와 같이 형제가 암에 걸린 이유를 자기로부터 찾고 자책하는 경우도 많다. 이에 따라 아픈 형제에게 질투심과 분노를 느끼는 동시에 자신만 건강한 것에 대한 죄책감, 자신도 병에 걸릴지 모른다는 걱정, 불안, 두려움 등 다양하고 복잡한 심리사회적 어려움을 경험한다(한국백혈병어린이재단, 2011). 즉, 암에 걸린 자녀 중심으로 가족들의 모든 생활이 바뀔 수밖에 없기 때문에 소아암 환자뿐 아니라 부모 또한 새로운 변화에 대한 적응의 부담이 크고, 암에 걸리지 않은 다른 형제들은 가족 안에서 소외되며 여러 가지 심리사회적 갈등을 겪는 경우가 많다.

④ 경제적 어려움

소아암 환자의 가족들은 심리적 고통뿐 아니라 경제적인 어려움에 처한 경우도 많다. 항암치료의 방법에는 외과적 수술, 항암 약물치료, 방사선 치료 등이 있는데, 약물이나 방사선 치료인 경우에도 보험급여가 되지 않아 전액을 본인이 부담해야 하는 경우들이 있다. 또한 치료 비용은 병원과 치료 방법, 환자의 상태와 합병증 여부 등에 따라 차이가 큰데, 의료보험 승인이 되더라도 보통 동종조혈모세포이식, 자가조혈모세포이식의 경우 약 1,000만 원 이하, 비혈연조혈모세포이식, 제대혈 이식의 경우 약 2~3천만

원 정도가 소요되므로 치료비 부담이 매우 큰 상황이다. 또한 지방에 거주하는 사람들은 서울의 대학병원에서 치료를 받기 위해 인근에 집을 따로 구하는 경우도 있어, 입원이 장기화될수록 경제적 부담이 커지게 된다. 즉, 자녀를 돌보는 것이 최우선이지만, 돈을 벌어야 치료비를 확보할 수 있으므로 두 가지를 모두 유지하는 것이 가족들에게 매우 큰 어려움으로 경험된다.

(3) 의료사회복지사의 역할

① 개별 및 가족 상담

의료사회복지사는 질병으로 인한 충격과 적응의 어려움을 겪고 있는 가족들을 대상으로 심리사회적 평가 및 개별상담을 실시하게 된다. 소아암의 치료는 집중적으로 장기간 지속되는 만큼 시간적 경과에 따라 소아암 환자의 신체적 고통 및 가족의 경제적 부담, 소아암 환자의 정서적 문제, 퇴행행동이나 공격적 행동과 같은 행동 문제, 장기간 결석으로 인한 사회적 관계의 단절 및 학교 재적응의 어려움 등의 다양한 문제가 나타나게 된다. 따라서 의료사회복지사는 환자와 가족이 이러한 어려움을 잘 인식하고 대처해나갈 수 있도록 지속적인 상담과 지지를 제공하는 것이 필요하다.

② 집단프로그램 운영

소아암 환자 부모를 위한 교육과 지지집단, 자조집단 등이 병원별로 운영되고 있으며, 몇몇 대학병원에서는 병원 학교를 운영하여 컴퓨터 교실, 미술, 음악 활동 등 학교 수업을 대체할 수 있는 커리큘럼을 구성하여 운영 중이다. 이 과정에서 의료사회복지사는 집단 참여가 필요한 가족 선별 및 집단 프로그램에 대한 정보 제공, 참여 독려, 집단 운영 및 조정 등의 역할을 맡게 되며, 다양한 특기와 자격을 가진 외부 자원봉사자 연결을 통해 장기간 학교에 가지 못한 채 투병 생활을 하고 있는 아동들에게 내실 있는 학습 및 사회문화적 프로그램을 제공하는 역할을 담당한다. 또한 의료사회복지사는 소아암 어린이와 가족을 대상으로 캠프를 기획하여 운영하기도 하는데 한국백혈병어린이 재단에서는 그동안 소아암 어린이의 형제를 대상으로 연 1회 형제캠프를 개최해 왔다

(한국백혈병어린이재단, 2011). 캠프에 참여한 아동들은 이러한 캠프 활동을 통해 같은 경험을 하고 있는 또래로부터 지지를 받는 소중한 경험을 갖는 한편, 가족에 대한 이해를 증진시킬 수 있다.

③ 경제적 지원

소아암은 치료비 부담이 많은 질환으로서 사회복지사가 치료 지속을 위해 다양한 자원을 연결하는 것도 매우 중요한 과제이다. 다행스럽게도 소아암은 다른 질환에 비해 상대적으로 다양한 경제적 자원들을 갖추고 있는데, 예를 들어 "보건소 소아암 환자 의료비지원사업" 신청을 통해 국가로부터 지원받을 수 있고(백혈병은 연간 최대 3,000만 원, 기타 암종은 연간 최대 2,000만 원, 조혈모세포이식을 받은 경우 최대 3,000만 원), 한국백혈병어린이재단, 한국백혈병소아암협회, 다양한 TV 및 라디오 방송 등의 민간지원단체 등 다양한 치료비 지원단체로부터 적절한 절차를 통해 치료비 지원 및 신청이 가능하다.

3. 외과

1) 화상

(1) 화상에 대한 이해

① 개념과 원인

화상은 신체적 손상과 고통뿐만 아니라 환자와 가족에게 정신적 고통 및 경제적 부담을 주게 되는 심각한 외상 중의 하나이다.

화상이란 열에 의해 피부세포가 파괴되거나 괴사되는 현상으로서 열상이라고도 하며, 이는 끓는 물, 화염, 온습포hot pack, 질산이나 황산 등의 화학약품, 일광 및 전기나 방사선 등이 원인이 되어 발생한다. 화상은 그 원인에 따라 화재사고나 프로판 가스 폭발

265 | 　　　　　　　　　　CHAPTER 10
분야별 의료사회복지실천 |

등으로 인해 화상을 입는 화염화상, 뜨거운 물이나 수증기 등에 의해 화상을 입는 열탕화상, 전기 감전으로 인해 입게 되는 전기화상, 산이나 알칼리 등 일반 유기 용매제의 접촉에 의해 일어나는 화학화상, 그리고 뜨거운 철판이나 다리미 등에 의한 접촉화상으로 나눌 수 있다(한강성심병원화상센터, 2007: 15-16). 화염화상의 경우 대개 상처가 깊고, 호흡기 손상을 동반할 수 있으며, 화학화상의 경우에는 심각한 장애가 유발될 수 있다.

화상의 정도를 판정하는 데는 그 깊이와 정도를 분류하는 것이 필요하다. 피부의 구조는 가장 겉 부분의 표피와 그 아래에 있는 진피, 진피 아래의 피하조직으로 구성되는데, 화상 환자의 증상은 화상을 입은 피부의 손상 깊이와 넓이에 따라 좌우되고, 이에 따라 치료방법이나 예후에 차이가 난다. 화상의 정도에 따라서는 상처부위 피부가 빨갛게 되고 따끔따끔 아픈 1도 화상, 수포가 형성되고 붉은색을 띠며 피하조직의 부종을 동반하고 심한 통증을 느끼게 되는 2도 화상, 피부의 표피 및 진피층은 물론 피하 지방층까지 손상이 파급된 전층 화상인 3도 화상, 그리고 가장 깊은 화상 상처로 피부의 전층과 근육, 뼈 등의 심부조직까지 손상이 파급된 상태로 절단술이나 피부이식술 등을 필요로 하고 심각한 장애를 초래하는 4도 화상으로 구분된다.

화상의 범위에 따라 성인의 경우 체표면적의 약 20% 이상, 그리고 소아의 경우 약 10% 이상인 경우 중화상이라 할 수 있다.

② **치료**

화상 환자의 치료에는 여러 전문직들이 팀을 이루어 팀 접근을 하는 것이 요청되며, 병원이나 의료기관에 따라 화상전문병원 또는 화상전문치료센터 등을 두어 화상환자에 대한 전문적인 치료적 접근을 시행하고 있다.

화상의 치료는 초기에는 화상의 피해를 최소로 줄이는 것이 중요하며, 상처 회복을 촉진시키고 통증을 줄이며 감염을 예방하는 것에 초점을 둔다. 반면, 후기에는 화상으로 인한 흉터, 기능장애, 관절구축 등과 같은 화상의 후유증을 줄이는 데 중점을 둔 치료가 이루어지게 된다. 화상을 입은 직후 화상 부위에 입고 있는 옷을 벗겨 내는 등의 이물질 제거와 화상 부위를 얼음물 등을 사용하여 냉각시켜주는 것이 도움이 되며, 화상 부위의 감염과 패혈증을 막기 위해 국소화학요법을 실시하고, 통증조절을 위한 치료가 필요하다.

또한 필요에 따라 괴사조직 절제술을 시행한 후 피부이식술을 시행하는데 3도 이상의 화상일 경우 대부분 이와 같은 수술치료를 요하며, 4도 화상의 경우에는 수술 이외에 절단, 조직이식술 등의 더 전문적인 처치를 요하고, 심각한 후유증을 남길 수 있다. 화상의 정도가 심하여 수술이나 피부이식술, 성형수술을 받게 될 경우 환자가 부담해야 하는 경제적 비용이 크며, 여러 차례에 걸쳐 재수술을 받아야 하는 경우 경제적으로 많은 비용이 소요된다.

한편 화상은 많은 합병증과 후유증을 동반할 수 있는데 화상으로 인한 상처가 치료된 이후에도 피부 소양증(가려움), 피부의 비후(떡살), 피부의 반흔구축과 관절구축[25] 등이 올 수 있으며, 경우에 따라 관절 굳음과 운동장애, 근력약화, 근위축, 팔다리 말초신경 마비, 보행 장애 등의 신체적 장애를 유발할 수도 있다. 따라서 화상 환자는 필요에 따라 물리치료, 재활요법, 피부과적 약물요법 등의 도움을 받아야 하며, 필요 시 성형수술을 하기도 한다(한강성심병원화상센터, 2007: 27).

(2) 심리사회적 문제

① 화상 환자의 문제

ㄱ. 극심한 신체적 고통

화상을 입은 환자는 치료과정에서 극심한 신체적 고통을 경험하게 된다. 치료과정에서 동통은 계속되며, 몸을 제대로 움직일 수 없어 불편하고, 팔과 다리에는 정맥주사가 꽂히고, 아래에는 요도관이 꽂히며, 감염방지를 위해서 아픈 주사를 계속 맞게 된다. 특히 괴사된 조직 제거술과 창상처치^{dressing}를 받을 때 환자는 극심한 통증을 겪게 되는데, 드레싱 교환으로 나타나는 이러한 통증은 상처가 완치될 때까지 매일 반복되고 지속되는 것으로(손정태 외, 2009), 환자가 경험하는 고통은 말로 형용할 수 없다. 또한 화상 환자가 여러 차례에 걸친 피부이식수술을 받을 때마다 연속되는 통증도 환자를 힘들

---

25 관절구축이란 근육이나 건이 수축됨으로써 사지가 구부러진 채 움직이지 않거나 일정한 방향의 운동이
제한받게 되는 경우를 말한다.

게 하는 요인이 된다.

ㄴ. 신체적 기능장애

화상의 정도와 부위에 따라 환부가 치료된 이후에도 신체적인 기능장애가 발생할 수 있다. 특히 화상으로 인해 신체 일부를 절단하는 경우와 화상 후 오랫동안 병상에 누워 움직이지 않고 생활하는 경우 발생하는 관절 굳음과 운동장애, 보행장애 등이 신체적 기능장애가 발생하는 대표적인 예이다. 또한 지속적인 치료에도 불구하고 손상이 완전히 치료되지 않거나 절단을 하게 된 경우 화상 환자는 영구적인 외모변화와 기능상실을 남은 삶 동안 경험하게 된다(박효미 · 윤영미, 2005).

ㄷ. 외상 후 스트레스 장애

화상 환자들은 사고 직후부터 많은 정신적 스트레스를 받게 되는데, 큰 사고 이후 중환자실에 입원한 환자들은 입원 후 수일 내에 주위 상황과 사람들을 알아보지 못하고 마치 병원이 아니라 다른 곳에 있는 것처럼 엉뚱한 얘기를 하는 섬망 증상을 보이기도 한다. 대부분의 화상 환자들은 사고의 충격으로 인해 악몽, 불안, 불면증 등을 경험하게 되는 것이 일반적이다. 이러한 증상들은 대개 1개월 정도가 지나면 사라지는데, 1개월 이상 증상이 지속될 경우 외상 후 스트레스 장애를 진단할 수 있으며, 심한 화상을 입은 환자의 경우 15~20%의 환자들이 이러한 증상을 보이게 된다(한강성심병원화상센터, 2007: 90-91). 외상후 스트레스 장애는 정신과적 치료를 필요로 하며, 상처에 대한 통증을 더욱 예민하게 만들고 화상의 회복속도를 더 느리게 하는 특성이 있다.

ㄹ. 신체 및 외모 변화로 인한 우울감과 사회적 고립

화상으로 인해 신체의 일부를 상실했거나, 신체기능상의 변화가 초래된 경우, 그리고 외모상에 큰 변화가 생긴 경우 클라이언트는 우울감을 느낄 수 있으며, 자신의 모습이 타인에게 보여지는 것이 두려워 외출을 꺼려할 수도 있고, 대인관계에서 위축되어 사회적 고립의 문제가 발생하기도 한다. 특히 불안, 우울, 사회적 고립 등의 심리적 문제가 심할 경우 죽음이나 자살에 대해 생각하는 경우도 빈번해지므로 이에 대한 관심과 함께 정신과적 치료가 요구된다.

ㅁ. 직업 및 경제적 능력의 상실

심한 화상으로 오랫동안 치료를 받게 되는 경우, 신체기능상의 장애가 발생하거나 외모상에 변화가 생긴 경우 환자는 화상을 입기 전에 유지해오던 직업이나 경제적 능력을 유지하는 데 어려움을 겪게 된다. 대부분의 경우 화상 환자는 예전과 같이 직장에 다니지 못하게 되며, 장기간 실업상태에 놓이게 되는 경우가 많으며, 이로 인한 경제적 능력의 상실로 말미암아 생활고를 경험하게 된다.

② 가족이 경험하는 문제

ㄱ. 경제적 어려움

화상치료의 일환으로 수술 및 재활치료 등을 반복적으로 시행하게 될 때 가족이 부담해야 하는 경제적 비용은 기하급수적으로 늘어나게 된다. 치료과정에서 수행하는 피부이식수술이나 성형수술 등에 대해서는 의료보험의 혜택이 주어지지 않거나 제한적으로만 적용되는 경우가 많기 때문에 가족이 감당해야 하는 경제적 어려움은 더 커지게 된다. 이때, 화상 환자가 가족의 생계유지를 위한 소득을 창출하는 역할을 해왔다면 소득의 중단과 함께 가족이 겪는 경제적 어려움은 더욱 가중된다.

ㄴ. 환자를 지켜보는 정서적 고통 및 보호제공 부담감caregiving burden

일반적으로 화상 환자가 치료과정에서 경험하는 신체적 고통 및 정신적 고통이 매우 크므로 이를 옆에서 지켜보고 간병을 제공하는 가족원이 경험하는 정서적 고통 또한 상당히 크다. 특히 화상을 입은 환자가 유아나 아동일 경우 부모는 자녀를 안전하게 지키지 못하여 화상을 입게 했다는 자책감에 시달리는 경우가 많으며, 부모가 경험하는 정서적 고통은 더욱 커지게 된다. 화상 환자의 가족은 대개 치료과정을 통해 불안, 우울, 죄책감, 미래에 대한 걱정 등의 정서적 반응을 환자와 함께 경험하게 된다. 또한 환자가 화상으로 인해 장애를 입거나 외관상 눈에 띄는 흉터가 신체의 일부에 남게 될 경우 환자의 달라진 외관에 가족이 적응해야 하는 것도 가족원에게는 큰 정서적 고통을 유발하는 과정이 된다.

뿐만 아니라 화상 환자가 일상생활로 복귀하기까지 치료의 전 과정에서 가족은 일차적 보호제공자로서의 역할을 수행하게 되며, 퇴원 후에도 지속적인 보호제공이 필요할 경우 가족이 경험하게 되는 보호제공 부담감 수준은 매우 높아지게 된다.

(3) 의료사회복지사의 역할

① 개별상담
의료사회복지사는 화상 환자에 대한 심리사회적 사정을 하며, 환자가 자신에게 일어난 상황을 이해하고 수용하며, 힘든 화상치료의 전 과정을 견뎌낼 수 있도록 적극적으로 지지해주는 역할을 수행한다. 특히 환자가 신체적 및 정서적 고통을 호소할 때 경청해주며, 치료에 대한 의지와 동기, 그리고 미래에 대한 희망을 잃지 않도록 정서적으로 지지해주어야 한다.

② 가족상담
가족원이 심한 화상을 입은 경우 가족은 정신적 충격을 받게 되며, 화상 환자의 고통스러운 치료과정과 변화된 외모를 지켜보며 죄책감, 불안, 분노, 좌절감, 우울감, 염려 등 정서적 고통을 경험하게 된다. 의료사회복지사는 가족상담을 통해 가족들이 경험하는 이러한 정서적 고통에 귀기울여주며, 가족들이 환자의 치료를 포기하지 않고 보호제공자로서 필요한 역할을 수행하도록 정서적 지지를 제공하는 역할을 담당한다.

③ 경제적 지원 및 지역사회자원 연결
화상치료에는 많은 시간과 비용이 소모되는데 계속되는 수술과 치료로 말미암아 경제적 어려움이 발생할 경우 의료사회복지사는 병원 내외의 자원을 동원하여 환자와 가족에게 경제적 지원을 해주어야 한다. 산재보험 등의 적용을 받을 수 있는 경우 의료사회복지사는 이에 대한 정보를 제공해주며, 그렇지 못할 경우에는 지역사회 내의 활용 가능한 자원을 찾고, 개발하며, 이를 연계해주는 자원동원자 및 중개자의 역할을 담당한다.

④ 집단치료 프로그램 및 자조집단 운영

의료사회복지사는 회복기에 접어든 화상 환자들이 퇴원에 대한 준비, 화상 이후 달라진 신체적 기능 및 외모에 대한 수용과 적응, 그리고 미래에 대한 계획 등에 관해 함께 논의하고 지지하며 격려하는 장으로서 집단치료 프로그램이나 자조집단 모임을 운영할 수 있다. 이를 위해서는 화상으로 인한 마음의 고통과 신체적 고통뿐만 아니라 미래에 대한 계획과 관련하여 자신의 한계와 장애에 관해서 함께 공감하고 이야기를 나눌 수 있는 사람들로 집단을 구성하는 것이 좋다. 이러한 모임을 통해 화상 환자들은 정서적 고통과 좌절, 그리고 희망 등에 관해서 함께 이야기를 나누며, 앞으로 사회생활을 하게 될 때 부딪힐 수 있는 대인관계상의 문제에 관해서도 함께 이야기하고 발생 가능한 문제에 대해 대처할 수 있는 역량을 증진할 수 있다.

2) 장기이식

(1) 장기이식에 대한 이해

장기이식이란 신체의 장기가 질병이나 사고 등으로 손상이 생겨 그 기능이 떨어지거나 소실되어 기존의 치료법으로 회복하기 힘든 경우 뇌사자 및 생체에서 기증된 타인의 건강한 장기로 이를 대체하여 신체에 옮겨 심는 것을 말한다. 장기기증자가 다른 사람에게 기증할 수 있는 장기는 신장, 간장, 췌장, 췌도, 소장, 심장, 폐장, 조혈모세포 및 각막 등 9종류이다. 장기기증의 종류는 뇌사기증, 사후기증, 생체기증으로 나눌 수 있다. 뇌사기증이란 뇌질환이나 교통사고 등으로 뇌사판정을 받은 자의 가족이나 유족이 의료진과의 상담을 거친 후 뇌사자의 장기를 기증하는 것으로 신장, 간장, 심장, 폐장, 췌장, 췌도, 소장, 각막의 8개 장기를 기증할 수 있으며, 장기 등 이식에 관한 법률에 의하여 국가에서 소정의 진료비, 위로금, 장제비를 지원할 수 있다. 사후기증은 심장사 이후에 안구와 인체조직 등을 기증하는 것이며, 생체기증은 살아 있는 사람으로서 20세 이상인 장기기증자가 부부, 직계존비속, 형제자매, 4촌 이내 친족 간, 그리고 타인 간을 이식대상자로 선정하여 장기기증을 하는 것을 말하는 것으로 국립장기이식관리센터 Korean Network for Organ Sharing: KONOS로부터 이식대상자 선정승인을 받은 경우에 한하여 실시할 수 있다. 생체기증을 할 수 있는 장기는 신장(정상적인 것 2개 중 1개), 간장(의학적으로 인정되는 범위 안에서 그 일부), 췌장, 췌도, 소장, 골수이다(질병관리본부 장기이식관리센터, www.konos.go.kr).

장기이식과 관련하여 '장기 등 이식에 관한 법률'이 2000년부터 실시되고 있고, 국립장기이식관리센터KONOS에서 이식에 관한 전반적인 관리를 총괄하고 있다. KONOS는 장기이식 대상자의 공정한 선정을 통해 장기 등의 적출 및 이식의 적정성을 도모하고, 국민보건향상에 이바지하고자 하는 목적으로 2000년 2월에 설립된 기관이다. 이 기관에서는 장기기증자 및 이식대기자 등록기관 지정 및 이들에 대한 정보통합 관리, 이식대상자 선정 및 장기이식 의료기관의 뇌사판정 및 시술과정 감독 등을 총괄하는 업무를 수행한다.

(2) 심리사회적 문제

① 장기이식 환자의 문제

ㄱ. 장기이식수술에 대한 불안감

장기이식수술을 앞두고 대개 환자는 심리적 불안감을 경험한다. 장기이식의 경우 기증자를 찾는 데도 상당한 시간이 걸릴 수 있으며, 이 기간 동안 환자는 자신의 예후와 미래에 대한 걱정과 두려움이 증폭될 수 있다. 또한 이식이라는 큰 수술을 앞두고 환자는 수술의 성공 여부, 수술 후의 경과 등에 대한 불안감을 경험하게 된다.

ㄴ. 장기이식수술 후의 부작용 및 신체적 문제

장기이식수술 후 환자는 타인의 장기가 자신의 체내에 이식된 것에 대한 신체적 거부반응이 나타날 수 있다. 이러한 거부반응을 최대한 막기 위해서 환자는 면역억제제를 지속적으로 복용해야 하는데, 면역억제제 장기복용에 따른 부작용으로 신기능장애,

고혈압, 당뇨병, 위장장애, 감염, 다모증 등이 생길 수 있으며, 이로 인해 환자는 신체적 및 심리적 스트레스를 경험하게 된다(한인영 외, 2006: 194).

ㄷ. 사회생활상의 문제

장기이식이 필요한 환자는 이식수술 전에도 건강상의 문제로 직업생활을 유지하거나 사회생활을 하는 데 많은 제약을 받게 된다. 뿐만 아니라 장기이식수술 이후에도 상당 기간 동안 병원 치료를 지속해야 하기 때문에 직장으로 돌아가거나 자신이 원하는 사회적 활동에 참여하는 데 어려움을 겪게 된다. 장기이식 환자는 수술과 치료로 인해 건강하게 노동할 수 있는 신체적 능력을 상당 기간 동안 상실할 수 있으며, 이에 따라 다른 사람과 관계를 맺고 유지하는 능력에도 손상이 와 대인관계상의 문제가 초래될 수도 있다.

② 가족이 경험하는 문제

ㄱ. 경제적 부담감

장기이식수술과 수술 후 지속되는 치료 과정에 소요되는 비용이 크기 때문에 가족들은 경제적 부담감을 경험할 수 있다. 특히 이식수술 후 면역억제제류의 약물복용을 거의 평생 동안 해야 하기 때문에 가족이 부담해야 하는 경제적 부담이 크다. 또한 장기이식수술을 받은 자가 가족의 생계를 책임지고 있으며, 수술 후 부작용 등으로 일을 할 수 없게 되는 경우 가정의 주 수입원이 끊어지게 되므로 가족의 경제적 어려움은 더욱 커지게 된다.

ㄴ. 보호제공^{caregiving}에 따른 부담감 및 갈등

장기이식수술 환자를 위해 가족은 수술 전, 후를 비롯하여 상당기간 동안 지속적으로 보호제공자의 역할을 담당하게 된다. 가족이 환자를 돌보아야 하는 기간이 길어지고, 환자의 예후가 불안정할 경우 가족은 보호제공에 따른 심리적 및 정신적 부담감을 더 크게 경험하게 된다. 또한 이 과정에서 가족원 간의 관계가 역기능적이거나 갈등이 있을 때 환자의 간호 및 병수발과 관련된 가족 간의 갈등이 더 심화되어 가족문제가 초래될 수 있다.

(3) 의료사회복지사의 역할

① 개별상담

의료사회복지사는 장기이식 이전 단계에서 이식대상자가 이식에 대한 결정을 내리는 것을 도와주고, 이식과 관련된 정보를 제공하기 위한 목적으로 심리사회적 평가 및 개별상담을 실시하게 된다. 또한 개별상담을 통해 이식을 앞둔 클라이언트의 불안감을 이해해주고, 클라이언트가 수술과정을 잘 극복해낼 수 있도록 정서적으로 지지해주는 역할을 수행한다.

② 가족상담

의료사회복지사는 가족상담을 통해 가족이 환자에게 안정된 심리사회적 환경을 조성해줄 수 있는 지지체계로서 기능할 수 있도록 돕는 역할을 담당한다. 이를 위해 의료사회복지사는 가족 안에 존재하는 갈등과 스트레스가 무엇인지 파악해야 하며, 환자와 가족원 간의 관계를 사정하고 필요 시 가족관계 개선이나 문제해결을 위한 개입을 담당하는 역할을 수행한다. 즉, 의료사회복지사는 가족들을 대상으로 환자와의 관계 유지, 의사소통, 스트레스 관리, 이식과 관련된 사회복지 정보제공 등을 목적으로 한 상담을 실시한다(삼성의료원 사회사업팀 홈페이지: http://sw.samsunghospital.com).

③ 집단프로그램 운영

의료사회복지사는 장기이식수술 후 적응단계에 있는 환자들을 대상으로 집단프로그램을 운영할 수도 있다. 이 집단프로그램은 치료집단이나 자조모임의 형태, 또는 멘토링프로그램 등으로 진행될 수 있으며, 이식환자들이 자신의 신체 상태에 대한 이해도를 높이고, 사회복귀를 준비하는 단계에서 부딪치게 되는 심리사회적 문제를 다루는 것을 목적으로 운영된다. 의료사회복지사는 집단에 참여할 대상자들을 모집하고, 프로그램에서 다룰 내용들을 구체화하는 등 집단프로그램을 운영하는 데 주도적인 역할을 담당한다. 이러한 집단프로그램과 관련하여 삼성의료원에서는 장기이식인 자조모임으로 신장이식인과 간이식인을 대상으로 자조모임을 지원하고 있으며, 장기이식인 멘토링 프로그램을 간 이식인, 신장 이식인, 그리고 신장 기증자를 대상으로 실시하고 있다(삼성의료원 활동보고서, 2012).

④ 경제적 지원

장기이식에 드는 비용 및 수술 후 사후관리에 드는 비용이 환자와 가족이 감당할 수 있는 경제적 범위를 초과할 때 의료사회복지사는 병원 내외와 지역사회 내의 동원 가능한 자원체계 및 후원단체 등에 관한 정보를 알아보고 환자와 그 가족이 경제적 지원을 받을 수 있도록 연결해주는 역할을 수행한다.

⑤ 장기제공 순수성 평가 및 장기기증 절차와 장애인등록 안내

의료기관에서 장기이식과 관련된 업무를 담당하는 사회복지사의 중요한 역할 중 하나는 장기제공의 순수성을 평가하는 것이다. 신장이식의 경우 의료사회복지사는 신장기증자와 신장수혜자의 관계를 살펴보고, 장기 매매 등의 경제적 이해관계가 관여되지 않았는지 등에 관한 순수성평가를 실시한다(한인영 외, 2006: 198). 이러한 과정을 통해 기증의 의도가 어떤 사적인 목적달성이 아닌 순수한 의미의 기증인지를 평가해야 하는 것이다. 또한 의료사회복지사는 장기기증 희망자에게 장기기증 절차에 관해 설명하고 이에 필요한 서류를 작성하고 접수할 수 있도록 안내하는 역할을 수행하기도 하며, 장기이식 이후 장애인 등록에 관한 절차와 이에 관한 정보를 제공하는 역할을 수행한다.

분야별 의료사회복지실천 II

1. 신경과 및 재활의학과

1) 뇌졸중

(1) 질병에 대한 이해

① 개념과 현황

뇌졸중은 뇌의 일부분에 혈액을 공급하고 있는 혈관이 막히거나(뇌경색) 터짐(뇌출혈)으로써 그 부분의 뇌가 손상되어 나타나는 신경학적 증상으로서, 뇌혈관 질환과 같은 말이며, 흔히 '중풍'이라고 부른다. 뇌졸중은 뇌혈관에 순환장애를 일으켜 갑작스런 의식장애와 신체의 마비현상을 가져오는데 뇌졸중 환자의 약 75%는 뇌기능 손상으로 인한 기능저하 및 인지장애를 보이며 우울감, 분노 등의 감정적인 어려움을 겪는 것으로 나타났다(김종성, 2005).

뇌졸중은 크게 뇌경색과 뇌출혈로 구분된다. 우선, 뇌경색은 혈관이 막혀 혈관으로부터 혈액을 공급받던 뇌의 일부가 손상을 받는 것으로 허혈성 뇌졸중이라고도 부른다.

표 11-1 | 뇌졸중의 유형

뇌경색	뇌혈관이 막혀서 뇌가 혈액과 산소 공급을 받지 못하여 뇌세포가 죽게 되는 경우
뇌출혈	뇌혈관이 터져 피가 흐르고 고여서 뇌 손상이 오는 경우

※ 자료: 대한뇌졸중학회, 2004.

다음으로, 뇌출혈은 뇌혈관이 터지는 것으로 뇌 안에 피가 고여 그 부분의 뇌가 손상되는 것으로 출혈성 뇌졸중이라고도 부른다(대한뇌줄중학회, 2004). 이를 그림과 함께 설명하면 〈표 11-1〉과 같다.

고혈압, 당뇨병, 심장질환과 함께 우리나라의 주요 사망원인으로 꼽히고 있는 뇌졸중은 단일질환으로 사망률 1위(11.3%)로 보고되고 있다. 우리나라의 뇌혈관질환 사망률은 10만 명당 사망률이 77.0%로 OECD 평균 49.4명보다 높으며(OECD health data, 2009), 연간 심뇌혈관질환으로 인한 사회경제적 부담은 4조 2천억 원으로 암(5조 5천억 원)과 비견될 정도로 높다. 우리나라의 뇌졸중 유병률은 인구 1,000명 당 15.9명(남자 16.44명, 여자 15.37명)이며, 연령별로는 40대 6.53명, 50대 24.26명, 60대 57.96명이고 70세 이상에서는 67.45명으로 50대 이후 유병률이 급격하게 증가하는 모습을 보인다(보건복지부, 2005). 하지만 2005년 이후로는 공식 자료가 없어 현재 유병률[26]을 정확하게 파악하기는 어렵다. 다만, 국가적으로는 위험증상 인지율 20세 이상 성인 인구 중에서 조사 당시 뇌졸중의 위험증상(반신마비, 언어 장애, 시각 장애, 심한 두통, 어지럼증 및 균형장애)을 예방관리수준의 향상 지표로 삼고, 2008년 57.4%, 2009년 68.8%에 이어 2015년에는 72.2%로 향상시키기 위해 노력 중이다(보건복지부, 2011).

② 주요 증상

대학뇌졸중학회에서 제시한 흔히 뇌졸중의 5대 증상이라고 일컫는 대표적인 증상은 아래와 같다(http://www.stroke.or.kr).

- 한쪽 팔다리가 힘이 빠져 움직이기가 어렵거나, 저리고 감각이 없어진다.
- 한쪽 눈이나 또는 양쪽 눈 모두 흐리게 보이거나 잘 보이지 않는다.
- 발음이 어둔해지거나, 말이 제대로 나오지 않거나 남의 말을 무슨 뜻인지 알아듣지 못한다.
- 머리가 갑자기 번개나 망치로 맞은 듯이 아주 심하게 아프다.
- 어지럽거나 중심을 못 잡고 휘청거린다.

물론 이러한 증상이 나타난다고 해서 모두 뇌졸중이라고 할 수는 없을 것이다. 하지만 갑자기 이러한 증상이 나타나면 즉시 가까운 병원을 찾아가 확인을 하는 것이 필요하다. 위의 증상이 수 분에서 수십 분가량 있다가 저절로 사라진 경우는 일과성 뇌허혈이라고 하는데, 이것은 겉으로는 다 나은 것처럼 보여도 검사를 해보면 이미 뇌졸중이 와 있기도 하고, 조만간 심각한 뇌졸중이 올 수 있다는 경고 신호이기 때문에 주의해야 한다. 이러한 증상은 몇 분 혹은 며칠 내로 호전되는 경우도 있지만 몇 개월 혹은 몇 년을 지속하며 서서히 회복되는 경우도 많다. 대부분 시간이 지남에 따라 의식이 회복되지만 운동마비, 즉 편마비 증세가 가장 흔하게 나타날 수 있으며 경우에 따라서 언어 장애 등이 남는 경우도 나타난다.

---

26 유병률은 30세 이상 인구 중 뇌졸중 환자의 분율(%)을 의미함.

③ 치료와 예후

뇌졸중 환자의 치료는 대부분 재활치료라고 볼 수 있다. 재활치료의 목적은 뇌졸중 증상의 치료, 신체장애에 대한 기능 재활, 합병증 예방과 직장으로 복귀 등 삶의 질을 높이는 데 있다(이주연 외, 2002; 임성권, 2014). 뇌졸중 환자에게 재활치료는 매우 중요한데 뇌졸중 환자가 조기에 재활치료를 받을 경우, 예후는 90%가 침상에서 일어나고, 80%는 보행이 가능하며, 70%는 일상생활동작 가능, 자급자족 생활도 가능하다. 30%는 직장으로 복귀하는 것이 가능하고, 3~18%는 재활과정이 끝날 때까지 독립적으로 움직이는 데 어려움이 있어 계속해서 다른 사람의 도움을 받아야 한다. 『3시간 놓치면 죽을 때까지 고생하는 뇌졸중』이란 책(허춘웅, 2009)의 제목처럼 뇌졸중으로 쓰러진 상황에서는 최대한 빨리 병원으로 옮겨 전문의의 치료를 받는 것이 중요하지만 이미 기능 손상이 이루어진 경우에도 조기 재활치료 여부에 따라 회복 기능에 차이가 발생할 수 있다.

뇌졸중의 회복은 크게 신경학적 회복과 기능적 회복으로 나뉘는데, 신경학적 회복이란 뇌졸중의 원인이나 손상 위치에 따라 다르나 첫 1~3개월 내에 대부분(약 90%) 신경학적으로 회복되는 것을 일컫는다. 기능적 회복이란 신경학적 회복 후에도 보행이나 일상생활의 기능향상이 대게 6개월까지 호전되는데 이를 기능적 회복이라고 한다. 환자의 동기, 학습능력, 가족의 지지, 그리고 재활치료의 질과 강도^{intensity} 등에 영향을 받는다. 뇌졸중 후의 회복은 죽은 뇌세포가 다시 살아나는 것이 아니라 죽은 뇌세포 주위의 세포들이 기능을 대신하면서 마비 등의 증상이 좋아지는 것이다. 이러한 회복은 뇌졸중 후 지속적으로 일어나는데 특히 초기 3개월 이내에 많이 나타난다. 따라서 뇌졸중 초기의 재활치료는 관절과 근육이 굳어지지 않도록 유지하는 것뿐만이 아니라 운동기능을 포함한 다양한 뇌기능 즉 인지기능, 언어기능 등의 회복에도 중요하다. 처음 마비가 왔을 때부터 뇌졸중의 약물 또는 수술치료와 더불어 지속적으로 재활물리치료를 하면 환자의 장애를 최소화할 수 있고, 환자가 사회에 복귀하여 이전 생활에 가까이 갈 수 있게 도울 수 있다.

(2) 심리사회적 문제

뇌졸중은 반신마비 등의 심각한 후유증을 낳고, 환자들의 생활 기능에 상당한 변화를 초래하기 때문에 뇌졸중 환자의 심리적 충격과 어려움은 그 어떤 질병보다도 클 것이다. 특히 뇌졸중 치료는 가능한 조기 수술 및 재활치료를 통해 장애를 최소화하는 수준에서 이루어지므로, 환자 입장에서는 심리적 충격이 심한 상태에서도 재활에 대한 의지와 집중적인 노력을 요구받게 되므로 심리적 부담이 더 커질 수밖에 없을 것이다.

뇌졸중 환자는 분노, 우울, 불안, 수치심, 죄책감 등을 갖게 될 것이고, 환자의 심리적 상태는 주변 사람들에게도 많은 영향을 주게 된다. 때로는 이러한 부정적인 감정이 주변의 영향으로 더 악화될 것이다. 또한 뇌졸중 환자는 장기간의 활동 제약이나 투병 생활로 인해 다른 사람과의 상호관계에 제약을 갖게 되면서 소외감과 고독감을 느끼게 된다. 따라서 주위로부터 관심 또는 이해를 얻고자 하는 욕구가 강해지는 한편, 주변 사람들의 시선에 민감해져 교류를 꺼려하는 모습도 나타난다. 그밖에 기본적인 자기관리의 행위인 식사, 배변, 이동, 세면, 목욕, 옷차림 등의 일상생활 동작에 대한 장애가 이들의 심리사회적인 적응에 영향력을 주게 된다. 때로는 갑작스러운 파산이나 실직, 사회활동 단절과 같은 사회적 변화에 적응해야만 한다.

이러한 심리적 충격 때문에 뇌졸중 환자는 점점 더 우울해지고 절망에 빠지기 쉽다. 그러나 뇌졸중은 상당히 흔한 병이기 때문에 우리들은 주변에서 뇌졸중을 이기고 건강하게 회복된 유명인들의 모습을 종종 보게 된다. 대한뇌졸중학회 홈페이지(http://www.stroke.or.kr)에는 "뇌졸중을 이긴 사람들" 섹션을 만들어 대학 총장, 가수, 탤런트, 야구감독 등 유명인들의 투병 생활의 이야기를 소개하고 있다. 그중 가수 방실이의 인터뷰 내용을 간략하게 소개하고자 한다.

"나는 굉장히 아프고 괴로운 상황이었지만 … (중략) … 그러면서 우울증이 오기 시작했어요. 굉장히 정말 굉장히 힘들었죠. 살면서 그때만큼 힘이 들었던 때가 있었나 싶어요."
"모든 게 다 끝났다는 생각. 정말 이루 말로 다 할 수가 없어요. 운동을 하는 게 정말 힘들었고 몸이 내 마음대로 움직이지도 않고 말을 조금만 해도 숨이 가빴어요. 전신 마비였기 때문에 보통 환자들의

3, 4배의 노력과 시간이 필요해요. … (중략) … 정말 많이 울었어요. '방실이'라고 하면 건강, 명랑, 쾌활 이런 단어들을 떠올리는데 갑자기 이렇게 되니까 처음에는 정말 너무 괴로웠죠. 전신마비가 온 데다가 먹는 것, 대소변 보는 것 어떤 것도 혼자 할 수 없었으니까요. 정말 한동안은 시간이 갈수록 절망만 들었어요. 그리고 내가 나아봤자 움직일 수도 없는데 그냥 죽는 게 나을 것 같다는 생각이 들었죠."

(3) 의료사회복지사의 역할

뇌졸중 환자에 대한 개입은 주로 재활의학과에서 의루어지며, 이때 의료사회복지사의 역할은 정보수집을 통해 가족의 상황을 정확하게 평가하는 것부터 시작하여, 재활치료에 대한 적응, 경제적 지원 및 조정, 퇴원 준비와 지역사회 자원연결에 이르기까지 다양하다.

① 정보 수집

뇌졸중 환자에 대한 의료사회복지사의 개입은 주로 재활의학과, 신경과, 신경외과와 협력 아래에서 이루어진다. 특히 재활의학과의 경우 사회복지사는 팀의 일원으로 환자에 대한 협진을 진행한다. 의료사회복지사는 면담을 통해 환자를 보다 잘 이해하는데 도움이 되는 개인력, 현재의 심리상태, 치료에 대해 갖는 기대와 치료에 대한 동기, 경제적인 상황, 질병으로 가족이 겪는 역할의 변화 등 다양한 정보가 필요하며, 가족과 관련해서 가족의 지지support 정도, 가족의 변화에 대해 가족원의 대처방법, 퇴원 후 계획 등을 요구한다.

차트와 전산 등을 통한 기록 이외에도 의사, 간호사, 물리치료사, 작업치료사, 언어치료사 등의 의료진은 환자에 대한 정보를 줄 수 있는 자원이다. 누가 환자를 간호하고 누가 자주 방문하는지, 보호자 성향은 어떠하며 입원 생활은 어떠한지 등 직 · 간접적으로 정보를 얻을 수 있으므로 이들과 관계를 잘 맺고 협조를 얻도록 해야 한다.

② 가족의 문제 조정

뇌졸중 환자의 적응을 위해서는 가족의 협조와 지원이 매우 중요하다. 하지만 환자를 보호하는 역할에 대해 가족들이 많은 부담을 느끼며 이 역할을 누가 맡을 것인가에 대해 가족 간의 갈등이 종종 나타난다. 그런데 이러한 갈등 때문에 환자를 병원에 입원시켜놓고 그냥 방치하는 경우도 있고, 퇴원이야기가 나올 무렵이면 보호자가 아예 치료진을 만나는 것을 꺼린 나머지 밤에만 나타나는 경우도 흔하다. 따라서 의료사회복지사는 환자의 치료와 향후계획과 관련하여 가족이 갖고 있는 문제와 보호 부담에 보다 적극적으로 개입을 시도할 필요가 있다.

③ 경제적 지원

뇌졸중 환자에 대한 개입에서 의료사회복지사에게 요구하는 또 하나의 큰 과제는 환자의 경제력을 평가하고 이를 원조하는 일이다. 특히 뇌졸중으로 입원한 환자가 가족의 가장이었다면, 가장의 수입 이외에는 다른 수입원이 거의 없는 경우에는 치료비 마련과 퇴원 후의 적응에 관한 어려움이 많은 상황으로 보아야 한다. 사실 대부분의 경제적 지원은 수술비 지원에 국한되므로, 뇌줄중 환자에 대해 외부 자원을 이용하여 경제적으로 지원하는 것은 쉬운 일은 아니지만 가족의 어려움에 대해 공감하고 필요한 재활 자원에 대해 적극적으로 연계하는 것이 환자와 가족의 재활과 복귀에 많은 도움이 될 수 있다.

④ 자조집단과 교육프로그램 운영

병원에서 뇌졸중 환자와 가족을 위한 교육 프로그램이나 자조집단이 운영되고 있는 경우에 이 집단의 운영과 관리는 대부분 의료사회복지사의 몫이다. 이때 의료사회복지사는 환자와 보호자의 욕구를 사전에 파악하여 각 치료진이 이에 맞춘 프로그램을 구성할 수 있도록 기획하고 조정하는 역할을 적극적으로 수행하게 된다. 의료사회복지사는 치료진이 정해진 시간에 강의할 수 있도록 연락하고 조정하는 역할을 맡게 되며, 때로는 프로그램 혹은 집단에 참여한 환자와 가족과 치료자 간의 중개자 역할을 수행한다. 또한 교육프로그램에서 환자와 가족의 심리사회적 어려움과 적응, 연계 가능한 지역사회 자원에 관한 정보 제공 등을 주제로 강의의 한 부분을 맡아 진행하는 경우도 많다.

⑤ 퇴원 준비

뇌졸중 환자에 대한 사회복지 개입에서 퇴원 계획은 매우 중요하다. 뇌졸중 환자에게는 장기간의 치료가 필요하지만 이 기간 동안 반드시 입원 치료가 필요한 것이 아니므로 재활 과정에 따른 가정이나 사회로의 복귀를 위한 적응 노력이 필요하다. 따라서 퇴원 계획을 통하여 퇴원에 대한 환자와 가족의 불안감을 경감하고 퇴원 이후에 치료를 유지할 수 있도록 준비시켜 나가야 한다.

집으로 퇴원하고자 하는 경우에는 주거 환경에 대한 점검을 통하여 환자의 출입과 집안 생활에 장애물이 없는지 평가해야 한다. 예를 들어, 환자가 제대로 걸을 수도 없는 상황에서 좁은 계단을 이용해서 집에 드나들어야 한다든지, 집 안에 높은 문턱이 많아 낙상 등의 위험에 노출되기 쉬운 경우에는 퇴원 전 점검과 개선 계획을 세워야 한다. 그 밖에도 집에서 누가 환자를 간호할지를 정하고, 환자 간호에 활용할 수 있는 서비스를 연결하며, 통원 치료 시 이용할 수 있는 교통수단에 대해 준비할 수 있도록 한다.

환자가 재활을 위해 좀 더 병원에서 치료받기를 원한다면, 2차 병원이나 노인전문병원을 소개하고 전원할 수 있도록 절차를 밟도록 한다. 그 외에도 주간보호센터, 단기보호센터 등에 대해서도 가족들이 효율적으로 활용할 수 있도록 정보를 제공한다.

⑥ 지역사회 자원 연결

지역사회 자원 연결은 대개 관할주소 내의 동사무소나 지역복지관과의 연계를 통해 가정간호와 자원봉사자 등의 지지체계를 구축할 수 있도록 자원을 연계하는 과정을 의미한다. 특히 뇌졸중 환자는 추후 관리가 필요한 만성질환자(뇌혈관질환, 당뇨, 척수손상, 심폐질환, 암환자 및 노인환자)로서 가정간호[27] 대상이기 때문에 미리 안내하여 관련 제도를 이용할 수 있도록 돕는다. 또한 환자의 연령, 장애 정도, 지역사회 자원을 고려하여 환자가 지역 내 복지관 등을 통하여 이동목욕 봉사, 간병인 자원봉사, 말벗 서비스, 무료이동서비스 등을 제공받을 수 있도록 도울 수 있다.

---

27 가정간호란 장기입원 또는 불필요한 입원으로 인한 의료비 부담을 절감할 수 있는 수요자 중심의 입원대체 제도로서 병원에 소속된 가정전문 간호사가 환자의 집으로 직접 방문하여 의사의 처방에 따라 필요한 치료와 간호를 제공하는 서비스이다.

2) 척수손상

(1) 질병에 대한 이해

① 개념과 유형

척수손상Spinal Cord Injury은 척추뼈 안으로 지나가는 척수 신경이 산업재해, 교통사고나 척추종양, 척수염 등으로 손상을 받아 기능이 상실한 것을 의미한다. 가끔 척수손상과 척추손상을 같은 것으로 오인하는 경우도 있으므로 여기에서 척추손상과 척수손상을 구분하여 살펴보기로 한다. 〈그림 11-1〉에서 보는 것과 같이, 척추는 33개의 척추골로 이루어져 있는데, 전방의 척추골 몸통과 후방에 판상의 척추궁으로 크게 구분되어 있으며 그 사이에 척추관이 존재하고 있다. 척추관은 척추 전체 길이로 연장되어 있으며 척수를 보호하고 있다. 척수는 뇌의 명령을 우리 몸의 근육과 다른 장기에 보내는 중추신경계의 하나이다. 그러므로 척추손상은 척추뼈를 구성하고 있는 척추체, 척추경, 척추후궁, 횡돌기, 극돌기 등의 골절과 척추뼈를 지지하고 있는 연부조직의 손상을 말한다. 이와 달리, 척수 손상은 척추관 내에 있는 척추신경과 척추신경근의 신경손상을 말한다. 척추손상은 크게 척수손상을 동반한 척추손상과 척수손상을 동반하지 않은 척추손상으로 분류할 수 있다.

그림 11-1 | 척수손상과 척추손상의 구분

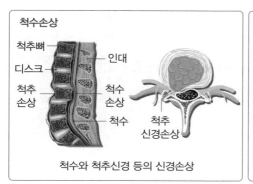

척수와 척추신경 등의 신경손상

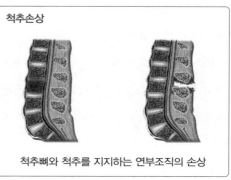

척추뼈와 척추를 지지하는 연부조직의 손상

② 경과와 장애

김동민 외(2002)에 의하면 척수손상은 선천성 결함이나 감염, 질병으로 발생하지만, 그 원인보다는 발생한 손상부위가 문제가 된다. 척추는 경추, 흉추, 요추의 세 가지로 구성되는데 경추 부분의 척수가 손상되면 사지마비^{quadriplegia}가 되고, 사지가 부분적으로 마비되거나 감각 상실을 경험한다. 흉추부분이 손상되면 하반신마비^{paraplegia} 상태가 된다.

척수의 장애에서는 운동의 장애뿐 아니라 내장이나 피부의 감각에도 장애가 일어난다. 따라서 소변이나 대변을 컨트롤할 수 없는 경우도 있으며 그 결과 방광염이나 신장염 등을 불러일으키기 쉽고 또 진통을 일으키기도 쉬우므로 의료 관리에 유의해야 한다. 또한 휠체어생활이 대부분이기 때문에 주거나 작업을 위한 환경과 이동에 따른 교통문제에 배려가 필요하다.

척수손상으로 인한 대표적인 합병증으로 욕창과 배뇨곤란을 들 수 있다. 먼저 욕창은 신체의 한 부위에 혈액순환이 안 되어 피부조직이 괴사하는 것으로 피부에 압력이 오랫동안 주어지지 않도록 하는 것이 가장 중요하다. 욕창은 천골 부위, 꼬리뼈 부위, 좌골부위, 발뒤꿈치 등에 흔히 생긴다. 휠체어에서 최소한 30분마다 압력을 제거, 최소한 2시간에 한 번 돌아눕고, 침대에서 엎드려 있는 자세에 익숙해져야 하며, 수시로 피부를 관찰하도록 하고(주로 꼬리 뼈 부위, 좌우 엉덩이, 발꿈치 등을 잘 살펴봐야 한다.), 다음으로 배뇨곤란은 척수 손상 후에 뇌와 방광 사이의 의사를 전달하는 통로인 척수의 기능이 차단되므로 소변을 볼 수가 없기 때문에 발생한다. 따라서 정상과 최대한 비슷하게 규칙적으로 소변을 채우고 비울 수 있는 방법을 사용하여야 한다. 그래서 소변 조절을 위한 방광 훈련을 통하여 소변을 보아야 한다. 손을 사용할 수 있는 사람은 간헐적 도뇨법을 이용하고, 손을 사용하지 못하는 경수 손상 환자는 간병인이 간헐적 도뇨법으로 배뇨하든지 방광 두드리기 자극법 등 반사를 이용하여 소변을 볼 수 있게 된다. 척수손상 후에 발생하는 소변 조절 장애(신경인성방광)에서 방광 훈련을 하는 목적은 상부 비뇨기계의 기능을 보존하고, 요실금이 생활에 지장을 주지 않도록 조절하는 것이다.

(2) 심리사회적 문제

척수장애 환자들은 많은 신체적 어려움을 경험한다. 상지 및 하지의 마비로 인하여 기립 및 보행이 불가능하기 때문에 대개 휠체어를 이용하여 생활한다. 또한 감각신경의 마비로 욕창이 발생하고, 자율신경 마비로 배설 조절기능에 장애가 생기며, 성기능장애로 인한 어려움 등 다양한 합병증으로 고통을 겪게 된다. 또한 이들은 이러한 장애 치료와 후유증으로 인하여 경제적 어려움을 겪는다. 구체적으로는 휠체어, 하지 관절 운동기구 등 고가의 재활장비 구입 부담, 척수장애로 인한 합병증 치료에 따른 비용 및 각 검사비용의 발생으로 경제적 어려움이 증가한다(김동민 외, 2002).

이러한 신체적 및 경제적 어려움은 이들의 심리사회적 적응에도 어려움을 초래한다. 척수손상 환자는 신체의 일부 혹은 전신마비로 독립성을 누릴 수 없으며 자기조절 기능을 상실하게 되어 예전의 신체 구조, 기능 외모에 대한 신체상body image이 바뀌었기 때문에 현재의 신체상을 수용하기 거부한다. 또한 누군가에게 도움을 받아야 한다는 것에 당황하며 죄의식을 느낀다. 그리고 가족이나 친구들에게 '짐이 되는 존재'라고 생각하기 때문에 사회접촉을 거부한다. 장기입원 등으로 사회접촉이 줄어들어 동료와 직업사회의 경쟁에서도 뒤떨어지게 되는 등 대인관계에서 고립감과 좌절감, 수치심, 우울, 무력감을 느끼게 되고 이러한 변화가 사회적 관계를 축소하여 자존감을 상실하게 된다.

이와 같이, 척수손상과 장애에 대한 적응, 그리고 그것으로 인한 역할 변화에 대한 재적응은 일생 동안 계속되는 과정이다. 그러나 이러한 심리적 및 신체적 한계를 극복하면서 인간 승리를 보여준 척수장애인들도 있다. 우리에게 '슈퍼맨'으로 유명한 영화배우 크리스토퍼 리브는 말을 타다가 떨어지는 사고를 겪으면서 척수손상으로 인해 전신마비가 되었지만 각고의 노력과 재활의지를 통해 수년 후에는 인공호흡기 없이도 혼자 힘으로 숨을 쉬고, 스스로 전동 휠체어를 몰고 다녔으며, 휠체어에 몸을 묶은 채 모니터와 마이크를 통해 영화감독을 하는 등의 모습을 보여주면서 진정한 슈퍼맨으로 거듭났다. 장애인으로서의 그의 삶은 한계에 대한 도전과 극복의 연속으로서 전 세계인들에게 많은 희망과 감동을 전해준 바 있다.

(3) 의료사회복지사의 역할

의료사회복지사의 역할은 뇌졸중 환자에 대한 개입과 거의 유사하다. 상담 및 지지, 경제적 지원, 퇴원 후 주거 준비 등을 다시 생각해보면서 이들을 위한 프로그램을 간략하게 살펴보도록 하겠다.

환자와 가족의 적응과 재활을 돕기 위한 지지적 상담이 주로 제공되며, 환자의 치료비 부담을 경감하기 위하여 소득보장제도 및 후원단체에 대한 정보를 제공하고, 치료비 지원을 위한 병원 내외의 자원을 발굴하여 연결하는 등의 경제적인 지원을 실시한다. 또한 퇴원 후 주거의 준비가 중요한데, 장애인에게 집 구조와 동선은 일상생활 수행 유지를 위해 매우 중요하므로 이를 면밀하게 점검하고 개선 계획을 수립해야 한다. 주택 개조를 위해 고려해야 할 점은 먼저 휠체어의 크기, 휠체어를 사용하는 사람의 팔이 닿을 수 있는 범위, 휠체어의 사용이 어려운 계단이나 급경사의 유무 등을 확인하고 집안의 시설을 장애인 활동에 맞게 개조해나가는 것이 필요하다.

이와 관련하여 의료사회복지사가 참고할 만한 홈페이지로는 한국척수장애인협회 홈페이지(http://www.kscia.org)와 장애인활동지원 홈페이지(http://www.ableservice. or.kr)가 있다. 한국척수장애인협회에서는 장애인과 그 가족을 대상으로 종합상담실과 인터넷종합정보센터를 운영하면서 퇴원 준비, 가족 지원 프로그램, 동료 척수장애인과의 모임, 재활 정보 제공 등을 통해 환자의 심리사회적 재활을 돕고 있다. 장애인활동지원 홈페이지를 통해서는 장애인활동지원사업, 즉 활동지원 급여, 바우처 지급, 활동지원기관 등 관련 정책과 서비스 내용에 대해 파악할 수 있다.

2. 정신과

1) 조현병

(1) 질병에 대한 이해

① 개념과 증상

조현병Schizophrenia은 뇌의 기질적 이상이 없는 상태에서 사고, 감정, 지각, 행동 등 인격의 다양한 측면에서 이상이 생겨 망상이나 환각, 혼란스러운 사고와 행동을 포함하는 여러 가지 부적응적 증상을 보이는 주요 정신질환으로(유수현 외, 2010: 157), 주로 청년기나 성인기에 발병하며 잦은 재발과 만성적으로 진행되는 특성을 갖는 정신과 영역의 대표적 질환이다. Schizophrenia라는 용어는 그리스어로 '분리'를 의미하는 'schizo'와 '마음'을 의미하는 'phrene'의 합성어로 '마음이 분리되었다'는 의미를 지닌다. 이는 인간의 정신기능인 사고, 정서, 행동 간에 분열이 있다는 뜻으로 조현병은 현실검증력의 손상, 그리고 사고, 감정, 행동의 장애가 특징이며, 개인의 내적 기능과 사회적 대인관계를 손상시키는 질병이다(전석균, 2014: 141).

조현병의 특징적 증상은 정상적 기능의 과다 또는 왜곡을 반영하는 양성증상과 정상적 기능의 감소나 상실을 반영하는 음성증상으로 구분할 수 있다. 양성증상에는 추리적 사고(망상), 지각(환각), 언어 및 의사소통(와해된 언어), 행동조절(전반적으로 와해된 행동 및 긴장된 행동)의 과장 또는 왜곡이 포함되며, 이러한 양성증상은 정신증적 차원으로 구분되는 망상과 환각, 와해차원으로 구분되는 와해된 언어와 행동으로 구분할 수 있다. 대체로 망상 내용의 주제는 피해망상, 관계망상, 과대망상 등과 같이 다양하며, 환각은 청각, 시각, 후각, 촉각 등 어떤 감각 형태로도 나타날 수 있지만 조현병에서는 환청이 가장 흔하고 가장 특징적이다. 음성증상으로는 외부 자극에 대한 정서적 반응이 둔화되어 정서적 표현이 거의 없어지거나 부적절하게 표현되는 정서적 둔마, 사고 및 언어의 유창함과 생산성이 감소되어 말이 없어지거나 짧고 간단하고 공허한 대답만

하는 등과 같은 무논리증, 목적지향적 행동을 하지 않고 사회활동에도 무관심하게 오랜 시간을 보내는 무욕증이 대표적이다(미국정신의학회, DSM-IV, 1995: 369). 환청이나 망상 등의 양성증상은 비교적 약물치료에 잘 반응하여 상태의 호전을 가져오는 데 반해 음성증상은 약물로 치료가 잘되지 않는 경향이 있어 감퇴된 사회적 기능 증진을 위한 사회복지재활서비스가 필요하게 된다.

이러한 조현병의 원인으로는 유전적 요인, 신경전달물질의 과다분비와 관련된 생화학적 요인, 뇌의 구조 및 기능적 이상, 심리적 요인, 사회적 스트레스 요인 등 여러 가지 요인들이 복합적으로 관여하는 것으로 알려져 있다. 조현병의 평생 유병률은 0.5~1% 정도이며, 10대 후반~30대 중반 사이에 발병하는 것이 전형적이다(미국정신의학회, DSM-IV, 1995: 377-378). 주로 남성의 경우 10대 후반이나 20대 초반에, 여성의 경우 20~30대에 발병하는 경우가 많다. 특히 이 시기는 성인초기로 사회적인 능력을 갖추고 직업을 갖기 위한 준비가 요청되는 시기인데 조현병의 발병은 개인의 사회적 기능을 감퇴시키고, 성인기에 독립적인 생활을 할 수 있는 능력을 갖추는 데 필요한 학업적, 직업적 능력을 수행할 수 없게 만들기 때문에 발병 이후 오랫 동안 사회적 기능 장애를 유발하는 특성이 있다. 개정된 정신장애의 진단 및 통계편람 제 5판에서 조현병은 정신분열 스펙트럼 및 기타 정신증적 장애Schizophrenia Spectrum and Other Psychotic Disorders에 포함되어 있다.

최근 개정된 정신장애의 진단 및 통계편람 제5판(DSM-5, American Psychiatric Association, 2013: 99)에서 제시한 조현병의 진단기준은 다음과 같다.

조현병 진단기준

A. 다음의 증상 가운데 2개(또는 그 이상)가 있어야 하며, 1개월 중 상당 기간 동안 증상이 존재해야 한다. 또한 적어도 ①, ②, ③ 중 하나의 증상이 반드시 포함되어 있어야 한다.

① 망상

② 환각

③ 와해된 언어(예: 빈번한 주제 이탈 또는 일관성 없는 말들)

④ 심하게 와해된 행동이나 긴장증적 행동

⑤ 음성증상(예: 감소된 정서적 표현 또는 무욕증)

B. 이러한 장해들이 시작된 이후 상당 기간 동안 직업, 대인관계 및 자기관리 등과 같은 하나 또는 그 이상의 주요 생활영역에서 기능 수준이 발병 이전과 비교하여 현저히 감소되어 있어야 한다(소아기 나 청소년기에 발병될 경우에는 대인관계, 학업 또는 직업분야에서 기대수준의 성취를 이루지 못한다).

C. 기간

지속적인 장해의 징후가 최소한 6개월 이상 지속되어야 한다. 6개월의 기간은 진단기준 A를 충족 시키는 증상(활성기 증상)이 존재하는 적어도 1개월의 기간을 포함하고 있어야 하며, 이 기간은 전구 기와 잔류기를 포함할 수 있다. 전구기나 잔류기에는 음성증상만 있거나 진단기준 A에 있는 증상 가운데 2개 이상의 증상이 약화된 형태(예: 기괴한 믿음, 이상한 지각 경험)로 나타날 수 있다.

D. 분열정동장애와 정신증적 양상이 있는 우울 또는 양극성 장애의 기분장애는 다음 중 하나의 이유 로 배제되어야 한다.

① 주요 우울 삽화나 조증 삽화가 활성기 증상과 동시에 나타난 적이 없어야 한다.

② 만약 이 병의 활성기 증상이 있는 기간 중에 기분 삽화가 함께 나타났다면, 기분 삽화의 총 기간 은 이 병의 활성기와 잔류기의 전체 기간에 비해 짧게 나타나야 한다.

E. 이러한 장애는 물질(예: 물질 남용, 투약 약물)이나 일반적인 의학적 상태의 생리적 효과로 인한 것이 아니어야 한다.

F. 만약 아동기에 시작된 자폐 스펙트럼 장애나 의사소통 장애의 과거력이 있다면, 조현병의 진단에 필요한 다른 증상들에 더하여 현저한 망상이나 환각이 적어도 한 달 이상 지속될 경우에만 추가로 조현병 진단을 붙일 수 있다.

② 치료

조현병의 치료로는 정신병적 증상과 관련된 뇌 속의 신경전달물질체계의 균형을 되 찾기 위한 목적으로 시행되는 약물치료가 기본적으로 시행되어야 하며, 지지적인 개별 상담, 집단치료, 일상생활기술훈련 및 사회기술훈련 등의 사회재활치료, 가족상담 및 가족교육, 그리고 지속적인 사례관리가 중요하다. 조현병의 예후는 개인마다 차이가 있 는데 약물치료 및 관리가 잘 되어 증상이 완화된 경우 부분적으로 사회생활을 할 수 있 을 정도로 사회기능이 회복되는 사례가 있는 반면, 잦은 재발과 악화로 인해 사회적인 복귀가 어렵고 지속적인 보호제공caregiving을 필요로 하는 사례도 있어 사회복지사의 개 입 및 전문적인 사례관리가 요청된다.

지역사회를 기반으로 이러한 조현병 환자에게 서비스를 제공하는 기관으로는 낮병원, 정신건강증진센터, 사회복귀시설, 그룹홈과 같은 시설 등이 있으며, 이러한 기관들에서 조현병 환자들을 대상으로 정신건강관리 서비스, 사회기술훈련, 직업재활서비스, 주거서비스 등을 제공하고 있다.

(2) 심리사회적 문제

① 조현병 환자의 문제

ㄱ. 환청이나 망상 등 질병으로 인한 증상경험

조현병 환자는 일차적으로 환청이나 망상 등의 증상으로 인해 고통과 괴로움을 당한다. 특히 환청이나 망상의 내용이 불안이나 두려움을 야기하거나 피해망상적인 것일 때 증상으로 인한 괴로움은 더 커지게 된다. 조현병 환자는 환청이나 망상의 내용을 실재적인 것으로 믿기 때문에 증상과 질병에 대한 인식insight이 생기기까지는 시간이 걸리며, 반드시 의사의 처방 하에 적절한 약물치료를 받도록 해야 한다.

ㄴ. 일상생활관리 능력 저하

조현병이 발병하면 개인위생 관리를 비롯하여 기본적인 일상생활을 유지하는 데 필요한 기능이 상당히 저하되는 문제가 수반된다. 예를 들면, 세수, 양치질, 목욕 등을 잘하지 않거나 옷을 갈아입지 않아 개인위생 상태가 불결한 경우가 많다. 또한 아침에 일어나고 낮 시간 동안 활동을 하며, 밤 동안에는 취침을 하는 일과관리 능력이 저하되어 장시간 동안 수면을 취하거나 낮 시간 동안에도 활동을 하지 않고 방 안에만 있는 등 전반적인 일상생활 관리 능력이 저하되고, 일상생활에 필요한 개인적인 일들조차 잘 수행하지 못하는 문제를 보이게 된다.

ㄷ. 사회적 고립 및 사회적 기능 저하

조현병은 질병의 특성상 사회적 기능이 저하되는 특성을 지닌다. 따라서 조현병 환자는 대인관계 접촉을 피하며, 학교나 직장 등을 다니는 등과 같은 사회활동에 참여하지 못하고 사회적으로 위축되거나 고립되는 문제를 갖는다. 또한 대인관계를 맺거나 사회활동에 참여하려고 하는 욕구도 없어지며, 점차로 대인관계를 형성하는 능력이나 특정한 사회적 상황에서 적절한 행동을 수행할 수 있는 사회적 능력이 감퇴되어 전반적으로 사회적 기능 수행능력의 저하를 경험하게 된다.

또한 이러한 사회적 기능 저하의 문제는 조현병 환자가 사회적 기술을 요하는 지역사회 내의 활동에 참여하거나 다른 사람들과 관계를 맺는 것을 더욱 어렵게 만들므로 조현병 환자는 지역사회 내의 생활이나 다른 사람들과의 대인관계로부터 단절되어 점차 사회적으로 고립되고 정서적 외로움을 경험하게 된다.

ㄹ. 학업 및 직업 중단

조현병이 발병하게 되면 환청이나 망상 등의 증상과 함께 사회적 기능 저하로 말미암아 학업이나 직업생활과 관련된 사회적 역할을 제대로 수행할 수 없는 문제에 직면하게 된다. 대개 조현병 환자는 학업을 중단하거나 직장을 휴직 또는 퇴직하게 되며 단기간 내에 다시 학교나 직장으로 복귀하기 어려워지고, 많은 경우 발병 이전에 담당하였던 사회적 역할을 다시 수행하는 것이 힘들어 장기적인 실업상태에 놓이게 되는 문제를 경험하게 된다.

ㅁ. 가족과의 갈등

조현병이 발병한 초기 단계에 가족들은 환자의 증상을 이해하지 못하고 달라진 환자의 모습에 충격을 받거나 서로 충돌하며 갈등이 생기기도 한다. 때로는 환자가 공격성을 보일 경우 이로 인해 가족 내에 폭력이나 대립의 문제가 야기되기도 한다. 또한 환자의 질병이 만성화되어 가족들이 장기적으로 환자에 대한 보호제공을 해야 하는 경우 이로 인해 발생하는 심리적 및 사회적 부담감이 환자와 가족성원 간에 갈등을 심화시키는 요인으로 작용하기도 한다.

② 가족이 경험하는 문제

ㄱ. 보호제공 부담감 caregiving burden

조현병 환자를 돌보는 가족원은 개인위생관리, 일과관리, 금전관리, 투약관리 등 지역사회에서 환자가 생활해 나가는 데 필요한 실제적 도움과 정서적 지지를 제공한다. 그러나 조현병은 만성적이고 장기적인 특성을 가지므로 환자를 돌보는 가족원은 심리적 측면뿐 아니라 경제적 및 사회적 측면에서도 높은 부담감을 경험하게 된다.

보호제공 부담감은 조현병 환자가 신체적 건강상태, 기능장애, 정신적 건강상태 등으로 인하여 스스로를 돌볼 수 있는 기능이 제한된 상황에서 이들을 돌보는 가족원이 경험하게 되는 고통으로(Bull, 1990), 보호제공 활동의 결과로 야기된 불안, 자유의 상실, 또는 기타 다른 심리적 고통 등으로 정의될 수 있다. 이는 객관적 부담감과 주관적 부담감으로 구분되어 정의되기도 한다. 객관적 부담감이란 보호제공에서 야기되는 실질적인 어려움을 지칭하는 것으로 조현병 환자가 가족생활에 미치는 재정적 부담, 역할긴장, 가족의 정상적인 생활방해, 사회활동의 단축, 외부세계와의 손상된 관계 또는 이웃과의 문제들을 포함하는 개념이다(Thompson & Doll, 1982).

이에 반해 주관적 부담감이란 보호제공으로 인해 느끼게 되는 정서적 고통으로 낙인감, 두려움, 걱정, 정서적 긴장, 분노, 슬픔, 그리고 죄책감과 수치심 등과 같은 부정적인 정서적 반응을 의미하는 것이다(Hatfield와 Lefley, 1993; Bulger et al., 1993; Brady et al., 1994). 특히 조현병 발생 시 초기에 가족이 경험하는 가장 공통적인 반응은 슬픔과 죄책감 등의 정서적 고통으로 알려져 있다(Bland, 1998). 그러나 다른 한편으로는 조현병 환자를 돌보는 부모들이 보호제공 과정을 통해 개인적 성장과 보다 깊은 자기 이해를 이루고, 인간적으로 강해지고 인내심이 생기며, 다른 사람의 고통에 대한 공감능력이 더 커지게 되는 긍정적 성장을 하게 된다는 보고도 있다(Bulger et al., 1993). 또한 이러한 보호제공 경험은 자기실현의 과정이 될 수 있고, 어려움에 대처하는 과정을 통해 자신의 내적자원을 인식하게 되며, 작은 성취에도 감사하게 되고, 부모로서 의무를 다하는 것과 자신에 관해 더 알게 된 것으로부터 만족감을 느끼게 하는 긍정적 보상이 있는 것으로 연구되기도 하였다(Schwartz & Gidron, 2002). 즉, 조현병 환자를 돌보아야 하는 가족원은 보호제공 과정에서 정서적 고통을 경험하게 되지만 장기간에 걸친 보호제공 경험을 통해 자기성장을 이루는 긍정적 측면이 존재할 수도 있다는 것이다. 그러므로 조현병 환자의 가족과 함께 일하는 사회복지사는 가족원들이 경험하는 이러한 정서적 측면을 잘 이해하고 이들이 보호제공 과정에 수반되는 부정적 감정들을 잘 극복하고 긍정적 자기성장을 이룰 수 있도록 지원하는 것이 중요하다.

ㄴ. 경제적 어려움

조현병이 만성화됨에 따라 가족원은 환자에 대한 치료비를 장기간 동안 지속적으로 지출하게 되며, 경우에 따라서는 환자를 돌보기 위해 개인적인 사회생활이나 직업생활을 중단하게 되는 상황이 발생하기도 하는데, 이러한 경우 가족이 경험하는 경제적 어려움이 더욱 커지게 된다. 특히 조현병 환자를 돌보는 부모가 노년기에 접어들어 경제적 소득이 감소되었음에도 불구하고 환자의 치료를 위한 약제비, 외래 및 입원 치료비, 사회복귀를 위한 재활프로그램에 참여하는 데 드는 비용 등이 지속적으로 지출될 경우 조현병 환자의 가족들은 경제적인 어려움뿐만 아니라 빈곤상태에 빠질 수 있는 고위험 집단이 되기도 한다.

(3) 의료사회복지사의 역할

① 환자의 사회적 기능 및 가족환경 평가

의료사회복지사는 먼저 조현병 환자에 대한 심리사회적 평가를 실시한다. 특히 초기단계의 개입에서 조현병 환자의 사회적 기능 상태에 대해 평가하며, 가족과의 관계 및 보호제공 환경으로서 가족의 기능에 대해 전반적인 사정을 실시하는데, 이는 매우 중요한 과정이다. 조현병 환자의 사회적 기능에 대한 평가 시 의료사회복지사는 일상생활 관리 능력, 기본적인 대인관계 능력, 학업이나 직업생활을 시작하거나 유지할 수 있는 능력 등에 관해 사정하며, 가족에 대한 평가에서는 가족의 경제적 상태, 질병에 대한 이해정도 및 보호제공 능력, 가족이 느끼는 객관적 및 주관적 부담감의 정도, 그리고 보호제공에 부여하는 의미 등에 관해 사정한다. 이러한 역할은 의료사회복지사 가운데 정신보건사회복지사의 자격을 갖춘 자가 담당하게 된다.

② 개별상담

사회복지사는 개별상담을 통해 조현병 환자가 계속해서 치료를 받을 수 있도록 동기화하고, 사회적 재활을 목적으로 낮병원이나 정신건강증진센터 등 사회복귀 프로그램에 참여할 수 있도록 독려하는 역할을 수행한다. 또한 일상생활 가운데 부딪치게 되는 다양한 정서적 및 사회적 문제에 대한 상담을 제공함으로써 조현병 환자가 사회적 기능을 회복하고 증진하도록 도움을 제공한다. 이때 개별상담을 통해서 다루게 되는 주요 이슈는 질병의 진행 상태나 회복 정도 등에 따라 달라지게 된다. 주로 질병의 초기 단계에서는 질병에 대해 이해하고, 투약관리를 하며, 사회적 고립에서 벗어나기 위한 기본적인 활동에 참여하는 것에 상담의 주요 초점이 주어지며, 회복단계에서는 학업이나 직장으로의 복귀를 위한 준비 및 직업훈련 등에 참여하는 것과 같은 사회복귀에 초점을 두고 개별상담을 실시하게 된다.

③ 집단프로그램 운영기획 및 진행

병원의 정신과, 낮병원 및 지역사회 내 정신건강증진센터 등에서 일하는 사회복지사는 조현병 환자의 음성증상 치료와 사회복귀를 위한 치료적 접근의 일환으로 다양한 집단프로그램을 기획하거나 이를 직접 진행하게 된다. 정신과의 입원병동이나 부분입원 체계를 갖추고 낮 동안 조현병 환자의 사회복귀를 위한 재활프로그램을 실시하는 낮병원day hospital, 그리고 지역사회 내 정신건강증진센터 등에서는 사회기술훈련, 집단치료, 자치회의, 약물교육, 정신건강교육, 스트레스관리, 대인관계 증진 프로그램, 지역사회적응훈련, 음악치료, 미술치료, 레크리에이션치료 등과 같은 다양한 집단프로그램들을 실시하고 있다(김연수 외, 2002: 37). 사회복지사는 병동이나 낮병원, 그리고 정신건강증진센터 등에서 이루어지는 이러한 집단프로그램들을 기획하고, 프로그램 진행에 도움을 줄 수 있는 자원봉사자들을 모집하고 교육하며, 집단치료, 사회기술훈련 및 지역사회적응훈련 등의 집단프로그램을 직접 진행하는 등 집단을 활용한 치료자로서의 역할을 수행한다.

④ 가족상담 및 교육

사회복지사는 조현병 환자의 가족이 경험하는 경제적 어려움, 심리적 부담감, 보호 제공 과정에서 발생하는 다양한 문제들에 관해 가족상담을 실시하고, 가족원이 적절한

표 11-2 | 조현병 환자 가족교육 프로그램

회기	제목	목표	내용
1회기	오리엔테이션	1. 관계를 형성한다. 2. 희망과 동기화를 유발한다.	• 강사 및 참석자 소개 • 앞으로 배울 내용 소개
2회기	정신재활과 재기의 철학	1. 관점의 변화를 설명한다. 2. 희망과 자부심을 증진시킨다.	• 정신재활모형 • 재기철학
3회기	가족의 입장과 역할	1. 집단응집력을 강화한다. 2. 관점의 변화를 이해시킨다.: 가족 자신의 중요성 인식 3. 가족교육의 목표에 대한 명확한 이해를 돕는다.	• 가족의 고통 • 전문가와의 관계 • 가족자신의 욕구 돌보기
4회기	대화법	1. 좋은 대화법에 대한 욕구를 증진시킨다. 2. 좋은 대화법의 핵심원리를 이해한다.	• 가족이 조심해야할 대화방식 • 환자가 말할 때 공감하는 기술 • 환자에 대한 나의 생각과 감정을 표현하는 기술
5회기	병의 특징	1. 환자가 조현병으로 진단받게 된 이유를 납득한다. 2. 조현병의 증상에 대해 이해하고 공감한다.	• 조현병의 진단기준 • 양성증상과 음성증상
6회기	병의 원인	1. 가족의 죄책감을 덜어준다. 2. 병의 원인에 대한 명확한 이해를 돕는다.	• 취약성-스트레스-대응능력 모형 • 뇌의 자체적 균형회복 능력
7회기	약물치료	1. 약물치료의 중요성을 인식하도록 한다. 2. 약물부작용에 대한 환자의 고통을 이해한다.	• 약물치료의 필요성 • 약물부작용과 대처방법
8회기	증상관리	1. 증상대처 기술을 배우고 익힐 수 있다는 사실을 깨닫게 한다. 2. 환자와의 생활에 대한 가족의 자신감과 통제감이 증진되도록 한다.	• 증상관리의 기본지침 • 양성증상과 음성증상 대처법
9회기	스트레스 관리	1. 스트레스 대처 기술을 배우고 익힐 수 있다는 사실을 깨닫게 한다. 2. 환자와의 생활에 대한 가족의 자신감과 통제감이 증진되도록 한다.	• 환자에게 해로운 스트레스 자극 • 스트레스를 낮추는 집안 분위기
10회기	위기관리	1. 위기관리 대처기술을 배우고 익힐 수 있다는 사실을 깨닫게 한다. 2. 환자와의 생활에 대한 가족의 자신감과 통제감이 증진되도록 한다.	• 재발경고 신호 • 위기개입의 절차
11회기	환자와 가족의 생활	1. 재기 지향적 생활이 어떤 것인지를 이해하도록 한다. 2. 변화하고자 하는 욕구를 불러일으킨다.	• 가족의 생활방식 • 환자의 형제, 자매
12회기	마무리	1. 가족교육이 각자에게 어떤 도움이 되었는지 발표하게 한다. 2. 가족교육으로부터 배운 것을 토대로 자신, 환자, 다른 가족을 위하여 어떤 변화를 계획하는지에 대해 발표하도록 한다.	• 향후 계획 짜기 • 소감나누기

보호제공을 할 수 있도록 가족원들을 정서적으로 지지해주는 역할을 수행한다. 또한 사회복지사는 가족원들이 조현병의 증상 및 특성에 대해 이해하고, 보호제공자로서의 역할을 잘 수행하기 위해 알아야 하는 구체적 정보를 제공하기 위한 목적으로 가족교육프로그램을 기획하고 진행하기도 한다. 조현병 환자의 가족을 대상으로 한 가족교육프로그램은 병원과 같은 의료현장, 정신건강증진센터와 같은 지역사회 현장 모두에서 이루어지며, 조현병의 원인, 경과, 치료방법 등 조현병에 대한 이해를 증진시키기 위한 주제와 가족의 대처방법, 가족의 역할, 활용할 수 있는 사회복지 프로그램 및 스트레스 관리 등 조현병 환자를 돌보는 가족이 이 질병에 대해 어떻게 대처해야하는지에 대한 교육이 주요 내용으로 포함된다. 대개 가족교육 프로그램은 의사, 간호사 및 사회복지사가 함께 팀 접근의 형식을 취하여 진행되는데, 주로 질병에 대한 설명을 제공하는 부분은 정신과 의사가 교육을 담당하고, 가족의 역할, 증상에 대한 대처방법, 스트레스 관리 등에 대한 교육은 정신보건사회복지사의 자격을 갖춘 사회복지사가 교육을 진행한다.

앞의 〈표 11-2〉는 지역사회 현장에서 이루어지고 있는 조현병 환자 가족교육프로그램의 한 예이다(김이영·배성우, 2005: 207).

⑤ 사례관리

조현병 환자에 대한 사례관리는 항정신병 약물의 개발, 탈시설화, 지역사회 정신보건의 확대와 함께 지역사회 내에서 더욱 활성화된 사회복지적 접근방법이다. 병원, 낮병원, 정신건강증진센터 등에서 조현병 환자와 함께 일하는 사회복지사는 조현병 환자가 입·퇴원 후 지역사회 생활에 잘 적응할 수 있도록 일상생활 관리, 사회기능증진을 위한 재활프로그램 참여, 직업재활을 위한 서비스를 제공하는 등 각 개인의 특성에 맞는 개별화된 사례관리를 실시하며, 지역사회 적응에 도움이 되는 다양한 자원체계에 환자와 그 가족을 연결시켜주는 역할을 담당하게 된다. 다음은 낮병원을 기반으로 사회복지사가 제공한 조현병 환자에 대한 사례관리에 대한 간략한 예시이다.

> **사례** 클라이언트는 25세, 미혼 남성으로 1남 2녀 중 장남이며, 고등학교 진학 당시부터 학교생활에 잘 적응하지 못하고, 친구들과 어울리지 못했으며, 자신의 말투나 행동이 이상하여 사람들이 자꾸 쳐다보고 자신에 관한 욕설과 좋지 않은 말을 한다는 생각에 사로잡혀 학교를 자퇴하게 되었다. 그 후 클라이언트는 검정고시로 대학에 진학하였으나 심한 관계사고와 망상으로 대학생활에 적응하지 못하고 휴학하였으며, 정신과에 내원하여 조현병 진단을 받았다. 클라이언트는 3개월간의 입원치료 후 증상이 많이 완화되어 외래로 통원치료를 받으면서 정신과의 부분입원 프로그램인 낮병원에 참여하게 되었다. 클라이언트의 부모님과 여동생들은 모두 클라이언트의 치료에 지지적이었으며, 가족 간의 관계가 화목하고 특별한 갈등이 없었고, 가족은 경제적으로 안정되어 있는 강점을 지니고 있었다. 클라이언트는 2년 동안 꾸준히 낮병원에 다니면서, 정신건강교육, 집단치료, 사회기술훈련, 지역사회적응훈련 등 모든 프로그램에 꾸준히 참여하였고, 약물치료도 잘 병행하였다. 클라이언트를 담당하는 사회복지사는 클라이언트의 상태가 호전됨에 따라 학교에 복귀하는 계획을 세우고, 복학을 위한 준비를 도왔다. 클라이언트는 학교에 복학한 이후에도 주 1회 낮병원에 다니면서 지속적인 개별상담을 받았고 집단치료 및 사회기술훈련 프로그램과 같은 집단프로그램에 참여하면서 복학 후 학교생활을 유지하면서 생기는 어려운 문제들을 해결해나가는 데 도움을 받았다. 복학 후에도 클라이언트는 '자신이 걸어가면 학생들이 뒤에서 자기 이야기를 하는 것 같다'고 느끼는 등의 잔여증상을 보였으나 사회복지사의 개별상담과 집단상담을 통해 이것이 실재하는 현실이 아니고 자신의 질병과 관련된 증상이라는 것에 대해 인식을 하기 시작하였으며, 학업에 집중하고, 학교에서 친구를 사귈 수 있도록 자신의 사회기술을 증진하기 위한 노력을 지속하였다. 그 결과 클라이언트는 대학생활을 무사히 마치고 졸업을 할 수 있게 되었으며, 현재 자신이 할 수 있는 일을 찾고 있다.

2) 알코올 중독

(1) 질병에 대한 이해

① 개념과 증상

알코올 중독은 술에 대한 통제력을 상실하고 장기간에 걸쳐 지속적인 음주를 함으로써 정상적인 사회생활을 유지해나가는 능력에 상당한 손상이 유발되는 질환이다. 또한 알코올 중독은 일반사회에서 허용되는 용도 이상의 주류를 과량으로 계속해서 마심으로써 신체적, 심리적 및 사회적 기능을 해치는 만성적 행동장애이다. 정신장애 진단통계편람 제5판(DSM-5, American Psychiatric Association, 2013)에서 알코올 중독에 대한 진단은 물질관련 및 중독 장애^{Substance-Related and Addictive Disorders} 가운데 알코올 관련 장애^{Alcohol-Related Disorder}로 분류되며, 알코올 사용 장애^{Alcohol Use Disorder}와 알코올 중독^{Alcohol Intoxication} 등으로 나누어 제시되고 있다. 정신장애 진단통계편람 제 4판(DSM-4)에서는 이를 알코올 남용^{Alcohol abuse}과 알코올 의존^{Alcohol dependence}으로 구분하여 제시하였는데, 알코올 남용은 과도한 음주로 인한 정신적, 신체적, 사회적 기능에 장애가 오는 것을 일컫는 것으로, 그리고 알코올 남용이 심한 경우 알코올 의존에 이르게 되는 것으로 정의되었다.

알코올 중독의 대표적 증상은 알코올 사용에 대해 내성^{tolerance}과 금단^{withdrawal}증상이 생기는 것이다. 내성이란 알코올을 지속적으로 사용함에 따라 신체적인 의존이 강해지고, 알코올의 효과가 점점 감소하여 동일한 효과를 얻기 위해 알코올의 사용량을 점점 증가시켜나가는 것을 말한다. 금단증상이란 알코올의 사용을 중단하거나 사용량을 줄였을 때 나타나는 신체적, 심리적 증상으로 불안, 초조, 불면증, 손떨림, 식은땀 등이 대표적이다(한인영 외, 2006: 212). 알코올 사용이 만성상태에 이르면 알코올성 환각증^{Alcoholic hallucination}, 알코올성 기억상실 장애^{alchoholic amnestic disorder}, 알코올성 치매^{alcoholic dementia}의 진단이 내려지기도 한다.

정신장애 진단통계편람 제5판(DSM-5, American Psychiatric Association, 2013: 490-491, 497)에서는 알코올 사용 장애 및 알코올 중독의 진단과 관련하여 다음과 같은 기준을 제시하고 있다.

알코올 사용 장애: Alcohol Use Disorder

A. 임상적으로 심각한 장해나 고통을 일으키는 알코올 사용의 문제적 양상이 다음에 열거한 진단항목 가운데 최소한 2개 항목으로 지난 12개월 사이에 어느 때라도 나타난다.

① 원래 의도했던 것보다 훨씬 많은 양이나 훨씬 오랫동안 알코올을 사용한다.

② 알코올 사용량을 줄이려 하거나 또는 조절하려는 노력을 계속 노력하지만 실패한다.

③ 알코올을 구하거나 사용하거나, 또는 알코올의 효과에서 벗어나기 위해 많은 시간을 보낸다.

④ 알코올 사용에 대한 갈망 또는 강한 욕구 또는 충동이 있다.

⑤ 알코올 사용으로 인해 직장, 학교, 또는 집에서의 중요한 역할 의무를 수행하는 것에 실패한다.

⑥ 알코올의 효과로 인해 또는 그로 인해 악화된 사회적 또는 대인관계적 문제가 지속적 또는 반복

적으로 나타남에도 불구하고 계속 알코올을 사용한다.

⑦ 알코올 사용으로 인해 중요한 사회적, 직업적, 또는 여가적 활동이 포기되거나 축소된다.

⑧ 신체적으로 해로운 상황에서도 반복적으로 알코올을 사용한다.

⑨ 알코올 사용으로 인해 또는 악화된 신체적 또는 심리적 문제가 지속적 또는 반복적으로 나타난다는 것을 알면서도 알코올 사용을 계속한다.

⑩ 다음과 같이 정의되는 내성이 나타난다.

    a. 중독이나 원하는 효과를 얻기 위해 매우 많은 양의 알코올이 요구된다.

    b. 동일 용량의 알코올을 계속 사용할 경우 그 효과가 현저히 감소한다.

⑪ 다음과 같이 나타나는 금단 증상이 생긴다.

    a. 알코올에 특징적인 금단증후군

    b. 금단증상을 완화하거나 피하기 위해 알코올을 사용한다.

알코올 중독: Alcohol Intoxication

A. 최근의 알코올 섭취

B. 알코올 섭취 동안 또는 직후에 나타나는 임상적으로 심각한 문제 행동 또는 심리적 변화(예: 부적절한 성적 또는 공격적 행동, 정서 불안정, 손상된 판단력)

C. 알코올 사용 동안 또는 직후에 나타나는 다음의 증상이나 징후들 중 하나(또는 그 이상)

① 불분명한 말

② 불균형

③ 불안정한 걸음걸이

④ 안구진탕증

⑤ 주의력 또는 기억 손상

⑥ 인사불성 또는 혼수상태

D. 이러한 증상이나 징후들은 다른 의학적 상태에 기인한 것이 아니라야 하며, 다른 물질중독을 포함하여 다른 정신 질환에 의해 더 잘 설명되지 않아야 한다.

즉, 알코올 중독이란 습관성 음주로 조절능력을 상실하고 대인, 직업능력의 손상과 기능장애가 동반되는 만성질환으로서 내성과 금단증상이 대표적이며, 음주로 인한 신체적, 정서적, 사회적 및 가족적 문제에도 불구하고 이를 끊지 못하는 상태로 정의할 수 있다. 일반적으로 알코올 중독의 원인은 여러 가지 요인들이 복합적으로 작용하는 것으로 보고 있으며, 유전적 요인, 심리적 요인, 사회문화적 요인, 행동적 요인 등이 복합적으로 작용해서 생기는 질환으로 볼 수 있다.

② 치료

알코올 중독의 치료는 크게 중재^{Intervention}, 해독^{detoxification}, 그리고 재활^{rehabilitation}의 세 단계로 이루어지며, 입원 치료 등을 통해 금주를 유지하고, 수반되는 금단증상을 조절하기 위한 약물치료를 병행하는 것이 필요하다. 치료의 첫 단계인 중재치료는 직면^{confrontation}을 통해 알코올 중독자가 자신의 질병과 문제를 회피하려는 마음을 해결하고, 질병을 치료하지 않을 시 발생되는 부정적인 결과에 대해 인지하게 하는 과정이다.

해독치료란 신체 검진을 포함한 내과적 상태를 파악하고, 술을 끊었을 때 나타나는 금단증상에 대한 약물치료와 필요한 영양공급을 동반하는 치료과정으로 주로 입원치료를 통해 약물치료를 병행하며 이루어진다. 해독치료 기간에는 휴식과 적절한 음식 및 비타민 섭취가 함께 이루어져야 한다.

재활치료는 금주에 대한 동기를 강화시키고 금주를 유지하며, 알코올이 없는 생활에 적응할 수 있도록 돕고 알코올 중독의 재발을 방지하는 데 그 목적을 두는 치료로서 인지행동치료, 동기강화치료, 개인 및 집단상담치료 등을 수행할 수 있다.

(2) 심리사회적 문제

① 알코올 중독 환자의 문제

ㄱ. 신체적 문제

알코올 중독자의 대다수는 위장, 췌장, 간 질환, 악성종양, 심혈관 질환, 내분비 및 생식기능 장애, 면역기능 저하, 알코올성 근육질환, 중추신경계 변성, 말초신경병 등의 장애를 가지며, 알코올성 간질환 및 간경화, 알코올성 지방간, 알코올성 심근증, 알코올성 위염 등과 같은 사망할 확률이 큰 신체적 문제를 지니고 있다(권진숙 외, 2014: 309). 특히 만성적으로 알코올 중독의 문제를 지니고 있을 경우 이와 같은 질병의 위험성이 더욱 높아지며 신체적 건강상태를 유지하지 못하게 된다.

ㄴ. 정서적 문제: 음주문제에 대한 부정, 우울 및 자살사고 등

일반적으로 알코올 중독 환자는 질병이 상당기간 진행되어 신체적 및 사회적 기능에 손상을 가져올 때까지 자신의 문제에 대해 부정denial하는 특성을 갖는다. 때로 알코올중독 환자는 자신의 의사가 아니라 가족에 의해 병원을 찾아오게 되는 경우가 많은데 자신의 음주문제를 부정하기 때문에 치료에 대한 동기화가 잘 되지 않는 경향이 있다. 또한 알코올 사용에 대한 통제력을 상실하였음에도 불구하고 그것을 인정하지 않으며 자신의 의지로 알코올 문제를 해결할 수 있다는 생각을 하기도 한다. 이러한 알코올 중독자의 특성은 치료시기를 늦추기도 하며, 치료를 받기 위해 왔을 때조차도 자신의 문제를 인정하지 않는 특성을 보이기도 하는데, 이는 치료에 장애가 되는 요인으로 작용한다.

또한 알코올 중독자는 우울 및 자살사고를 지니고 있는 경우도 많아 자살의 위험성에 노출되어 있으며, 이러한 증상들에 대한 정신과적 치료가 필요하다.

ㄷ. 직업생활 등 사회생활 유지의 어려움

알코올 중독이 진행되면 직업이나 일정한 사회적 활동에 정상적으로 참여하고 이를 유지하기가 매우 어려워진다. 음주 후 다음 날은 직장에 가지 못하고 결근하는 일이 잦아지게 되며, 직장에 가서도 술을 마시고자 하는 생각 때문에 일에 집중하지 못하는 경우도 있다. 이와 같은 일이 반복적으로 일어나면 직장을 그만두어야 하는 상황에까지 이르게 되며, 이후 다시 새로운 일자리를 찾거나 직업을 갖는 데도 상당한 어려움을 경험하게 된다. 이러한 문제는 알코올 중독자를 경제적 어려움으로 몰아넣는 직접적인 원인으로 작용하기도 하며, 알코올 중독자와 그 가족은 심각한 경제적 어려움에 직면하게 된다.

ㄹ. 가족과의 갈등

알코올 중독자는 술을 마시면서 보내는 시간이 많기 때문에 배우자나 자녀와 함께 의미 있는 시간을 보내기 어려우며, 술을 마신 뒤 언어적 및 신체적 폭력을 배우자나 자녀에게 행사하는 일도 잦아 가족과의 갈등이나 마찰이 생겨나게 된다. 또한 자신의 음주문제에 가족이 개입하려고 할 때 가족과의 갈등이 더 커질 수도 있으며, 술로 인해 야

기되는 경제적 어려움, 직업 중단 등과 같은 문제로 인해 가족과의 갈등이 더 깊어지기도 하여 가족문제와 관련한 전문적 도움이 필요하다.

② 가족이 경험하는 문제

ㄱ. 경제적 문제

알코올 중독자의 가족은 경제적 어려움에 처하게 될 가능성이 매우 높다. 특히 가족 내에서 생계 유지에 중요한 역할을 담당하는 가족원이 알코올 중독의 문제를 갖게 될 경우 술을 마시기 위해 계속 가산을 탕진할 뿐만 아니라 술 문제로 인해 직장이나 주 수입원이 되는 직업 등을 잃게 되어 가족의 소득이 상실되는 문제가 발생하게 되고, 그 결과 가족은 심각한 경제적 어려움을 경험하게 된다.

ㄴ. 정서적 손상, 공동의존 등 심리사회적 문제

알코올 중독자의 배우자와 자녀들은 알코올 중독자인 배우자 또는 부모와의 관계에서 심한 정서적 손상이나 박탈감을 경험하게 된다. 알코올 중독자가 음주 후 폭언이나 폭력 등을 가족에게 행사할 때 가족은 신체적, 정서적 손상을 입게 되며 가정폭력의 피해자가 되기도 한다. 따라서 알코올 중독자의 가족은 알코올 중독자로 인해 신체적, 정신적 건강상의 문제를 갖게 될 수 있으며, 불안, 우울, 신경성 두통 등에 시달리는 경우가 잦아지고, 자녀의 경우 학교생활에 적응하지 못하거나 학습장애 등의 문제가 생기기도 한다. 또한 알코올 중독자는 가족원들과 정서적으로 친밀한 관계를 맺는 능력이 결여되어 있는 경우가 많으며, 배우자 역할이나 부모로서의 역할수행을 잘하지 못하여 가족원들이 정서적 박탈감을 경험하는 일이 빈번하게 발생하게 된다.

한편, 알코올 중독자의 가정에서 나타나는 부부관계는 공동의존의 양상을 보이는 경우가 많은데, 알코올 중독자의 배우자는 알코올 중독자가 가정을 파괴한다고 비난하며, 알코올 중독자는 문제의 가정에 적응하기 위해 술을 마신다고 하며 자신을 행동을 합리화시키게 된다. 이에 따라 부부가 서로 비난하고 책임을 전가시켜 알코올 문제는 더욱 심화되고 배우자는 상처를 입게 된다. 이러한 상황에서 알코올 중독자는 단주와 폭주를 반복하게 되고 배우자는 이러한 상황으로부터 도피하고 싶은 생각과 함께 알코올 중독자를 돌봐야 한다는 서로 다른 양가감정을 지니게 되는데 이와 같이 알코올 중독자의 배우자가 알코올 중독자의 증상에 감정적으로 반응하여 문제를 정상적으로 처리하지 못하게 되는 상태를 공동의존이라고 한다(유수현 외, 2010: 202).

대개 알코올 중독자의 배우자는 알코올 중독자의 음주문제에 대해 책임감을 가지려하거나 술을 끊도록 강요하는 노력을 지속적으로 하는 과정에서 심리적 고통을 경험하게 되며, 자녀의 경우 가족체계의 불안정으로 인해 정서적으로 불안하며, 감정표현을 억제하거나 의존적 성향을 갖게 될 수 있다. 이러한 심리사회적 문제 등으로 인해 알코올 중독자의 가족은 소외감, 수치감 등을 경험하게 되며, 사람들과 만나는 것을 회피하고 사회적으로 고립된 생활을 하기도 한다.

(3) 의료사회복지사의 역할

① 개별상담

의료사회복지사는 알코올 중독 환자의 심리적, 사회적 및 경제적 상태를 사정하고 욕구를 파악하여 치료계획을 세우기 위한 면담을 실시한다. 또한 알코올 중독 환자가 자신의 질병에 관한 병식을 갖고, 치료에 대한 동기화가 이루어질 수 있도록 하기 위해 개별상담을 실시한다. 알코올 중독 환자가 입원치료를 받고 있는 동안에는 병실환경에 대한 적응을 도와주기 위해 상담을 실시하기도 하며, 퇴원을 앞두고는 학업이나 직업생활을 재개하거나 새로운 일을 시작할 수 있도록 직업훈련 프로그램에 연결시켜주기 위한 목적으로도 개별상담을 실시한다.

또한 의료사회복지사는 알코올 중독 환자가 퇴원 후에도 단주를 유지할 수 있도록 돕고 알코올 중독 관리를 위한 지속적 서비스를 받을 수 있도록 지역사회 내의 알코올 상담센터와 연결해주기도 하며, 경제적 어려움이 있는 자를 위해서는 도움을 받을 수 있는 지역사회 내의 자원체계와 연결해 주는 업무를 담당하게 된다.

② 가족상담 및 가족치료

의료사회복지사는 알코올 중독 환자의 가족을 대상으로 상담을 실시하여 가족이 알코올 중독이라는 질환에 대해 이해하도록 도우며, 가족이 환자와의 관계에서 느낀 정서적 손상과 박탈감에 대해 공감해주고, 정서적인 치유를 할 수 있도록 지지해주는 역할을 수행한다. 또한 필요한 경우에는 가족의 기능과 관계 회복을 목적으로 하는 가족치료를 실시하여 가족의 건강한 기능이 회복될 수 있도록 전문적인 상담서비스를 제공해주거나 이에 연결시켜주는 역할을 담당한다.

③ 치료집단프로그램 운영

알코올 중독을 치료하기 위한 단주프로그램에 클라이언트가 참여할 경우 의료사회복지사는 집단치료프로그램이나 여가활동프로그램, 사회기술훈련을 실시하여 알코올 중독 환자의 심리사회적 문제를 집단 내에서 다루거나 역할극을 통해 퇴원 후 친구나 동료 등으로부터 술을 마시자는 권유가 있을 때 어떻게 거절해야 하는지에 관한 실제적인 대처방안을 교육하는 역할을 수행한다.

④ 단주친목모임 연계

알코올 중독 환자가 참여하는 대표적인 자조집단모임으로 단주친목[AA: Alcoholic Anonymous]이 있다. 이는 익명의 알코올 중독자들의 모임이라는 뜻으로 12단계를 기초로 하여 술 없이 만족한 삶을 영위하는 방법을 서로 토의하는 모임이다(한인영 외, 2006: 217). 단주친목은 소집단으로 이루어지며, 알코올 문제를 공동으로 해결하고, 다른 사람들이 알코올 중독으로부터 회복될 수 있도록 돕기 위해 서로 간의 경험과 희망을, 그리고 용기와 지지를 함께 나누는 사람들의 공동체로서 남녀노소나 빈부귀천이나 인종차별을 초월하여 자발적으로 결성된 모임이다(유수현 외, 2010: 205). 이 모임은 알코올 중독자들이 자신의 음주 문제를 인식하고 이를 해결하기 위해 함께 영적인 접근에 관심을 기울이는 것을 특징으로 하며, 현재 세계 각국에 모임이 조직되어 있고 수백만의 알코올 중독자들이 참여하는 대표적인 자조집단 모임이다. 단주친목은 자신을 알코올 중독자로 인정하는 사람들이 동병상련의 정으로 모인 집단으로, 이미 술을 끊는 데 성공한 회원들을 동일시함으로써 자신도 술을 끊는 데 도움을 받게 되는 치료적 효과가 있는 집단모임이기도 하다. 이 모임에 속한 회원들은 서로 격려하고 조언하며, 서로 자신의 경험담에 대해 솔직하게 이야기하고 토론함으로써 알코올 중독으로부터 회복할 수 있는 힘과 용기를 서로에게 부여하는 것을 목적으로 한다.

의료사회복지사는 알코올 중독자가 자신의 음주문제를 인지하고 단주에 대한 동기를 보이면 단주친목모임에 참여할 것을 권해야하며, 실제로 참여할 수 있는 단주친목모임에 연계해주는 역할을 수행한다. 알코올 중독자의 배우자나 자녀들을 대상으로 한 가족 자조집단모임도 있으며, 필요시 사회복지사는 이러한 자조집단모임에 환자와 그 가족이 지속적으로 참여할 수 있도록 도움을 주는 역할을 수행한다.

⑤ 알코올 중독 예방을 위한 교육 및 홍보활동

알코올 중독 예방의 중요성이 사회적으로 인식됨에 따라 이에 대한 교육과 홍보 사업의 중요성이 지역사회 내에서 점차 커지고 있다. 의료사회복지사는 지역사회의 주민들을 대상으로 알코올 중독 예방을 위한 교육 및 홍보활동을 수행하기도 한다. 지역사회를 대상으로 한 알코올 중독 예방교육 및 홍보활동은 주로 병원세팅에서 일하는 의료사회복지사보다는 지역사회의 알코올상담센터, 중독관리통합지원센터 등에서 일하는 정신보건사회복지사들이 수행하는 경우가 더욱 빈번하며, 이는 정신보건관련 지역사회 현장에서 일하는 사회복지사의 주요 업무 중의 하나가 되고 있다.

3) 치매

(1) 질병에 대한 이해

① 개념과 증상

치매dementia란 정상적인 지적 수준을 유지하던 성인이 후천적으로 인지기능의 손상 및 인격의 변화를 경험하게 되는 질환으로서 다양한 원인에 의해 뇌신경이 파괴됨으로써 기억력장애, 언어능력 장애, 변뇨실금, 편집증적 사고, 실어증과 같은 정신기능의 전반적인 장애가 나타나 일상생활을 제대로 수행하지 못하는 것을 특징으로 한다. 질병이 진행되는 과정에서 우울증이나 인격장애, 공격성 등의 정신의학적 증세가 동반되기도 하며, 의학계에서는 노화와 유전에 의한 원인성에 주목하고 있지만, 아직 정확한 발병원인과 치료법은 규명되지 않은 상태이다.

치매의 필수 증상은 기억장애와 인지장애인데, 인지장애는 실어증, 실행증, 실인증 또는 실행 기능의 손상 중 최소한 1개 이상을 포함하는 복합적인 인지 결손이 발생한 상태를 지칭한다. 또한 인지결손은 직업적, 사회적 기능에 장해가 유발될 정도로 심하고 병전의 기능 상태와 비교할 때 현저한 저하가 동반되어야 한다(미국정신의학회, DSM-IV, 1995: 184). DSM-IV에 따르면 기억장애는 치매의 진단에 필수적이며 치매의 뚜렷한 초기 증상으로 분류되는데, 치매가 있는 개인들은 새로운 정보를 학습하는 데 장애가 있거나 과거에 학습한 내용을 망각하게 되는 특성을 보인다. 예를 들면, 지갑이나 열쇠 등의 중요 물건을 잃어버리거나 요리를 하던 중에 자신이 요리를 하고 있다는 사실을 망각하기도 하며, 낯선 동네에서 길을 잃어버리기도 한다. 치매가 진행되어 기억장애가 심해지면 이에 따라 개인의 직업, 학교, 생일, 가족을 망각하고, 때로는 심지어 자기 이름까지도 망각하게 된다. 개정된 DSM-5에서는 치매라는 진단명 대신 이를 신경인지장애Neurocognitive disorder의 하위범주로 구분하여, 다양한 원인별로 진단의 범주를 나누어 제시하고 있다(DSM-5, American Psychiatric Association, 2013: 591). 치매의 가장 대표적인 알츠하이머형 치매의 경우 알츠하이머병에 기인한 신경인지장애Neurocognitive disorder due to Alzheimer's Disease로 진단명을 제시하고 있다(DSM-5, American Psychiatric Association, 2013: 614).

치매 환자가 보이는 인지장애로는 언어 기능의 장애를 보이는 실어증, 어떤 운동 행동을 실행하는 능력의 장애인 실행증, 사물을 인지하거나 구별하지 못하는 실인증 등이 대표적이다. 실어증이란 사람과 사물의 이름을 말하는 데 어려움이 있는 것으로 말을 이해하고 글로 쓰여진 문장을 이해하는 능력이 손상되고, 말을 따라 반복하는 능력도 손상되는 것이다. 치매가 더 진행되면 개인은 침묵하게 되기도 하며, 반향 언어증(들은 대로 반복하기) 또는 동어반복증(소리나 단어를 계속적으로 반복하기) 등이 특징적인 언어장애로 나타난다. 실행증이란 운동기능 및 감각기능, 그리고 지시를 이해하는 기능이 정상인데도 어떠한 운동 행동을 실행하는 능력에 장애가 발생하는 것으로 요리를 하거나, 옷을 입고, 그림을 그리는 등의 행동에 장애가 초래된다. 실인증이란 감각기능이 정상인데도 사물을 인지하거나 구별하지 못하는 증상을 보이는 것으로 시력이 정상인데도 사물을 구별하지 못하거나 심지어 가족이나 거울에 비친 자신의 모습도 인식하지 못하게 되기도 한다(미국정신의학회: DSM-IV, 1995: 184-186).

치매를 진단하기 위해서는 정신상태검사[Mental Status Examination]와 신경심리학적 검사를 실시하여 인지장애와 기억장애가 존재하는지를 판별하게 되며, 뇌전산화 단층 촬영[CT], 자기공명영상[MRI] 등을 통해 뇌의 이상이나 손상을 밝혀 감별진단에 활용하기도 한다.

대표적 치매의 유형은 알츠하이머형 치매와 혈관성 치매로 전체 치매의 80~90%를 차지하며, 이외에 다른 질병(피크병, 파킨슨 병, 뇌종양, 인간 면역결핍 바이러스 병 등) 등에 의해 야기되거나 복합적 원인에 기반한 치매도 있다. 알츠하이머병[Alzheimer's disease]은 진행적으로 뇌세포의 퇴화를 가져오는 질병으로 뇌를 손상시켜 기억, 언어 기능에 장애를 초래할 뿐만 아니라 방향 감각과 판단력이 상실되고 인성이 변화되어 종국에 가서는 스스로를 돌볼 수 있는 능력이 상실되는 질환으로 지적 기능을 담당하는 부위의 뇌세포들이 서서히 죽어가면서 치매 증상이 유발되는 것으로 알려져 있다(최명민 외, 1999: 34-35).

발병 연령에 따라 65세 이전에 발병하면 조발성 치매로, 65세 이후에 발병하면 만발성으로 구분하며, 대개 인생의 후반기에 발병하게 되며 85세 이상에서 유병률이 가장 높다.

다음은 정신장애의 진단 및 통계편람(DSM-IV: 195-196)에서 규정하는 알츠하이머형 치매의 진단기준이다.

알츠하이머형 치매[Dementia of the Alzheimer's Type]**의 진단기준**

A. 복합적인 인지결손이 다음의 두 가지 양상으로 나타난다.
　① 기억장애(새로운 정보에 대한 학습 장애 또는 병전에 학습한 정보의 회상 능력의 장애)
　② 다음의 인지장애 가운데 1개(또는 그 이상)
　　a. 실어증(언어장애)
　　b. 실행증(운동기능은 정상이지만 운동 활동의 수행에 장애)

　　이외의 치매로 혈관성 치매는 치매와 원인적으로 관련이 있다고 판단되는 뇌혈관 질환의 증거가 있어야 진단이 가능하며, 기타 일반적인 의학적 상태로 인한 치매는 먼저 일반적인 의학적 상태를 평가한 후 진단을 내리게 되는데 인간면역결핍 바이러스병 HIV Disease으로 인한 치매, 두부 외상Head Trauma으로 인한 치매, 파킨슨병Parkinson's Disease 으로 인한 치매 등이 있다.

② 치료

　　치매는 진행성 질환이며, 한 번 발병하면 현재까지 개발된 치료법으로는 병을 완치 하거나 발병 이전의 상태로 되돌릴 수 없기 때문에 조기발견과 조기치료가 중요하다. 치매의 치료는 질병의 진행을 늦추며, 치매로 인해 나타나는 증상인 인지장애, 정신장 애, 이상 행동증 등을 줄이거나 없애는 것을 목적으로 하는 것이라 할 수 있다. 현재까 지 개발되어 사용되고 있는 약물들은 모두 치매의 진행을 늦추거나 치매에 의해 나타나 는 증상에 대한 치료를 위한 것이지, 치매의 근본적인 원인을 치료할 수 있도록 개발되어 나온 약물은 없는 실정이다. 최근에는 치매환자들이 병의 초기와 중기에 인지능력 저하를 지연시키거나 향상시킬 수 있는 약물들이 개발되어 치매 환자 치료를 위한 일차적 치료 약물로 사용되고 있다.

또한 치매 환자를 위한 주간보호시설이나 요양병원 등에서는 치매 환자들의 인지능력 소실을 지연하고 남아 있는 인지기능을 최대한 유지하며, 정서적 기능을 향상시키기 위한 목적으로 음악치료, 미술치료, 원예치료 등과 같은 다양한 치료활동을 수행하거나 각종 집단활동 프로그램을 제공하고 있다.

(2) 심리사회적 문제

① 치매 환자의 문제
ㄱ. 기억력 및 인지기능의 손실

치매에 걸리게 되면 기억력과 인지기능이 손상되어 단기 또는 장기 기억장애가 발생하고 사물을 분별하거나 특정 상황에 요구되는 행동을 수행하는 능력이 현저히 떨어져 예전과 같이 정상적인 사고나 판단 및 행동이 불가능하게 된다. 이로 인해 치매에 걸린 환자는 사회활동이나 직업적 기능을 수행하는 것이 어려워지며, 상태가 악화되면 언어구사능력이 떨어지고 가족원을 알아보지 못하거나 자신의 집을 찾지 못하는 등의 문제가 발생하게 되어 가족원 또는 누군가에 의해 지속적인 보호가 필요한 상태가 된다.

ㄴ. 독립적인 일상생활 유지 능력 손실

치매가 진행되면 인지기능이 점차적으로 더욱 손상되어 독립적으로 일상생활을 유지하는 기능이 손실된다. 치매환자는 점차로 옷입기, 목욕하기, 식사하기 등 자신의 신변을 관리하는 능력을 잃어버리게 되며, 요리를 하거나 혼자서 외출을 하는 등의 일들을 독립적으로 수행하지 못하게 되어, 상태가 심한 경우는 24시간 누군가로부터 지속적인 보호를 받아야 하는 상황에 직면하게 된다.

ㄷ. 사회적 및 직업적 기능 수행 능력 손상

치매의 증상으로 기억장애, 인지장애가 지속적으로 발생하면 발병 이전에 수행해오던 사회적 활동이나 직업적 기능을 정상적으로 수행할 수 없게 된다. 만약 치매가 65세 이전에 발병하였다면 증상으로 인한 사회적 및 직업적 기능 수행 능력의 손상은 환자에게 더욱 치명적인 영향을 줄 수 있다. 발병 연령에 상관없이 치매가 발생하면 그 동안 지속해오던 사회적 활동 및 역할수행에 더 이상 참여하기 어려워지는데, 이러한 상황은 환자와 가족 모두에게 받아들이기 힘든 현실이 될 수 있다.

② 가족이 경험하는 문제

ㄱ. 보호제공 부담감caregiving burden

치매 환자 가족의 보호제공 부담감이란 치매 환자를 돌보면서 경험하게 되는 심리적, 신체적, 사회경제적인 부담을 통틀어서 일컫는 개념이다. 장기간에 걸쳐 치매 환자를 돌보는 동안 일반적으로 가족들은 다양한 심리적, 신체적, 경제적 부담을 경험하게 된다(이현주 외, 2015: 347). 특히 치매 환자를 돌보는 일차적 보호제공자의 역할을 담당하는 가족원의 경우 24시간 치매 환자를 돌봐야 하기 때문에 신체적 에너지의 고갈과 피로감을 느끼게 되며, 개인적 생활이나 사회활동을 하는 데 많은 제약을 받게 된다. 또한 지속적인 보호제공에도 불구하고 치매 환자의 증상이 호전되지 않고 더욱 나빠지게 되면 가족원은 심리적으로도 소진상태에 이르게 되고, 우울감, 무력감 등의 정서적 고갈상태에 빠져 우울증으로 이어질 수 있는 위험성이 존재한다. 가족원이 경험하는 이러한 보호제공 부담감은 치매 환자의 인지기능에 손상이 심하고, 일상생활기능 수행상의 장애가 심할수록 더욱 높아지며(이혜자, 2006; 김윤정·최혜경, 1993), 주변 사람들로부터 받는 사회적 지지는 이러한 부담을 줄여주는 효과가 있는 것으로 알려져 있다(이준상·박애선, 2008; 송미영·최경구, 2007).

ㄴ. 경제적 문제

치매 환자를 위한 치료와 요양서비스를 이용하는 데에는 경제적 비용이 소요된다. 치매 환자를 가족 내에서 돌보기 어려워 주간보호센터, 요양병원 및 요양시설 등의 보호서비스를 이용하게 되는 경우 가족들은 이에 대한 비용을 지속적으로 지불해야 하는 상황에 직면한다. 치매는 완치되거나 상태가 호전되기 어려운 질환이므로 대부분의 경우 가족들은 치매 환자가 사망할 때까지 장기적으로 치료비나 요양비를 부담해야 하는데 이러한 비용이 가족의 경제에 부담을 주게 될 경우 가족 내 경제적 문제가 발생할 수 있다.

ㄷ. 치매 환자와 가족 간의 갈등

치매의 특성상 인지기능이 손상되고 독립적인 일상생활을 유지하는 능력이 손상되므로 치매 환자는 일차적으로 가족원으로부터 보호를 받게 된다. 이때 치매 환자를 돌보는 가족원이 치매의 증상에 대해 잘 이해하지 못하면 예전과 전혀 다른 모습을 보이는 치매 환자에 대해 낙담하거나 분노할 수 있으며, 가족관계에 문제가 생길 수도 있다. 특히 치매 환자가 편집증적인 증상이나 망상을 보일 때 환자를 돌보는 가족원과의 갈등이 심화될 수 있으며, 가족원들은 치매 환자의 증상에 적절히 대처하지 못해 고통을 받을 수 있다.

(3) 의료사회복지사의 역할

① 일상생활기능평가 및 개별상담

의료사회복지사는 치매 환자의 기능 상태 및 일상생활을 유지할 수 있는 능력이 어느 정도인지를 평가해야 하며, 이를 위해 면담을 실시한다. 환자의 인지적 손상 정도에 따라 면담에서 다룰 수 있는 내용이 달라지겠지만 면담 시 환자의 심리사회적 욕구를 사정하는 것은 중요하며, 제시된 욕구에 따라 필요 시 개별상담을 진행해야 한다. 환자가 치매 환자를 위한 집단프로그램 등에 참여하는 경우에도 개별상담을 함께 병행하여 집단치료프로그램 참여를 독려하고 심리적 지지를 제공하는 것이 필요하다. 또한 의료사회복지사는 환자가 요양원에 입소해 있거나 주간보호센터 등을 이용하는 경우 시설에 대한 적응도가 어느 정도인지 평가해야 하며, 개별상담을 통해 시설에 잘 적응할 수 있도록 도와주고, 정서적 지지를 제공해야 한다. 정서적 지지 제공을 목적으로 한 치매 환자와의 개별상담은 짧게 자주 실시하는 것이 좋다.

② 가족상담 및 가족교육

치매 환자의 가족을 대상으로는 치매에 대한 이해도를 높이고 가족의 대처를 돕기 위한 가족교육을 실시하며, 가족원의 보호제공 부담감을 경감시키기 위한 가족상담을 제공하는 것이 필요하다. 특히 치매 환자의 일차적 보호제공자 역할을 담당하는 가족원을 대상으로 정서적 지지를 제공하는 상담을 정기적으로 제공하는 것이 필요한데 이는 일차적 보호제공자 역할을 담당하는 가족원의 경우 신체적 피로감, 정서적 고갈, 사회활동의 제한 등으로 치매 환자를 돌보는 데 어려움을 경험하는 경우가 많기 때문이다. 그러므로 의료사회복지사는 가족상담을 통해 가족원의 보호제공 역할 수행과 관련된 어려움과 도전이 무엇인지를 파악하고 이를 극복할 수 있도록 함께 대처방안이나 문제해결방안을 강구하고 이를 지원하는 역할을 수행해야 한다.

③ 집단프로그램 운영 및 진행

치매 환자를 대상으로 한 치료시설, 주간보호시설, 요양시설 등에서 의료사회복지사는 활동요법, 음악치료, 미술치료, 원예치료, 동물매개치료 등 다양한 집단프로그램을 계획하고 운영하는 역할을 담당한다. 일반적으로 프로그램의 성격에 따라 의료사회복지사가 직접 프로그램을 진행하거나 또는 전문적인 능력과 기술을 갖춘 치료사나 자원봉사자를 활용하여 프로그램을 진행하기도 한다. 의료사회복지사는 치매 환자의 기능수준에 맞는 프로그램을 준비해야 하며, 거동이 불편한 환자를 프로그램 진행 시 항상 배려해야 한다.

집단프로그램은 치매 환자의 인지기능이 손상되는 것을 지연시키며, 남아있는 정서적 기능과 사회적 기능을 유지시키는 데 일정 부분 기여할 수 있으므로 의료사회복지사는 치매 환자들이 참여할 수 있는 다양한 활동프로그램 및 집단프로그램을 개발하고 운영하는 역할을 수행해야 한다. 이러한 집단프로그램에의 정기적 참여는 실제로 치매노인의 정서적 안정성과 삶의 질을 높이는 데도 기여하는데, 치매 환자를 대상으로 한 집단미술치료의 효과를 검증한 연구에서 미술치료집단에 참여한 치매 환자 집단은 우울감이 유의미하게 감소하고, 삶의 질이 향상되는 긍정적 결과가 나타난 것으로 조사된 바 있다(김선현, 안소연, 2009).

④ 지역사회 내 보호시설이나 요양원 연계

가족원이 가정에서 치매환자를 돌보는 것이 현실적으로 어렵거나 보호제공자 역할을 담당하는 가족원의 신체적, 정신적 소진이 심각할 경우 의료사회복지사는 가족원이 이용할 수 있는 치매 환자 주간보호시설이나 단기보호시설, 요양원 등의 시설을 안내해주고 연계해주는 역할을 담당해야 한다. 의료사회복지사는 가족원의 보호제공 부담감이 어느 정도인지, 가족 내에서 환자를 돌볼 수 있는 기능 수행이 어느 정도까지 가능한지를 파악한 후 각 가족의 욕구와 상황에 맞는 시설을 추천해주고 직접적인 연계 서비스를 제공한다.

⑤ 노인장기요양보험제도 안내

가족원이 치매 환자를 지속적으로 돌보아야 하는 경우 노인장기요양보험제도의 혜택을 받아 요양시설을 이용하거나 재가서비스를 받을 수 있다. 치매 환자의 가족이 이 법에 관해 잘 알지 못할 경우 의료사회복지사는 장기요양보험을 신청하는 방법과 절차에 관해서 구체적으로 알려주고 가족들이 이 제도의 혜택을 받아 경제적 부담감과 보호제공 부담감을 줄이고 치매 환자를 돌볼 수 있도록 도와주는 역할을 담당한다.

3. 응급개입

1) 자살

자살로 사망하는 사람들은 세계적으로 매년 약 80만 명, 우리나라의 경우는 최근 10년 동안 연평균 약 14,000명 정도로 추산되고 있다. 국가적 차원에서도 자살은 매우 중요한 사회문제이기 때문에 최근에는 자살위험군이 가장 먼저 접하게 되는 의료서비스 경로를 관리함으로써 자살예방 및 대처방안의 일환을 모색하고자 '응급실기반 자살위기대응'전략을 시도하고 있다. 따라서 의료사회복지영역의 자살문제에 대한 관심과 실천적 노력은 자살예방에 대한 기여뿐 아니라 인간의 생명존중이라는 사회복지 고유 가치를 실현하는 일이다. 이에 다음에서는 자살과 관련된 의료사회복지실천의 방향성과 역할을 제시하고자 한다.

(1) 자살 관련 개념

자살의 개념과 관련하여 일반적으로 가장 많이 사용되는 개념에는 다음과 같은 세 가지 정의가 포함될 수 있다(한국자살예방협회, 2008).

- 자살사고suicidal thinking: 자살과 연관되어 행동으로 보이기 쉬운 생각들로 스스로 죽음을 초래하고자 하는 생각을 지속하고 반복하는 것
- 자살시도suicide attempt: 스스로를 죽음에 이르도록 할 의도를 가지고 있으나 자살 시도의 결과로 인해 죽음에 이를 만큼 치명적이지 않은 시도
- 자살complete suicide: 자기 파괴적인 의도를 가지고 자살을 시도하였을 때 그 시도로 인해 사망에 이르게 된 경우

(2) 자살위험요인

자살위험요인은 자살을 촉발하는 요인으로 이에 자주 반복적으로 노출되는 동시에 보호요인이 취약한 환경에 처한 사람은 자살위험군의 가능성이 커진다. 따라서 의료사회복지사는 자살위험군을 파악하기 위해 먼저 자살의 위험요인을 이해하고 있어야 하며, 이 자살위험요인과 관련된 클라이언트의 경험을 초기면접 혹은 정보수집 및 사정 단계에서 파악하고 모니터링한다.

표 11-3 | 자살위험요인

자살위험요인	내용
정신병리	• 우울증, 양극성장애, 조현병, 공황장애 등의 정신질환 • 알코올/약물 중독 • 도박, 게임 등 행위중독
자살시도력	• 클라이언트의 자살시도력 • 클라이언트의 가족 혹은 배우자, 자녀, 애인, 친구 등 의미 있는 사람의 자살로 인한 사망이나 자살시도력이 있는 경우
개인내적 요인	• 실패, 자책, 자기처벌적 사고 • 고통, 스트레스에 대한 취약하거나 부적절한 대처 습관 • 충동적, 불안정한 정서 등
생애 사건 혹은 스트레스	• 부당한 대우, 차별 등으로 인한 고립, 소외된 경우 • 실직, 퇴직, 부도 등 갑작스런 경제적 위기에 노출된 경우 • 과도한 경제적, 심리적 부담을 갖게 되는 경우 • 질병: 말기 환자, 정신질환자, 만성질환 혹은 난치성 질환, 신체적 고통이 심한 질환을 앓고 있는 환자 혹은 가족 등 • 가족, 사회적 관계에서의 갈등 • 의존, 신뢰했던 관계의 붕괴 혹은 이혼, 별거, 사별 등 의미있는 관계의 단절 • 학대, 폭력의 피해자 혹은 가해자 • 법적 문제에 노출된 경우
자살직접요인	• 자살사고의 반복, 지속 • 자살준비의 반복, 지속

(3) 자살위험사정 및 평가 면담[28]

자살위험성을 사정하기 위해 의료사회복지사는 다음에 제시한 사정 내용을 적용하여 클라이언트에게 확인하도록 한다.

• 자살생각의 지속 여부를 확인하고 동기를 파악한다.
• 구체적인 자살시도 방법을 사정한다.
• 과거의 자살시도력 및 가족력을 조사한다.

---

28 자살위험사정 면담 내용은 이명수 외(2012)에 제시된 내용을 재구성, 보완하여 제시함.

• 자살예방을 위해 협조할 수 있는 지지 체계를 사정, 평가한다.

클라이언트에게서 자살위험성 혹은 가능성이 있다고 판단될 경우 그 위험성을 직접적으로 확인하고 즉각적으로 개입하기 위해 사용하는데, 이때 어느 하나라도 해당 사항이 있는 경우라면 의료사회복지사는 정신과전문의나 자살예방전문가에게 자문을 구하거나 사례를 의뢰함으로써 클라이언트의 안전을 확보해야한다.

만약, 자살시도자가 입원한 경우라면 퇴원 이후 자살을 재시도할 가능성이 높기 때문에 의료사회복지사는 퇴원 이후 클라이언트의 안전을 보장하고, 심리적 지지를 제공할 수 있는 지지체계를 마련해야 한다. 이때 의료사회복지사의 고려 사항은 다음과 같다.

• 정신건강의학과에 자문하였는가?
• 현재의 자살위험에 대해 평가하였는가?
• 환자와 보호자는 퇴원후의 자살예방을 위해 합의된 약속을 이해하였는가?
• 처방된 약물과 퇴원계획이 적힌 안내문을 제공하였는가?
• 자살위기 시 도움을 받을 수 있는 주요 기관의 연락처를 제공하였는가?
• 다시 병원을 방문해야 할 상황을 클라이언트가 인식할 수 있도록 주요 징후, 증상, 상황들을 교육하였는가?

(4) 의료사회복지사의 역할

① 의료사회복지사의 자살위험군 발굴 경로

ㄱ. 의료진으로부터의 의뢰

정신건강전문의, 응급의학전문의, 통증의학과 등 자살위험군을 자주 접하게 되는 의료진으로부터 자살 문제로 치료를 요하거나 입원 및 퇴원계획 준비, 치료기간 동안 의료사회복지서비스 지원을 필요로 하는 클라이언트가 의뢰될 수 있다. 이때 의료사회복지사는 클라이언트의 자살원인, 수단 등을 확인하고, 추후에도 자살을 준비하고 있는

지 여부 등을 점검함으로써 자살시도로 인한 신체, 심리적 손상을 치료하고, 다른 한편으로는 자살위기를 극복할 수 있도록 지원해야한다.

ㄴ. 자살위험군 혹은 그 가족으로부터의 의뢰

자살위험군 혹은 그 가족이 의료사회복지서비스를 직접 요청할 수 있다. 이 경우, 이들이 용기를 내어 도움을 요청한 행동을 충분히 격려하고, 어떤 도움을 필요로 하는지 이야기할 수 있도록 지지한다. 또한 자살위험군인 클라이언트와 가족의 문제가 지역사회기관과 긴밀한 협력을 통해 관여되어야 할 경우, 의료사회복지사는 클라이언트와 가족에게 지역사회기관 의뢰동의서를 받고 지역사회기관에 의뢰 또는 협력하도록 한다.

ㄷ. 지역사회기관으로부터의 의뢰

지역사회기관 의뢰는 자살 발생 후 119, 경찰이나 파출소로부터 의료기관에 일차 의뢰된 후 의료진을 통해 이차 의뢰된 경우이거나 자살위험군을 사례관리해온 사회복지 혹은 보건기관으로부터 의뢰되는 경우가 많다. 이 경우 의뢰하는 기관으로부터 클라이언트의 상황과 상태에 대해 정확한 정보를 수집하고, 클라이언트를 맞이할 준비를 해야 한다. 지역사회로부터 의료기관에 의뢰된 자살위험군의 경우 수치감을 느끼거나 비자발적 의뢰로 인해 치료를 거부할 가능성이 높으므로 의료사회복지사는 클라이언트의 저항이나 거부감에 대해 세심한 사정을 하고, 이들이 전문가의 도움에 동의하고 이를 수용할 수 있도록 지지해야 한다.

② 의료사회복지사의 역할

2013년부터 각 응급의료센터의 자원과 여건에 맞는 프로토콜의 운영을 통해 각 지역에서 운용할 수 있는 정신건강 서비스 제공자를 파악하고 연계하도록 하는 '응급실기반 자살위기대응 시스템'이 운영되고 있다. 이는 필요시 응급실에 내원한 자살위험군 혹은 시도자에 대해 일정 수준 이상의 정신과적 평가와 자살위험을 판단하고 연계함으로써 자살예방 기능을 강화하기 위한 전략이다. 〈그림 11-2〉는 응급실 기반 자살예방 사업 프로토콜 알고리즘이다.

그림 11-2 | 응급의료체계 프로토콜 알고리즘

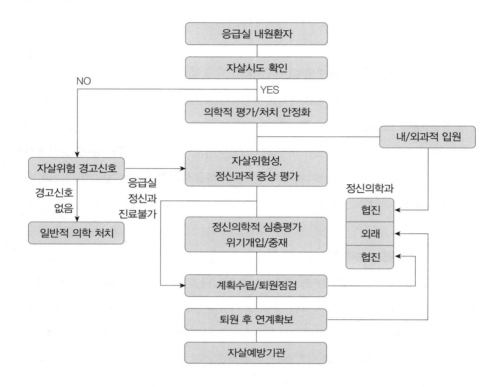

이와 같이 의료기관이 자살예방에 주요한 전달체계로서 관여하고 있기 때문에 의료사회복지사 역시 자살위험군과 그 가족에 대해 적절한 지원방안을 마련하고 제공할 수 있어야 한다. 이에 자살예방을 위한 의료사회복지사의 중요한 세 가지 역할을 살펴보고자 한다.

- 상담가: 의료사회복지사의 상담은 정신의학이나 심리상담과 달리 자살을 우울로 인한 병리나 심리적 문제로만 보는 것이 아니라 자살에 영향을 미치는 클라이언트의 심리사회적 상태와 개인적 특성, 그리고 이 문제를 극복할 수 있는 강점과 자원 등을 고려하여 수행하는 것이다. 의료사회복지사는 클라이언트에 대해 '전체로서의 인간whole person' 관점, 통합적 관점, 강점 관점에 기반한 상담을 제공해야 하며 클라이언트가 필요로 하는 심리사회적 접근과 더불어 문화적이고 영적인

^{spiritual} 접근을 할 수 있어야 한다.

- 지지자: 자살위험에 노출된 클라이언트의 경우 소외, 고립, 차별, 무기력 등을 경험한다. 따라서 의료사회복지사의 이들에 대한 지지는 매우 중요한 의미를 갖는다. 여기서 지지자로서의 역할은 클라이언트 입장에서의 경청, 공감, 감정이입뿐 아니라 경우에 따라 이들의 차별과 불합리한 고립에 대해 옹호자, 대변자의 역할을 포함하는 포괄적인 기능을 수행하는 것을 의미한다.
- 교육자 · 정보제공자: 자살에 대한 사회적 편견으로 인해 클라이언트는 자신이 자살을 생각하고 있거나 시도했던 경험에 대해 이야기하고 도움을 요청하기 꺼려한다. 그렇기 때문에 의료사회복지사는 이들이 마음 편하게 도움을 요청할 수 있는 지역사회 자원(예: 자살예방센터, 정신건강위기상담 1577-0199)에 대한 정보를 제공하고, 자신의 문제가 사회적 도움을 통해 극복될 수 있다는 인식으로 변화될 수 있도록 필요한 교육과 정보를 제공하여야 한다.

2) 학대와 폭력

(1) 학대와 폭력 개념

학대와 폭력은 우리 사회에서 보호를 필요로 하는 취약한 대상의 안전을 위협하는 심각한 사회문제이며, 강력한 법적 보호가 필요한 영역이기 때문에 먼저 제도적 측면에서 개념을 살펴볼 필요성이 있다. 다음 〈표 11-4〉에 아동학대, 노인학대, 가정폭력, 성폭력관련 법에서 제시하는 개념을 정리하였다.

이상에서 제시된 바와 같이 학대와 폭력은 보호를 제공하거나 힘을 가진 사람이 보호를 받아야 하거나 상대적으로 힘이 약한 사람에 대해 행하는 일방적이고 공격적인 행동이며, 이러한 행위는 피해를 받은 사람의 인간으로서의 기본적인 권리를 침해하는 것이다. 학대와 폭력에 노출된 사람은 심각한 신체적, 정서적, 영적 손상을 입을 수 있고, 적절한 지지와 도움이 제공되지 않을 경우 그 손상과 트라우마가 장기간 지속되어 신체적 및 정신적 건강에 부정적인 영향을 미칠 수 있다.

표 11-4 학대와 폭력에 대한 제도적 차원의 정의

구분	내용
아동학대	보호자를 포함한 성인이 아동의 건강 또는 복지를 해치거나 정상적 발달을 저해할 수 있는 신체적·정신적·성적 폭력이나 가혹행위를 하는 것과 아동의 보호자가 아동을 유기하거나 방임하는 것(아동복지법 제3조 제7호) 1. 아동을 매매하는 행위 2. 아동에게 음란한 행위를 시키거나 이를 매개하는 행위 또는 아동에게 성적 수치심을 주는 성희롱 등의 성적 학대행위 3. 아동의 신체에 손상을 주거나 신체의 건강 및 발달을 해치는 신체적 학대행위 4. 삭제〈2014. 1. 28.〉 5. 아동의 정신건강 및 발달에 해를 끼치는 정서적 학대행위 6. 자신의 보호·감독을 받는 아동을 유기하거나 의식주를 포함한 기본적 보호·양육·치료 및 교육을 소홀히 하는 방임행위 7. 장애를 가진 아동을 공중에 관람시키는 행위 8. 아동에게 구걸을 시키거나 아동을 이용하여 구걸하는 행위 9. 공중의 오락 또는 흥행을 목적으로 아동의 건강 또는 안전에 유해한 곡예를 시키는 행위 또는 이를 위하여 아동을 제3자에게 인도하는 행위 10. 정당한 권한을 가진 알선기관 외의 자가 아동의 양육을 알선하고 금품을 취득하거나 금품을 요구 또는 약속하는 행위 11. 아동을 위하여 증여 또는 급여된 금품을 그 목적 외의 용도로 사용하는 행위(아동복지법 제17조)
노인학대	1. 노인의 신체에 폭행을 가하거나 상해를 입히는 행위 2. 노인에게 성적 수치심을 주는 성폭행·성희롱 등의 행위 3. 자신의 보호·감독을 받는 노인을 유기하거나 의식주를 포함한 기본적 보호 및 치료를 소홀히 하는 방임행위 4. 노인에게 구걸을 하게 하거나 노인을 이용하여 구걸하는 행위 5. 노인을 위하여 증여 또는 급여된 금품을 그 목적 외 용도에 사용하는 행위 6. 폭언, 협박, 위협 등으로 노인의 정신건강에 해를 끼치는 정서적 학대행위 (노인복지법 제39조 제9호)
가정폭력	가정구성원 사이의 신체적, 정신적, 또는 재산상 피해를 수반하는 행위 (가정폭력범죄의 처벌 등에 관한 특례법 제2조 제1호)
성폭력	추행, 간음 또는 성매매와 성적 착취를 목적으로 약취, 유인, 매매된 사람을 상해하거나 상해에 이르게 한 경우 (성폭력범죄의 처벌 등에 관한 특례법 제2조 제2호의 일부)

(2) 학대와 폭력 피해자의 주요 증상

학대나 폭력에 노출된 피해자의 경우 심리사회적 외상을 경험하게 된다. 이들이 경험하는 주요 증상에는 우울, 불안, 신체화 증상, 무기력감, 낮은 자존감, PTSD 등을 비

표 11–5 | 학대나 폭력 피해자의 주요 증상

구분	내용
신체적 증상	• 영양부족, 혹은 영양실조 • 타박상, 골절 • 폭력 유형에 따른 신체적 손상과 질병, 후유증
심리행동적 증상	• 우울, 불안, 분노, PTSD • 악몽, 반복적인 회상 • 무기력감, 낮은 자존감, 자기비난, 죄책감, 두려움 • 신체화증상, 수면장애 • 자해, 자살시도, 비행 등
사회적 증상	• 대인관계 능력 쇠퇴 • 과업수행력 및 성취도 감소 • 취미 등 즐기던 행동 • 사회적 소외 • 가족갈등

롯하여 자살 충동에 이르기까지 극단적인 문제들이 포함된다. 또한 이들은 사회적으로 는 학업이나 직업에서의 과업성취도가 낮아지고 평소 가까이 지냈던 친구, 이웃 등과의 사회적 관계에도 소극적이 되거나 만남을 기피하는 등 스스로를 사회적 관계로부터 고 립시키는 경우가 많다(Kendall-Tackett, Williams & Finkelhor, 1993; Polusny & Follette, 1995).

더욱이 학대나 폭력에 노출된 피해자의 경우 그 가족에게도 많은 심리사회적 변화 들이 나타날 수 있다. 가족들이 주로 경험하는 증상들은 다음과 같다(Deblinger, Hatha-way, Lippmann & Steer, 1993; Plummer, 2006; Regehr, 1990; 김경희, 2009; 박지영, 2010; 한인영 외, 2014)

- 무기력감, 불안, 우울
- 고립, 충격, 악몽, 회상
- 가족 내 갈등과 책임 회피, 상호 비난 혹은 과도한 죄책감, 자기비난, 가족의 폐쇄 적인 관계 강화로 인한 외부와의 단절 등
- 사회적 분노와 불신

• 외부 도움에 대한 불신, 거부, 저항 등

따라서 의료사회복지사는 학대와 폭력문제를 지닌 클라이언트를 대상으로 일할 때 클라이언트 당사자뿐 아니라 그 가족에 대해서도 욕구를 사정하고 필요한 직접 및 간접적 지원을 제공해야 한다.

(3) 학대와 폭력피해 클라이언트에 대한 사정

의료기관 내 학대나 폭력 사례로 파악된 클라이언트에 대해 의료사회복지사는 일차적으로 피해자인 클라이언트 보호와 클라이언트에게 가장 적절한 치료 및 심리사회적 지원이 이루어질 수 있도록 정확한 사정을 수행해야 한다(Coughlan, D., 2004). 의료사회복지사가 우선적으로 다루어야 하는 주요 사정 내용은 다음과 같다.

• 피해자의 손상된 상태에 대한 진단, 치료, 관련 기록
• 학대, 폭력 피해유형 또는 학대, 폭력을 초래한 행위 파악
• 학대, 폭력 관련 전문기관 혹은 수사기관에 신고
• 당사자 혹은 보호자 동의하에 클라이언트가 인지하고 있는 어려움

학대와 폭력은 위기상황이자 응급상황이므로 의료사회복지사는 신속하고 정확하게 필요한 내용을 사정하고, 적절한 대처와 지원을 수행해야 한다. 이때, 무엇보다도 클라이언트 당사자 혹은 보호자의 동의를 받는 것이 중요하다. 일반적으로 클라이언트나 가족, 보호자로부터 적극적인 법적, 의료적 대처에 대해 동의를 받는 것이 쉽지 않으나, 의료사회복지사는 인내심을 갖고 클라이언트를 지원해야 하는데, 과정에서 다음 내용에 유의해야 한다.

• 의료사회복지사에게 진술한 내용 혹은 의료적 정보는 비밀보장이 된다는 것을 알리도록 한다. 단 경우에 따라 클라이언트의 보호를 위해 이러한 정보를 전문기관

에 제공하는 것은 비밀보장 원칙과 상관없이 의료사회복지사의 의무임을 고지하도록 한다.

• 만약 클라이언트에게 필요한 도움이나 법적, 의료적 절차를 지원하는 과정에서 보호자와 클라이언트의 의견이 상충할 경우 의료사회복지사는 클라이언트의 관심과 욕구를 우선하여 보호하도록 한다.

• 이 모든 과정을 반드시 기록으로 남기고, 필요하다면 소속 기관이나 부서를 통해 공식적으로 관련 전문기관의 자문을 요청하여, 클라이언트에게 가장 적합하고 필요한 도움을 제공하도록 한다.

(4) 의료사회복지사의 역할

학대와 폭력의 희생자인 클라이언트와 함께 일할 때 의료사회복지사는 다음의 역할을 수행하게 된다.

① 신고자
「의료법」 제3조 제1항에 따른 의료기관의 장과 그 의료기관에 종사하는 의료인 및 의료기사는 아동학대, 노인학대, 가정폭력, 성폭력을 알게 된 때에는 즉시 그 관련 기관[29]이나 수사기관에 신고하여야 한다[30]는 법률 근거에 따라 의료사회복지사 역시 이러한 정황에서 학대 및 폭력 피해자 보호를 위해 이러한 신고의무를 갖는다.

② 임상가
학대나 폭력에 노출된 클라이언트는 의료기관 내에서 자신이 피해자로 다뤄지기를 바라지 않는다. 오히려 이러한 사실들이 알려졌을 때, 수치감, 창피함 등을 느낄 수 있기 때문에 의료사회복지사는 클라이언트의 이러한 심리적 특성을 잘 이해하고 적절한

---

29 아동보호전문기관, 노인보호전문기관, 해바라기센터, 성폭력 및 가정폭력상담소 등
30 아동학대범죄의 처벌 등에 관한 특례법 제10조(아동학대범죄 신고의무와 절차), 노인복지법 제29조의6(노인학대신고의무와 절차 등)에서 이러한 규정을 두고 있음.

치료가 진행될 수 있도록 입원계획을 세우고, 입원 및 외래 치료과정을 잘 모니터링함으로써 클라이언트가 치료를 거부하거나 중단하지 않도록 하는 것이 중요하다. 또한 퇴원을 앞둔 상태에서는 치료효과가 퇴원 후 일상생활에서 잘 유지되고, 일상기능을 잘 수행할 수 있도록 클라이언트의 동의하에 지역사회에 클라이언트를 지원할 수 있는 전문기관을 연계하거나 필요시 지속적인 사후지원계획을 세우도록 한다.

③ 상담자/지지자

클라이언트는 치료과정에서 많은 심리적 변화를 경험하게 되고, 시간이 지남에 따라 자신이 경험한 학대, 폭력에 대한 기억, 느낌에도 여러 변화를 경험한다. 따라서 의료사회복지사는 클라이언트가 경험하는 혼란스러운 심리적, 감정적 변화를 이해하고, 그 변화상태에 적합한 상담을 제공하도록 한다. 의료사회복지에서 학대와 폭력관련 상담의 목적은 클라이언트의 심리, 신체적 상태가 일상생활을 유지하고, 자신에게 필요한 서비스를 이용할 수 있는 정도의 심리적 힘을 갖추는 데 있다. 따라서 의료사회복지사는 클라이언트가 느끼고 있는 불안, 두려움, 분노와 같은 고통스러운 감정을 충분히 표현하고 해소하도록 돕는 동시에 다른 한편으로는 긍정적인 미래와 이러한 문제를 극복해나갈 수 있는 클라이언트 스스로의 역량을 클라이언트 자신이 신뢰할 수 있도록 격려를 제공해야 한다.

④ 연계자/중개자

학대와 폭력의 문제에 직면할 때 의료사회복지사는 클라이언트 보호를 위해 여러 전문기관들과 협력할 수 있다. 〈그림 11-3〉에 제시된 바와 같이 학대와 관련해서 의료사회복지사가 연계하고 협력해야 하는 기관에는 학대판정, 법적 절차 지원, 위기상담 등을 제공하는 아동/보호전문기관과 피해자를 보호하는 쉼터 등이 있다. 또한 가정폭력, 성폭력, 성매매 등의 문제와 관련해서는 해바라기센터, 성폭력 및 가정폭력상담소 등과 협력할 수 있다. 그러므로 의료사회복지사는 자신이 속한 의료기관의 해당지역의 아동/노인보호전문기관, 쉼터, 해바라기센터, 성폭력 및 가정폭력상담소와 같은 전문기관의 명단과 연락처를 확보하고, 필요시 즉각적인 연계가 이루어질 수 있도록 위기대

그림 11-3 | 아동 및 노인학대방지 지원체계(보건복지부, 2015)

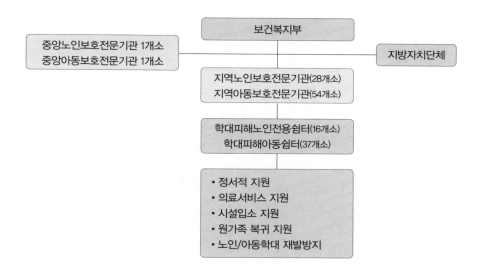

응 네트워크를 구축하는 것이 필요하다.

의료사회복지사의 역량강화

1. 의료사회복지사의 길 찾기

이 절에서는 의료사회복지사로서 진로 선택을 돕는 내용을 다루도록 할 것이다. 이를 위하여 의료사회복지를 사회복지교육과정에서 다루는 이유를 점검해보고, 의료사회복지사로서 진로를 설정할 때 사전에 알아야 할 사항들, 그리고 의료사회복지사로서 역량을 갖추기 위하여 예비사회복지사로서 기울여야 할 노력들을 제시할 것이다.

우선 사회복지학도로서 의료사회복지론을 배워야 하는 이유는 크게 두 가지라고 할 수 있다(임춘식 등, 2007). 첫째는 의료사회복지가 무엇이며 의료사회복지사가 어떤 역할을 수행하는지에 대한 정보를 얻음으로써, 의료사회복지분야가 자신의 적성에 맞는지를 탐색해보기 위한 것이다. 그리고 만약 이 분야로 자신의 진로를 잡고자 하는 경우라면 이 교과목을 통하여 의료사회복지사에게 필요한 전문적 지식을 습득하고 이와 관련된 직간접적인 경험을 해보는 의미가 있겠다. 둘째는 의료사회복지사로서의 길을 가지 않더라도 사회복지사라면 어느 분야에서든지 클라이언트의 건강과 관련된 욕구나 질병과 관련된 문제들을 다뤄야 하는 경우가 많기 때문에 이 교과목을 배우는 의미가 있을 것이다. 사회복지 현장에는 질병이나 건강 문제로 고통을 경험하며 의료서비스를 필요로 하는 클라이언트들이 존재하기 마련이다. 따라서 사회복지사는 의료사회복지에 대한 기본적인 이해를 바탕으로 적절한 의료복지 자원을 연결하거나 관련 정보를 제공할 수 있는 능력을 갖추는 것이 필요하다.

그리고 만약 첫 번째와 같이 의료사회복지사로서의 진로를 모색하는 경우라면, 다음과 같은 사실들을 고려하여 자신을 점검해보아야 한다.

- 보건 현장은 질병이나 수술, 때로는 죽음과 같이 삶과 직결된 무거운 문제들을 가까이에서 접하고 이를 다루는 곳이므로 이러한 문제를 접하고 다루는 것이 자신의 적성과 가치에 맞는지를 생각해보아야 한다. 물론 사회복지사가 환자의 의료적 문제를 직접 다루거나 진료를 하지는 않지만, 신체적 또는 정신적 질병과 그로 인한 손상으로 고통 받는 환자 및 그 가족들과 가까이 있으면서 이들과 함께 일해야 한다는 점에서 자신이 이러한 부분을 감당할 수 있는지 여부를 잘 생각해 보아야 한다.

- 보건 및 의료세팅은 사회복지사의 입장에서는 2차 세팅secondary setting이므로, 오히려 사회복지사가 주가 되는 1차 세팅에 비해, 사회복지사로서의 정체성이 더욱 요구된다는 사실을 명심해야 한다. 다시 말하면 보건 및 의료조직에서 사회복지사는 다른 전문직들에 비해 소수minority로서 존재하는 것이 사실이기 때문이다. 그런 점에서 만약 사회복지사로서의 정체성을 갖지 못한 채, 타 전문직의 속성에 매료되어 이를 따라 하고자 하는 경우라면, 사회복지사에게 요구되는 독특한 기능을 수행하기 어려울 뿐 아니라, 궁극적으로는 존재의 이유를 상실하게 된다. 또는 하얀 가운, 깨끗한 병원 건물과 같은 어떤 이미지에 의해 의료사회복지를 선택한 경우에는 그러한 환상이 깨질 경우, 소진으로 이어지기 쉽다. 그러므로 우선 자신이 의료세팅에 대한 어떤 환상에 의해 호감을 갖는 것은 아닌지도 점검해보는 것이 좋겠다. 그 후에도 자신이 의료사회복지의 길을 선택하고자 한다면, 우선 사회복지사로서 정체성과 역할을 확고히 인식해야 하며, 이것이 보건 현장에서 어떻게 적용되어야 할지를 모색해야 한다.

- 아마도 우리 사회에 존재하는 조직 중 보건 및 의료조직만큼 다학문적 배경을 가

진 전문가들과 함께 일하는 곳도 드물 것이다. 그런 점에서 자신이 다양한 차이를 인정하고 다른 관점과 지식을 갖춘 사람들과 조화를 이룰 수 있는 사람인지를 점검해야 한다. 즉, 나와 다른 배경을 가진 사람과도 소통하고 함께 일할 수 있는 마음 자세와 인간관계 능력이 요구된다.

• 그동안 우리 사회와 보건 현장에서 의료사회복지에 대한 인식이 많이 발전해 왔지만, 여전히 그 충분성 면에서는 만족할 만한 수준에 이르고 있지 못하다. 따라서 사회복지사가 의료 조직에서 어떤 역할을 하고 또 얼마나 적절히 해내는가 하는 부분은 사회복지사의 개인적 역량에 달린 경우가 많다. 그런 점에서 의료사회복지사는 보건현장에서 요구되는 행정 및 임상 부분의 실천 능력을 갖춰야 하며, 자신의 역할을 만들고 발전시켜나가는 진취적인 태도를 필요로 한다.

이렇듯 치열한 삶의 현장에서 사회복지사로서 일하는 데에 자긍심을 갖고 전문적인 역량을 키워가고자 하는 경우에 의료사회복지사로서의 길을 선택하는 것이 적절할 것이다. 물론 이러한 요소들을 처음부터 갖추고 있는 경우는 드물겠지만, 위의 속성들과 관련하여 자신의 속성과 능력을 이러한 방향으로 지속적으로 개발하고자 한다면, 의료사회복지사의 길을 모색해도 좋을 것이다.

그렇다면 의료사회복지사가 되기 위해서는 어떤 경로를 밟아야 하는지, 그리고 각 과정에서 구체적으로 어떤 준비가 필요한지를 살펴보도록 하자.

1) 자원봉사활동으로 경험 쌓기

우선 의료사회복지사로서의 진로에 관심이 있다면 자원봉사를 해볼 것을 권한다. 병원의 각 영역에서 일반적으로 이뤄지는 자원봉사도 의료조직의 다양한 특성들을 이해하기에 좋겠지만, 사회사업실이나 의료사회복지실과 같은 의료사회복지조직에서 하는 자원봉사는 사회복지사의 역할이나 업무 등을 직간접적으로 체험해 볼 수 있다는 점에서 더 도움이 될 것이다. 물론 병원 외에도 다양한 보건 영역이 있을 수 있으므로, 보건소, 지역사회정신건강센터, 질병과 관련된 후원기관, 호스피스기관 등에도 관심을 가져볼 만하다.

자원봉사는 자신의 생활반경과 너무 떨어지지 않고 교통이 편리해야 지속적으로 다닐 수 있어서 좋다. 자원봉사를 시작했다면 자원봉사 기회를 주는 조직뿐 아니라 자신을 위해 적어도 한 학기에서 1년 이상은 유지하는 것이 바람직하기 때문이다.

사회복지전공자로서 자원봉사활동을 경험하는 것은 크게 두 가지로 구분해볼 수 있다. 우선은 일반 자원봉사자의 역할과 유사한 역할을 수행하면서 보건 및 의료환경을 이해하고 의료사회복지사의 역할도 간접적으로 경험하는 것이다. 두 번째는 사회복지전공을 좀 더 살려서 자원봉사활동을 하는 경우이다. 여기에는 의료행정 보조나 서류작업에서부터 사회복지사의 임상업무를 보조하거나 프로그램 공동 진행자로 참석하는 일까지 포함될 수 있다. 특히 집단 프로그램이나 교육, 캠프 활동들은 보다 구체적인 사회복지사의 활동을 경험할 수 있는 좋은 기회가 될 수 있다. 일반적으로 클라이언트를 직접 만날 수 있는 기회가 주어지는 것은 대부분 그 이전의 자원봉사를 통해 신뢰를 쌓아온 경우에 가능하다. 그런 측면에서 자원봉사 활동이 실습으로 이어지기도 하고 또 실습이 이후의 자원봉사활동으로 이어지기도 한다.

때때로 자원봉사를 하는 학생들 중에는 자원봉사를 통해 보다 전문적인 일을 경험하고 싶은데, 그런 기회가 없는 것을 아쉬워하는 경우가 있다. 그러나 조직의 입장에서는 검증되지 않은 사람에게 클라이언트를 대상으로 하는 전문적일 일을 맡기기 어렵다는 점을 사전에 인지하고 현실적인 기대를 가지는 것이 좋다. 특히, 자원봉사자와 클라이언트가 1:1로 만나게 되는 경험은 드문 것이 사실이다. 만약, 자원봉사자로서 클라이언트를 대면하게 되는 경우에는 준전문가로서 성실한 준비와 자세로 임하고 자신의 역량을 최대한 발휘해보도록 해야 한다.

2) 의료사회복지실습 제대로 하기

의료사회복지사가 되고자 한다면, 사회복지현장실습을 보건 및 의료현장에서 하는 것이 필수적이라고 해도 과언이 아니다. 실습을 위해서는 우선 〈인간행동과 사회환경〉, 〈사회복지실천론〉, 〈사회복지실천기술론〉 등 실천에 관련된 기초 과목들을 수강해 두는 것이 도움이 되며, 특히 〈의료사회복지론〉을 수강할 것이 권장된다. 또한 정신의료 영역을 다루게 될 수도 있으므로 〈정신건강론〉과 〈정신보건사회복지론〉 역시 수강하는 것이 좋다.

일반적으로 의료사회복지 실습이 가능한 기관에 비해 의료사회복지실습을 지원하는 학생들의 수가 더 많은 편이므로, 사전에 자원봉사 등을 통해 관계를 형성해두거나 보건 및 의료 조직환경에 익숙하게 해두는 것이 도움이 될 것이다. 그러나 자신이 자원봉사를 했던 곳에서 실습을 하는 경우도 많지만, 자원봉사 현장에서 할 수 없었던 또 다른 경험의 폭을 넓히기 위해 다른 보건 현장을 선택하는 것도 좋은 방법이다. 이렇듯 의료사회복지실습기관은 자원봉사나 개인적 인맥 또는 정보를 통해 연결할 수도 있지만, 대한의료사회복지사협회 홈페이지(http://www.kamsw.or.kr/)와 같은 사이트의 인터넷 공고를 참조하는 것도 유용한 방법이다. 다음 〈그림 12-1〉은 협회 홈페이지의 실습 및 수련병원 소개 화면이다. 그러나 이런 협회 홈페이지는 각 기관의 상황을 신속하게 업데이트하기에는 한계가 있기 때문에 자신이 관심을 갖고 있는 병원이나 단체에 직접

그림 12-1 | 대한의료사회복지사협회 홈페이지 실습 및 수련병원 찾기 화면

문의를 해보는 것이 더 도움이 될 것이다.

의료사회복지 실습을 하기에 적합한 기관으로서 갖춰야 할 조건으로는 다음과 같은 것을 들 수 있다.

- 의료사회복지사나 의료사회복지조직이 독립적으로 구성되어 있는 곳
- 의료사회복지사가 본연의 임상업무와 행정업무를 모두 담당하고 있는 곳
- 수퍼바이저의 임상경험이 풍부하고 타 전문직으로부터 인정을 받아 팀워크가 잘 이뤄지고 있는 곳
- 실습생이 직접 기록이나 서비스 진행과정 등을 관찰 또는 참여할 수 있는 곳
- 실습체계가 잘 갖춰져 있고 실습경험이 많은 곳

물론, 이 조건들은 필수적인 것이 아니라 이런 속성들을 가능한 많이 갖출수록 좋다는 의미이며, 개인의 욕구나 조직의 상황에 따라 다를 수 있다. 의료현장에서의 실습은 담당 수퍼바이저나 의료사회복지조직 내에서만 이뤄지는 것이 아니고 다양한 영역과 전문직들, 그리고 환자 및 그 가족과의 만남을 통해 이뤄지는 경우가 많으므로 보다 신중하고 성실한 자세가 요구된다는 점을 명심해야 한다.

3) 수련과정 통한 자격증 취득하기

의료사회복지사로 활동하기 위한 전 단계로 수련과정과 시험을 통한 의료사회복지사 자격증 취득과정이 있다. 이 자격은 한국사회복지사협회와 대한의료사회복지사협회에서 주관하는 것으로서, 협회에서 지정한 보건 및 의료관련기관에서 1년간의 수련을 받고 자격증 시험을 통과한 사람에게 부여된다.

이 자격은 국가제도 차원의 자격이 아니고, 모든 보건 및 의료 조직에서 요구하는 것도 아니지만,[31] 대부분의 의료 및 보건 조직에서 근무하는 사회복지사들은 대한의료사

---

31 이에 비견되는 것이 '정신보건 전문요원' 자격인데, 이것은 보건복지부에서 인정하는 자격으로서, 여기에는 사회복지 외에 간호와 심리 분야의 전문직이 포함되어 있다. 정신보건전문요원 자격 취득을 위해서는 보건

회복지사협회에 소속되어 있기 때문에, 이 자격을 갖고 있는 것이 취업에 유리한 것이 사실이다.

우선, 수련을 하기 위해서는 사회복지사 1급 자격이 요구된다. 수련병원은 대한의료사회복지사협회에 지역별로 공지되어 있으며, 수련생 모집공고도 게시되므로 이를 참조하는 것이 도움이 될 것이다. 지원은 해당 병원 및 조직에 개별적으로 하며, 보통 서류전형, 시험, 면접 등을 통해 선발하되, 각 병원마다 차이가 있으므로 이를 잘 알아 두는 것이 필요하겠다. 일반적으로 수련은 매 해 1~3월 사이에 시작되므로, 졸업생이라면 사전에 공지사항을 살펴보고 졸업 이전에라도 지원하는 것이 좋다. 단, 이 경우 수련과 1급 자격증 취득의 시기가 겹쳐져서 수련을 시작해 놓고도 1급 자격증 취득에 실패하여 도중에 수련을 중단하는 경우도 있으므로, 1급 자격증 취득에 좀 더 신경을 써야 한다. 수련기간 동안에는 준 직원으로서 활동하며, 급여를 일부 받기도 한다.

수련을 마친 뒤에는 대한의료사회복지사협회 주관으로 자격시험을 치른다. 응시자격은 다음의 조항을 모두 충족하는 것이다(2016년도 자격시험요강 기준).

- 사회복지사 1급 자격증 소지자
- 의료기관에서 의료사회복지 실무경력 1년 이상인 자
- 응시원서 마감일까지 최근 3년간 연회비 납부 의무를 이행한 자
- 응시원서 마감일까지 최근년도 협회 인증 연수평점 20점 이상 취득한 자

시험과목은 〈의료사회사업실무론〉, 〈의료사회복지윤리〉, 〈의료사회복지제도 및 법제〉, 〈의료사회사업 사례분석〉으로 구성된다. 앞의 세 과목의 합이 50점이며 의료사회사업 사례분석에 50점이 배정된다. 합격은 총 100점 만점에 60점 이상의 기준을 두고 있다.

복지부에서 지정한 정신보건기관에서 1년간의 수련과정을 밟은 후 시험을 치르도록 하고 있으며, 정신보건 분야의 취업을 위한 필수요건으로 인식되고 있다.

4) 의료사회복지사로 취업하기

의료사회복지사 자격을 취득하였다면 보건 및 의료 관련 분야로 취업하는 일이 남았다. 이 역시 한 순간의 운에 따라 결정된다기보다는 앞에서 살펴본 자원봉사, 실습, 그리고 수련과정을 통해 기회가 주어지는 경우가 많다는 점을 명심해야 한다. 또한 취업에 대한 정보 역시 대한의료사회복지사협회 홈페이지에 공시된 자료를 통해 얻는 것이 가장 폭이 넓으면서도 정확하다고 할 수 있다.

의료사회복지사로 활동할 수 있는 기관들로 제일 많이 생각하는 곳은 종합병원이나 대학병원이지만 이 외에도 진료과별 개인병의원, 요양병원, 호스피스기관, 보건소, 각종 상담소 등을 비롯하여 의료비를 지원하는 NGO나 재단, 보건사업을 수행하는 복지기관까지 다양하다. 따라서 진로를 너무 한정짓기보다는 기본에 충실하면서 상황에 따라서 취업지를 모색하는 것이 바람직하다.

한편 보건 및 의료 사회복지 쪽 취업과 관련하여, 의료사회복지사가 되는 데에 학사 졸업의 학력만으로 충분한지, 대학원 학력이 필요한 것은 아닌지에 대한 의문을 갖는 경우들이 있다. 이와 관련해서는, 일반적으로 사회복지계에서 의료 및 보건 현장의 사회복지사들의 학력수준이 상대적으로 높은 점을 고려해볼 수 있다. 또한 장기적으로 의료현장에 근무할 것을 생각한다면, 타 전문직과의 관계나 전문성 향상을 위해 궁극적으로 대학원 진학을 고려하는 것이 도움이 될 수 있다. 그러나 현실적으로 대학원 학력이 의료사회복지사가 되기 위한 사전 조건이 되기도 하지만, 취업 후에 지속적인 자기관리 및 계발 차원에서 이뤄지는 경우도 많으므로, 이는 개인의 선택에 관한 문제라고 할 것이다.

2. 의료사회복지사로서의 자기계발

보건 및 의료현장은 어느 장^{*}이나 분야보다도 각 전문직의 전문성을 요구하며 여기에 의료사회복지사 역시 예외일 수 없다. 그 이유는 다음과 같다.

- 사람을 대상으로 한 직접적인 대인 서비스를 제공함.
- 생과 사를 비롯한 삶의 중요한 결정을 다룸.
- 가치와 윤리가 포함된 여러 가지 이슈를 다룸.
- 조직에서 요구하는 각각의 역할에 따라 세분화되어 있음.
- 다양한 타 분야 전문직들과 함께 협력하여 일함.

특히, 사회복지사에게 보건 및 의료 현장은 대부분 사회복지사가 주축가 되기보다는 의료서비스의 질을 높이고 조직과 서비스가 원활하게 돌아가도록 지원하는 2차 세팅으로 간주된다. 그런 측면에서 극단적으로 말하면, 사회복지사가 고유의 독특한 영역과 전문성을 갖추지 못한다면 굳이 이 현장에 존재해야 하는 이유를 찾을 수 없을 수도 있다. 그러나 한편으로는 그만큼 보건 및 의료 현장에서 사회복지사의 지위는 불안정하고 소수자minority에 머물 가능성이 크다는 의미이기도 하다. 따라서 사회복지사는 자신의 전문적 역량을 갖추는 동시에 소진의 위험으로부터 자신을 관리하는 노력을 요구받는다고 하겠다.

그러므로 여기에서는 보건 및 의료현장에서 활동하는 사회복지사가 갖춰야 할 전문적 역량과 역할을 정립하는 방법을 살펴보고, 전문적 역량을 증진시키는 방법을 쌓아갈 수 있는 전략들에 대해 제시할 것이다.

1) 의료사회복지사의 전문적 역량

기존 문헌에서 사회복지사의 전문적 역량은 어떤 한 가지 개념으로 정의되기보다는 이를 구성하는 다양한 요소들을 통해 설명되고 있다. 일반적으로 알려져 있듯이 사회복지사의 전문적 기반으로는 지식, 기술, 가치를 들 수 있다. 코르노이어(Cournoyer, 2000)는 전문 사회복지사의 핵심 자질로 감정이입, 존중, 진실성을 제시하였고, 특히 사회복지사의 전문적 통합성professional integrity에는 정직성, 전문적 지식, 윤리적 의사결정, 평생학습, 비판적 사고, 자기 이해 및 자기 통제의 특성 등이 포함된다고 보았다.

최명민 등(2005)은 의료사회복지사들 스스로 자신의 전문적 역량을 무엇이라고 인식하는지에 관한 조사를 하였는데, 다음과 같은 4가지 요소로 도출되었다.

- 업무수행 능력: 업무와 관련된 이론을 숙지하고 클라이언트와 가족의 필요한 변화를 이끌어내며 필요한 프로그램을 계획하여 시행할 수 있는 등 의료사회복지사로서 업무 수행에 필요한 기본적인 자질과 자신감
- 일에 대한 열정과 도전정신: 질병과 관련된 여러 가지 어려움이나 의료사회복지에 대한 일반의 인식 부족, 또는 전문직 간의 경쟁구도와 같은 도전을 극복하고 의료사회복지사로 역할을 다 하고자 하는 강한 책임감과 의지
- 클라이언트와 좋은 관계: 자신이 만나는 클라이언트를 잘 이해하고 공감하면서 도움을 줌으로써 보람과 긍지를 느낄 수 있는 긍정적 관계형성 능력
- 사회복지사로서의 정체성: 여러 전문직들 사이에서 의료사회복지사의 존재 이유에 대한 확신을 갖고 전문직 정체성을 확고히 하여 타 전문직과의 역할 혼란을 줄일 수 있는 역량

이러한 요소들이 중요한 이유는 사회복지에 대한 대중의 이해와 의료 및 보건 조직 환경의 특성 때문이다. 예전에 비해 사회복지사나 사회복지학에 대한 사회 전반의 인식이 많이 향상되었지만, 여전히 사회복지 내외부 사이에 사회복지사의 역할기대에 대한 괴리가 존재하는 것이 사실이다. 또한 사회복지에 대한 인식에 비해 보건 및 의료 영역에서 사회복지사의 역할이나 존재의 이유에 대한 인식은 더 낮은 것이 우리가 처한 현실이다. 따라서 처음부터 병원과 같은 소속 조직에서 의료사회복지에 대한 기능을 명확히 제시해주는 곳도 있고 역사가 오래되어 그 역할이 안정적인 곳도 있지만, 대부분의 경우에는 사회복지사 스스로가 자신의 역할을 창출하고 계발해가는 노력이 요구되는 것이다.

2) 조직 내에서 의료사회복지사로서 역할 정립하기

일반적으로 병원은 일반 조직과 차별화된 특성을 갖고 있는 조직이다. 윤현숙 등

(2011: 272-283)은 병원조직의 특성으로 분업화와 전문화 양상, 진료부문과 행정부문의 구분, 일부 의료전문직에게 집중된 권력, 영리추구에 대한 일반 통념과 현실 여건의 괴리, 독점적 기술, 환경에 대한 민감성 등을 들고 있다. 그러나 이런 일반적인 병원조직의 특성 외에도 각 병원마다 추구하는 이념이나 집중적으로 추진하는 사업, 특별히 관심을 갖는 환자 군 등이 다르다.

따라서 의료사회복지사는 이러한 병원조직의 특성과 이에 영향을 미치는 환경으로서 지역사회에 대한 이해가 있어야 한다. 그리고 일반적으로 알려져 있는 의료사회복지사의 역할을 무작정 따라가는 것보다는 각 병원이나 현장에서 요구되는 역할을 찾아서 발전시켜가는 것이 필요하다. 예를 들어, 아동전문병원이라면 일반적인 성인 대상의 병원과 달리 아동과 그 부모들에게 초점을 맞춘 의료사회복지사로서 역할을 찾아야 하고, 화상전문병원이라면 화상 환자의 특성을 고려한 상담이나 프로그램을 수행하는 역할을 찾아야 한다. 또한 조직의 특성이나 요구에 따라서는 사회복지사에게 임상가로서의 역할보다 지역주민과의 소통을 위한 기획 사업이나 병원의 수익창출을 위한 역할을 요구할 수도 있다.

또한 병원의 이념이나 상황에 따라서 의료사회복지사에 대한 채용과 배치가 달라질 수 있다. 의료사회복지에 대해 이해하고 그 필요성에 공감하는 병원조직에서는 의료사회사업 부서를 별도로 배치하고 여러 명의 사회복지사를 채용하여 다양한 진료과 및 업무를 서로 분담하여 고루 수행할 수 있도록 하는 경우가 많다. 그러나 또 어떤 경우에는 법규에서 정한 한 명의 사회복지사만을 의무적으로 채용하여 특정 진료과나 원무부서, 또는 종교실 등 다른 부서 소속으로 배치하기도 한다. 이러한 상황에 놓이는 사회복지사는 훨씬 더 역할 혼란을 경험하거나 정체성에 도전을 받기도 한다.

이렇듯 의료현장에서 사회복지사는 스스로 의료사회복지사로서 자신의 역할을 모색하고 정립해가야 하는 경우가 많다. 이런 경우에는 다음과 같은 점들을 염두에 두도록 한다.

- 우선, 소속 기관에서 사회복지사에 대해 어떤 기대를 갖고 있는지를 파악한다. 그리고 이러한 기대와 의료사회복지사로서 정체성이 일치하는 부분을 찾아서 자신

이 수행할 역할들을 정립한다.

- 소속 기관의 구성원들이 의료사회복지사에 대한 이해가 부족하여 사전에 어떤 기대를 갖고 있지 않다 하더라도, 사회복지사 스스로 소속 기관에서 중점을 두고 있거나 비중을 두고 있는 사업이 무엇인지를 파악하여 이와 관련된 사회복지사의 역할을 모색한다.
- 우리 기관을 이용하는 클라이언트와 그 가족이 갖고 있는 욕구를 파악하여 기관에서 아직 관심을 갖고 있지 않지만 사회복지 서비스나 프로그램을 통해 조직과 클라이언트에게 혜택이 갈 수 있는 부분이 무엇인지 탐색하고 그 안에서 자기 역할을 찾는다.
- 소속 기관이 위치하는 지역사회의 사회복지기관 및 자원들을 파악하고 동료 사회복지사들과 연대하여 지역사회에 기여할 수 있는 영역을 탐색한다.
- 다른 병원 등에 소속된 동료 의료사회복지사들과 정보를 교환하면서 자신이 소속된 기관 상황에 적용 또는 응용하여 발전시킬 수 있는 서비스나 프로그램이 있는지 살펴본다.

이와 같이 조직의 여건이나 상황에 따라서 의료사회복지사의 역할은 다양하게 전개될 수 있다. 그러므로 이러한 조건에 따라 융통성 있게 역할을 수행해야 하면서도 사회복지사로서, 그리고 의료사회복지사로서 정체성과 사명을 잃어버리지 않도록 유념해야 한다.

3) 의료사회복지사의 전문적 역량 계발하기

이러한 사회복지사의 전문적 역량을 계발하기 위해서는 학교교육만으로는 충분하지 않으며 지속적인 수퍼비전과 더불어 실무에 필요한 교육과 훈련을 받아야 한다(서울대 사회복지실천연구회 역, 1998; Amadeo & Fassler, 2001). 특히 의료사회복지사는 보건영역에서 활동한다는 특수성이 있기 때문에 그 전문적 기반으로서 '지식과 기술적 체계', '교육과 훈련체계', 그리고 '사회적 승인' 등이 중요하다(이광재, 2005: 87-109). 이를 더 구체화하면 지식과 기술적 체계는 '전문적 역량의 구성요소'에, 교육과 훈련체계는 '전문적 역량의 계발 및 관리 측면'에, 그리고 사회적 승인은 '전문적 역량의 인정요소'에 해당된다고 할 수 있다. 그리고 순서적으로는 역량계발과 관리를 통해 전문적 역량을 구성하는 요소를 갖추게 되면 이에 대한 인정을 받음으로써 의료사회복지사의 전문성을 계발해간다는 것을 알 수 있다(최명민 등, 2005).

우리나라에서 의료사회복지 교육과 훈련체계로는 교육, 훈련, 실무재교육, 관련협회활동 등을 활용할 수 있다.

- 교육체계: 의료사회복지 별도의 교육체계라기보다는 사회복지교육체계를 일컫는 것으로서, 그 안에 포함된 의료사회사업론 및 정신보건사회복지론 등을 통해 의료사회복지와 관련된 교육 및 지식체계를 습득할 수 있다.
- 훈련체계: 정신보건전문요원 수련제도가 법적으로 시행됨으로써 정신의료사회복지사의 정체성에 많은 영향을 미쳤고, 의료사회복지에서도 대학이나 대학원 교육만으로는 의료사회복지현장에 즉시 투입되어 활동하기 어려운 현실을 감안하여 전문적 의료사회복지사를 교육, 양성하기 위한 의료사회사업수련제도를 대한의료사회복지사협회 주관으로 시행하고 있다.
- 실무 재교육: 사회복지전반에서는 2009년부터 보수교육이 법제화되어 시행되고 있지만, 그동안은 주로 사회복지 각 영역별, 분야별 학회 및 세미나를 통해 이뤄져 왔다. 의료사회복지 분야에서는 1980년대부터 각 병원 자체적으로 직무훈련을 실시해 왔으며, 1981년부터는 연례적으로 워크숍을 개최하며, 수퍼바이저 교육을 실시함으로써 의료사회사업의 전문화를 위해 노력해왔다.
- 관련 협회활동: 여기에는 한국사회복지사협회, 대한의료사회복지사협회, 한국정신보건사회사업학회, 한국정신보건사회복지사협회 등이 포함된다고 하겠다. 이들은 교육훈련, 권익옹호, 자격관리, 조사홍보, 대외협력 등의 활동을 통해 전문직으로서의 자질과 지위 확보에 주력하고 있다.

그렇다면 실제로 유능하다고 인정받는 의료사회복지사가 전문가로서 자기계발을

표 12-1 | 의료사회복지사의 전문적 역량계발 방법 및 내용

주요요인	하위요인	해당 개념
수퍼비전	교육적 수퍼비전을 받음.	사례 수퍼비전을 받음, 전문적 지식을 제공받음, 궁금한 질문에 대한 답변을 얻음.
	행정적 수퍼비전을 받음.	수퍼바이저가 통제적 요인으로 작용함.
	지지적 수퍼비전을 받음.	지지를 통해 소진의 위기 시 도움을 받음, 인정과 격려를 받음.
	동료 수퍼비전을 활용함.	같은 분야의 사회복지사들과 교류함, 동료들끼리 서로 자문을 구함, 함께 문제해결방법을 의논함.
스스로 하는 공부	일을 하기 위해 공부함.	업무수행에 부족한 능력(예: 상담능력, 통계) 보충 위해 공부함, 새로운 문제나 욕구(예: 새로운 진단체계, 새로운 질명)에 부응하기 위해 공부함.
	개인적 투자를 아끼지 않고 공부함.	업무 외 개인시간을 투자하여 공부함, 개인적인 사비를 들여서 공부함.
	다양한 형태를 동원하여 공부함.	혼자서 공부함, 동료나 학교와 연계하여 스터디 조직을 만들어 공부함.
외부교육 및 연수	학회 및 세미나에 참석함.	학회나 학회에서 주관하는 월례회에 참석함.
	워크숍 및 기타 프로그램에 참석함.	현실치료, 해결중심단기가족치료 등 특정 이론이나 모델 중심의 워크숍에 참석함, 자아발견 등 자기성장 프로그램에 참석함.
	연수기회를 경험함.	해외연수를 다녀옴, 외부 트레이닝training 프로그램에 참석함.
진학	학위과정을 경험함.	학위과정을 통해 힘, 긴장, 새로운 지식을 배울 기회, 새로운 돌파구 등을 얻음.
	학위를 취득함.	학위취득으로 자신감을 얻음, 학위취득에 대한 목표의식을 갖고 일함.
모델링	역할모델을 발견하고 의미를 부여함.	존재 자체가 주는 의미를 느낌, 역할모델이 긍정적 영향을 미침.
	본을 받아 따라함.	따라하게 됨, 본을 받음.
다학문체제 활용	타 전문가들이 자원이 됨.	같이 일하는 전문영역이 다양함, 타 전문가들과 정보를 교류함.
	발전적인 경쟁자가 됨.	타전문가들이 긍정적인 자극을 줌.
자격증 취득	자격증 취득을 위해 노력함.	과정을 견딤, 오랜 시간이 걸림.
	자격증을 취득함.	자격증 취득으로 자신감, 자긍심, 성취감을 얻음.

※ 출처: 최명민, 2006: 269.

위해서는 어떤 노력을 기울일까? 주위 동료들로부터 유능성을 인정받고 있는 의료사회복지사를 대상으로 한 연구 결과, 이들의 전문적 역량을 계발하는 방법은 〈표 12-1〉과 같았다(최명민, 2006).

(1) 수퍼비전

수퍼바이저를 통해 자신이 다루고 있는 사례를 지도받고 전문적 지식을 얻을 수 있는 교육적 수퍼비전과, 규범과 틀을 제시해주는 행정적 수퍼비전, 지지와 격려를 받는 지지적 수퍼비전을 받은 것이 자신의 전문적 역량을 개발하는 데에 큰 도움이 된다. 그러나 수퍼비전이 이렇듯 중요한 요인이지만, 실제 현장에서 역량 있는 수퍼바이저를 만난 것은 '운이 좋아서' 가능한 일이라고 표현될 정도로 실제로 적절한 수퍼비전을 받는 것은 쉽지 않은 일이다. 따라서 동료에 의한 수퍼비전을 활용함으로써 그 기능을 대신하거나 보완하는 것이 필요하다. 수퍼비전의 중요성은 기존 연구들에서도 강조되어 온 요소이며, 전문적 역량 개발뿐 아니라 스트레스 관리를 위해서도 필요한 요소로 밝혀져 왔다(Greenspan, 1992; Sheafor et al., 1997; Huxley et al., 2005).

(2) 스스로 하는 공부

여러 가지 제도나 자원이 미진한 상황에서 가장 많이 활용할 수 있었던 방법 중의 하나가 스스로 공부하는 것이다. 자신이 담당한 영역에서 요구하는 지식과 능력을 갖추기 위해, 개인적 시간과 돈을 아끼지 않고 투자하고, 개인적으로나 집단적으로나 활용할 수 있는 방법을 모두 동원하여 공부하며 노력하는 것이다. 이는 의료세팅이 의학과 관련된 용어나 개념 등이 복잡하여, 그 분야에서 일하기 위해서는 별도의 공부를 해야 할 필요성이 끊임없이 제기되는 영역인 데 비해, 기존의 제도적인 사회복지교육에서는 이런 내용을 배울 기회가 제한적인 데다가, 사회복지사들마다 담당하는 영역이 다양하여 제도적인 교육기회를 만들기 어렵기 때문이다.

(3) 외부교육 및 연수

대부분의 의료사회복지가 병원을 중심으로 활동하지만, 병원조직 내에서만 머문다면, 사회복지사로서의 정체감을 확인하기 어려울 수도 있다. 따라서 경력이 쌓여 감에 따라서 병원 내 활동뿐 아니라 외부 활동에도 적극적으로 참여하는 것이 필요하다. 학회나 전문가협회에서 주관하는 여러 가지 학술행사 및 모임, 특정 이론이나 모델들을 익힐 수 있는 워크숍 및 다양한 프로그램, 그리고 국내외 연수기회를 통해 전문적 역량을 계발하는 것이다. 이들은 지식의 제공뿐 아니라 단합과 연대, 그리고 정보교환의 장을 제공한다는 측면에서 그렇다고 하겠다.

이와 같은 학회활동, 훈련기회 등은 기존 연구들에서도 전문성 향상의 중요한 수단으로 제시되어 왔다(Amadeo & Fassler, 2001; Evans, 2002; Stack, 2004; Wilson et al., 2005). 따라서 우선 의료사회복지사협회를 비롯한 관련 학회 등에 적극 참여함으로써 관련 지식을 배우고, 경험을 나누며, 의료사회복지계의 발전에 기여할 수 있다. 또한 자신이 어떤 질병에 개입하는 사회복지사라면, 그 질병에 관한 학회(예: 당뇨병학회)나 그 질병에 개입하는 사회복지사들의 모임(예: 당사연 - 당뇨병에 개입하는 사회복지사들의 연구회)에 참여하여 그 분야에서의 사회복지사 활동을 모색하고 알려가는 일에 참여할 수 있다. 이것은 기존의 조직에 참여하는 방식으로도 가능하지만, 자신이 주축이 되어 이런 모임이나 조직을 만들어서 활동할 수도 있다.

(4) 진학

대학원으로 진학은 공부를 하고 학위를 취득하는 과정을 통해 새로운 지식과 환경을 접하고, 자신감을 얻음으로써 전문적 역량을 개발하는 데에 도움을 준다. 이와 같이 우리 사회에서 진학은 전문적 역량을 개발할 수 있는 중요한 기회로 여겨지고 있지만, 외국 문헌에서는 잘 관찰되지 않는 요소이다. 이러한 현상은 사회복지교육이 대학원 중심의 교육체계를 기반으로 하고 있으며 학교교육 이외에도 다양한 계속교육의 기회가 제공되는 서구의 현실과, 대학교육체계를 기반으로 하고 있으며 계속교육 및 훈련의 기회가 제한적인 우리 현실의 차이 때문으로 보인다. 특히 학벌을 중시하는 우리 사회적 분위기와 고학력 조직인 의료조직의 특성상, 진학은 사회복지사의 전문성 확보를 위한 중요한 전략이 되고 있다. 이는 실제로 학력이 낮을수록 소진점수가 높게 나타난다는 조사결과나(Poulin & Walter, 1993; 이영미 · 성규탁, 1991), 진학의 기회가 허용되지 않는 비우호적인 환경이 사회복지사의 소진을 유발한다는 연구결과(최명민 · 현진이, 2006)로도 뒷받침되고 있다.

(5) 모델링

수퍼비전을 제공하는 수퍼바이와는 별도로, 역할모델의 존재가 전문적 역량을 개발하는 데에 도움이 된다. 즉, 존재 자체만으로도 긍정적 영향을 줄 뿐 아니라, 이들을 따라하고 본받을 수 있다는 것이 의미가 있다. 이것은 각 현장에서 사회복지사가 자신의 모델이나 멘토를 찾는 것이 필요하다는 사실을 보여준다. 또한 개인적인 모델링의 노력에 더하여, 전문직 차원에서 의료사회복지사의 모델을 발굴하고 이를 공유하려는 작업도 필요하다.

(6) 다학문체제 활용

병원이라는 조직의 특성상 다양한 전문가들이 존재하고 이 때문에 서로 교류할 수 있는 것이 전문적 역량을 키우는 데에 도움이 된다. 대부분의 사회복지기관이 자원이 빈약하여, 지속적인 교육이나 기관 내 직원훈련의 기회가 제한적이라고 지적되고 있는 것과 대조적으로(Sheafor et al., 1997), 이렇게 다학문체제와 다양한 교육기회를 활용할 수 있는 의료조직은 그만큼 자원이 풍부한 환경이라고 할 수 있다. 그러나 병원조직의 이러한 다양성이 오히려 소진을 유발하는 측면도 있는 것으로 나타나(최명민 · 현진이, 2006), 다양성이라는 요인이 협력과 시너지 효과를 낼 때는 도움이 되지만, 경쟁이나 상대적 박탈을 유발할 때에는 부정적인 영향을 미친다는 것을 알 수 있다. 따라서 이를 활용하여 의료사회복지사로서의 전문적 역량을 계발하기 위해서는 다양한 영역의 전문가들과 관계를 잘 형성할 수 있는 능력과 여건이 중요한 관건이 될 것이다.

(7) 자격증 취득

긴 자격증 취득의 과정을 견디고 자격증을 획득하는 것은 전문적 역량 계발의 상징처럼 여겨진다. 특히 의료사회복지사 자격증이나 정신보건전문요원의 자격증 등은 자격증을 획득하기 위해 일정 기간의 실무경험이 요구된다는 측면에서, 경력을 전문적 역량의 주요 요소로 제시한 기존 연구들(Evans, 2002; Wilson et al., 2005)과 맥락을 같이하는 것으로 볼 수 있다.

이렇게 해서 습득한 전문적 역량을 인정받기 위해서는 업무의 과정과 성과를 공유하는 것이 중요하다. 다른 영역의 사회복지사도 마찬가지겠지만 의료사회복지사는 다양한 전문직과 협력과 경쟁의 구도 속에서 업무를 진행한다는 측면에서 자신의 활동사항을 계속 공유하는 작업을 해나가야 한다.

이 중 가장 기본적인 것은 '기록'이다. 물론 기록은 단순히 타 전문직에게 자신의 활동사항을 알리는 수단이기 이전에 사회복지사로서의 기본적인 의무이다. 즉, 사회복지사 자신뿐 아니라 환자와 병원조직과 다른 팀 구성원에 대한 의무라고 할 수 있다. 따라서 정확하고 깔끔한 기록 작성과 이를 공유하려는 노력은 매우 중요하다.

다음은 '평가'하기이다. 아무리 열심히 클라이언트와 조직을 위해서 일해도 그 활동의 효과성을 입증해내지 못한다면 그 의미를 객관적으로 인정받기 힘든 것이 현실이다. 따라서 사회복지사는 효과적인 개입활동 못지않게 이를 검증할 수 있는 능력을 갖추는 것이 필요하다. 이를 위해서 적절한 평가도구와 방법을 선정하고, 그 결과를 분석해 낼 수 있는 지식을 갖춰야 한다.

그리고 이러한 평가를 '연구'로 연결할 수 있다면 더욱 좋을 것이다. 가능하다면 이러한 결과물을 각종 세미나나 학회 등에서 발표할 수 있다면 자신감 향상뿐 아니라 타 전문직의 인식에도 긍정적인 영향을 미칠 수 있다.

3. 의료사회복지사의 소진예방과 스트레스 관리

사회복지사의 소진은 사회복지사가 일과 관련된 스트레스에 대해 반응하는 부정적인 심리적 경험으로 규정된다(Acker, 1999: 113). 소진은 신체적, 심리적, 대인적 차원으로 구분되기도 하며, 그 구체적 구성요소로서 정서적 탈진, 개인적 성취감의 감소, 클라이언트에 대한 비인간화 등이 제시되고 있다(Maslach & Jackson, 1981). 또한 의료사회복지사들의 소진경험을 통해 도출한 개념에서는 '고갈되고 정체되어 일에 흥미를 못 느끼는 힘든 위기의 경험으로서 뭔가 변화를 모색하게 되는 상태'로 규정하기도 하였다(최명민·현진희, 2006).

의료사회복지현장은 어느 영역보다 요구되는 전문성이 높고 그만큼 자긍심과 보람이 큰 분야이지만 한편으로는 앞에서 살펴 본 바와 같이 복합적이고 만성적인 또는 급성적인 환자의 문제를 다루어야 하는 과업이 주는 압박감, 다양한 전문직군 안에서 생존하고 고루 관계를 잘 형성하고 유지해가야 하는 데서 오는 피로감, 2차 세팅이라는 특성으로 인한 정체성의 혼돈 등 다양한 소진 유발요인이 존재하는 곳이다.

그러나 소진이 지속되면, 신체적 증상, 에너지의 고갈, 자존감 저하, 대인관계의 어려움, 집중력 장애, 융통성 부족, 클라이언트에 대한 비난 경향 증가뿐 아니라 알코올 및 약물남용 등의 부작용을 가져올 수 있다는 점에서(Pines & Maslach, 1978; Cherniss, 1980) 전문직 차원의 관심을 기울여야 하는 부분이다.

따라서 여기서는 소진의 진행과정과 유발요인 및 보호요인들을 살펴보고, 소진을 가져오는 스트레스 관리방법에 대해 살펴볼 것이다.

1) 소진 유발요인과 보호요인

소진은 대부분 점진적으로 진행되는 과정으로 이해되어 왔다. 처니스(Cherniss, 1980)는 소진을 헌신적이었던 전문가가 직무상의 스트레스와 고통에 대한 반응으로 직무로부터 거리를 두게 되는 과정으로 보고, 이를 구체적으로 '오랫동안 축적된 과도한 직무스트레스-긴장, 초조, 피로로 인한 무리-업무에 대한 심리적 거리감, 클라이언트에 대한 무관심, 또는 냉소적이고 경직된 반응을 보이는 방어적 대처'의 단계로 설명하였다. 에델위치와 브로드스키(Edelwich & Brodsky, 1983: 27-30)는 '열성-침체-좌절-무관심'의 단계로 구분하였다. 그러나 소진은 조금씩 축적되기도 하지만 몇 가지 주요 사건에 의해 급성적으로 촉발되기도 한다는 보고도 있다(최명민·현진희, 2006).

이러한 소진을 유발하는 원인 요인들에 대한 연구도 활발히 이루어져 왔다. 서구의 많은 연구들은 소진을 개인적 요인, 조직적 요인 및 사회적 요인 간의 상호작용으로 보았다. 개인적 요인에서는 낮은 자존감, 비현실적 목표 등과 더불어 연령, 결혼여부, 성차 등 인구학적 요소가 소진과 관련이 있는 것으로 보고되었으며(Farber, 1983; Poulin & Walter, 1993), 조직적 요인에서는 자율성의 결여(Cherniss, 1980; Farber, 1983; Arches, 1991), 역할갈등(Harrison, 1980; Winnibust, 1993), 조직의 자원 부족(Poulin & Walter, 1993)이, 사회적 요인에서는 사회적 지지의 결여(Poulin & Walter, 1993; Winnibust, 1993; Acker, 1999)가 소진으로 이어지게 하는 요인으로 밝혀져 왔다.

국내 연구의 결과들도 이와 크게 다르지 않다. 병원에 종사하는 사회복지사들을 대상으로 한 연구에서도 개인적 특성과 더불어 역할모호성, 타 전문직과의 갈등, 재교육 프로그램의 부재 등이 복합적으로 소진에 작용하는 것으로 나타났으며(한현미, 1993), 정신의료사회사업가를 대상으로 한 조사 결과에서는 업무량과 역할갈등이 소진을 유발하는 주 요인으로 나타난 것으로 보고되었다(장은숙, 1995). 특히, 의료사회복지사들에게 소진을 유발하는 요인 중에는 조직환경 측면(처우에 대한 불만, 타전문직과의 스트레스, 사회복지조직 내 갈등, 기타 환경요인)이 가장 비중이 많았으며, 다음으로 과업측면(반복적 업무, 보호한 업무, 다양한 업무, 과다한 업부), 전문성 측면(전문성향상 기회제한, 전문가 위상문제, 역량부족, 가치혼란), 개인측면(가사와 직업병행, 체력적 한계, 개인적 스트레스)으로 나타났다(최명민·현진희, 2006). 의료사회복지현장은 사회복지에서 볼 때 2차적인 세팅이라는 점에서 비롯되는 정체성 혼란, 역할갈등, 타 전문직과의 관계 및 처우 스트레스 등으로 인해 소진의 위험이 높은 실천현장이라는 것이다.

이러한 소진의 요인은 그 자체로서도 문제지만, 이를 극복할 방법이나 대안이 없을 때 더 문제가 된다. 소진은 단지 스트레스의 결과가 아니라 그 대응과정의 성패에 따라 결과가 달라지기 때문이다(Burisch, 1993, 이명신, 2004: 10에서 재인용).

　　따라서 이런 소진의 위험으로부터 자신을 보호하고 이런 위험요인에 노출되었다고 하더라도 이를 극복해나가는 방법을 아는 것이 중요하다. 사회복지사들을 대상으로 한 질적 연구 결과, 의료사회복지사를 소진으로부터 보호하는 요인으로는 다음과 같은 요인들이 도출되었다(최명민 등, 2005).

- 업무에서 요구되는 '전문적 역량'
- 일을 통해 얻는 '성취와 보람'
- 자신이 수행하는 '일에 대한 확고한 가치와 신념'
- 타 전문가들과의 '좋은 팀워크'
- 병원조직의 '구조적 뒷받침'
- 성격이나 기질 등 '개인적 자질'
- 업무 수행에 대한 '가족의 인정과 지원'

　　이렇듯 의료현장에 다양한 소진위험요인들이 있는 만큼, 사회복지사들도 다양한 기제를 활용하여 소진의 위험을 감소시키고 소진을 극복한다는 것이다. 특히 전문적 역량을 갖추는 것이 소진보호에서도 가장 비중 있는 요인으로 나타나, 전문적 역량은 업무차원에서뿐 아니라 사회복지사 자신을 위해서도 반드시 갖춰야 할 요소로 주목해야 할 것이다.

2) 스트레스 관리

　　스트레스는 소진과 관련된 개념이자 유사한 개념으로 여겨져 왔다. 소진은 스트레스 구성개념에 그 이론적 기초를 두고 있기 때문에 소진과 스트레스 간 경계는 명확하지 못하다(Shea, 1990). 그러나 엄밀히 비교해보면, 이 둘 사이에는 원인과 결과와 같은 관계가 존재한다. 즉, 스트레스는 개인의 지각에 따라 긍정적이거나 부정적으로 해석될 수 있는 중립적 용어이다. 이에 비해, 소진은 스트레스와는 달리 완충 및 지원체제의

표 12-2 | 스트레스 관리 전략 및 내용

주요 요인	하위요인	해당 개념
자기주장	원하는 것을 표현함.	할 말은 함, 직접적으로 대응하여 표현함, 주장적이나 공격적이지는 않음, 원하는 것을 외부에 알림.
	잘못된 것에 이의를 제기함.	문제에 대해 이의를 제기함, 따질 것은 따짐, 잘못된 것을 참지 않음, 세게 나감.
취미생활	취미생활로 스트레스를 품.	서클활동으로 스트레스를 잊음, 주말에는 하고 싶은 것을 해서 스트레스를 발산함, 스포츠활동으로 응어리를 터뜨림.
	좋아하는 취미를 일과 조화시킴.	취미생활로 배운 것을 업무 프로그램에 도입함, 취미가 별도의 부담이 되지 않게 병원 내 동아리 모임으로 만듦.
적절한 자기기대	잘할 수 있는 일을 함.	큰 욕심을 부리지 않음, 자신이 해서 즐거운 일을 함, 기관의 여건과 자신의 역할을 맞춤.
	스스로의 구속으로부터 벗어남.	강박적인 것과 나를 옭아매는 걸 벗어버림, 자신과 타인을 피곤하게 하는 것을 버리려고 노력함.
불가피한 상황 수용	때를 기다림.	마음에 안 맞아도 때를 보며 기다림, 참고 기다림.
	안 되는 것은 포기함.	노력해도 소용없을 일은 포기함, 다 풀 수 없다고 생각하고 속으로 삼킴.
자기동기 부여	새로운 다짐을 함.	새로이 되새겨 봄, 지난 시간을 돌아보고 새로운 계획을 세움.
	힘을 내려고 노력함.	힘을 내보자고 함, 스스로 동기를 부여함, 자신에게 자극을 줌, 자기 컨디션을 객관적으로 관찰하며 에너지를 조절함.
동료들과의 공유		동료들끼리 AA처럼 서로 경험을 나누며 치유 받음, 이해해 줄 사람이 있다는 것이 도움이 됨.
업무량 조절		일과 직접 관련된 것에 집중함, 업무가 자신의 생활과 조화될 수 있도록 함.
무시와 망각		근본적으로 해결되지 않아도 오래 간직하지 않음, 쌓아두지 않음.
비교 삼가		남과 비교하지 않음, 경쟁해서 이기려는 생각을 하지 않음, 질투를 하지 않음.

※ 출처: 최명민(2006), 274쪽.

부재로 인해 중재되지 못한 부정적 스트레스distress가 지속된 결과이며, 따라서 적절한 기회가 주어진다면 역전시킬 수도 있다는 것이다(Fraudenberger, 1983). 또한 스트레스가 좀 더 개인적인 차원에 초점이 맞춰져 있다면, 소진은 상대적으로 조직과의 관련성이 더 부각되는 차이도 있다(Soderfeldt et al., 1995).

중요한 사실은 스트레스 자체는 불가피한 것이지만, 스트레스에 따른 반응은 환경적 요구에 부합하는 전략적 학습을 통해 그 과정이 변화될 수 있다는 것이다. 특히 정신보건사회복지사를 대상으로 한 권구영 등(2003)의 연구에 따르면, 이들의 스트레스 수준은 높은 편이며, 그 결과 직무수행과 정신건강수준이 저하되고, 여기에 음주로 대처하는 경우 문제가 증가하는 것으로 나타났다. 따라서 소진을 예방하거나 대처하는 기제로서 사회복지사 개인적 차원의 스트레스 대응방안을 알아보는 것이 필요하다.

사회복지사의 스트레스 예방 및 관리에 대한 몇몇 연구들을 살펴보면, 로이드 등(LLoyd et al., 2002)은 사회복지직이 실제로 다른 직종과 비교했을 때 스트레스가 비교적 많고 소진의 위험도 높지만, 팀의 지지와 수퍼비전이 보호요인이 된다는 것을 밝혀내었고, 이와 유사하게 헉슬리 등(Huxley et al., 2005)도 동료나 수퍼바이저의 지지가 정신보건사회복지사들의 스트레스 대처에 도움이 된다는 것을 발견하였다. 또한 스택(Stack, 2004)은 심리적 자원과 훈련이 스트레스 완충작용을 한다는 결과를 제시하였으며, 스토리와 빌링햄(Storey & Billingham, 2001)은 사회복지사들이 스트레스 대처방법으로 휴가나 안식년, 스트레스관리 프로그램 및 상담을 생각하는 것으로 조사하였다.

국내에서 의료 및 정신보건 영역에서 활동하는 사회복지사들의 성공적인 스트레스 관리 전략을 조사한 연구(최명민, 2006)에서는 〈표 12-2〉와 같은 내용이 도출되었다. 마지막으로 이에 따른 스트레스 관리 전략을 제시하면 다음과 같다.

스트레스 관리전략(최명민, 2006)

- 꼭 할 말은 한다.: 하고 싶은 말을 다 할 수 없는 것이 사회생활이지만 참는 것만이 능사도 아니다.
- 취미생활로 삶의 여백을 갖는다.: 직장 외에 즐거움을 느낄 수 있는 임상의 취미를 갖는 것이 도움이 된다.
- 스스로 굴레를 만들어 자신을 얽매지 않는다.: 자기 스스로를 다그치지 말자.
- 당장 어쩔 수 없는 건 받아들이거나 기다린다.: 어쩔 수 없는 상황에 매달리거나 집착하지 말자.
- 자신의 에너지를 봐가며 스스로 동기를 부여한다.: 능력을 넘어서는 과도한 욕심은 자신과 주변인을 힘들게 한다.
- 상호 이해받을 수 있는 동료관계를 맺는다.: 힘든 일, 좋은 일을 나눌 수 있는 동료는 직장생활의 큰 힘이다.
- 선택과 집중을 통해 업무량을 조절한다.: 모든 것을 잘할 수는 없으므로 우선순위를 정해보자.

- 안 좋은 일을 오래 기억하거나 쌓아두지 않는다.: 안 좋은 경험이나 감정에서 벗어나기 힘든 경우에는 외부의 도움을 받아보자.
- 비교하거나 경쟁하기보다 내 갈 길을 간다.: 타인을 의식하기보다는 본질적인 것, 의미있는 것에 가치를 두자.

4. 의료사회복지의 전망과 과제

1) 의료사회복지의 전망

의료사회복지의 전망은 최근 건강에 대한 사회적 기대와 의미 변화와 연결시켜 생각해볼 수 있다. 지금까지 건강은 질병의 상대적 개념으로 일컬어져 왔으며, 의료서비스의 기능 역시 질병을 치료하는 일차적인 역할이 강조되어 왔다. 그러나 평균수명이 길어지고 노화에 대한 경계와 지연에 대한 욕구 증가, 치료 대상으로의 질병이 아닌 예방과 관리 대상으로서의 건강에 대한 인식이 확대되면서 현대사회에서 건강은 질병이 없는 상태를 일컫는 의미 이상으로 '삶의 질', '생활의 안전', '행복하고 활기찬 생활'을 좌우하는 중요한 지표로 그 중요성과 의미가 확장되어가고 있다.

다른 한편으로는 인구학적으로 저출산 및 노인인구의 증가, 고용불안정 등 사회적으로 개인에게 미치는 스트레스 영향 요인의 증가 등으로 인해 노인성질환, 만성질환이 꾸준히 증가[32]하고 있으며, 자살률 또한 OECD국가에서 10년 넘게 가장 높은 수위를 차지하고 있어, 이제는 건강에 대한 이슈는 병원 안에서의 의료적 문제가 아닌 지역사회 기반의 의료, 보건, 복지의 통합적 관점과 협력이 요구되고 있다.

따라서 의료사회복지에 요구되는 역할과 기능은 기존의 의료서비스를 지원하기 위한 이차적 역할에 머무는 것이 아니라 이제는 건강과 관련된 지역사회의 다양한 욕구를

---

[32] 고혈압의 경우 2006년 874천 명에서 2012년 1,094명, 당뇨는 356천 명에서 452천 명으로 약 1.3배 증가하였으며, 이에 따른 동일 기간의 진료비는 고혈압의 경우 108백만 원에서 481백만 원, 당뇨는 77백만 원에서 276백만 원으로 각각 4.5배, 3.6배 증가하였다(국민건강보험공단, 2014; 박유미, 2015).

모니터링하고, 그 욕구들이 충족되어나갈 수 있도록 적극적인 대안을 마련하는 방향으로의 리더십과 확대가 필요한 시점이다. 이러한 대안으로 첫째, 기능적 측면에서 지역사회와 의료, 보건, 복지를 포괄하여 건강에 영향을 미치는 다양한 사회, 경제, 문화적 요인들에 대해 적극적으로 검토하고, 이러한 요인들 간의 상호작용이 인간의 건강에 긍정적으로 작용할 수 있는 방법을 모색함으로써 거시적 측면에서 한국 상황에 적합한 의료사회복지정책, 의료사회복지시스템을 제시하는 것이다. 또한 점차 다양해지는 건강관련 이슈들과 이러한 건강상 문제나 관리가 필요한 여러 계층의 대상자들을 지원할 수 있는 의료사회복지 지식과 기술의 임상적 기반과 역량을 향상시켜나가야 한다.

둘째, 활동범위 측면에서 의료사회복지는 지금까지 의료기관을 중심으로 그 역할을 수행해 왔으나 향후에는 사회가 요구하는 의료사회복지의 역할과 기능 확장에 적합한 다양한 현장으로의 진출이 필요하다. 즉, 보건소, 복지관 등 지역사회를 기반으로 하여 건강 이슈를 갖고 있는 대상들의 빈곤문제, 사회적 역할과 적응의 어려움, 장애, 건강에 대한 다문화적 과제 등을 해결해나가기 위해 지역사회를 기반으로 한 의료사회복지사의 역할과 활동범위를 확대해나가야 한다. 이러한 지역사회 기반의 의료사회복지는 심리사회적이고 사회통합적인 관점에서 건강의 문제를 치료적 접근과 더불어 클라이언트의 생활 속에서 예방과 관리, 그리고 재활을 지원할 수 있어야 한다. 또한 의료사회복지의 지역사회로의 활동공간의 확장은 지역사회 내 저소득, 노인 등 취약계층이 직면한 건강과 질병의 문제에 대해 보다 전문성을 지니고 개입할 수 있도록 하며, 이를 위해 보건, 의료 등 다양한 건강관련 자원들을 적극적으로 활용함으로써 보건과 복지를 긴밀하게 연결한 통합적 지원과 지역사회 내 체계적인 관리를 수행해나가야 할 것이다.

2) 지역사회 보건으로 의료사회복지사의 역할 확대

의료사회복지사의 전망과 관련하여 지역사회를 중심으로 한 보건영역에서의 활동이 향후 중요한 과제로 요청되고 있다. 지역사회 중심 보건영역에서의 사회복지사의 활동은 아직 국내에서는 활성화되지 못하고 있으나 미국을 중심으로 한 서구사회에서는 보건영역에서 사회복지사가 지역주민의 건강증진과 질병예방을 위한 활동을 활발히 수행하고 있다. 이에 관해 살펴보면 보건영역에서 활동하는 사회복지사는 지역사회를 대상으로 특정 질병에 대한 낙인과 치료서비스에 대한 장벽을 없애고, 진단과 치료에 있어서의 불평등을 감소시키는 데 관심을 두며, 인구집단 수준에서 건강문제에 개입하는 방법이나 프로그램 등을 개발하고 실행하는 역할을 담당한다. 구체적으로 지역사회의 다양한 인구집단을 대상으로 건강증진과 질병예방을 목적으로 한 교육, 정책개발, 조사 등 여러 활동을 전개하는데 그 주요 활동 내용은 다음과 같다.

첫째, 보건영역의 사회복지사는 일차적 예방에 강조를 두고 모든 인구집단의 건강 상태와 사회적 기능에 영향을 미치는 병의 원인과 관련된 사회적 문제를 규명하기 위한 활동을 수행한다. 사회복지사는 개인, 가족, 그리고 집단의 생활양식에서 긍정적인 건강 행동을 증진하고 위험요인들을 파악하여 이를 예방하는 데 초점을 둔 개입을 한다. 또한 대상 인구집단의 건강 욕구를 사정하고, 건강문제와 사회적 요인 간의 관계를 파악하며, 건강문제와 관련된 사회적 스트레스를 감소시키고, 안녕감을 증진하며 건강을 보호하는 사회적 지지를 제공하는 것에 중점을 둔 활동을 수행한다. 이러한 활동들을 위해 보건영역에서 활동하는 사회복지사는 직접적 서비스 제공자, 조사자, 상담자, 행정가, 프로그램 기획자, 평가자, 그리고 정책개발자 등 매우 복합적인 다양한 역할을 수행한다(Schild & Sable, 2006: 104).

둘째, 보건영역에서 활동하는 사회복지사는 포괄적이고 질적이며, 비용적절성이 있는 의료 및 보건서비스가 모든 사람들에게 전달될 수 있도록 적극적인 노력을 기울이는 역할을 수행한다. 이는 심리사회적 건강 사정과 개입뿐만 아니라 일차적 및 이차적 예방을 포함한 서비스를 제공하는 것을 의미하며, 빈곤퇴치 프로그램, 환경적 건강 프로그램, 그리고 교육 등을 통해 국가의 건강을 향상시키는 데 기여하는 공공정책을 펴기 위한 활동들을 수행하는 것을 포함하는 것이다(Schild & Sable, 2006: 100).

셋째, 보건영역의 사회복지사는 인구집단 수준에서 여러 정책을 형성하고 프로그램을 결정하는 일을 수행하는데, 이들은 전 연령층의 인구집단을 대상으로 건강관련 프로그램을 개발하고, 수행하며, 평가하기 위하여 보건간호사, 의사, 역학자들epidemeologist과 함께 팀으로 일한다(Schild & Sable, 2006: 85). 예를 들면, 취약한 환경의 출산 고위험집단에 속한 임산부들을 대상으로 가정방문 프로그램을 실시하기도 하며, 특정 인구집단을 대상으로 사례관리, 가정방문, 이민자 건강관리 서비스, HIV/AIDS 상담 및 검사, 고령자 혈압검사, 가족계획 등과 같은 직접적 서비스를 제공하기도 하고 이러한 서비스를 제공하는 프로그램을 개발하기도 한다.

넷째, 보건영역의 사회복지사는 가족과 파트너십을 갖고 옹호활동을 하기도 하며, 아동과 가족을 위한 건강서비스 향상, 지역사회생활 증진을 위한 가족중심, 지역사회 기반, 문화적 유능성에 기반을 둔 실천 활동을 수행한다. 또한 이들은 건강과 정신건강 서비스 간, 교육과 사회적 서비스의 제공, 공적 및 사적 서비스 영역 연결, 그리고 지역사회를 기반으로 한 서비스의 개발을 위해 다양한 연계활동을 촉진하는 데 핵심적 역할을 수행하기도 한다(Farel, 1997; Schild & Sable, 2006: 91).

보건영역의 사회복지사의 이러한 활동들을 미시적, 중간적, 그리고 거시적 차원으로 단계를 나누어 살펴보면, 미시적 수준 또는 직접적 실천 수준에서 보건사회복지사는 임상 사회복지기술을 사용하여 공중보건 개입을 수행하거나 공중보건 프로그램의 일부로서 사회복지서비스를 제공하기도 한다. 중간적 수준 또는 간접적 실천 수준에서 보건사회복지사는 지역사회 내 보건 프로그램을 개발하고, 수행하고 감독하는 역할을 수행한다. 거시적 수준에서 보건사회복지사는 심리사회적, 문화적 이슈들에 대한 지식이 지역사회 내 보건 개입을 향상시키는 데 기여하도록 하는 역할을 한다. 또한 경제력이 낮고 취약한 인구집단을 위한 프로그램을 감독하고 평가하는 데 관여하며, 타 보건전문가들과 함께 정책개발에도 관여한다(Schild & Sable, 2006: 83).

이와 같은 활동을 수행하기 위해 보건영역의 사회복지사는 개입전략의 일환으로 타 보건 전문가들과 함께 지역사회에 기반을 둔 사정을 실시한다. 지역사회사정community assessment이란 지역사회의 강점과 약점을 확인하는 방법이다. 포괄적인 지역사회사정을 위해서는 다양한 방법을 사용하여 분석을 위한 자료를 확보할 수 있어야 하는데, 이를 위해 보건사회복지사는 사회조사와 관련된 전문적 지식과 기술을 갖추고 있어야 한다. 또한 보건영역의 사회복지사는 건강을 결정하는 사회적, 행동적, 환경적 요인들을 검증하는 조사연구에 관여하게 되며, 이러한 결정인자들을 사정하는 것은 지역사회 내 보건 문제를 해결하는 근거를 제시하는 것이 되므로 중요성이 크다(Schild & Sable, 2006: 101).

이와 같이 보건영역에서 활동하는 사회복지사의 주요 활동은 사회과학적 방법을 활용하여 지역사회사정 및 사회조사를 실시하고, 심리사회적 요인과 환경적 요인이 지역사회 내 특정인구집단에게 미치는 영향력을 파악하며, 질병을 예방하기 위한 보건정책과 프로그램을 개발하는 역할을 담당하는 것으로 요약할 수 있다. 보건영역에서의 이와 같은 사회복지사의 활동은 질병예방과 건강증진을 목표로 하는 지역사회 내 보건사업의 발전과 밀접한 관련성이 있는 것으로 향후 국내에서도 이러한 영역으로까지 의료사회복지사의 활동이 확대되어 의료사회복지의 개념이 보건영역으로까지 더욱 확립되기를 기대해본다.

참고문헌

강민희, 2013, "신장장애인의 생활경험에 관한 현상학적 연구", 2013년 선정 신진연구자지원사업 결과보고서(미간행), 한국연구재단.

강흥구, 2009, 『의료사회복지실천론』, 학현사.

_____, 2007, 『의료사회복지실천론』, 학현사, 122-123.

_____, 2004, 『의료사회복지실천론』, 학현사.

_____, 2009, "의료사회복지의 장기적 발전 방향", 『사회과학논총』, 24집 제2호: 1~26.

경남매일, 2014, "알레르기 질환 올바른 이해 필요, 진해서부보건지소, 건강나누리캠프 운영", 2014년 8월 10일.

국가법령정보센터, http://www.law.go.kr/

권진숙 · 박지영, 2015, 『사례관리 이론과 실제』, 학지사.

권진숙 · 김정진 · 전석균 · 성준모, 2014, 『정신보건사회복지론』, 공동체.

권진숙 · 박지영, 2008, 『사례관리의 이론과 실제』, 학지사.

기화 · 정남운, 2004, "만성질환 아동을 둔 가족의 심리적 적응에 관한 가족 탄력성 모형의 검증", 『한국심리학회지: 건강』, 9(1): 1-24.

김경미 · 김민정, 2010, "HIV/AIDS 감염인의 감염 이후 삶의 긍정적 경험: 추락하는 것에는 날개가 있다", 『사회복지연구』, 41(1): 251-279.

김경희, 2009, "근친성학대 피해 자녀 어머니의 생존경험에 관한 연구", 이화여자대학교 대학원 학위논문.

김귀영 · 김현이 · 민병옥 · 송애랑 · 신종연 · 이정애 · 임복희 · 임윤수 · 조현 · 조혜영 · 홍명선 · 함순예 · 김원, 2006, 『의학용어』, 수문사.

김규수, 1999, 『의료사회복지실천론』, 형설출판사.

_____, 2004, 『의료사회복지실천론』, 형설출판사.

김기덕, 2002, 『사회복지윤리학』, 도서출판 나눔의집.

김기덕 · 최소연 · 권자영, 2012, 『사회복지 윤리와 철학』, 양서원.

김기환 · 서진환 · 최선희, 1997, 의료사회사업가의 직무표준화를 위한 연구. 한국사회복지학, 33: 1-28.

김달곤 · 김재열, 2008, "병원규모, 조직문화, 균형성과정보사용과 병원 경영성과와의 관계", 『회계연구』, 13(3): 109-138.

김덕준 외, 1970, 신사회사업개론. 서울: 한국사회복지연구소.

김동민 · 서소라 · 김경아, 2002, 『척수손상: 대한의료사회복지사협회 임상시리즈』, 도서출판 나눔의집.

김미옥 · 김연수 · 김희성, 2009, "산재장애인을 위한 임파워먼트 프로그램 개발 및 효과", 『한국사회복지학』, 61(4): 307-332.

김미옥, 2008, "중도장애인의 레질리언스 과정에 관한 연구", 『한국사회복지학』, 60(5), 99-129.

김범석, 2008, 『진료실에서 못다한 항암치료 이야기』, 아카데미북.

김봉선, 2010, "장애인 자립생활운동에 나타난 임파워먼트 과정 연구", 『한국사회복지학』, 62(2): 375-397.

김상균 · 오정수 · 유채영, 2002, 『사회복지 윤리와 철학』, 나남.

김선현 · 안소연, 2009, "주간보호시설이용 치매노인의 집단미술치료 효과성 연구 - 우울감, 삶의 질, 미술자기표현을 중심으로", 『임상미술치료학연구』, 4(1): 25-31.

김연수 외, 2002, 『낮병원』, 대한의료사회사업가협회 임상시리즈, 도서출판 나눔의집.

김윤경 · 최혜경, 1993, "치매노인의 장애기간과 부양자의 대처자원이 부양자의 부양부담 및 부양만족감에 미치는 영향", 『한국노년학』, 13(2): 62-83.

김이영, 1997, "지역사회 정신보건의 역사적 배경", 『대한 의사협회지』, 40: 158-163.

김이영 · 배성우, 2005, "가족교육 프로그램이 정신장애인의 임상적 · 기능적 · 주관적 경험영역에 미치는 효과", 『정신보건과 사회사업』, 19: 180-212.

김정범, 2001, "당뇨병과 연관된 심리사회적 문제들", 『생물치료정신의학』, 7(2): 288-295.

김정선 옮김, 2002, The Cultural Context of Health, Illness, and Medicine, Martha O. Loustaunau & Elisa J. Sobo 지음, 한울아카데미.

김정진 · 남윤영 · 박지영(2008), 『실무자를 위한 자살예방 매뉴얼』, 한국자살예방협회.

김종성, 2005, "뇌졸중 후 발생하는 감정장애; 우울, 불안, 감정조절장애, 분노조절장애, 그리고 피로", 『대한신경과학회지』, 23: 1-8.

김종흔 · 유은승 · 조달님, 2012, 『암환자를 위한 스트레스 관리』, 이담북스.

김진숙, 1997, "당뇨아동 가족의 아버지 역할 수행에 관한 연구", 서울대학교 대학원 석사학위 논문.

김철권, 1997, "우리나라 지역사회 정신보건의 현황과 미래방향", 『대한 의사협회지』, 40: 179-185.

김혜란 · 홍선미 · 공계순, 2006, 『사회복지실천기술론』, 2판: 나남.

김혜련 · 김윤신, 2003, "만성질환 유병의 사회계층별 차이분석", 한국보건정보통계학회지, 28(2): 56-66.

당뇨병학회, 2003, "당뇨캠프에서의 당뇨병 관리", 『당뇨병』(JKD), 4(3): 169-174.

대한뇌졸중학회, 2004, "뇌졸중, 미리 준비하면 피할 수 있습니다", http://www.stroke.or.kr/

대한의료사회사업가협회 홈페이지 http://www.kamsw.or.kr/

미국정신의학회, 1995, 정신장애의 진단 및 통계편람 제 4판(DSM-IV), 하나의학사.

박선영, 2012, "사회복지실천의 임파워먼트 접근에서 온정주의의 침투와 공존: 딜레마와 대안", 『미래사회복지연구』, 4(1): 107-135.

박유미, 2015, 서울시 만성질환관리사업, 대한의료사회복지사협회 제15차 추계심포지움 주제발표.

박은주, 1995, 퇴원계획 활용을 위한 퇴원반응 연구, 이화여대 사회복지대학원 석사학위 논문.

박지영, 2010, "자살로 가족을 잃은 유가족의 생존경험에 관한 해석학적 현상학 사례연구", 『정신보건과 사회사업』, 36: 203-231

박지용, 2013, "빈곤과 건강보험법-한국 의료보장법과 의료체계를 중심으로", 『사회보장법학』, 2(1), 71-101.

박현선, 1995, "의료사회사업 QA프로그램 개발을 위한 제언", 『의료사회사업활동의 질관리, 95년 대한의료사회사업가협회 총회 및 임상세미나자료집』, 1-25.

박형숙 · 박경연, 2008, "인지행동기반 스트레스관리 프로그램이 제2형 당뇨병 환자의 스트레스, 대처 및 스트레스 반응에 미치는 효과", 『기본간호학회지』, 15(3): 291-300.

박효미 · 윤영미, 2005, "화상환자의 삶의 질 영향요인", 『성인간호학회지』, 17(1): 100-108.

보건복지부, 2005, 『제2차 국민건강증진 종합계획』.

————, 2015, 암환자 의료비지원사업, http://www.bokjiro.go.kr/

————, 2016, "긴급복지지원사업 안내", http://www.bokjiro.go.kr/

————, 2011, 『제3차 국민건강증진 종합계획』.

사례관리학회(편), 2014, 『사례관리론』, 학지사.

삼성서울병원 당뇨교육실, 2002, 당뇨병과 함께 즐거운 인생을, 고려의학.

삼성의료원 사회사업팀 홈페이지 http://sw.samsunghospital.com/

삼성의료원 사회사업팀, 2012, 사회사업팀 활동보고서, vol.17: 2012 의료사회사업 연간보고서, 삼성의료원.

서수균 · 권석만, 2005, "분노조절 인지행동프로그램을 통한 이중인지매개모델의 검증", 『한국심리학회지: 임상』, 24(3호), 495-510.

세계일보, 2015, "대한의료사회복지사협회, '보건사회복지 패러다임전환' 세미나 주관", 2015년 4월 29일

손정태 · 이은주 · 김선화, 2009, "선호 음악감상이 화상환자의 통증, 불안 및 활력 징후에 미치는 효과", 한국음악치료학회지, 11(1): 124-141.

송미영 · 최경구, 2007, "치매노인 주부양자의 부양부담에 영향을 미치는 요인", 노인복지연구, 37: 131-160.

송자경, 1997, 의료사회사업활동보고서 제1집, 연세대학교 원주의과대학 원주기독병원 사회사업과.

신미자, 1994, 장기혈액투석 수혜자들의 생활경험에 관한 연구, 중앙대학교대학원 박사학위논문.

안효섭 · 김순기, 2005, 『소아암: 환자와 가족을 위한 정보』, 서울대학교병원 교육자료.

양옥경, 2007, 다문화가족 지역정착을 위한 사회적 지원방안 연구, 서울시정개발연구원.

양옥경 · 최명민, 2001, "한국인의 한과 탄력성: 정신보건사회사업에의 적용", 『정신보건과 사회사업』, 11: 7-29.

양옥경 · 김미옥 · 최명민 역, 2002, 『가족과 레질리언스』, 나남.

양옥경 · 김정진 · 서미경 · 김미옥 · 김소희, 2005, 『사회복지실천론』, 나남.

엄명용 · 노충래 · 김용석, 2015, 『사회복지 실천기술의 이해』, 3판: 학지사.

여성아동폭력피해중앙지원단, 2014, 『해바라기센터 서비스 지원 매뉴얼』, 한국여성인권진흥원.

오복자 · 이은애, 2013, "인지행동중재가 암 환자의 심리적 디스트레스, 자기간호 및 삶의 질에 미치는 효과", 『성인간호학회지』, 25(4): 377-388.

오승길 · 최건식, 2013, "신장장애인의 삶의 질에 영향을 미치는 사회적 환경요인", 『21세기 사회복

지연구』, 10: 247-263.

오영훈 · 최율 · 임양빈 · 임종훈 · 유철종, 2013, "JCI 인증 규정과 국내 종합병원의 시설관리",『한국의료복지시설』, 4(1): 25-28.

오혜경, 2005,『장애인복지론』, 창지사.

유수현 · 천덕희 · 이효순 · 성준모 · 이종하 · 박귀서, 2010,『정신건강론』, 양서원.

유승흠 · 박은철, 2009,『의료보장론』, 신광출판사.

윤현숙 외, 2001,『사회복지실천기술론』, 동인.

윤현숙 · 김연옥 · 황숙연, 2003,『의료사회사업론』, 나남.

_____, 2011,『의료사회복지실천론』, 나남.

이광재, 2005,『의료사회사업원론』, 2판: 인간과 복지.

이명수 · 김민혁 · 박지영 · 송경준 · 황준원 · 이다영 · 김영은 · 김윤미(2012),『위기대응프로토콜 개발 및 보급연구』, 보건복지부 · 중앙자살예방센터.

이명신, 2004, "사회복지사의 소진과정 모델: 직업스트레스요인, 직무스트레스와 전문직 효능성에 의한 소진 경로분석",『한국사회복지학』, 56(4): 5-34.

이영미 · 성규탁, 1991, "우리나라 사회사업가들의 소진(burnout)에 관한 연구",『한국사회복지학』, 18: 25-60.

이영숙 · 김진숙 · 손지현 · 이인정, 2002,『암: 대한의료사회복지사협회 임상시리즈』, 도서출판 나눔의집.

이인정 · 이영선, 2013, "HIV/AIDS 감염인의 지각된 낙인이 삶의 질에 미치는 영향: 사회적 지지의 조절효과 중심으로",『사회복지연구』, 44(3): 347-369.

이주연 · 최경애 · 김경아 · 김민영 · 조진희 · 이주경 · 김린아 · 차문경, 2012,『뇌졸중: 대한의료사회복지사협회 임상시리즈』, 도서출판 나눔의집.

이준상 · 박애선, 2008, "치매노인 가족보호제공자의 부양부담에 영향을 미치는 요인에 관한 연구: 노인복지센터와 노인요양시설 이용노인 가족을 중심으로",『노인복지연구』, 40: 225-248.

이채원, 2004, "아동의 만성질환관리에 영향을 미치는 가족요인",『한국아동복지학』, 18: 217-242.

이혜자, 2006, "재가 치매노인 주부양자의 부양부담 실태 및 영향요인", 대한케어복지학, 2(1): 33-60.

이희진 · 이방현 · 이방원 · 양옥경, 2012, "개화기(1876-1910) 의료복지활동에 관한 연구사적 분석",『사회복지실천과 연구』, 9: 91-126.

일간경기, 2014, "용인시 보건소, 만성질환 예방관리에 만전", 2014년 6월 17일, 일간경기, http://www.1gan.co.kr/news/articleView.html?idxno=5967/

임성권, 2014,『뇌졸중을 알아야 재활이 쉽다』, 좋은 땅.

임춘식 등, 2007, 사회복지학개론, 공동체.

장은숙, 1995, "정신의료사회사업가의 소진(burnout)과 업무환경에 관한 연구", 숭실대학교 사회복지학과 석사학위논문.

장혜경, 2012, "중년의 건강관련 삶의 질에 영향을 미치는 요인",『성인간호학회지』, 24(4): 339-347.

전석균, 2014,『정신건강론』, 공동체.

전현진, 2006,『팀 협력체제에서 의료사회복지사의 역할구생 경험에 관한 연구』, 한국사회복지조
    사연구, 14: 25-49.
정순둘·김경미·박선영·박형언·최혜지·이현아, 2007,『사회복지와 임파워먼트』, 학지사.
정순둘, 2005,『사례관리실천의 이해』, 학지사.
정향미, 2009, "당뇨병 교육을 위한 정보광장: 당뇨병환자의 survival skills", 『당뇨병』(JKD), 10(1):
    41-44.
조두영, 2001,『행동과학: 의사와 환자』, 일조각.
조현찬·1997, "의료의 질향상 활동", 강동성심병원 적정진료보장위원회.
조효제 역, 1997,『건강과 질병의 사회학』, Sarah Nettleton, *The Sociology of Health and Illness*, 한울
    아카데미.
질병관리본부 국립보건연구원 생명의과학센터 심혈관·희귀질환팀, 2009, "희귀난치성질환 보건
    의료정책 최근 이슈", 『주간건강과 질병』, 2(11): 165-181.
최명두, 2015, "메르스 사태의 지리학과 생명권력의 정치", 『공간과사회』, 25(3): 173-192.
최명민, 2000, "정신과 입원환자의 퇴원계획 프로그램이 퇴원 후 서비스 이용에 미치는 영향요인
    연구", 『정신보건과 사회사업』, 9: 177-196.
_____, 2002, "사회복지사 셀프-임파워먼트 프로그램의 효과: 정신보건사회복지사의 자아개념 및
    클라이언트 평가를 중심으로", 『한국사회복지학』, 50: 3-32.
_____, 2005, "정신보건사회복지사의 윤리적 민감성 훈련프로그램 개발 및 평가", 『정신보건과 사
    회사업』, 20: 182-215.
_____, 2006, "의료사회복지사의 전문적 역량계발 및 관리에 관한 연구", 『정신보건과 사회사업』,
    22: 258-284.
_____, 2008, "사회복지사 윤리적 민감성 검사도구(SWEST) 개발 및 활용에 관한 연구", 『한국사회
    복지학』, 60(2): 5-28.
_____, 2009, "사회복지윤리교육의 현황 및 효과에 관한 연구: 윤리적 민감성을 중심으로", 『한국
    사회복지학』, 61(4): 381-402.
_____, 2015, "Foucault의 계보학을 활용한 사례관리에 대한 비판적 고찰", 『한국사회복지학』,
    67(4): 301-324.
최명민·김경아·김도관·나덕렬·이미경·정경아·황문숙, 1999,『치매환자와 더불어: 치매환
    자를 위한 가족지침서』, 도서출판 한진.
최명민·이기영·김정진·최현미, 2015,『다문화사회복지론』, 학지사.
최명민·현진희, 2006, "의료사회복지사의 소진에 관한 질적 연구: 소진위험요인을 중심으로", 『한
    국사회복지행정학』, 8(1): 1-38.
최명민·현진희·전혜성, 2005, "의료사회복지사를 소진으로부터 보호하는 요인은 무엇인가?",
    『한국사회복지학』, 57(4): 343-370.
최영옥, 2001, "중년기 당뇨병 환자의 가족지지, 자기간호행위, 삶의 질에 관한 연구", 이화여자대
    학교 석사학위 논문.
파올라 니콜슨, 제인 어셔(2001), 여성건강 심리학(장연집 옮김). 이화여자대학교 출판부.
한강성심병원화상센터, 2007,『화상환자와 가족을 위한 지침서』, 도서출판 소화.

한국백혈병어린이재단, 2003, 『자녀가 암에 걸렸을 때』, 한국백혈병어린이재단.

_____, 2004, 『형제가 암에 걸렸을 때』, 한국백혈병어린이재단.

_____, 2011, 『소아암 어린이 형제캠프 10주년 기념 사업보고서』, 한국백혈병어린이재단.

한인영 · 구혜완 · 문현주, 2014, 아동성폭력 피해자 가족치료 개입경험 분석: 어려움과 긍정적 경험을 중심으로, 『학교사회복지』, 29: 399-431.

한인영 · 최현미, 2000, 『의료사회사업론』, 학무사.

한인영 · 최현미 · 장수미, 2006, 『의료사회복지실천론』, 학지사.

한인영 · 최현미 · 장수미 · 임정원 · 이인정 · 이영선, 2013, 『의료현장과 사회복지실천』, 학지사.

한재훈, 2010, "의료기관인증제도(JCI)가 의료서비스 질 향상 의도에 미치는 영향: QA 실무자를 중심으로", 경희대학교 석사학위논문.

한재훈 · 백미라 · 정기택, 2013, "JCI 인증이 내부 직원의 의료서비스 질 향상 의도에 미치는 영향", 『대한경영학회지 춘계학술발표대회 발표논문집』, 2013년 6월 1일, 81-103.

한현미, 1993, "의료기관에 종사하는 사회복지사의 Burnout에 관한 연구", 이화여자대학교 사회복지학과 석사학위논문.

허춘웅, 2009, 『3시간 놓치면 죽을때까지 고생하는 뇌졸중』, 국일미디어.

홍영수, 2009, 『의료사회복지론』, 신정.

황숙연, 1994, "만성질환자에 대한 의료사회사업가의 퇴원계획과정에 관한 연구", 서울대학교 대학원 박사학위논문.

Acker, G. M., 1999, "The Impact of Clients' Mental Illness on Social Worker's Job Satisfaction and Burnout", *Health & Social Work*, 24(2): 112-119.

Adkins, E. A., 1994, Use of PIE in a medical social work setting, in Karls, J. M. & Wandrei, K. E. (eds.), *Person-in-environment system*, NASW Press.

Ahmad, W. I. U., 2000, *Ethnicity, Disability and Chronic Illness*, Philadelphia PA: Open University Press.

Amadeo, M. & Fassler, I., 2001, "Training Helps Social Workers with Substance-abusing Clients", *The Brown University Digest of Addiction Theory & Application*, 20(3): 3-4.

American Psychiatric Association, 2013, *Diagnostic and Statistical Manual of Mental Disorders*(fifth edition), Hakjisa.

Arches, J., 1991, "Social Structure, Burnout, and Job Satisfaction", *Social Work*, 36: 193-272.

Atkinson, P., 1988, "Discourse, Descriptions and Diagnoses: Reproducing Normal Medicine," in Lick, M. & Gordon D. (eds.), *Biomedicine Examined*, London: Kleuwer Academic Publishers.

Auslander, G. K. & Cohen, M. E., 1992, "The Role of Computerized Information Systems in Quality Assurance in Hospital Social Work Departments", *Social Work in Health Care*, 18(1): 71-92.

Auslander, W. G., Thompson, J. S., Dreitzer, D., & Santiago, V. J., 2004, "Mother's

Satisfaction with Medical Care: Perception of Racism, Family Stress, and Medical Outcomes in Children with Diabetes, in L. P. Ewalt et al. (eds.) *Multicultural Issues in Social Work*, Washington, DC: NASW.

Bebeau, M. J., Rest, J. R. & Yammor, C. M., 1985, "Measuring dental student' ethical sensitivity", *Journal of Dental Education*, 49: 225-235.

Berkman, L. F. & Kawachi, I. (eds.), 2000, *Social epidemiology*, New York: Oxford University Press.

Bland, R., 1998, "Understanding grief and guilt as common themes in family response to mental illness: Implications for social work practice", *Australian Social Work*, vol. 54(4): 27-37.

Blumenfield, S. & Rosenberg, G., 1988, "Towards a Network of Social Health Services: Redefining Discharge Planning and Expanding the Social Work Domain", *Social Work in Health Care*, 13(4): 24-38.

Booth W. C. & Marshall W. G., 1991, *The Harper and Row Rhetoric* (2nd ed.), New York: Harper Collins.

Bosworth, H. B., Bastian, L. A., Kuchibhatla, M. N., Steffens, D. C., McBride, C. M. & Skinner, C. S. et al., 2001, "Depressive symptoms, menopausal status, and climacteric symptoms in women at midlife", *Psychosomatic Medicine*, 63(4): 603-608.

Brady, C. F., Goldman, C. R. & Wandersman, A., 1994, "Similarities and differences in caregiver adaptation: Focus on mental illness and brain injury", *Psychosocial Rehabilitation Journal*, 18: 35-48.

Browne, T. A., 2006, "Social work roles and health-care settings", in A Gehlert, S. & Browne, T. A. (Eds.), *Handbook of health social work* (pp. 23-42), John Wiley & Sons, Inc.

Bulger, M. W., Wandersman, A. & Goldman, C. R., 1993, "Burdens and gratifications of caregiving: Appraisal of parental care of adults with schizophrenia", *American Journal of Orthopsychiatry*, 63: 255-265.

Bull, M. J., 1990, "Factors influencing family caregiver burden and health", *Western Journal of Nursing*, 12: 756-776.

Cabot, R. C., 1912, Humanizing the hospitals, in S. Breckenridge (ed.), The child in the city (pp. 41-52), Chicago: Chicago School of Civics and Philanthropy.

Cannon, I. M., 1952, *On the social frontier of medicine*, Cambridge, MA: Harverd University Press.

Carlton, T. O., 1984, *Clinical Social Work in Health Settings*, New York: Springer Publishing Company.

Carpenter, J., Ring, C,, Sangster, A., Cambridge, P. & Hadzidimitriadou, E., 2000, "From the asylum to the community: a longitudinal study of staff involved in the transition from Tone Vale Hospital to community based services", *Journal of Mental Health*, 9: 211-230.

Cherniss, C., 1980, *Staff Burnout: Job Stress in the Human Services*, Berverly Hills, CA: Sage

Publications.

Choi, M. M., Choi, H. M. & Kim, J. J., 2009, "Roles of Social Workers as a Factor of Successful Teamwork in Korean Mental Health Practice", *Korean Journal of Social Welfare Research*, 20: 85-107.

Clarkeburn, H., 2002b, "The Aim and Practice of Ethics Education in an Undergraduate Curriculum: Reasons for Choosing a Skills Approach", *Journal of Further and Higher Education*, 26(4): 307-315.

_____, 2002a, "A Test for Ethical Sensitivity in Science", *Journal of Moral Education*, 31(4), 439-453.

Cohen, N., Gantt, A. B. & Sainz, A., 1997, "Influences on Fit between Psychiatric Patients' Psycho-social Needs and Their Hospital Discharge Plan", *Psychiatric Service*, 48(4): 518-523.

Collier, J. A. B., Longmore, J. M. & Harvey, J. H., 1991, *Oxford Handbook of Medical Specialties* (3rd ed.), Oxford University Press, Oxford.

Congress. E. P., 1999, *Social Work Value and Ethics: Identifying and Resolving Professional Dilemmas*, 강선경 · 김욱 역, 2005, 『사회복지 가치와 윤리』, 시그마프레스.

Coughlan, D., 2004, Guidelines on Management of Suspected Child Abuse/Neglect and Child Welfare Concerns.

Coulton, C. J., Dunkle, R. E., Goode, R. A. & MacKintosh, J., 1988, "Discharge Planning and Decision Making", *Health & Social Work*, 7(4): 253-261.

Cournoyer, B., 2002, *The Social Work Skills Workbook*, 김인숙 · 김용석 역, 2002, 사회복지실천기술연습, 서울: 나남출판.

Cowles, L. A. F., 2000, *Social work in health field: A care perspective*, The Haworth Press.

Cummings, S. M., 1999, "Adequacy of Discharge Plans and Rehospitalization among Hospitalized Dementia Patients", *Health & Social work*, 24(4): 249-259.

Deblinger, E., Hathaway, C. R., Lippmann, J. & Steer, R. (1993), "Psychosocial characteristics and correlates of symptom distress in nonoffending mothers of sexually abused children", *Journal of Interpersonal Violence*, 8(2): 155-168.

Dhooper, S. S., 1997, *Social work in health care in the 21st century*, Sage Sourcebooks for the Human Service.

Diller, J. V., 2007, *Cultural Diversity: A Primer for the Human Service*, Belmont, CA: Brooks/Cole.

Dobrof, J., 1991, "DRG'S and the social worker's role in the discharge planning", *Social Work in Health Care*, 16(2): 37-54.

Ersoy, N. & Gündoğmus, Ü. N., 2003, "A Study of The Ethical Sensitivity of Physicians in Turkey", *Nursing Ethics*, 10(5): 472-484.

Evans, T., 2002, "Perceived Competencies of social Workers in Adolescent Practice", *Journal of Human Behavior in The Social Environment*, 6(3): 35-47.

Farber, B., 1983, Introduction: A Critical Perspective on Burnout, in B. A. Farber (Ed.),

Stress burnout in the Human Service Professions, New York: Pergamon Press.

Farel, A. M., 1997, "Children with special care needs", in J. B. Kotch (Ed.), *Maternal and child health* (pp. 281-303), Gaithersburg, MD: Aspen.

Freire, P., 1970, *Pedagogy of the oppressed*, The Continuum International publishing group, Inc., 남경태 역, 2002, 『페다고지』, 그린비.

Freudenberger, H. J., 1983, "Burnout: Contemporary Issues, Trends and Concerns", in B. A. Farber (Ed.), *Stress and Burnout in the Human Service Professions*, New York: Pergamon Press.

Gehlert, S. & Browne, T., 2006, *Handbook of Health Social Work*, New York: John Wiley & Sons,

Gehlert, S., 2006, The conceptual underpinnings of social work in health care, in A. Gehlert, S., & Browne, T. A. (eds.), *Handbook of health social work* (pp. 3-22), John Wiley & Sons, Inc.

Germain, C. B., 1984, *Social Work in Health Care*, New York: Free Press.

_____, 1984, *Social Work Practice in Health Care: An Ecological Approach*, New York: The Free Press

Germain. C. B. & Gitterman, A., 1980, *The Life Model of Social Work Practice*, New York: Columbia University Press.

Grapsa E., Panteliasa K., Ntentaa E., Pipili C. & Kiousia E., 2014, "Caregivers' Experience in Patients With Chronic Diseases", *Social Work in Health Care*, 53: 670-678.

Green, J. W., 1999, *Cultural Awareness in the Human Service: A Multi-ethnic Approach*, Boston: Allyn & Bacon.

Greenspan, R., 1992, "Supervision of Experienced Agency Workers", *The Clinical Supervisor*, 9(2): 31-45.

Gutierrez, L. M., 1998, "A model for empowerment practice", in L. M. Guitierrez, R. J. Parsons & E. O. Cox (Eds.), Empowerment in Social Work practice, A sourcebook(pp. 3-23), Pacific Grove, CA: Brooks/Cole Publishing company.

Gutierrez, L. M., 1990, "Working with Woment of Color", *Social Work*, 35: 149-153.

Hatfield, A. B. & Lefley, H. P., 1993, *Surviving Mental Illness: Stress, Coping and Adaptation*, New York: Guilford Press.

Holmes, A. M. & Deb, P., 2003, "The effect of chronic illness on the psychological health of family members", *The Journal of Mental Health Policy and Economics*, 6: 13-22.

Huxley, P., Evans, S., Gately, C., Webber, M., Mear, A., Pajak, S., Kendall, T., Medina, J. & Katona, C., 2005, "Stress and Pressures in Mental Health Social Work: The Worker Speaks", *British Journal of Social Work*, 35: 1063-1079.

Institute of Medicine Committee for the Study of the Future of Public Health, 1988, *The future of public health*, Washington, DC.: National Academy Press.

James, C. S., 1987, "An Ecological to Defining Discharge Planning and Decision Making",

참고문헌

Social Work in Health care, 12(4): 47-59.

Johnson, L. C., 1992, *Social Work Practice* (3rd ed.), Massachusetts: Allyn and Bacon.

Jones, T. M., 1991, "Ethical Decision Making by Individuals in Organizations: An Issue Contingent Model", *Academy of Management Review*, 160.

Kelly, A., Watson, D., Raboud, J. & Bilsker, D., 1998, "Factors in Delays in Discharge from Acute-Care Psychiatry", *Canadian Journal of Psychiatry*, 43(5): 496-501.

Kendall-Tackett, K. A., Williams, L. M. & Finkelhor, D., 1993, "Impact of sexual abuse on children: A review and synthesis of recent empirical studies", *Psychological Bulletin*, 113(1): 164-180.

Kirst-Ashman, K. K. & Hull, H., 1993, *Understanding Generalist Practice*, Chicago: Nelson-Hall Inc., Publisher.

Lee, D., 1995, "Team Approach to Mental Health: Different Roles and Effectiveness", *Korean Social Welfare*, 101-122.

Lloyd, C. E., Matthews, K. A., Wing, R. R. & Orehard, T. J., 1992, "Psychosocial factors and complications of IDDM", *Diabetes Care*, 15: 166-172.

LLoyd, C., King, R. & Chenoweth, L., 2002, "Social Work, Stress and Burnout: A Review", *Journal of Mental Health*, 11(3): 255-265.

Lowenberg, M. F. & Dolgoff, L. R., 1996, *Ethical Decisions for Social Work Practice*, 서미경 · 김영란 · 박미은 역, 2000, 『사회복지실천윤리』, 양서원.

Luthar, S. S., 1991, "Vulnerability and resilience: A study of high risk adolescents", *Child Development*, 62: 600-616.

Malekoff, A., 1997, *Group Work with Adolescents: Principles and Practice*, New York: The Guilford Press.

Maslach, C. & Jackson, S. E., 1981, "The Measurement of Experienced Burnout", *Journal of Occupational Behavior*, 2: 99-113.

Mattison, M., 2000, "Ethical Decision Making: The Persons in the Process", *Social Work*, 45(3): 201-221.

Merriam-Webster, Dictionary - "Health", accessed 21 April 2011.

Michultka, D., 2009, "Mental Health Issues in New Immigrant Communities", pp. 135-172, in Congress. E. P. & Chang-Muy, F. (eds.), *Social Work with Immigrants and Refugees: Legal Issues, Clinical Skills and Advocacy*.

Miley, K. K., O'Melia, M. & DuBois, B. L., 1995, *Generalist Social Work Practice: An Empowering Approach, Boston, London, Toronto, Sydney, Tokyo*, Singapore: Allyn and Bacon.

Mullind, L. Keller, J. & Chaney, J., 1994, "Systems and social cognitive approaches to team functioning in rehabilitation settings", *Rehabilitation Psychology*, 39(3): 161-178.

Murphy, L. B. & A. Moriarty., 1976, *Vulnerability, coping, and growth: From infancy to adolescence*, New Heaven, CT: Yale University Press.

National Association of Social Workers, 2016, *NASW Standards for Social Work Practice in Health*

Care Settings.

National Care Association, 2005, A guide for people who work in health and social care, Department of Health.

Oktay, J. S., 1995, Primary health care, in Edwards, R. L. (ed.), *The encyclopedia of social work* (19th ed.), NASW Press.

Parsons, T., 1972, Definition of Health and Illness in Light of American Values and Social Structure, in E. G. Jaco (2nd ed.), *Patients, Physicians and Illness*, New York: The Free Press

Payne, M., 2002, "Coordination and Team", in Critical Practice in Social Work, edited by Robert Adams, Domonelli, M. & Payne, M., New York: Palgrave: 252-260.

Pines, A. & C. Maslach, 1978, "Characteristics of Staff Burnout in Mental Health Settings", *Hospital and Community Psychiatry*, 29: 233-237.

Plummer, C. A., 2006, "Non-abusive mothers of sexually abused children: The role of rumination in maternal outcomes", *Journal of Child Sexual Abuse*, 15(2): 103-122.

Polusny, M. A. & Follette, V. M., 1995, "Long-term correlates of child sexual abuse: Theory and review of the empirical literature", *Applied and Preventive Psychology*, 4: 143-166.

Poulin, J. & C. Walter, 1993, "Social Workers Burnout: A Longitudinal Study", *Social Work Research & Abstracts*, 29(4): 5-11.

Proctor, E., Morrow-Howell, N., Albaz, R. & Weir, C., 1992, "Patient and Family Satisfaction with Discharge Plans", *Medical care*, 30(3): 262-275.

Proctor, E., Morrow-Howell, N., Kitchen, A. & Wang, Y. T., 1995, "Pediatric Discharge Planning: Complications, Efficiency, and Adequacy", *Social Work in Health care*, 22(1): 1-18.

Rabouin E. M., 1996, "Walking the Talk: Transforming Law Students into Ethical Transactional Lawyers; A) Engendering moral sensitivity", *DePaul Business Law Journal 1*, Fall/Winter: 33-35.

Reamer, G. F., 1999, *Social Work Values and Ethics*, New York: Colombia University Press.

Regehr, C., 1990, "Parental responses to extrafamilial child sexual assault", *Child Abuse and Neglect*, 14(1): 113-120.

Rehr, H., Rosenberg, G. & Blumenfield, S., 1998, "A Prescription for Social Health Care: Responding to the Client, the Community, and the Organization", in *Creative Social Work in Health Care: Client, the Community, and Your Organization*, Rehr, H., Rosenberg, G. & Blumenfield, S. (eds.), New York: Springer Publishing Company.

Rest, J. R., 1983, "Morality" (pp. 556-629), in Handbook of child psychology, edited by P. H. Mussen., Vol. 3, *Cognitive Development*, New York: Wiley.

Rolland. J. S., 1994, *Families, Illness, and Disability: An Integrative Treatment Model*, New York: Basic Books.

Romanofsky, P., 1976, "Infant mortality: Dr. Henry Dwight Chapin and the Speedwell Society 1890-1920", *Journal of Medical Society of New Jersey*, 73: 33-38.

Sands, R. & Angell, B., 2002, "Social Workers as Collaborators on Interagency and Interdisciplinary Teams", in *Social Work Practice in Mental Health*, edited by Bentley, K., Pacific Grove: Brooks/Cole: 254-280.

Schild, D. R. & Sable, M. R., 2006, "Public health and social work", in A. Gehlert, S. & Browne T. A. (eds.), *Handbook of health social work* (pp. 70-122.), John Wiley & Sons, Inc.

Schneider, M. J., 2000, *Introduction to public health*, Gaithersburg, MD: Aspen.

Schwartz, C. & Gidron, R., 2002, "Parents of mentally ill adult children living at home: rewards of care giving", *Health & Social Work*, 27(2): 145-154.

Seaburn, D., Lorenz, A., Gunn, W., Gawinski, B. & Mauksch, L., 1996, *Models of Collaboration*, New York: Basic Books.

Shea, C. A., 1990, "The Emotional Exhaustion Aspect of Burnout and Stressors in Resorces LD Teachers", ERIC ED, 322: 117.

Sheafor, W. B., Horejsi, R. C. & Horejsi, A. G., 1997, *Techniques and Guidelines for Social Work Practice*, 서울대사회복지실천연구회 역, 1998, 『사회복지실천 기법과 지침』, 나남.

Shin, H. K., 2006, Effects of depressive mood state on self-cused attention, somato-sensory amplification, somatic at bution, and somatic symptoms in somatization group, *The Korean Journal of Clinical Psychology*, 25(2): 467-488.

Smith, 2009, "Social Work and Physical Helth Issues of Immigrants", pp.103-104, in Congress. E. P. & Chang-Muy, F. (eds.), Social Work with Immigrants and Refugees: Legal Issues, Clinical Skills and Advocacy.

Soderfeldt, M., Soderfeldt, B. & Warg, L., 1995, "Burnout in Social Work", *Social Work*, 40(5): 638-646.

Stack, S., 2004, "Suicide Among Social Workers: A research Note", *Archives of Suicide Reseach*, 8: 379-388.

Storey, J. & Billingham, J., 2001, "Occupational Stress and social Work", *Social Work Education*, 20(6): 559-670.

Swanson, A. J., Pantalon, M. V. & Cohen, K. R., 1999, "Motivational Interviewing and Treatment Adherence among Psychiatric and Dually Diagnosed Patients", *Journal of Nerve Mental Disorder*, 187(10): 630-635.

Swift, C. & Levin, G., 1987, Empowerment: An emerging mental health technology, *Journal of Primary Prevention*, 8(1/2): 71-94.

Taylor, R. J., Smith, B. H. & Teijlingen, E. R., 2003, "Health and illness in the community", *Oxford Handbook of Clinical Medicine*, Oxford university press.

Thompson, E. H. & Doll, W., 1982, "The burden of families coping with the mentally ill: An invisible crisis", *Family Relation*, 31: 379-388.

Turner, F. Psychosocial Theory, in (ed.) F. Turner, *Social Work Treatment: Interlocking Theoretical Approach* (3rd ed.), 1986, The Free Press, New York , 1986.

Walsh, F., 2012, Family Resilience: Strengths Forged Through Adversity, Normal Family

Processes(4th ed), New York: Gildford.

_____, 1998, *Strengthening Family Resilience*, New York: The Guilford Press.

_____, 1998, Keys to Family resilience, The Conference of The Social Ecology of resilience, Dalhousie University.

Watkins, E. L., 1985, The conceptual base for public health social work, in A. Gitterman, R. B. Black & F. Stein(eds.), Public health social work in maternal and child health: A forward plan(pp. 17-33), Proceeding of the Working Conference of the Public Health Social Work Advisory Committee for the Bureau of Health Care Delivery and Assistance, Rockville, MD: Division of Maternal and Child Health.

Weitz, R., 1996, *The Sociology of Health, Illness, and Health Care: A Critical Approach*, Belmont, CA: Wadsworth Publishing Company.

WHO, http://www.who.int/

Wilkinson, D. S., Rounds, K. A. & Copeland, V. C., 2002, "Infusing public heath content into foundation and advanced social work courses", *Journal of Teaching in Social Work*, 22(3/4): 139-154.

Wilson, G., Hamilton, B., Britton, F., Campbell, J., Hughes, P. & Manktelow, R., 2005, "Approved Social Work Training in Northern Ireland: Using Research to Examine Competence-based Learning and Influence Policy Change", *Social Work Education*, 24(7): 721-736.

Winnibust, J., 1993, "Organizational Structure, Social Support and Burnout", in W. B. Schaufeli, C. Maslach & T. Marek (eds.), *Professional Burnout: Recent Developments in Theory and Research*, New York: Taylor & Francis: 151-162.

Wittmer, P. D., 2000, "Ethical Sensitivity in Management Decision: Developing and Testing a Perceptual Measure Among Management and Professional Student Group", *Teaching Business Ethics*, 4: 181-205.

Yank, G., Barger, J., Hargrove, D. & Whitt, P., 1992, "The Mental Health Treatment Team as a Work Group: Team Dynamics and the Role of the Leader", *Psychiatry*, 55: 2250-2264.

https://ko.wikipedia.org/wiki/%EC%95%88%EB%9D%BD%EC%82%AC/

찾아보기

부록

1. 의료사회복지실천 기록양식
2. 의료사회복지실천 사례 기록 – 재생불량성 환자에 대한 실천사례
3. 의료사회복지 관련 책, 영화, 미술 작품 목록
4. 의료사회복지 관련 단체 및 기관 목록

부록 1. 의료사회복지실천 기록양식

Medical Social Work Intake [국립암센터 서식]

환자명		생년월일	
주소		전화번호	
학력	□없음 □초졸 □중졸 □고졸 □대졸 □대학원졸 □상세불명	종교	□없음 □기독교 □천주교 □불교 □상세불명
결혼상태	□기혼 □미혼 □사별 □동거 □사실혼 □기타	장애 여부	□유(종류: 등급:) □무
의료보장형태	□건강보험 중증 □의료급여 1종 □의료급여 2종(차상위) □일반		
주치의		진료과	
진단명		정보제공자	□본인 □배우자 □부 □모 □자녀 □형제 □친척

가족사항						
관계	이름	나이	학력	직업	동거 여부	비고

가계도	의뢰 경위 및 의료적 상황	
	의뢰 경위	□의료진 의뢰 □자발적 내원 □지역사회 의뢰 □사회복지사 선별

1. Personal Data	
발병 전	
발병 후	

2. Family Data	
Main Care Giver	

3. Social & Economic Data			
주수입원		월소득	
주거형태		사보험	□없음 □실비 □암보험
부채		예금	
차량		기타사항	

4. Assessment

5. Intervention

6. Flow up plan

상담신청서 [서울대학교병원 서식]

사회복지사는 질병과 관련된 여러 심리 · 사회 · 경제적 문제를 상담하는 전문가입니다.
상담에 앞서 아래의 내용을 확인하시고 동의 여부를 확인해주십시오.

1. 본인은 상담에 정직하게 임하겠으며, 허위 사실 보고로 인해 추후 불이익이 있을 수 있음에 동의합니다.
2. 사회복지사가 의료진, 후원 기관, 기타 지역사회 기관 등과 협력할 경우 상담 내용이 공유될 수 있음에
   동의합니다.

                              201 년   월   일 _____(인)

※ 귀하는 어떤 경로를 통해 의료사회복지팀을 방문하게 되셨습니까?

□ 의료진의 소개로   □ 원내 의료사회복지팀 홍보물(포스터 등)을 통해
□ 주위의 소개로 (같은 병실 환자, 간병인 등)   □ 다른 기관의 소개로
□ 스스로 알아봐서   □ 기타

※ 귀하는 어떤 서비스를 원하십니까?

□ 심리적 상담   □ 경제적 지원 관련 상담   □ 기타 문의 _____

1. 기본 정보

환자 이름		생년월일	년 월 일	전화번호	자택:
		성별/나이	남 · 여 / 세		핸드폰:
환자 주소					
환자 직업		종교		학력	
결혼 상태	□미혼 □기혼 □별거 □사별 □이혼 □기타( )				
질병명		병원 등록번호		입원	과 병동
				외래	과
치료 계획	□ 입원 치료 예정 (예정일: 월 일) □ 수술 예정 (예정일: 월 일 / 수술 내용:) □ 고가의 외래 치료 예정 (예정일: 월 일) □ 고가의 약물 치료 예정 (예정일: 월 일)				
	※ 예상 치료비: _____ 원				
방문자 성명		관계		연락처	

2. 가족 정보: 환자의 가족에 대해 기록해주십시오.

관계	성명	나이	학력	종교	직업	동거유무	질병/장애/ 특이 사항

3. 경제적 상황: 해당 사항에 V 표 해주세요.

소득	□근로소득: 월 평균 원
	     연 봉 원
	□정부보조금: 원
	□장애수당: 원
	□후원금: 원
	□기타: 원
		주택	□자택: 평
			 (공시지가: 원)
			□전세: 평 (보증금: 원)
			□월세: 평 (보증금: 원)
			           (월 세: 원)
			□무료로 거주 □사택에 거주

장애	□무 □유 • 장애종류: • 장애등급:	현금	• 저축금: 원 • 기타: 원
건강 보험	□건강보험(보험료: 원) □의료급여1종 □의료급여2종 □차상위 본인부담경감 대상자 □외국인의료보험 □일반	빚	• 은행 등: 원 • 개인에게 빌린 돈: 원
		자동차 (오토바이 포함)	□무 □유 (연식: 종류:)

사보험	□무 □유: ____개
	□보험상품명:
	□보장 내용
	  • 진단비: 원
	  • 수술비: 원
	  • 입원실비: 원
	  • 입원료: 원
		부동산	□무
			□유
			1) 토지: 평(공시지가: 원)
			2) 건물: 평(공시지가: 원)
			3) 기타: _____

※ 그동안 지불한 치료비는 얼마입니까? 약 _____ 원		
※ 과거 치료비 등을 지원받은 경험이 있으면 작성해주세요.		
지원 기관		
지원 기간		
지원 금액	원	원 원

201   년   월   일   시   분   접수자:_____

부록 2. 의료사회복지실천 사례 기록 - 재생불량성 빈혈 환자에 대한
실천사례 [서울대학교병원 의료사회복지팀]

1. 접수 및 자료수집

(1) 일반적 사항 Identification Data1

이름	김OO	성별/나이	여/9세	의뢰과	소아청소년과(혈액종양)
교육수준	초재	종교	카톨릭	의료보장	건강보험
직업	무직	SES	중하	주거형태	자택
의뢰일	2016-00-00	초기면담	2016-00-00	의뢰사유	경제적 지원
진단명	재생불량성 빈혈				
정보제공자	환자부, 환자모				

(2) 의뢰경위

의뢰일	의뢰자	의뢰경위
2016 00-00	소아청소년과 주치의	환아는 재생불량성 빈혈로 f/u중에 패혈성 쇼크로 중환자실 치료중이며, 국내에 골수 일치자 없어 현재 해외 공여자 골수 이식 준비 중에 있어 이에 대한 경제적 지원 위해 의뢰됨.

(3) 가족 및 사회 · 문화적 배경

① 가계도 Genogram

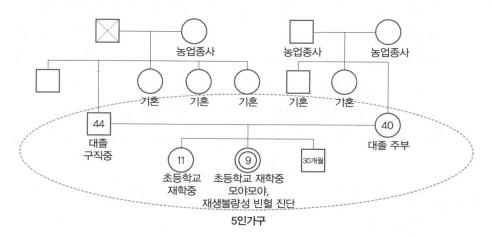

5인가구

② 개인력

- 태아기(임신~출산): 39주. 2.3kg으로 출생함
- 영유아기: 생후 1개월에 고열 있어 ○○병원 입원하였고, 검사 결과 모두 정상 판정 받음. 그러나 계속해서 열 떨어지지 않아 ○○○병원 입원하였고 백혈구 감소증 진단받아 ○○○병원으로 전원됨. 이후 계속해서 병원 생활하였고, 3세에 재생불량성 빈혈과 모야모야병 진단받음. 모야모야병으로 2차례의 수술 있었음.
- 학령전기: 지속적으로 ○○○병원 외래 진료 보았음.
- 아동기: 학교 잘 다니고 있었고, 조혈모 세포 이식 위해 휴학하였음.

③ 가족력

- 환아가족은 환아부모와 환아언니, 환아, 환아남동생으로 이루어진 5인 가구임.
  - 환아부(40세): 대졸. 기혼. 무교. 구직중. 환아부는 비정규직으로 근무하였으나 2014년 6월 계약 만료로 퇴사하였음. 퇴사 후 환아 종아리 감염으로 입원하게 되어 환아부가 care 중임. 환아부는 환아의 질병에 대해서 받아들이고 부모로써 환아가 잘 치료받고 나을 수 있도록 도와주어야 한다고 생각하며 적극적으로 치료에 임하고 있음.
  - 환아모(41세): 대졸. 기혼. 기독교. 주부. 환아모는 결혼 전 학원 강사로 경제활동하였으나 결혼 후에는 전업주부임. 환아모는 환아 임신 5개월 때에 입원하였고, 환아 출산 마지막 달에 신생아 평균 몸무게보다 적게 나가 큰 병원에서 출산 권유받아 거주지 인근 대학병원에서 출산함. 환아모는 환아 치료에 적극적인 태도로 임하고 있으며 예정되어 있는 이식에 대한 기대감 큼. 현재 환아모는 집에서 환아언니와 환아남동생 care 중으로 주말에 병문안 온다고 함.
  - 환아언니(11세): 초등학교 재학중. 환아언니는 평소 환아와의 관계 매우 좋음.
  - 환아(9세): 초등학교 재학중. 환아는 2.6kg으로 출생함. 생후 100일 경에 고열

---

33 제시된 사례는 서울대병원 의료사회사업실에서 실제 개입한 사례로서 희귀난치성질환을 가진 환자에 대한 개입과 기록의 이해를 돕기 위해 제시하였습니다. 익명성 보장을 위해 환자 및 가족의 나이, 구체적 상황, 개입날짜 등을 수정하였습니다.

로 거주지 인근 대학병원에 내원하였고, 고열 지속되어 본원 입원함. 환아 32개월에 모야모야병 진단받았고, 그 당시 재생불량성 빈혈 같이 진단 받음. 이 후 계속해서 수혈 받으면서 생활하였고, 2주에 한 번씩 입원하였다고 함. 환아는 현재 종아리 감염으로 입원치료 받고 있으며 국내에 맞는 골수 없어 중국에서 해외골수이식 공여 답변 기다리고 있음.
- 환아남동생(20개월): 환아와의 관계 좋음. 병원 내원으로 환아가 집에 부재한 경우 많아 함께 지내기를 원하고 있음.
- 확대가족: 경제적 도움 가능한 지지체계로서는 작용하지 않고 있음.

④ 생태도^{Ecomap}

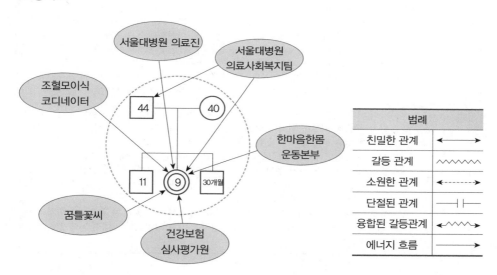

⑤ 병력 · 의료적 상황

일시	의료적 상황
2016-00	환아는 내원 2일전부터 고열과 구토 증상 있었고, 경구섭취 어려워 본원 응급실 통해 입원하였음. 환아 패혈증 쇼크로 감염 조절 위해 소아중환자실 치료받음.
2016-00	낮병동에서 항암치료 후 Neutropenic fever로 입원하였음.
2016-00	히크만 카테터 삽입 위해 입원 시술하였음.
2016-00	조혈모 세모 이식 후 2016년 12월 퇴원함. 이후 지속적인 f/u 위해 외래 진료 보고 있음.

구분	내용
질병의 원인	병리학적으로는 동맥 안쪽의 막인 동맥내막이 점차 두꺼워지는 것이 특징이다. 모야모야병의 원인으로 후천성과 선천성에 관한 논란이 계속되고 있어 전반적인 정확한 발병 원리나 원인은 밝혀지지 않았다. 감염이 자가면역 반응을 유발하여 혈관염을 유발한다고 하는데 아직까지 정확한 증거는 없다. 또한 환경적 요인이 제시되고 있는데 역학적 조사 결과는 환경 요소보다는 유전적 요소를 뒷받침하고 있으며, 특히 일본에서의 조사 결과, 직업, 생활양식, 지역과는 무관하다는 결과가 나왔다.
증상	모야모야병의 증상은 발병시기에 따라 큰 차이가 있다. 소아의 경우에는 보통 24시간 이내, 흔히 1~2시간 이내에 혈관이 딱딱해져서 일시적으로 한쪽 팔다리에 마비 증상이 나타나고, 저리거나 운동기능이 마비되며, 발음에 장애가 생기고(발음부전) 시력이 저하되는 일과성 허혈발작이 나타난다. 또한, 뇌 속의 동맥고리인 윌리스환이 점차적으로 좁아져 뇌 혈류가 감소될 때 그에 따른 증상을 보이는데, 증상이 서서히 심해지므로 초기에 부모들이 자칫 병을 알아차리지 못하는 경우가 많다. 라면이나 국과 같이 뜨겁거나 매운 음식을 먹을 때, 풍선이나 악기를 부는 경우, 심하게 울 때에 과호흡으로 일시적으로 혈액 내의 이산화탄소 농도가 낮아지면서 뇌 혈류가 감소하여 증상이 나타나는 경우가 많다. 심한 운동으로 탈수가 된 경우에도 증상이 유발될 수 있다. 대개 갑작스레 울고 난 후 몸에 힘이 빠지면서 몸 한 쪽에 마비가 오거나 반신불수를 일으키고, 곧 회복되는 등의 일과성 허혈 증상이 반복되다가 뇌경색으로 나타나기도 한다. 간혹 심한 두통이나 간질성 경련을 보이기도 한다.
치료	환자의 뇌허혈 증상이 반복적으로 나타나는 경우에는 수술적 치료가 우선적으로 고려되며, 수술적 치료는 뇌의 뇌혈류를 증가시키기 위하여 정상 혈관과 이어주는 것으로 직접 혈관 문합술과 간접 혈관 문합술, 병합 혈관 문합술이 있다. 직접 혈관 문합술은 주로 성인에게 사용되고 있는 수술이고, 측두동맥과 중대뇌동맥을 이어주는 수술이 대표적이다. 간접 혈관 문합술은 뇌-경막-혈관 성형술이 대표적이며, 주로 전두부와 양측 측두부의 간접 혈관 문합술을 시행하고 있으며 많은 어린 환자에게서 좋은 경과를 보이고 있다. 모야모야병은 대개 양쪽 혈관에 같이 발생하므로 1차 수술을 마친 후 2~4개월 경과를 관찰한 후 전반적인 뇌기능과 뇌혈관 검사를 다시 시행하여 반대편 뇌에 2차 수술을 시행한다.

구분	내용
질병의 원인	선천성 재생불량성 빈혈은 비교적 드물며, 판코니 빈혈, 선천성 이상각화증dyskeratosis congenital, 슈바치만 다이아몬드 증후군Shwachman-Diamond syndrome 등의 질환에 동반되어 나타날 수 있다. 후천성 재생불량성 원인으로는 방사선, 약제, 벤젠, 바이러스, 자가면역질환, 호산성근막염eosinophilic fasciitis, 임신, 수혈과 관련된 이식편대숙주병(림프구가 이식되었을 때 환자의 몸 안에서 증식하여 상피세포 등 조직을 공격하는 질환Graft-Versus-Host Disease, GVHD), 발작야간혈색뇨증(혈구 세포막의 결함으로 생기는 용혈

	질환$^{paroxysmal\ nocturnal\ hemoglobinuria}$) 등이 있지만 대부분은 원인이 밝혀지지 않는 특발성이다. 국내에서는 서구에 비해 발생 빈도가 높으며 상대적으로 젊은 층에서 많이 발생한다. 소아에서도 대부분의 경우 원인을 알 수 없었으며 선천성인 경우가 약 4.1%이었고, 극히 일부 환자에서 간염이나 투약과 연관되어 발생하였다.
증상	가장 흔한 증상은 빈혈에 의한 무기력, 피곤감, 두통, 활동 시 호흡곤란 및 혈소판 감소증에 의한 반상출혈(1~2cm 정도 크기의 피하 조직내의 출혈), 코피, 생리과다, 잇몸출혈 등이다. 호중구 감소증의 정도가 심하면 감염에 의한 고열이 주 증상이 되기도 한다. 가장 흔한 진찰소견은 피부 및 안구결막의 창백함과 출혈소견(반상출혈, 점상출혈, 잇몸출혈) 등이다. 빈혈 정도가 심하면 맥박수가 90~100회 이상으로 증가한 빈맥과 함께 심잡음이 들릴 수 있다. 간이나 비장이 커져 있거나 림프절이 부어 있는 징후는 관찰되지 않는다.
치료	재생불량성 빈혈의 주된 치료방침은 면역조절치료 또는 형제간 조혈모세포 이식이며 치료 과정 중의 지지요법(적혈구 및 혈소판 수혈요법, 감염에 대한 적극적인 항생제 치료 등)도 중요하다. 형제간 조직적합성항원^{HLA}이 일치할 확률은 25~30%이며 최근에는 형제의 수가 감소하여 많은 수의 환자가 이식을 시행하지 못하고 면역조절치료를 받게 된다. 면역조절치료는 치료 관련 사망률이 낮은 반면, 완치적 치료법은 아니며 30~40%에서 재발을 하며 10~20%에서 골수형성이상증후군 혹은 발작성 야간혈색뇨증$^{nocturnal\ hemoglobinuria}$(야간 혈색소 요증)으로 진행될 수 있는 단점이 있다. 중증 혹은 초중증 재생 불량성빈혈인 경우 형제간 공여자가 없을 경우 면역조절치료 시작과 동시에 조직적합성항원^{HLA}이 일치하는 비혈연 간 공여자를 찾는 작업을 병행하고, 면역조절치료에 반응이 없거나 반응 후 재발하였을 경우 적합한 타인 간 공여자가 있다면 타인 간 골수이식을 실시한다.

⑥ 사회 · 경제적 상황

목록	내용
월수입	무(6개월 전까지 약 200여만 원 소득 있었음)
주거	자택(공시지가 7,000만 원)
건강보험	유
사보험	유(2개) ※ 조혈모세포 구득료에 대한 보장 안 됨.
차량	유(2003년식/○○○)
부채, 부동산장애, 금융자산	무

2. 사정

(1) 강점사정

구분	내용
개인강점	• 긍정적인 마음가짐: 환아는 32개월부터 병원에서 입원 및 잦은 외래 진료 보고 있음에도 활발하고 씩씩한 성격으로 치료에 임하고 있음. • 가족들에 대한 애정: 환아는 환아부모와 환아언니, 환아동생에 대한 애정 커 치료 종결하여 함께하고 놀러 다니고 싶어 함. 이는 치료에 대한 동기로 환아의 강점으로 평가됨.
가족강점	• 치료에 대한 환아가족들의 태도 - 환아부모는 환아 치료에 있어서 의료진들과 신뢰 관계 좋으며 치료에 적극적 태도 가지고 있음. - 환아언니와 환아남동생은 환아가 현재 많이 아프다는 사실 인지하고 있으며 환아는 챙겨주며, 환아부모가 환아 치료로 떨어져 있는 것에 대해 이해하고 있음.
환경강점	의료진의 적극적인 치료 태도: 환아가 해외 골수 구득하여 과도한 치료비 예상하여 의료사회복지팀으로 의뢰 줌.

(2) 문제사정을 위한 틀

문제목록	세부 내용
건강 문제, 장애, 상실의 적응	• 32개월부터의 투병 생활: 환아는 32개월에 모야모야병과 재생불량성 빈혈 진단 받음. 이로 인해 잦은 외래와 검사, 입원·수술 등으로 약 7년 간 투병 생활 중임. • 국내 조혈모 세포 일치자의 부재: 환아는 재생불량성 빈혈 치료 위해 이식이 불가피한 상황임. 그러나 형제들과 국내에 조혈모 세포 일치자 없는 상태임. 이에 해외에서 세포 탐색하고 있음.
교육상의 문제	환아 조혈모 세포 이식 준비로 학업 중단 예정: 환아는 초등학교 재학중이나 중국 공여자와 조혈모세포 일치하면 바로 이식술 예정으로 학업 중단하고 이식 준비 예정임.
대인관계와 사회활동	환아의 조혈모 세포 이식으로 놀이 및 취미활동 제한됨: 환아가 병원에 장기간 입원하게 될 시, 평소 하던 놀이 및 취미활동이 제한되어 우울한 마음 발생할 수 있음.
재정적 문제	해외 조혈모 세포 구득료에 대한 경제적 부담: 환아는 1차로 형제들의 조혈모 세포 일치 검사하였으나 맞지 않았고, 이에 국내 조혈모 세포 공여자 탐색함. 그러나 국내에 일치자 없어 해외에서 조혈모 세포 탐색 중임. 만약 해외에서 해외 골수 구득하게 될 시 3,000만 원 이상의 구득료 발생할 예정으로 환아가구 자부담 어려운 상황임.

※ 참고: Minnesota Hospital의 24가지 심리사회적 문제 목록에 근거: 총 24개 목록 중 3가지 문제가 사정되었음

3. 개입계획

(1) 개입계획의 이론적 근거

① 임파워먼트 모델

임파워먼트의 개념은 개인적 변화 수준, 지역사회 변화 수준, 또는 조직적 변화 수준 등으로 다양하게 설명되고 있다. 개인적 변화를 강조하는 미시적 접근에서 임파워먼트란 기존의 치료 중심의 실천에서 클라이언트를 문제가 있는 사람으로 규정하는 것에서 벗어나, 클라이언트의 강점을 강조함으로써 클라이언트의 잠재역량 및 자원을 인정하고, 클라이언트가 삶을 결정할 수 있도록 역량을 부여하고자 하는 것이다.

② 본 사례에 이론을 적용하는 이유

환아는 모야모야병과 재생 불량성 빈혈로 32개월부터 입퇴원을 반복하고 있음. 그럼에도 학교 생활을 열심히 하고 있으며, 어려운 수술에도 밝고 씩씩하게 이겨내고 있는 강점이 있음. 또한 환아부모도 태안에서 서울대병원까지 환아를 위해서 왕복하고 있으며, 환아 형제자매들에 대한 애정과 케어도 소홀하지 않으려고 노력하는 강점이 있음. 서로에게 각자의 강점을 인지시켜 자신의 역량을 강화하여 치료과정에 심리적 소진이 되지 않도록 개입 예정임.

(2) 개입계획

① 심리사회적 측면

구분	내용
문제사정	국내 조혈모 세포 일치자 없다는 사실에 대한 환아부모의 불안감: 환아는 현재 형제들 간의 조혈모 세포 일치하지 않고, 국내에서도 조혈모 세포 일치자 부재한 상황임. 이에 현재 해외에서 탐색하고 있어 혹시나 환아와 일치자 없어 이식 불가한 상황 발생하지 않을 불안감 큼. → Minnesota Hospital의 심리사회적 문제목록에 근거: 건강문제, 장애, 상실의 적응

개입계획	환아부모에게 심리 정서적 지지
문제사정	• 환아의 오랜 투병 생활로 심리적 소진의 위험성 큼. 　- 환아는 현재 씩씩하게 치료에 임하고 있다고 하나 오랜 투병 생활로 심리적 소진 있을 수 있음. 　- 또한, 이식으로 장시간의 입원하게 될 시 자신이 평소 해오던 놀이 및 취미활동 제한되어 우울해질 수 있음. → Minnesota Hospital의 심리사회적 문제목록에 근거: 건강문제, 장애, 상실의 적응 → Minnesota Hospital의 심리사회적 문제목록에 근거: 대인관계와 사회활동
개입계획	• 환아에게 심리 정서적 지지 • 환아가 일반병동에 입원하고 있을 때에 소아암 환아 대상으로 진행하고 있는 놀이 프로그램인 꿈틀꽃씨 연계

② 경제적 측면

구분	내용
문제사정	해외 골수 구득하게 될 시 고액의 구득료로 자부담 어려움: 환아는 현재 해외에서 조혈모 세포 공여자 찾고 있는 중으로 일치자 있을 경우, 3,000만 원 이상의 고액의 구득료 발생할 예정임. 그러나 환아부모는 고액의 구득료 자부담 능력 부재한 상황임. 이에 조혈모 세포를 찾아도 이식하지 못할 상황 발생할 수 있음. → Minnesota Hospital의 심리사회적 문제목록에 근거: 재정적 문제
개입계획	해외 골수 일치할 시, 2013년 공모전 통해 건강보험심사평가원으로부터 지정기탁 받은 3,000만 원의 기금 연계

③ 환경적 측면

구분	내용
문제사정	잦은 외래 및 입원치료로 다른 학생들과 비교하였을 때에 수업 일수 부족하며, 조혈모 세포 이식하게 될 시 학업 중단의 가능성 있음. - 환아는 병원생활로 이미 다른 학생들과의 수업을 동일하게 듣지 못하고 있으며, 추후 조혈모 세포 이식하게 될 시 학업이 일시 중단될 예정임. → Minnesota Hospital의 심리사회적 문제목록에 근거 - 환경적 문제
개입계획	환아가 학업을 유지할 수 있도록 사이버학교에 대한 정보제공

4. 개입 - 개입 내용 및 진행 과정

NO	날짜	정보 제공자	상담 내용
			초기 접촉 및 문제 사정 단계
1	2016 /07	환아부	• 상담을 위한 약속 위한 초기 접촉 - 환아부에게 전화함. 현재 환아 주치의로부터 치료비 지원 요청 건으로 의료사회복지팀에 의뢰와 환아부에게 전화하였음을 설명. 현재 해외골수 구득료 기금 있는 상황으로 소득 및 자산 기준이 맞는지 확인 위해 Brief하게 경제적 상담 진행함. - 환아부와 2014-08-07에 상담 약속 잡음.
			개입 계획 수행단계
2	2016 /08	환아부	• 환아에 대한 intake 상담 - 환아는 현재 초등학교 재학 중에 갑작스런 고열 발생으로 본원 내원하였고, 패혈증 쇼크로 중환자실 치료받고 있는 중임. 환아는 평소 밝고 쾌활한 성격임. 환아는 1남 2녀 중 둘째이며, 환아언니, 환아남동생과 관계 매우 좋다고 함. - 환아부는 2014년 6월까지 계약직으로 근무하였으나 계약 만료되어 현재 무직임. 구직활동 하고 있으나 환아 입원으로 간병 위해 구직활동도 어려운 상황임, 환아모는 과거 학원 강사였으나 결혼 후 전업 주부이고, 환아부와 교대로 환아 간병하고 있음. 현재 환아가구 내 소득 부재한 상황이며, 조혈모 세포 이식 계획하고 있으나 국내 일치자 없어 해외에서 골수 찾고 있음. 그러나 해외에서 일치자 찾더라도 3,000만원 이상의 구득료에 대한 경제적 부담 큰 상태임. → 해외골수 구득료 기금의 경제적 기준 충족하여 구득료 신청 위해 구비서류 안내하였음. → 환아부는 구득료에 대한 부담 커 현재 해외골수구득에 대한 기금 있음을 이야기하며 안도 느끼게 하였고, 환아의 간병에 적극적으로 임하는 모습에 정서적 지지해주었음.
3	2016 /08	이식 코디네이터	• 중국에서 조혈모 세포 일치자 찾음. - 조혈모 세포 이식 코디네이터에게 전화하여 환아 일치하였는지 문의 전화함. 현재 일치하여 환아 건강 컨디션 호전될 시 바로 이식 가능하다고 함.
		환아부	• 서류 준비 독려함 - 환아부는 서류 준비 어려움 느끼고 있어 이에 서류 준비 독려하였음. 또한, 환아 현재 중국에서 일치자 찾은 사실에 대해 알림.
4	2016 /08	환아부	• 구비서류 제출 - 서류검토
5	2016 /09	환아부모	• 환아모와 환아에게 심리 정서적 지지제공 - 환아 응급실 내원하여 환아모에게 해결중심기법을 바탕으로 환아모에게 현재까지 그래도 잘 치료해온 것에 대한 지지 제공하였음.
6	2016 /10	환아부	• 한국사회복지사협의회에 조혈모 세포 구득료 담당자에게 추천서 발송 - 환아 조혈모 세포 이식을 11월 말 혹은 12월 초로 잡혀 있어 환아 추천서 작성하여 구비서류와 함께 한국사회복지사협의회에 등기발송함.

7	2016 /10	한국사회복지사협회의 &건강보험심사평가원	• 해외 골수 구득료 3,000만 원 지원 결정됨. - 환아부에게 지원 결정 사실 알렸고, 환아부는 구득료 지원 결정으로 경제적 부담 경감되었다고 하였음. - 그러나 골수 구득 위해서는 바로 돈이 입금되어야 하는데 병원 행정 처리상 입금 빨리 되지 않아 우선 환아부가 구득료 나눠서 지불하고 추후 영수증 제출 시 환아부 계좌로 입금해주기로 함.
8	2016 /11	환아부	• 조혈모 세포 이식 입원 전날로 환아부에게 정서적 지지제공하였음. - 현재까지 환아는 어려운 치료들을 잘 견뎌내주었고, 씩씩하게 치료 받고 있으니 금번 이식도 잘 될 수 있을 거라며 지지제공하였음. - 환아는 입원 전 삭발할 때에 눈물 보여 환아부도 함께 삭발하였다고 함. 이에 환아를 향한 환아부의 행동에 대해 지지제공하였음.
9	2016 /12	환아모	• 항균 용품 전달 - 신한은행에서 소아암 환아들을 위한 항균 용품 후원하여 환아에게 전달하기 위해 병동 방문함. 환아는 조혈모 세포 이식방에 들어가 있어 만나지 못하였고, 대신 환아모 만나 전달하였음.
10	2016 /12	환아 환아부	• 이식방에서 일반병실로 전실하여 병동 방문함. - 환아는 이식 후 일반병실로 전실하여 환아 만나기 위해 병실 방문하였음. 환아와의 라포 형성 전으로 아직 낯설어하였음. 환아가 가지고 놀고 있는 인형에 대해 궁금증 표시하며 약간의 대화 나누었음. 현재 환아모와 간병 교대하여 환아부가 간병 중이었고, 환아부는 금번 이식비에 대한 부담 느껴 한마음한몸운동 본부에 대한 정보제공과 이식 신청하기로 함. • 한마음한몸운동본부에 금번 이식치료비 신청함. - 환아 금번 이식비에 대해 추천서 작성하여 구비서류와 함께 등기 발송함. 그러나 현재 병동 간호사의 소견으로는 환아가 발열 없이 현재와 같은 컨디션으로 지낸다면 곧 퇴원 가능하다고 함. 이에 지원 결정 전에 퇴원할 수 있는 점 환아부에게 안내함. • 환아 사이버 학교에 대한 정보제공함. - 환아가 이식방에서 나온 상황이고 추후 학교 갈 준비를 해야할 수 있기에 사이버학교에 대한 정보 제공함. • 소아암 환아 놀이 프로그램인 꿈틀꽃씨 안내 - 환아는 장기간의 입원 치료로 지루해하고 있어 소아암 환아 놀이 프로그램인 꿈틀꽃씨에 대한 정보제공함. 환아부와 환아는 이에 대한 욕구 있어 꿈틀꽃씨 담당자와 상의하여 환아에게 프로그램 연계 예정임.
11	2016 /12	환아모	• 환아 병동 방문 및 꿈틀꽃씨 프로그램 연계됨. - 환아병동 방문하였음. 환아는 꿈틀꽃씨 연계되어 미술 놀이 하였고, 이에 대한 만족도 높았다고 함. 환아가 이식 후 우울 증상 있었으나 프로그램 할 때에는 즐겁게 참여하고 있음. - 환아모는 환아의 이식 결과 매우 좋다는 의료진의 소견이 있어 안도감 느끼고 있었음. 그러나 이식비에 대한 부담 있어 한마음한몸운동본부에 이식비 지원 신청한 사실에 대해 다시 상기시켜주었음.
12	2016 /12	환아부	• 환아 금일 퇴원 예정이었으나 한마음한몸운동본부에서 지원 결정되지 않아 자부담 퇴원하기로 하였음. • 추후 지원 결정 공문 도착 시, 납부한 금액 환아부 통장으로 입금시켜주기로 함.

13	2017 /01	한마음한몸 운동본부	• 한마음한몸운동본부 전달식
14	2017 /01	의료사회복 지팀	• 치료비 자부담 한 부분에 대해 지출 결의서 올림.
15	2017 /01	환아 환아모	• 환아 병문안 - 환아는 월, 금마다 낮병동 입원하여 환아병문 안 함. - 환아는 이식퇴원 후 잠깐 건강 좋지 않았지만 현재는 잘 회복하여 잘 지내고 있다고 함.
16	2017 /01	의료사회복 지사	• 결과보고서 작성 - 해외 조혈모 세포 구득료 지원해준 한국사회복지사협의회에 제출 위한 결과보고서 작성

5. 종결 후 평가

　　본 사례는 희귀난치성질환으로 조혈모 세포 이식을 받아야 하나 국내에서 일치하는 조혈모세포가 없어 해외에서 구득해야만 하는 환아 사례였음. 상담 시 환아부는 계약직 만료 구직활동하고 있는 상황이었고, 환아모는 환자형제들과 환아 care로 경제활동 어려운 상태였음. 또한 환아 치료를 위해서는 중국에서 조혈모세포 받아야 하나 가구 내 경제적 상황 열악하여 치료에 대해 환아부모는 부담 및 상실감 느끼고 있었음. 다행히 조혈모 세포 구득료 지원금 있어 환아가 무사히 구득 받고 이식 받을 수 있었으며, 입원비에 대해서도 한마음한몸운동본부 신청하여 지원 결정됨.

고액의 해외골수 구득료에 대한 경제적 부담	환아는 재생불량성 빈혈로 조혈모 세포 이식이 불가피한 상황임. 환아는 국내에 일치자 없어 중국에서 일치하는 공여자 찾았고 3,000만 원가량의 구득료 발생 예정이었음. 이에 공모전을 통해 건강보험심사평가원에서 해외골수 구득료 3,000만원 기금 지원한 점은 긍정적으로 평가됨.
환아가족에 대한 정서적 지지제공	환아부모는 환아 간병과 환아형제자매들의 양육을 교대로 하고 있는 점에 있어서 칭찬 및 정서적지지 제공하였다. 그러나 환아와의 라포가 많이 형성되지 못한 점은 아쉬움으로 남음.
환아에게 사이버학교 및 꿈틀꽃씨 연계	환아는 장시간의 입원으로 학업 중단 및 자신의 놀이활동 중단되었음. 이에 환아가 우울한 마음 발생할 수 있어 사이버 학교와 소아암 환아들을 위한 꿈틀꽃씨 프로그램 연계한 점은 긍정적으로 평가됨.

부록 3. 의료사회복지 관련 책, 영화, 미술 작품 목록

　의료사회복지는 질병이나 장애를 가진 사람들의 삶을 다루는 영역이다. 따라서 건강과 질병, 환자와 치료자, 삶과 죽음 등에 대한 다양한 인문학적 지식을 습득하고 관련된 예술작품들을 접하는 것은 의료사회복지사로서 기초체력을 다지는 데 도움이 될 것이다. 따라서 본 교재의 부록에서는 의료사회복지사로서 역량을 키워가는 과정에서 유익하게 활용할 수 있는 서적, 영화, 미술작품들을 참고용으로 제시하고자 한다. 이 자료들은 의료사회복지실천에 대해 생각할 거리를 풍부히 던져줄 것으로 기대된다. 이외에도 다양한 작품들이 있으니 이를 찾아보고 의료사회복지에 대한 견문을 넓혀보자.

1. 추천 서적

(1) 국내 작품

① 이청준, 『당신들의 천국』, 1976

　한국문학의 고전이라고 할 수 있는 작품이다. 나환자들의 폐쇄된 세계, 소록도에 새로 부임한 군인 출신의 원장은 섬을 천국으로 만들겠다는 야심찬 계획을 실행해나간다. 성공을 향해 밀어붙이는 지도자, 의심하고 갈등하며 때로는 희생당하는 주민들, 견제하고 걱정하는 관리자 등 소설 속 인물들의 모습은 한 집단이나 공동체의 구성원으로 일하며 살아가는 우리의 모습을 닮아있기에 이들의 갈등은 곧 우리의 갈등이 된다. 특히 자신의 직업에 '소명의식'을 갖고 있는 이에게 공동체의 운명을 위해 한번쯤은 반드시 고민해봐야 할 의미심장한 질문들을 이 소설은 던져주고 있다.

② 박완서, 『여덟 개의 모자로 남은 당신』, 1994

　남편의 죽음을 지켜본 작가의 경험을 토대로 쓴 자전적 소설이기에 그 절절함에 더욱 와 닿는 단편소설이다. 죽음은 살아있음을 다시 돌아보게 만들고, 흔한 일상을 흔하지 않게 만들며, 내가 잘 알던 나를 낯선 모습으로 만들기도 한다. 죽음 앞에 무력한, 그러나 너무도 인간적으로 변해가는 진솔한 모습이 잔잔한 감동으로 다가온다.

③ 정유정, 『내 심장을 쏴라』, 2009

이 소설은 정신병원에 사는 두 청년의 병원탈출기이다. 한 친구는 삶으로부터 도피해 평온한 병원생활에 적응한 모범환자 '수명'이고, 다른 한 친구는 늘 꿈을 꾸며 좌충우돌 날뛰는 시한폭탄 같은 '승민'이다. 여전히 우리에게 '비정상'이라고 낙인찍히는 정신병원 환자들, 그러나 우리의 내면, 우리의 욕망과 전혀 다르지 않은 이들의 이야기이다.

④ 김애란, 『두근두근 내 인생』, 2011

열일곱에 아이를 낳은 부모와 그 아이, 이제 열일곱이 된, 그러나 조로증 때문에 신체나이 여든 살로 거의 누워 지내는 '아름'이 이 소설의 주인공들이다. 비극적 상황 속에서 건져 올리는 생의 보석 같은 순간들이 곳곳에서 빛나고, 희극적인 장면들 사이로는 깊은 틈이 벌어져 삶을 통찰하게끔 한다. 슬픔과 기쁨이 공존하는 부모와 자식, 가족의 이야기가 흥미진진하다.

⑤ 박경철, 『시골의사의 아름다운 동행』, 2011

시골 외과의사가 근무하는 병원에서 만나게 된 다양한 환자와 그들의 삶을 에세이 형식으로 엮은 이 책은 총 62편의 에피소드를 1, 2권에 걸쳐 담고 있다. 사고와 질병으로 인하여 소설이나 영화보다 더 극적으로 펼쳐지는 우리 이웃들의 삶을 들여다 보다 보면 우리의 일상이 얼마나 소중한지를 경험하게 되며 치료자로서 겪게 되는 고민과 애환도 엿볼 수 있다.

⑥ 하근찬, 『수난 이대』, 2012

동병상련이라는 말의 직접적인 뜻을 생각해보면 자칫 잔인하게 느껴진다. 누군가의 아픔을 이해하기 위해서는 똑같은 아픔을 당해봐야 한다는 말이기 때문이다. 하지만 같은 아픔을 가진 사람들은 서로를 가엾게 여겨주기만 하는 건 아니다. 서로를 가엾게 여기지 '않아' 줄 수도 있다. 그까짓 거 얼마든지 감당할 수 있다고, 별 거 아니니 괜찮다고,

대수롭지 않게 만들어줄 수도 있다. 이 빛나는 단편은 그런 작품이다. 그래서 웃을 수 있지만 그러다가 결국은 찡-해온다.

⑦ 김경욱, 『천국의 문』, 2016

치매에 걸려 요양병원에서 죽음을 기다리는 아버지의 모습을 딸의 시선으로 바라본 단편 소설이다. 주제는 가족이나 죽어가는 아버지가 아니라 '죽음' 그 자체이다. 남자 요양 간호사의 시선을 통해 삶과 죽음의 사이, 그 중간쯤에서 바라본 죽음을 이야기하고 있으며, 사회적인 관점에서 노인의 죽음과 가족공동체의 해체 문제 또한 아우르고 있다.

(2) 외국 작품

① 유진 오닐Eugene O'neill, 『밤으로의 긴 여로Long Day's Journey into Night』, 1941

작가가 "피와 눈물로 썼다"고 할 만큼 비극적이고 고통스러운 작가 자신의 가족사가 고스란히 드러나 있는 희곡이다. 마약 중독인 어머니, 돈에 집착하여 가족을 희생시킨 아버지, 방탕한 알코올 중독자 큰 아들과 폐병환자인 작은 아들이 함께 지내는 길고 긴 하루 동안 그들의 병과 아픔은 다른 가족의 병과 아픔에 맞물려 더 악화되면서 도저히 빠져나올 수 없을 것만 같은 어둡고 어두운 밤을 향해 무거운 발걸음을 옮겨간다. 너무도 깊은 절망이 아름다움으로 승화되는 작품이다.

② 까뮈Albert Camus, 『페스트La Peste』, 1947

알제리 해변의 한 도시 오랑에서는 어느 날부터인가 수천마리의 쥐가 죽어서 길에 깔리게 되고 흑사병이 선포되면서 폐쇄조치가 내려진다. 의사, 신부, 신문기자, 공무원, 시민들이 그 도시 안에서 하루하루 살아간다. 사람들은 병에 걸리고, 서로 돌보고, 죽고, 탈출을 시도하고, 의심하고, 절망하고, 희망한다. 인간의 고통과 절망을 그대로 목격하는 가운데 결코 사라지지 않는 희망의 끈을 작품 속에서 확인할 수 있다.

③ 아툴 가완디[Atul Gawande], 『나는 고백한다 현대의학을: 불완전한 과학에 대한 외과의사의 노트』, 2003

현대의학이 갖고 있는 불확실성을 다양하고 생생한 현장 사례들을 통해 보여주면서 사람들이 갖고 있는 현대의학에 대한 맹신에 경종을 울리는 책으로서 의학뿐 아니라 인간의 삶에 대해서도 진지하게 다시 한 번 돌아보게 한다.

④ 오쿠다 히데오, 『공중그네』, 2005

가볍고 유쾌한 목소리로 치유를 이야기하는 즐거운 소설이다. 문을 열면 엉뚱하고 엽기적인 의사 '이라부'와 핫팬츠 차림의 간호사 '마유미'가 맞아주는 정신과 병원, 그곳을 찾아오는 사람들은 겉으로는 강하고 완벽해 보이지만 가장 약하고 우스꽝스럽고 부끄러운 면을 숨기고 있다. 이들이 한데 어울려 만들어내는 발랄한 소동들은 우리가 제각기 꽁꽁 숨겨온 치부를 향해 괜찮다며 미소를 지어준다.

⑤ 엘리자베스 퀴블러 로스[Elisabeth Kubler-Ross], 『안녕이라고 말하는 그 순간까지 진정으로 살아있어라』, 2007

시한부 환자들이 질병과 고통 속에서도 자신의 방식으로 담담히 죽음을 맞이하는 과정을 있는 그대로 보여준다. 삶과 죽음에 대한 글의 내용을 이미지로 보여주는 사진들이 있어서 이해를 돕는다. 호스피스의 역할을 이해하는 데에도 도움이 된다.

⑥ 미치 앨봄[Mitch Albom], 『모리와 함께 한 화요일』, 2010

루게릭병으로 죽음을 앞둔 노교수와 그의 제자가 나눈 대화를 담은 책으로서 휴머니즘이 담긴 고전으로 인정받고 있다. 바쁜 일상 속에서 영혼의 결핍을 느끼던 저자는 루게릭병을 앓으며 죽음을 앞두고 있는 대학 시절 은사인 모리 교수와 재회하면서 세상, 가족, 죽음, 자기 연민, 사랑 등을 주제로 매주 화요일마다 인생을 이야기한다. 모리 교수가 들려주는 삶과 죽음에 관한 수업은 치열한 삶 속에서 잃어버린 것들을 찾으러 가는 과정이기도 하다.

⑦ 잭 안드라카Jack Andraka, 『세상을 바꾼 십대Breakthrough』, 2015

　　주인공 소년은 평소 삼촌처럼 여기던 이웃 아저씨가 췌장암으로 목숨을 잃게 되는 경험을 하면서 왜 질병을 발견하는 것이 이렇게 어렵고 비용이 많이 드는지 고민한다. 그리고 인터넷을 통해 끈질기게 그 해답을 찾는 노력 끝에 빠르고 정확한 췌장암 검진법 '옴 미터'를 개발하게 된다. "왜?"라는 질문을 던지고 그 답을 찾아가는 끈질긴 자세, 그리고 사랑하는 사람을 위하는 마음이 세상을 더 낫게 만들 수 있다는 것을 알려주는 실화이다.

2. 추천 영화

(1) 의료 행위의 의미, 윤리와 가치, 그리고 제도

① 톰 새디악 감독, 〈패치 아담스Patch Adams〉, 미국 1998

　　괴짜 의사 패치 아담스의 실패와 좌절, 그리고 다시 찾는 희망의 이야기를 담은 감동적인 영화이다. 기능과 직업을 넘어 환자를 대하는 의사의 마음은 어떠해야 하는가를 묻고 있다. 패치 아담스의 노력과 시도는 어설프고 바보 같고 위험하지만 그래서 가치가 있다. 그 어떤 것도 흐트러지지 않게 세상에 잘 맞춰 들어가는 사람은 결코 세상을 변화시킬 수 없기 때문이다. 패치아담스와 같은 엉뚱한 바보들에게 박수를!

② 마이클 무어 감독, 〈식코Sicko〉, 미국 2007

　　미국의 의료 민영화가 불러온 비인간적이고 비도덕적인 의료현실을 그대로 폭로한 다큐멘터리 영화. 노동자, 저소득층, 노약자들은 물론, 웬만한 일반인들은 살인적인 보험료 때문에 병원 치료를 받지 못하고 치료를 거부당해 죽기도 하지만, 보험회사와 병원은 서로 결탁하여 이익 챙기기에만 급급하다. 그들은 영리를 목적으로 하는 기업이며 수익이라는 목표 앞에 인간의 생명은 한낱 휴지조각일 뿐이다. 이토록 심각한 사안을 재기발랄하고 위트 넘치게 구성한 감독의 연출력이 돋보이는 작품이다.

③ 니시카와 미와 감독, 〈우리 의사 선생님〉, 일본 2009

　　인구 천 명의 어느 작은 산간 마을. 발령 받아 온 인턴 의사 소마는 동네 사람들의 건강을 세심하게 돌보는 유일한 마을진료소 의사인 이노와 함께 지내며 자부심을 느낀다. 어느 날 이노가 갑자기 실종되고 경찰까지 출동하여 사라진 그의 행방을 찾아 수사를 펼친다. 주변 사람들을 상대로 그의 신상을 조사하던 중 이노의 비밀스런 과거가 조금씩 밝혀지게 된다. 진실에 대한 아름다운 비밀이야기.

④ 수잔 비에르 감독, 〈인 어 베러 월드In a better world〉, 덴마크 2010

　　의사 안톤은 아내와 별거 중이고, 종종 아프리카에서 의료봉사를 한다. 열 살짜리 아들 엘리아스는 학교에서 상습적인 따돌림과 폭력을 당하고 있는데, 어느 날 전학 온 크리스티안의 도움을 받게 되면서 둘은 빠르게 친해진다. 얼마 전 암으로 엄마를 잃은 탓에 가족과 세상에 대한 분노와 복수심으로 가득 찬 크리스티안은 온순하기만 한 엘리아스를 서서히 폭력의 세계로 인도한다. 한편, 안톤은 죄 없는 난민을 학살한 반군지도자의 부상을 치료하게 되자 의사로서 도덕적 책무와 양심 사이에서 번민하게 된다. 영화는 어른과 아이의 입장을 동시에 보여주면서 폭력적이고 잔인한 현실 앞에서 마주하게 되는 선택, 용서와 응징의 두 갈래 길을 제시한다.

⑤ 타니아 웩슬러 감독, 〈히스테리아Hysteria〉, 영국 2011

　　매우 심각한 병도 어쩌면 처음에는 아주 단순한 욕구불만에서 생겨난 것인지도 모른다. 상류사회 여성들을 중심으로 히스테리아가 만연하던 19세기 빅토리아 시대 런던을 배경으로 하고 있는 이 로맨틱 코미디 영화를 보면 더욱 그런 생각이 든다. 항상 새로운 치료법 연구에 매진하던 혈기왕성한 젊은 의사 '모티머'가 히스테리아 전문 병원에 취직하면서 벌어지는 이야기와 바이브레이터의 탄생 배경을 흥미롭게 풀어냈다.

(2) 병과 삶의 공존과 극복

① 페드로 알모도바르 감독, 〈그녀에게^{Hable con Ella}〉, 스페인 2002

식물인간을 두고 사랑과 소통에 대해 이야기하는 영화. 춤추는 '알리샤'를 보고 반했던 남자 간호사 '베니뇨'는 교통사고로 코마상태에 빠진 알리샤를 헌신적으로 간호하며 지킨다. 한편 여행지 기자 '마르코'는 투우사인 '리디아'를 인터뷰하면서 서로 사랑하게 되어 연인이 된다. 리디아 역시 경기 도중 사고로 정신을 잃고 코마 상태에 빠지게 된다. 두 남자는 병원에서 만난다. 끊임없이 알리샤에게 말을 걸며 대화하고 있다고 믿는 베니뇨와 달리 마르코는 이제 리디아와 소통할 수 없다는 데에 절망한다.

② 조나단 레빈 감독, 〈50/50〉, 미국 2011

영화의 제목은 생존확률과 죽음의 확률을 뜻한다. 암을 선고받았을 때 드는 생각은 죽음이지만 사실 나머지 반은 삶이라는 것을 우리는 잊고 있지는 않은지? 희귀한 척추암에 걸린 27살의 남자주인공이 그 반반의 삶과 죽음을 겪는 매우 현실적인 이야기이다. 암환자들이 겪는다는 4단계, 충격, 부정, 저항, 수용이 그에게도 나타나지만 그것 또한 일상적이다. 암환자에 대한 신선한 시각이 돋보이는 보석 같은 작품이다.

③ 장 마크 발레 감독, 〈달라스 바이어스 클럽^{Dallas Buyers Club}〉, 미국 2013

방탕한 생활을 하며 로데오를 즐기는 전기 기술자 '론'은 어느 날 어이없이 쓰러지고 에이즈 선고를 받는다. 죽기까지 그에게 남은 시간은 단 30일. 론은 죽음을 거부하며 미국 내에서 금지된 약물을 외국에서 밀수한다. 병원에서 알게 된 게이 에이즈 환자 '레이언'과 함께 '달라스 바이어스 클럽'을 만들고, 회원제로 에이즈 환자들에게 밀수한 치료 약물을 판매하기 시작한다. 오로지 자신의 목숨을 연장하기 위해 고군분투하던 그는 주위사람들을 통해 자기도 모르게 삶의 다른 차원을 경험하게 된다.

④ 스티븐 번스타인 감독, 〈애니를 위하여^{Decoding Annie Parker}〉, 미국 2013

애니는 아내로서, 또 엄마로서 행복한 삶을 산다. 타고난 유머감각과 낙천적인 성격으로 늘 밝아 보이는 그녀. 그러나 그녀의 마음 속 깊은 곳엔 건드리기조차 무서운 깊은 두려움이 자리 잡고 있다. 그것은 엄마와 이모, 그리고 이젠 언니에게까지 닥쳐온 유방 암이라는 병마가 결국은 자신을 공격하리라는 공포감이다. 한편, 유방암의 유전적 소인을 믿고 있는 저명한 유전학자 메리 클레어 킹 박사는 학계의 냉소에도 불구하고 원인유전자를 찾기 위한 자신의 연구를 계속해 나가다가 우연히 애니와 만나게 된다. 이 만남이 낳게 될 결실은 과연 무엇일까.

⑤ 조쉬 분 감독, 〈안녕 헤이즐The Fault in Our Stars〉, 미국 2014

둘이 합쳐 폐는 1.5개, 다리는 3개뿐인 커플, 암환자 소녀와 골육종으로 다리를 절단한 소년이 함께 암스테르담으로 여행을 떠난다. 불치병에 걸린 남녀의 비극적인 사랑으로 눈물샘을 자극하는 뻔한 이야기는 아니다. 병을 지니고 산다는 것에 대한 여러 겹의 괴로움과 고민들이 잔잔한 공감을 일으키고, 사랑인지 우정인지 혹은 연민인지 모를 애매한 관계의 두 사람이 만나 예기치 않게 이루어내는 일들이 흥미롭다.

⑥ 조지 C. 울프 감독, 〈유아낫유You're Not You〉, 미국 2014

일로나 가정적으로나 무엇 하나 부족함이 없는 완벽한 삶을 누리고 있는 피아니스트 '케이트'는 한 순간 루게릭 병에 걸려 누군가의 도움 없이는 화장실도 갈 수 없고, 옷도 입을 수 없고, 자리에서 일어나기도 힘든 고통 속으로 빠져든다. 점점 모든 것을 잃어가는 케이트 곁에 빈털터리에다 허술하기 짝이 없는 가수 지망생 '벡'이 간병인으로 함께 한다. 환자와 간병인을 넘어 인간 대 인간으로 마주한 두 사람은 따뜻한 우정 속에서 각자가 지켜내고 싶은 삶의 소중함을 깨달아간다.

⑦ 대니 분 감독, 〈슈퍼처방전Supercondriaque〉, 프랑스 2014

훌륭한 외모와 능력과 유머를 가졌지만 지나친 건강 염려증으로 응급실을 밥 먹듯 드나들면서 웬만한 의학지식은 줄줄이 꿰고 있는 슈퍼초울트라 예민남을 주인공으로 한 코미디 영화이다. 건강염려증이 무엇보다도 마음의 병이라는 건 모두가 아는 사실. 그 마음의 병을 고쳐가는 과정의 알콩달콩함이 영화의 재미이다.

(3) 가족 안의 질병과 죽음

① 조지 밀러 감독, 〈로렌조 오일Lorenzo's Oil〉, 미국 1992

　　실제 인물과 사실을 영화화하였기에 더 진한 감동을 주는 작품이다. 오도네 부부는 아들 로렌조가 ALD(부신 대뇌백질 위축증)이라는 불치병에 걸려 앞을 보지도, 듣지도 못하고 언어 장애와 전신마비를 일으키다 결국은 죽게 된다는 사실을 알게 된다. 그러나 부부는 포기하지 않고 병에 관련된 모든 서적을 닥치는 대로 탐독하며 결국 치료법을 찾아내고 그 치료약인 오일의 이름을 '로렌조 오일'이라 칭한다. 부모의 사랑이 얼마나 위대한가를 새삼 느끼게 하는 영화.

② 라세 할스트롬 감독, 〈길버트 그레이프What's Eating Gilbert Grape〉, 미국 1993

　　식료품 가게의 점원으로 일하는 길버트 그레이프는 집안의 가장으로서의 역할과 가족들로부터의 탈출에 대한 욕망 속에서 살아가고 있다. 그에게는 남편이 목매달아 자살한 이후의 충격으로 몸무게가 500파운드나 나가는 거구인 어머니와 지적장애인 동생, 그리고 직장에서 잘린 누나와 한창 사춘기의 여동생이 있다. 너무 가까워서, 또 너무 사랑해서 너무 쉽게 상처를 주지만 그렇다고 쉽게 떠날 수도 없는 가족의 모습과 그 속에서 성장해가는 인간에 대한 이야기이다.

③ 닉 카사베츠 감독, 〈마이 시스터즈 키퍼My Sister's Keeper〉, 미국 2009

　　이 영화는 영원히 풀지 못할 딜레마 같은 문제를 던져준다. 오로지 언니의 백혈병을 치료할 목적으로 태어난 유전자 맞춤형 인간인 '안나'는 제대혈, 백혈구, 줄기세포, 골수 등 모든 것을 언니에게 주다가 자기 몸의 권리를 찾겠다며 부모를 고소한다. 케이트는 죽어가고 있는 자기 때문에 가족들이 당하는 고통으로 이중의 고통을 받으며 죄책감에 시달린다. 엄마는 자신이 비윤리적 선택을 했다는 걸 알지만 딸을 살리기 위해 어쩔 수 없었으며 이젠 안나의 고소에 대응해 재판을 준비해야만 한다. 누구의 편을 들 것인가.

④ 알렉산더 페인 감독, 〈디센던트^{Descendant}〉, 미국 2011

　　일 년 내내 파라다이스일 것만 같은 섬, 하와이에 사는 한 가족의 이야기이다. 아름다운 하와이에 사는 그들에게도 짊어져야 하는 삶의 무게는 여느 가족과 다르지 않다. 보트사고로 갑자기 엄마가 뇌사상태에 빠지자 감춰져 있던 환부들이 하나 둘씩 드러난다. 식물인간이 된 엄마에게 죽음이 예고되고 아빠와 두 딸들은 그 죽음을 준비하며 서로의 낯선 모습들을 발견한다. 죽음은 슬프기보단 당황스럽고 잔인하지만 새로운 출발이 되어주기도 한다. 그리고 가족이 가족이라는 사실은 어쩔 수가 없다.

⑤ 리처드 글랫저, 워시 웨스트모어랜드 감독, 〈스틸앨리스^{Still Alice}〉, 미국 2014

　　영화의 제목은 "앨리스는 여전히 앨리스"라고 풀이된다. 마음이 심장에 있지 않고 뇌에 있다는 이치로 생각해본다면 기억을 잃는다는 건 감정과 마음까지 잃는다는 뜻이다. 그런데도 치매를 앓기 전 앨리스와 치매환자인 앨리스가 같은 앨리스라고 할 수 있을까. '그렇다'고 말하는 이 영화는 치매의 끔찍한 고통을 다소 미화시킨 면이 없지 않은 것 같다. 그러나 저항할 수 없이 자신을 잃어가면서도 상실의 기술을 배우고 고난 중에도 앞으로 나아가는 앨리스의 모습은 분명 감동적이다.

(4) 죽음에 대하여

① 알레한드로 아메나바르 감독, 〈씨인사이드^{the Sea Inside}〉, 스페인 2004

　　26년 전, 수심을 알 수 없는 바다에서 다이빙을 하다 전신마비가 된 주인공은 무기력하게 삶을 연명하는 존재이기보다는 존엄성을 가진 이성적인 인간으로서 죽을 수 있는 권리를 주장한다. 가족들의 헌신적인 보살핌 속에 침대에 누워서 오로지 입으로 펜을 잡고 글을 써왔던 그의 소망은 오로지 안락사로 세상을 떠나는 것이다. 미디어를 통해 알려진 그의 사연을 듣고 그를 찾아왔다가 친구가 된 한 여성은 주인공을 사랑하게 되고 삶을 포기하지 말라고 설득하지만 그의 의지에는 변함이 없다. 안락사에 대한 현실적인 고뇌를 다룬 작품이다.

② 미카엘 하네케 감독, 〈아무르^{Amour}〉, 프랑스 2012

　　천천히 죽어가는 늙은 아내를 늙은 남편이 돌본다. 남편 역시 돌봄을 받아야 할 노쇠하고 불편한 몸임에도 불구하고 아내의 손발이 되어준다. 영화는 지루하게 죽어가는 과정, 그 자체의 속도를 철저하게 따라가기만 한다. 누구에게나 닥쳐올 수 있는 당연한 일상이지만 그 과정을 지켜보는 일은 일상적이지 않다. 마지막 남편의 선택이 최선일지 최악일지 판단하는 것은 보는 이의 몫이다.

③ 우베르토 파솔리니 감독, 〈스틸 라이프^{Still Life}〉, 영국 2013

　　고독사한 사람들의 장례를 치러주는 이색적인 직업을 가진 존 메이. 런던 케닝턴 구청 소속 22년차 공무원인 그는 초라한 유품을 단서로 고인의 삶을 상상해보며 정성스럽게 추도문을 작성하고, 어렵게 찾아낸 지인들에게 연락하여 장례식에 초대하지만 대부분 혼자 장례를 치르곤 한다. 예산을 낭비했다는 이유로 해고통보를 받은 날 그에게 맡은 마지막 고독사의 주인공은 바로 자신의 맞은 편 아파트에 살던 '빌리 스토크'이다. 알지 못했던 그의 삶을 하나씩 열어갈 때 멈춰있던 존 메이의 삶이 깨어난다. "한 사회의 품격은 죽은 이들을 대하는 방식에서 드러난다"는 감독의 말이 인상적이다.

(5) 질병에 대한 사회적 편견

① 조나단 드미 감독, 〈필라델피아^{Philadelphia}〉, 미국 1993

　　잘 나가던 변호사 앤드류 배킷은 동성애자이자 에이즈 환자임을 숨기고 중대한 사건을 맡는다. 그러나 그의 질병에 거부감을 가진 회사에서는 비열한 방식으로 앤드류를 해고하고 앤드류는 이에 맞서 법정 투쟁에 들어간다. 결국 라이벌 관계에 있던 변호사 조 밀러의 도움으로 그가 해고당한 이유는 능력 때문이 아니라 에이즈 때문이라는 것을 밝혀내고 질병으로 인한 해고는 차별이고 위법임을 인정받는다. 질병으로 인한 낙인과 부당한 처우, 그리고 이에 저항하는 주인공의 휴먼스토리가 감동적이다.

② 이현승, 유승조 감독, 〈다시 봄〉, 한국 2015

　　중증건선환자의 이야기를 담아낸 소설 다큐. 건선은 면역체계의 이상으로 발생하는 대표적인 만성 염증성 자가면역질환으로 완치가 어렵고, 전염성 피부병으로 오해 받아 정상적인 경제 활동도 어려우며, 값비싼 치료제 때문에 받는 고통도 크다. 다큐는 대학 등록금 마련을 위해 3년 전 사라진 아버지를 찾아 나선 딸 미영이 아버지를 찾는 과정을 보여주면서 중증건선으로 인해 사회에서 차별받고, 소외되어 온 환자의 모습을 증언한다.

(6) 정신질환과 중독 관련

① 마이클 피기스 감독, 〈라스베가스를 떠나며Leaving Las Vegas〉, 미국 1995

　　병은 악惡으로 간주된다. 그래서 치유하고 제거해야 한다고 생각한다. 그러나 세상에 악이 엄연히 존재하는 것처럼 병도 늘 존재하며 삶과 더불어 살아 있다. 병을 가치판단 없이 있는 그대로 본다는 것은 얼마나 힘든 일인가. 하루라도 빨리 죽기 위해 술을 마셔대는 알코올 중독자 '벤'과 거리의 여자 '세라'는 함께 지내기 위해 서로 용납할 수 없는 상대의 모습을 그대로 용납하기로 약속한다. 사랑이라는 이름으로 절망을 향해 치닫는 이들의 질주가 너무도 처절하여 아름답다.

② 제임스 맨골드 감독, 〈처음 만나는 자유Girl, Interrupted〉, 미국 1999

　　삶의 의미를 찾지 못하고 자살을 시도한 19세 소녀 '수잔'은 부모에 의해 고급 정신병원에 갇힌다. 그곳에서 수잔은 정신병동의 다른 환자들을 보며 처음에는 경멸하고 두려워하지만 차츰 그들과의 유대를 경험하게 된다. 특히 걸핏하면 병원을 탈출했다 잡혀오는 반항적인 '리사'에게 매력을 느끼며 그녀에게 많은 영향을 받고 특별한 우정을 쌓아가게 된다. 실제로 작가가 정신병동에 수감되었던 실화를 영화화한 작품이다.

③ 대런 아로노프스키 감독, 〈레퀴엠Requiem for a Dream〉, 미국 2000

　　'꿈을 위한 진혼곡'이라는 원제는 영화의 주제를 극명하게 드러낸다. 암울한 현실 속의 엄마와 아들, 그의 친구와 여자친구, 이 모두는 꿈을 향해 가지만 곧 가로막히고 어쩔 수 없이 환상을 만들어내기 위해 약물중독으로 스스로를 파멸시킨다. 마약중독에 대해 이보다 더 강렬한 영화가 있을 수 있을까 싶다. 중독과 환각, 강박증을 표현하는 강렬하고도 실험적인 영상들, 마약이 작용하는 순간 동공을 확대하여 잡아낸 영상은 마치 내가 직접 백색의 가루를 들이킨 것 같은 느낌을 준다.

3. 미술작품[34]

① 뭉크Edvard Munch, 〈병든 아이〉

뭉크는 〈병든 아이〉라는 제목의 그림을 여섯 개나 완성했는데 모두 같은 형태지만 조금씩 다르다. 유화는 침상에 누운 병든 소녀 곁에 간호하는 이가 오열하듯 침대 위로 몸을 기댄 모습으로 병으로 싸우는 가족의 아픈 마음을 색채나 구도로 잘 나타내고 있다. 한 석판화 작품은 병든 소녀보다 곁에서 간호하는 이를 새까맣게 타버린 모습으로 묘사하여 오히려 그녀가 더 심한 병자거나 거의 죽음에 이른 듯하다. 병자를 지켜보는 사람의 마음이 얼마나 썩어 들어가는가를 보여주고 있다. 또 다른 석판화에서는 병든 누이 곁에 아무도 없고 다만 밝은 빛만이 떠도는 빈 화면을 두어 더욱 공허하고 가슴 아픈 느낌을 전해준다.

② 고야Francisco Goya, 〈고야와 의사 아리에타〉

환자인 고야가 의사에게 부축되어 약을 먹으려는 모습에서 사경을 헤매는 듯한 모습을 실감나게 그린 그림이다. 그림 아래쪽에는 "나이 7세였던 1819년 말에 위험한 급성질병을 앓고 있는 동안 뛰어난 의술과 열정으로 나의 생명을 구해준 나의 벗 아리에타에게 감사하며 1820년 고야가 그린 그림"이라는 설명이 기재되어 있다. 고야는 어린 시절 받았던 따뜻한 보살핌의 기억을 어른이 되어서까지도 간직했던가보다. 또한 어른으로서 겪는 아픔과 고독감을 오래전 유년기의 기억으로 치유받고 있는 것이 아닌가

---

34 저작권 상의 이유로 그림은 직접 싣지 않았습니다. 인터넷이나 화집 등을 통해 검색해 보시기 바랍니다.

싶다.

③ 와토Jean-Antoine Watteau, 〈의학동업자 단체 회원들〉

프랑스의 희극작가 몰리에르는 "의술의 치료를 견뎌내기 위해서는 건강해야 한다"는 농담을 했다. 어떤 이들에게 의술은 선부른 지식으로 병을 더 악화시키는 쓸데없는 허영으로 치부되기도 한다. 그만큼 의학은 많은 오해와 실패와 모험을 해가며 발전해왔다. 와토의 동판화에는 의사들이 피를 뽑아내기 위해 환자를 괴롭게 하고 관장용 주사기로 거의 공격하듯 달려드는 모습이 그려져 있다. 의학이 인류에게 준 혜택만큼이나 해악을 끼친 점에 대해서도 인정해야 한다.

④ 카리에르Eugène Carrière, 〈아픈 아이〉

어두운 근심으로 둘러싸인 화면, 그 가운데 슬픔을 꾹 참은 의연한 어머니의 얼굴과 그녀에게 안긴 작은 아이가 있다. 눈에 띄는 것은 아직 철모르는 어린 아이의 손이 어머니의 얼굴에 닿아 있는 모습이다. 작은 몸으로 병마와 싸우면서도 어머니의 얼굴을 어루만지는 그 가녀린 손이 말하고 있는 것은 무엇일까. 자기보다 더 힘들 어머니의 마음을 알고 있다는 듯 위로하는 것만 같다. 애틋하고 안타까워서 더 창백하게 빛나는 모자의 정이 전해오는 그림이다.

⑤ 지라르Marie-Francois Firmin-Girard, 〈회복기의 환자들〉

파리 병원들이 대규모 재건축을 시행하기 전, 시립병원으로 보이는 건물 마당에 열다섯 명의 환자들이 똑같은 흰색의 면 모자에 똑같은 회색의 두꺼운 병원 가운을 걸치고 있다. 땅에 길게 드리운 그림자는 하루가 저무는 무렵임을 알려주고 새로운 가지들이 돋아나는 나무들과 가운을 여미지 않은 사람들의 모습에서 겨울이 끝나가는 시기임을 알 수 있다. 길고 혹독했던 겨울이 끝나고 봄으로 바뀌는 계절의 변화를 화면 전체에 고루 퍼진 빛으로 표현하고 있다. 환자들의 모습엔 아직 생기가 없지만 미세한 회복의 희망이 어른거리고 있다. 보이지 않는 희망을 그려내기 위해 무채색에 가까운 색조를 사용한 실험적인 표현방법은 당시 비평가들에겐 혹평을 들었으나 그는 자신이 믿고 있는 예술적 힘을 포기하지 않았다.

⑥ 스텐^{Jan Havicksz Steen}, 〈아픈 여인〉

　　병자의 고통과 아픔을 표현한 다른 작품들과 달리 이 그림 속 아픈 여인은 그다지 심각해 보이지 않는다. 여인은 분명 손으로 배를 문지르며 '아파 죽겠다'고 호소하고 있는 것 같으나 아무리 봐도 꾀병 같아 보인다. 곁에서 뭔가 거창해 보이는 도구를 든 채 하소연을 들어주는 할머니의 표정도 역시 심각하지 않다. 여인은 배가 아니라 마음이 아픈 것 같다. 외로운 마음이 허전한 눈빛에 맺혀 그렁그렁하다. 여인의 배를 따뜻하게 어루만져줄 손길만 있다면 금방 나을 병이 틀림없다. 마음이 몸을 치유한다는 건 진실이다.

⑦ 쿠사마 야요이^{Kusama Yayoi}, 〈점〉 〈그물〉 〈거대한 호박〉 〈끝없는 거울의 방－영혼의 번쩍이는 빛〉 〈물방울 집착〉 등

　　쿠사마는 부모의 몰이해와 학대, 억압으로 받은 깊은 상처를 치유받지 못한 채 성장했다. 10살 때 그린 어머니의 초상화는 온통 점으로 가득했는데 어머니를 사라지게 하고 싶은 원망의 표현이었다. 꽃이 말을 걸어오고 사물이 사람처럼 다가오는 착란증을 경험하기도 하고, 한 번 본 무늬의 잔상이 남아 모든 사물이 물방울 무늬^{dot}와 그물^{net}로 변형돼 계속해서 따라붙기도 한다. 물방울과 그물은 결국 그녀의 주요한 예술의 소재가 된다. 강박신경증, 편집증, 불안신경증을 가진 그녀는 정신병을 예술로 승화시켰다. 그녀는 고백한다. "내가 그림을 그리는 것은 예술가가 되고자 한 것이 아니었다. 곤혹스러운 병, 불안신경증, 강박증과 편집증이 원인이다. 똑같은 영상이 자꾸 밀려오는 공포, 어둠 속에서 언제나 반복하면서 하나의 벽면을 타고 뻗으며 증식하는 하얀 좁쌀 같은 것이 보이면 넋이 둥둥 내 몸에서 빠져 나간다. 귀신에게 빼앗길 듯싶은 넋은 스케치북 위에 조금씩 가라앉으면서 잠깐 낮잠을 잔다. 아, 이것으로 오늘까지 나는 살아있다."

⑧ 프리다 칼로^{Frida Kahlo}, 〈꿈〉 〈희망의 나무 〉 〈가슴 아픈 기억〉 〈몇 개의 작은 상처들〉 등

　　모든 예술가 중에 가장 심한 육체적 고통을 겪은 사람으로 프리다 칼로를 능가할 사

람은 아마도 없을 것 같다. 그녀의 육체는 그녀를 한시도 고통에서 해방시키지 않았으며, 남편인 리베라 디에고와의 불화는 그녀에게 심적 고통까지 더해주었다. 그녀의 숱한 작품들은 모두 아픔과 상처를 드러내고 있다. 그러나 프리다 칼로의 예술세계가 고통에만 머물러 있지는 않다. 〈꿈〉에는 고통과 감미로움이 혼재하며 〈희망의 나무〉에서는 어디에도 보이지 않는 희망의 나무가 굳건하게 존재하고 있다고 역설한다. 〈몇 개의 작은 상처들〉는 결코 작지 않은 처참한 상처들을 보여주면서 작다고 표현함으로써 의연한 삶의 의지를 보여주기도 한다.

⑨ 에곤 실레Egon Schiele, 〈포옹〉 〈가족〉 〈자화상〉 〈죽음과 여인〉 〈사투〉 〈누드 자화상〉 등

　　최근 영화로도 상영된 에곤 실레는 '죽음에 대한 공포와 내밀한 관능적 욕망, 인간의 실존을 둘러싼 고통스러운 투쟁에 관심을 기울이며, 의심과 불안에 싸인 인간의 육체를 왜곡되고 뒤틀린 형태로 거칠게 묘사했다'는 평을 받고 있다. 하지만 어쩌면 그는 육체 그 자체에 집중했는지도 모른다. 비틀리도록 강렬한 육체의 열망과 또 그만큼의 초라함, 피어나는 동시에 쇠락하는 운명, 미美와 추醜가 혼재하며 맞물리는 육체의 운명을 적나라하게 그려냈다.

부록 4. 의료사회복지 관련 단체 및 기관 목록

의료사회복지와 관련된 여러 단체 및 기관 목록을 제시한다.

1. 의료사회복지사 관련 단체

- 대한의료사회복지사협회 http://www.kamsw.or.kr
- 한국정신보건사회복지사협회 http://www.kamhsw.or.kr
- 한국정신보건사회복지학회 https://www.kamhsw.org

2. 의료비지원 기관

- 다정한사람들 http://www.dajunghan.or.kr
  : 결핵환자 의료비 지원
- 밀알복지재단 http://www.miral.org
  : 장애아동 의료비 지원
- 세이브더칠드런 http://www.sc.or.kr/
  : 해외 아동과 여성, 가족 및 특별한 보호가 필요한 취약 계층을 위한 의료비 지원
- 초록우산어린이재단 https://www.childfund.or.kr/
  : 아동 의료비 지원
- 하트하트재단 http://www.heart-heart.org/
  : 시각 장애아동, 화상환아, 미숙아, 희귀난치성환아 의료비 지원
- 한국소아암재단 http://www.angelc.or.kr/
  : 수술비, 치료비 지원 및 헌혈증 사업
- 한국심장재단 http://www.heart.or.kr/
  : 경제적으로 어려운 환자의 심장병, 얼굴기형, 콩팥이식, 골수이식 의료비 지원

3. 질환별 환자 권익옹호를 위한 단체

- 한국간이식인협회 http://www.ltkorea.or.kr/
- 한국백혈병소아암협회 http://soaam.or.kr/
- 한국소아당뇨인협회 http://www.iddm.kr/
- 한국정신장애인연대 http://www.kami.ne.kr/
- 한국희귀난치성질환연합회 http://www.kord.or.kr/

4. 기타 보건의료관련 단체

- 한국만성질환관리협회 http://www.acdm.or.kr/
- 한국에이즈퇴치연맹 http://www.kaids.or.kr/
- 한국유방건강재단 http://www.kbcf.or.kr/index.do
- 한국호스피스협회 http://www.hospicekorea.com/